Praktijkgerichte ontwikkelingspsychologie

Bij dit boek is extra educatief materiaal online beschikbaar.

Op www.praktijkgerichteontwikkelingspsychologie.nl staan videofragmenten van uiteenlopende situaties. Daarnaast zijn er per hoofdstuk meerkeuzevragen en een casus met vragen te vinden. Dit kan gebruikt worden als lesmateriaal, maar ook als oefenmateriaal dat kan helpen bij de voorbereiding op een toets. De combinatie van boek en online materiaal biedt een effectieve ondersteuning van onderwijs in praktijkgerichte ontwikkelingspsychologie.

Met onderstaande unieke code heb je toegang tot dit materiaal. Met deze code kun je éénmalig een studentaccount aanmaken.

0000-RT-47-SD

Praktijkgerichte ontwikkelingspsychologie

Van wieg tot hangplek: de ontwikkeling van 0- tot 21-jarigen

Marjan de Bil en Petra de Bil

Boom

Meer informatie over deze en andere uitgaven vindt u op www.boomuitgeversamsterdam.nl.

Ontwerp omslag en binnenwerk: Emma van Lohuizen, Amsterdam
Redactie: Marian van Eekelen, Nelekee, Boxtel
Illustraties: Martin Reekers
ISBN: 97890244 15519
NUR: 773
1e druk, 2e oplage: 2009
2e druk: 2010
3e druk: 2013
3e druk: 2e oplage: 2015
4e herziene druk: 2017

Inhoud

Hoofdstuk 1

Wat is ontwikkelingspsychologie?

HOOFDSTUK 1

Wat is ontwikkelingspsychologie?

Eveline en Sinead lopen allebei stage bij de Brede School. Eveline zit in het eerste jaar van de Pabo en Sinead volgt de opleiding Social Work. Voor het vak psychopathologie moeten ze nagaan welke ontwikkelingsstoornissen zichtbaar zijn op hun stageplaats. Ze observeren daarvoor een middenbouwgroep waarin 24 kinderen zitten die in leeftijd variëren van 8 tot 10 jaar. Sinead gaat er enthousiast mee aan de slag. Na een paar weken heeft ze een lijvig verslag bij zich waarin ze alle gesignaleerde stoornissen heeft opgenoemd. 'Drie kinderen hebben een leesstoornis, vijf kinderen een autistische stoornis, vier hebben ADHD waarvan twee met een gedragsstoornis en één kind heeft een stoornis in de zindelijkheid. Verder denk ik dat er twee kinderen zijn met een hechtingsstoornis, maar dat weet ik nog niet zeker. Van één kind vraag ik me af of het niet licht verstandelijk beperkt is.' Eveline kijkt haar verbijsterd aan. 'Ik zie maar twee kinderen met een mogelijke stoornis. Sommige kinderen zijn wel druk, maar komen tot rust tijdens het voorlezen. Anderen zijn wel wat stil, maar als je ze aanspreekt, reageren ze heel normaal. Ik heb twee jongere broertjes die regelmatig vriendjes meenemen. Als je ziet hoeveel herrie ze soms kunnen maken en hoe onnozel ze soms kunnen doen. Het hoort er allemaal bij.'

1.1 INLEIDING

Hoe kan het dat het ene kind zo makkelijk vrienden maakt en het andere kind niet? Wanneer gaan kinderen eigenlijk kruipen en lopen? Hoe ontwikkelt een geweten zich en wat is de invloed van leeftijdsgenoten op vrijetijdsbesteding en beroepskeuze?
Dit zijn vragen die opkomen bij studenten die willen werken met kinderen of jongeren. Van hulpverleners en leerkrachten wordt verwacht dat zij weten hoe de ontwikkeling op sociaal, emotioneel en cognitief gebied verloopt. Hoe verlopen deze ontwikkelingen meestal, welke variaties in ontwikkeling zijn ook nog normaal en welke zijn zorgelijk?
Ontwikkelingspsychologie houdt zich bezig met de ontwikkeling van de mens. Hierbij wordt de aandacht in het bijzonder gericht op kinderen, omdat de ontwikkeling en groei bij hen het meest in het oog springt. De ontwikkeling van pasgeboren baby tot zelfstandige jongvolwassene is veelomvattend en vindt plaats in een relatief korte tijd. Een kind leert lopen, praten en denken. Een kind leert contacten aan te gaan met anderen, zich te verplaatsen in een ander en vriendschapsrelaties te onderhouden. Ontwikkeling vindt plaats

door biologische factoren zoals groei en rijping, maar ook door psychologische factoren in de persoon zoals aanleg en persoonlijkheid. Daarnaast vindt ontwikkeling plaats in interactie met de omgeving, in contact met anderen. Ontwikkeling eindigt natuurlijk niet bij het bereiken van de 21-jarige leeftijd. Volwassenen groeien niet meer in de lengte, maar wel in hun persoonlijkheid, omdat elke levensfase om aanpassingen vraagt. De ontwikkelingspsychologie van volwassenen noemen we meestal levenslooppsychologie.

In dit boek richten we ons op de ontwikkeling van baby's, peuters, kleuters, schoolkinderen, pubers en adolescenten. De studenten voor wie dit boek is bedoeld, hebben deze periode net achter de rug of zitten er zelf nog in. Voor hen is het interessant om na te gaan hoe de ontwikkeling op cognitief, emotioneel en sociaal gebied meestal verloopt en hoe dit bij hen is gegaan. Kennis over ontwikkelingspsychologie geeft inzicht in hoe bepaalde ontwikkelingen invloed kunnen hebben op iemands persoonlijkheid. Kennis en inzicht kunnen zorgen voor begrip en acceptatie van jezelf en van de ander. Als professionele hulpverlener onderscheid je jezelf door te redeneren over kinderen met behulp van gegevens vanuit de ontwikkelingspsychologie. Voor de oudere (deeltijd)student met kinderen zal het daarnaast boeiend zijn de ontwikkeling van de eigen kinderen te volgen en daar de theorie uit de ontwikkelingspsychologie naast te leggen. Dan zal ook opvallen hoeveel verschillen in normale ontwikkeling er zijn.
We zetten de opbouw van dit boek uiteen in paragraaf 1.2. Daarin noemen we de ontwikkelingstaken per hoofdstuk. Met een schema illustreren we hoe de behandelde onderwerpen uit de hoofdstukken zich verhouden tot de leeftijden van kinderen en jongeren. Paragraaf 1.3 besteedt aandacht aan variaties in ontwikkeling. Niet ieder kind ontwikkelt zich op dezelfde wijze. Wat is normaal, wat is nog een normale variatie en wanneer spreken we van problemen en stoornissen? Daarna volgt een paragraaf over de veerkracht van jeugd.
We leiden elk hoofdstuk in dit boek in met een korte schets van een praktijksituatie. De laatste paragraaf van elk hoofdstuk komt terug op dit praktijkfragment en laat zien hoe je de theorie uit het hoofdstuk kunt toepassen op het praktijkfragment. Meer praktijkvoorbeelden zijn te vinden in de digitale omgeving die bij dit boek wordt aangeboden. Er staan meerkeuzevragen per hoofdstuk waardoor de student na kan gaan in hoeverre hij de kennis van dit hoofdstuk beheerst. Verder staan er casussen per hoofdstuk met vragen waarbij de kennis wordt toegepast.

1.2 ONTWIKKELINGSTAKEN

De ontwikkeling van baby tot jongvolwassene is veelomvattend. Er zijn daarbij verschillende ontwikkelingsdoelen of -taken te onderscheiden, die allemaal in de volgende zestien hoofdstukken van dit boek aan de orde komen. We houden daarbij zo veel mogelijk een chronologische volgorde aan.

We beginnen met het verwerven van basisvertrouwen door baby's en eindigen met het participeren in de maatschappij door jongeren. Het is niet zo dat alle ontwikkelingen in het echt ook zo netjes achter elkaar worden afgewerkt. Er zijn ontwikkelingen die tegelijkertijd plaatsvinden en elkaar onderling beïnvloeden. Dit geldt vooral voor de ontwikkelingen in de eerste kinderjaren. Een kind is tegelijkertijd bezig met zijn motorische ontwikkeling en zijn taal- en denkontwikkeling. De ontwikkelingstaken voor jongeren vinden ook voor een groot deel in dezelfde periode plaats. We geven hierna aan welke onderwerpen in welk hoofdstuk aan de orde komen.

Verwerven van een veilige basis

De eerste ontwikkelingsdoelen van een pasgeboren baby zijn wennen aan de wereld om hem heen en het verwerven van basisvertrouwen. Die hoeft de baby niet alleen te bereiken, ook de ouders of verzorgers van het kind spelen hierbij een belangrijke rol. Zij moeten ervoor zorgen dat de baby ervaart dat er voor hem wordt gezorgd en dat aan zijn basisbehoeften van voeding, warmte, veiligheid en genegenheid wordt voldaan.
Zo kan een veilige basis ontstaan voor de verdere ontwikkeling, die van cruciaal belang is voor de wijze waarop die ontwikkeling verder verloopt. Het verwerven van een veilige basis vindt plaats in de eerste 12 maanden van het leven. Wij beschrijven het in hoofdstuk 2. | hoofdstuk 2

Verkennen van de wereld

Het tweede ontwikkelingsdoel is het verkennen van de wereld. Hiermee begint een baby vanaf de eerste dag na zijn geboorte, maar nog niet meteen heel actief en doelgericht. De ontwikkelingsperiode waarin de baby vooral aan deze ontwikkelingstaak 'werkt', is vanaf dag 1 tot en met de kleutertijd. In de periode dat een kind schoolkind is, worden deze vaardigheden en mogelijkheden verder uitgebreid. Hoe een kind de wereld kan gaan verkennen, beschrijven we in hoofdstuk 3. | hoofdstuk 3

Ontwikkelen van autonomie en identiteit

Wanneer een kind zich veilig genoeg voelt, kan het ook meer zelfstandig ondernemen. Het kind verwerft autonomie (zelfstandigheid) en wordt onafhankelijker van zijn ouders. Het kind ontdekt in deze periode zijn eigen ik en grenst zich af van de anderen, soms ook door zich af te zetten. Niet voor niets wordt deze periode ook wel de peuterpuberteit genoemd. De leeftijd waarin deze ontwikkelingstaak vooral plaatsvindt, is van ongeveer een tot drie jaar. We beschrijven het proces van het ontwikkelen van een eigen identiteit in hoofdstuk 4. | hoofdstuk 4

Leren communiceren

| hoofdstuk 5

Een baby richt zich al bijna meteen op de mensen in zijn omgeving en probeert met hen te communiceren. Dit gebeurt door middel van taal, maar ook met gebaren en andere niet-talige manieren van communiceren. De ontwikkeling van het leren communiceren beschrijven we in hoofdstuk 5. Deze ontwikkeling bestrijkt in leeftijd vooral de periode van baby, peuter en kleuter. Als basisschoolkind bouwt een kind dit vermogen verder uit.

Begrijpen van de wereld

| hoofdstuk 6

Een baby komt in een wereld terecht waar hij aanvankelijk niets van begrijpt. Het is een ongeordend geheel van allerlei indrukken. Een baby en een peuter leren beter ordening en structuur te zien in die chaos, ze gaan verbanden leggen. Op een gegeven moment kan een kind relaties ontdekken tussen oorzaak en gevolg en begrijpen en redeneren. Deze cognitieve ontwikkeling beschrijven we in hoofdstuk 6.

Omgaan met anderen

| hoofdstuk 7

Voor een sociaal wezen als een mens is het van essentieel belang om goed te leren omgaan met anderen. In het begin heeft een baby vooral te maken met een vertrouwde kring mensen, grotendeels binnen zijn familie. Wanneer het ongeveer drie jaar is, gaat een kind steeds actiever leeftijdsgenootjes opzoeken en van alles met hen ondernemen. Deze sociale ontwikkeling en het leren omgaan met anderen staat in hoofdstuk 7.

Opgroeien in een gezin

| hoofdstuk 8

Het gezin waarin een kind opgroeit, is van groot belang voor zijn ontwikkeling. Het maakt verschil of je in een warm en stabiel gezin opgroeit of in een gezin met veel problemen. Het gezin biedt een belangrijke basis om als kind te kunnen groeien en bloeien. De ontwikkeling van een kind binnen zijn gezin is beschreven in hoofdstuk 8.

Leren op school

| hoofdstuk 9

Vanaf zijn vierde jaar gaat een kind naar school. Tot die tijd heeft het al van alles geleerd. Leren is dus niet nieuw, maar bij het leren op school spelen ook andere factoren een rol. Een kind gaat niet alleen naar school om te leren, het moet zich daar ook leren aanpassen aan regels en structuren. De school is behalve een leeromgeving ook een belangrijke sociale omgeving waar een kind met leeftijdsgenoten en leerkrachten leert omgaan. De ontwikkeling van het leren op school en de aspecten die daarbij een rol spelen, beschrijven we in hoofdstuk 9.

Van kind naar puber

Rond de 12-jarige leeftijd maakt een kind de overstap van de kinderwereld naar de wereld van de pubers en adolescenten. Met welke ontwikkelingstaken een kind dan te maken krijgt, staat in hoofdstuk 10. Als eerste ontwikkelingstaak van een puber noemen we het minder afhankelijk worden van de ouders en het bepalen van een eigen plaats binnen de veranderende relaties in het gezin.

| hoofdstuk 10

Een eigen persoonlijkheid

Het ontdekken en ontwikkelen van een eigen persoonlijkheid is een grote en belangrijke ontwikkelingstaak voor jongeren. In de kindertijd is een begin gemaakt met de identiteitsvorming en in de puberteit wordt dit verder uitgebreid. De emotionele en morele ontwikkeling komen aan bod in hoofdstuk 11.

| hoofdstuk 11

Gezondheid en uiterlijk

Bij jonge kinderen zijn vooral de ouders verantwoordelijk voor de gezondheid van hun kind. In de puberteit worden kinderen daar steeds meer zelf verantwoordelijk voor. Een puber staat voor de taak om te zorgen voor zijn eigen gezondheid en voor het onderhouden van een uiterlijk waar hij zich prettig bij voelt. Jongeren leren omgaan met de uitdagingen en risico's op dit gebied, zoals ongezond of te veel eten, alcoholgebruik en drugsgebruik. Hoe ze dat doen, staat in hoofdstuk 12.

| hoofdstuk 12

Invullen van vrije tijd

Een deel van de tijd van jongeren is verplicht gevuld met school, maar daarnaast blijft er gelukkig nog veel vrije tijd over. Deze tijd brengt de jongere voornamelijk door met leeftijdsgenoten. Hij staat voor de taak om zijn vrije tijd in te vullen met activiteiten die hij leuk of zinvol vindt. Hoe de meeste jongeren dat doen, komt aan de orde in hoofdstuk 13. De belangrijke rol die social media hierbij spelen, wordt ook besproken.

| hoofdstuk 13

Sociale contacten en vriendschappen

Als kind heeft een jongere al sociale vaardigheden geleerd en vriendschappen opgebouwd, in de puberteit wordt nog meer een beroep gedaan op dit vermogen. Hoe vindt een jongere zijn weg in groepen zoals klassen, sportclubs en vriendengroepen? Hoe gaat een jongere om met groepsdruk en hoe gaat hij relaties aan? Jeugdculturen zijn tegenwoordig minder belangrijk dan tijdens het eind van de vorige eeuw, toch blijven jongeren optrekken met andere jongeren met wie ze overeenkomsten hebben in muzieksmaak en kledingstijl. Sommige jongeren lukt het niet zich aan te sluiten bij leeftijdsgenoten,

| hoofdstuk 14

zij kunnen gepest of buitengesloten worden. Contacten en vriendschappen komen aan bod in hoofdstuk 14.

Een seksuele identiteit

Hoewel kinderen ook seksuele gevoelens hebben en bezig zijn met het ontdekken van hun lichaam is het ontwikkelen van een seksuele identiteit toch vooral een taak voor jongeren. Een jongere staat voor de uitdaging om te ontdekken wat zijn mogelijkheden en wensen zijn op het gebied van intimiteit en seksualiteit. Dit proces wordt beschreven in hoofdstuk 15.

| hoofdstuk 15

Kiezen voor opleiding en werk

Jongeren zijn tot hun 18e leerplichtig. Na het voortgezet onderwijs maken ze een keuze voor een vervolgopleiding en/of beroep. Elke jongere gaat dan na welke opleiding en welk beroep het beste zal passen bij zijn capaciteiten, interesse en persoonlijkheid. Door de verschillende uitstroomprofielen in het voortgezet onderwijs, moeten jongeren al vroeg keuzes maken ten aanzien van het vakkenpakket dat zij kiezen, terwijl zij dan vaak nog te jong zijn om al te weten wat ze later willen doen. Dit keuzeproces beschrijven we in hoofdstuk 16.

hoofdstuk 16

Een plek in de maatschappij

Het uiteindelijke ontwikkelingsdoel van de periode van 0-21 jaar is dat een jongere zich heeft ontwikkeld tot een persoon die zichzelf kan redden in de maatschappij. De jongere is bindingen aangegaan en voelt zich betrokken bij de maatschappij waarin hij leeft. Jongeren die weinig of geen bindingen zijn aangegaan en zich buiten de maatschappij voelen staan, lopen risico op radicalisering. Als je tot geen enkele groep behoort en je buitengesloten voelt in de maatschappij, kan het aansluiten bij een groepering aantrekkelijk zijn. Deze laatste ontwikkelingstaak binnen de kinder- en jeugdperiode is beschreven in hoofdstuk 17.

| hoofdstuk 17

In schema ziet de hoofdstukindeling met de bijbehorende leeftijdsaanduidingen er als volgt uit:

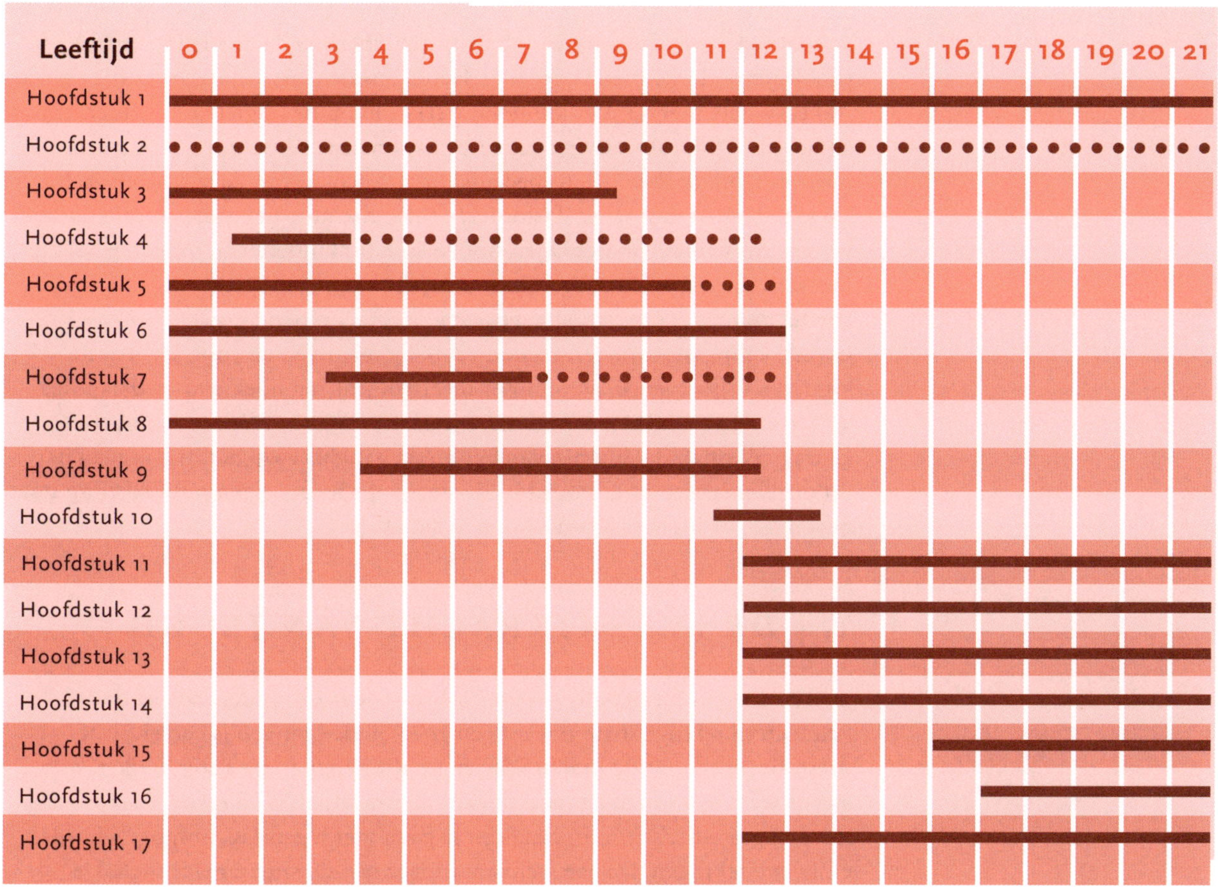

1.3 Variaties in ontwikkeling

In het voorgaande overzicht hebben we beschreven welke ontwikkelingsdoelen en ontwikkelingstaken aan de orde zijn voor 0- tot 21-jarigen. Alle kinderen en jongeren zullen deze taken op hun eigen manier en binnen hun eigen mogelijkheden vervullen. Er zijn aanzienlijke individuele verschillen in hoe kinderen en jongeren dit doen. Globaal doorlopen ze allemaal dezelfde stadia, maar het tempo waarin ze dat doen en de manier waarop zijn verschillend.

In dit boek geven we steeds eerst aan hoe een bepaalde ontwikkeling in de meeste gevallen verloopt. Dit is de normale ontwikkeling zoals je die bij de meeste kinderen ongeveer op die manier en ongeveer op die tijd ziet. Vervolgens geven we aan welke anders verlopende ontwikkelingen mogelijk zijn. Soms gaat het anders, maar dat hoeft nog geen probleem te zijn. Dit gedrag valt dan binnen de zogeheten normale variatie. Pas wanneer de ontwikkeling van een kind opvallend anders verloopt of het kind belemmeringen oplevert, spreken we van een afwijkende ontwikkeling. Er zou dan sprake kunnen zijn van een specifiek probleem of een ontwikkelingsstoornis.

normale ontwikkeling

normale variatie

afwijkende ontwikkeling

Te snel een kind een bepaalde stoornis toeschrijven is schadelijk. Te laat een probleem onderkennen is dat ook. Het is dus de taak van iedereen die op een professionele manier met kinderen werkt om op tijd signalen te onderkennen en het kind door te verwijzen naar een specialist. Dit kan een kinderarts zijn, maar ook bijvoorbeeld een specialist op het gebied van de spraak en taal (logopedist) of motoriek (fysiotherapeut). Wanneer het gaat om ontwikkelingsproblemen en mogelijke stoornissen bij kinderen en jongeren zal dit meestal een gz-psycholoog, klinisch psycholoog, orthopedagoog of jeugdpsychiater zijn.

| specialist

Ontwikkelingsstoornissen komen gelukkig maar zelden voor. De meeste kinderen ontwikkelen zich min of meer volgens het boekje tot zelfstandige volwassenen of binnen een normale variatie daarvan. Wanneer kinderen gedrag vertonen dat afwijkt van het meest gangbare wil dat niet zeggen dat dit problematisch of gestoord is. Respect voor ieders eigen ontwikkeling staat bovenaan. Er is meer normaal dan je denkt!

1.4 DE (VEER)KRACHT VAN JEUGD

De ontwikkeling van baby tot jongvolwassene is bijzonder. Zoveel ontwikkelingen in relatief korte tijd tot een goed einde brengen is een enorme prestatie; het toont de kracht van jeugd. Kinderen en jongeren blijken zich steeds weer te kunnen aanpassen aan nieuwe situaties en taken waarvoor zij worden gesteld. Zij zijn in staat om te gaan met tegenslag, onmogelijkheden en teleurstellingen. De een weliswaar meer dan de ander, maar toch. De meeste kinderen en jongeren die te maken krijgen met beperkingen, ziekten of akelige gebeurtenissen als misbruik, geweld of verlies tonen een enorme veerkracht in het omgaan hiermee. De jeugd is flexibel, leergierig, creatief en vernieuwend. Kinderen bedenken nieuwe, niet-bestaande woorden als zij nog niet over een grote woordenschat beschikken. Jongeren bedenken nieuwe woorden en veranderen betekenissen van bestaande woorden om een eigen taal te creëren. De kracht van jeugd, het vermogen tot leren en ontwikkelen en de veerkracht van jeugd, het vermogen om te gaan met tegenslag en beperkingen, willen wij ook in dit boek benadrukken.

1.5 VAN THEORIE NAAR PRAKTIJK

Als studenten zich tijdens de studie intensief bezighouden met bijvoorbeeld ontwikkelingsstoornissen zullen zij hier in hun omgeving extra op letten. Daardoor kunnen ze meer signalen menen te zien dan er zijn. Dit verschijnsel heet overdiagnostisering. Studenten die geneeskunde studeren of een opleiding tot verpleegkundige volgen, kennen een soortgelijk effect. Als zij lezen over allerlei medische aandoeningen denken zij veel symptomen daarvan bij zichzelf en anderen te herkennen.

| overdiagnostisering

In het stukje uit de praktijk aan het begin van dit hoofdstuk is ook sprake van overdiagnostisering. Sinead is enthousiast aan de slag gegaan met de opdracht en ziet bij veel kinderen kenmerken van allerlei ontwikkelingsstoornissen. Eveline heeft ervaring met jonge kinderen omdat ze twee jongere broertjes heeft. Daardoor weet zij dat veel gedragingen die Sinead als abnormaal of zorgwekkend beoordeelt heel normaal kunnen zijn voor kinderen van een bepaalde leeftijd. Mensen die langer met kinderen werken, zien een heel scala aan gedragingen aan zich voorbijtrekken. Zij ontdekken dat veel gedragingen die wonderlijk en problematisch lijken vanzelf verdwijnen of verminderen in ernst. Het is de kunst om enerzijds alle kennis paraat te hebben en alert te zijn op risicofactoren en signalen, en anderzijds ruimte te laten voor de eigenheid van elk kind. Het stellen van de diagnoses zoals die in het voorbeeld zijn genoemd, is voorbehouden aan gz-psychologen (gezondheidszorgpsychologen) en kinder- en jeugdpsychiaters. Docenten en hulpverleners hebben een belangrijke signalerende taak en zorgen ervoor dat kinderen op tijd nader onderzocht worden als dit nodig is.

Hoofdstuk 2

Een veilige basis

HOOFDSTUK 2

Een veilige basis

De moeders van Wesley en Manon (tien maanden oud) gaan voor het eerst sporten in de sportschool. Bij die sportschool is een crèche, waar de kinderen een uurtje worden opgevangen tijdens de sportles. De moeder van Manon heeft moeite moeten doen om Wesley's moeder over te halen. Die zag het niet zitten om Wesley achter te laten. 'Hij is altijd zo'n moeilijk kind met dat soort dingen', zegt ze.
Wesley en Manon worden beiden in de onbekende speelruimte gebracht en bij een voor hen onbekend persoon achtergelaten. Allebei huilen ze als hun moeder de kamer verlaat. Manon laat zich troosten door de crècheleidster en zit even later lekker te spelen. Wesley blijft lang hard huilen, maar geeft het na een tijdje op. Hij zit wat om zich heen te kijken en komt niet van zijn plaats. Hij heeft geen interesse voor al het leuke speelgoed.
Als hun moeders terugkomen, reageren ze opvallend anders. Manon kruipt snel naar haar moeder toe en is duidelijk blij haar weer te zien. Wesley reageert verward als zijn moeder weer binnenkomt en kruipt niet naar haar toe, maar juist van haar weg. Hij wil zich ook niet laten knuffelen en blijft onrustig. Hij gaat zelfs opnieuw huilen.
Deze kinderen hebben beiden te maken met een situatie die voor hen onbekend en niet vertrouwd is. Beide kinderen reageren hier heel verschillend op. Hoe zouden we dat kunnen verklaren?

2.1 INLEIDING

Een pasgeboren baby komt in een totaal onbekende wereld terecht. Een wereld waarin hij zich niet zelf kan redden, daarvoor is hij afhankelijk van zijn omgeving. Het eerste wat van belang is voor een pasgeboren baby is het verkrijgen van een veilige basis. Niet alleen voeding is van levensbelang voor een pasgeborene, minstens zo belangrijk is dat hij zich veilig en geborgen kan voelen in de wereld om zich heen. Hij verwerft deze veilige basis door hechting aan zijn primaire verzorgers. In bijna alle gevallen zijn de primaire verzorgers van een kind de ouders. Soms is dat anders. Dan geldt wat we in dit hoofdstuk over de band van een baby met zijn ouders schrijven voor de primaire verzorgers of opvoeders van een kind. Een kind leert te vertrouwen op zijn ouders en ontwikkelt een sterke band met hen. Deze hechting is van grote invloed op de ontwikkeling in het verdere leven van de baby. Goede, warme hechtingsrelaties geven een sterke basis voor het bouwen aan relaties met anderen, voor het zelfvertrouwen en voor het gevoel van eigenwaarde, maar ook voor het vermogen om met stress om te gaan en emoties te kunnen reguleren.

Door positieve ervaringen met zijn ouders bouwt een kind vertrouwen op. Hij leert dat zijn ouders beschikbaar zijn als hij ze nodig heeft. Hij ontwikkelt een beeld van zichzelf als iemand die in staat is om dit te bewerkstelligen en krijgt ook de boodschap mee dat hij iemand is die het waard is om met aandacht en zorg te worden omringd. Dit basisvertrouwen heeft als eerste betrekking op zijn ouders. Naderhand heeft dit ook gevolgen voor het vertrouwen in andere mensen. Mensen in de directe omgeving, maar ook alle mensen en situaties waarmee het kind later in aanraking komt. De manier waarop een kind samen met zijn ouders de eerste en belangrijke ontwikkelingstaak van het verwerven van een veilige basis kan volbrengen, heeft een verstrekkende invloed op de verdere sociale en emotionele ontwikkeling. De hele verdere ontwikkeling tot volwassene steunt op de kwaliteit van deze hechtingsrelaties, op de stevigheid van de veilige basis.

| basisvertrouwen

| veilige basis

In de ontwikkelingstheorie van psycholoog Erik Erikson wordt de eerste fase in de ontwikkeling van een baby na zijn geboorte aangeduid als de ontwikkelingstaak die gaat over basisvertrouwen versus basiswantrouwen. Als ouders en kind erin slagen deze ontwikkelingstaak goed te volbrengen, is het resultaat een veilig basisgevoel, een basisvertrouwen in mensen en in de wereld. Wanneer deze periode minder gunstig verloopt, kan een kind juist een gevoel van onveiligheid, onrust en wantrouwen meekrijgen. Erikson geeft aan dat het ontwikkelen van basisvertrouwen van groot belang is voor de hele verdere ontwikkeling van een kind. (zie pagina 36 en 37 voor een uitleg van Eriksons ontwikkelingstheorie).

| basisvertrouwen versus basiswantrouwen

In dit hoofdstuk geven we eerst weer hoe de ontwikkeling van een veilige hechtingsrelatie en het leggen van een veilige basis doorgaans verlopen. Daarna bespreken we welke individuele verschillen er kunnen zijn in het verloop en de kwaliteit van de opbouw van de hechtingsrelatie. Wat de gevolgen kunnen zijn van een minder goed verlopende hechting geven wij aan in een paragraaf over hechtingsproblemen en hechtingsstoornissen. In de laatste paragraaf besteden we aandacht aan het signaleren van hechtingsproblemen in de dagelijkse praktijk en mogelijkheden voor behandeling.

2.2 Ontwikkeling van een veilige basis: zo gaat het meestal

2.2.1 Eerste ervaringen

Wanneer een baby net geboren is, lijkt hij nog helemaal hulpeloos en tot weinig in staat. Hij moet alles nog leren. Toch is hij niet helemaal hulpeloos en onwetend. Al heel snel na de geboorte kan een kind zijn eigen moeder herkennen en zoekt hij bij haar naar voeding. Ook lijkt het alsof hij meteen aanvoelt dat hij bij de mensen hoort en dat menselijke stemmen en gezichten dus heel belangrijk zijn. Onderzoek heeft laten zien dat baby's al heel snel na hun geboorte een grotere voorkeur hebben voor de stem van mensen dan voor andere geluiden. Ze kijken ook veel liever naar gezichten van mensen dan naar andere voorwerpen of patronen.

| herkennen moeder

Baby's richten zich dus op de prikkels (en dat kunnen geluiden of visuele patronen of geuren zijn) die voor hen belangrijk zijn. De voorkeur voor menselijke stemmen zouden we nog kunnen verklaren doordat een baby hier al tijdens de zwangerschap kennis mee heeft gemaakt. Voor het kijken naar menselijke gezichten is dat anders. Dat kan niet zijn geoefend. Het lijkt erop dat baby's al een bepaalde ingebouwde neiging hebben om zich op sociale prikkels te richten. Die aanleg die baby's al vanaf hun geboorte hebben, noemen we een predispositie. Die predispositie kan de baby verder ontwikkelen in wisselwerking met de omgeving.

| predispositie

Lange tijd werd verondersteld dat er een kritische periode was voor het ontwikkelen van gehechtheid. Het idee was dat wanneer kinderen in de eerste 6 jaar van hun leven geen goede hechtingsrelatie hebben kunnen opbouwen, ze dit later nooit meer echt goed konden inhalen. Dit idee is inmiddels door onderzoek weersproken. Zelfs kinderen die in heel slechte omstandigheden zijn opgegroeid, kunnen nog een grote inhaalslag maken wanneer de omstandigheden verbeteren. Uit onderzoek bij kinderen die in weeshuizen zijn opgegroeid en later werden geadopteerd is gebleken dat ze nog in staat bleken tot een enorme ontwikkelingsspurt. Dit geldt zowel voor groei en gezondheid, als voor de cognitieve en sociale ontwikkeling. De predispositie voor hechting is zo sterk dat zelfs kinderen in moeilijke omstandigheden of met problemen zoals autisme of andere handicaps zich gaan hechten aan mensen om hen heen die aandacht aan hen geven. Het eerste levensjaar is hiervoor een gevoelige periode. In deze periode is een kind extra gevoelig voor bepaalde ervaringen. Het is dan extra goed in staat om deze ervaringen te benutten in de ontwikkeling.

| gevoelige periode

Baby's zijn al snel in staat om allerlei signalen af te geven aan hun verzorgers over wat ze nodig hebben. Vrijwel onmiddellijk na de geboorte ontstaat een wisselwerking tussen baby's en ouders. Een baby en zijn opvoeders bouwen samen aan een band en zo ontwikkelt zich een hechtingsrelatie. In het begin heeft een baby hiervoor een beperkt repertoire tot zijn beschikking. Zijn enige manier van aandacht vragen is door te huilen. Voor ouders is in het begin vaak moeilijk in te schatten welke aandacht een baby op dat moment vraagt. Door elkaar steeds beter te leren kennen stemmen baby en ouders steeds beter op elkaar af. Zo ontwikkelt zich een interactie die leidt tot een hechtingsrelatie. Om een goede en positieve hechtingsrelatie te ontwikkelen is het belangrijk dat ouders op een sensitieve manier reageren en verzorgen. Sensitief reageren houdt in dat een opvoeder gevoelig is voor de signalen die een baby afgeeft, en hier adequaat op reageert. Dit geldt voor het voeden van de pasgeborene, maar vooral ook voor het geven van geruststelling en

| wisselwerking baby's en ouders

| sensitief

warmte. Wanneer een baby goed en op tijd wordt gevoed en wordt voldaan aan de behoefte van troost en warmte zijn de eerste ervaringen van een pasgeboren baby geruststellend en veilig. Vanuit die positieve ervaringen kunnen sociale relaties zich gaan ontwikkelen.

Al vóór de geboorte van een baby hebben ouders bepaalde ideeën en verwachtingen over hoe het zal zijn om een kind te hebben en hiermee om te gaan. Ze hebben een idee van de relatie met hun kind. Deze verwachtingen van ouders kunnen gebaseerd zijn op informatie van buitenaf zoals opvoedingsboeken en zwangerschapslectuur. Daarnaast hebben ze hun eigen ervaringen, vanuit hun eigen opvoeding. Als de pasgeboren baby niet hun eerste kind is, hebben de ouders ook verwachtingen opgebouwd op grond van hun ervaringen met hun andere kind(eren).

| verwachtingen van ouders

Alle kennis en ervaring van ouders wordt verwerkt in een intern schema, de interne representatie van verwachtingen en ideeën. Dit schema dat ze over hun baby hebben, zal niet altijd blijken te kloppen met de realiteit. Geen baby is hetzelfde en zeker bij een eerste kind is het moeilijk voor ouders zich van tevoren een goede voorstelling te maken. Ouders zullen hun schema's en hun verwachtingen dus moeten aanpassen aan de werkelijkheid. Hoe flexibel ze dit kunnen doen en hoe goed ze zich kunnen richten naar de behoeften van hun kind zal voor een belangrijk deel bepalen hoe goed de opbouw van de hechtingsrelatie zal verlopen. Hierbij speelt de stabiliteit en veerkracht van het gezin een rol. Veerkrachtige en stressbestendige ouders kunnen veel meer flexibiliteit en rust opbrengen dan ouders die heel gespannen of onzeker zijn.

| intern schema

Ook speciale omstandigheden of kenmerken van de baby zelf kunnen ervoor zorgen dat er flinke individuele verschillen zijn in de kwaliteit van de eerste ervaringen. Zo zijn de eerste ervaringen van een baby die prematuur (vroegtijdig, na een zwangerschap van minder dan 37 weken) ter wereld komt en in een couveuse ligt heel anders dan de ervaringen van een kind dat meteen na de geboorte dicht bij zijn ouders is. Zelfs tijdens de zwangerschap kunnen al verschillen ontstaan in hoe baby's groeien en ontwikkelen.

| individuele verschillen

Daarnaast zijn er verschillen in temperament. Er zijn al van jongs af aan duidelijke verschillen in prikkelbaarheid te zien tussen baby's. Ze zijn beschreven door Thomas en Chess aan het eind van de jaren zeventig. Thomas en Chess hebben onderscheid gemaakt in gemakkelijke baby's, moeilijke baby's en een tussengroep, baby's die ze aanduidden als 'slow to warm up' (vrij vertaald: langzame starters). Gemakkelijke baby's passen zich soepel aan aan een dagritme en tonen weinig heftige reacties. Ze huilen alleen als er een duidelijke reden is zoals honger of slaap en zijn verder ontspannen en opgewekt. Deze baby's worden aangeduid als baby's met een 'gemakkelijk' temperament. Er zijn ook baby's die juist zeer prikkelgevoelig zijn en al snel heftig reageren. Deze baby's huilen veel, zonder duidelijke reden, en ze zijn daarin ook moeilijk te kalmeren. Vaak kunnen ze moeilijk tegen verandering of duidelijke afwijkingen van hun normale ritme. Ze zijn onrustig en schrikachtig. Deze 'moeilijke' baby's hebben een 'moeilijk' temperament. De tussen-

| temperament

groep van baby's wordt aangeduid als 'langzame starters'. Zij passen zich moeilijk aan bij afwijkingen van het ritme, maar reageren daar minder heftig op dan de moeilijke baby's. De langzame starters nemen vaak een afwachtende houding aan. Ze zijn in alle reacties – positief of negatief – gematigd.
Deze temperamentsverschillen hebben invloed op de opvoeding. Een kind met een moeilijk temperament vraagt extra aanpassing en flexibiliteit van de ouders.
Bij baby's die een ontwikkelingsstoornis hebben of met een handicap ter wereld komen, verlopen de eerste ervaringen en contacten anders dan bij de meeste andere kinderen. Dit vraagt ook extra aanpassing en sensitiviteit van de ouders.

| ontwikkelingsstoornis

2.2.2 Het opbouwen van een hechtingsrelatie

| hechting

Hechting is een duurzame emotionele binding tussen het kind en zijn verzorgers, met speciale emotionele kwaliteiten. Ieder kind heeft een natuurlijke neiging tot hechting. Oorspronkelijk was het idee dat baby's primair aan hun ouders gehecht raken doordat zij de baby voeden. De liefde van de baby zou als het ware door de maag gaan of in elk geval voornamelijk te maken hebben met het vervullen van deze primaire levensbehoefte.

| Harlow

Dat deze veronderstelling niet klopt, is gebleken uit onderzoeken van Harlow met babyresusaapjes. Hij zette de aapjes zonder hun moeder in een ruimte met twee robots als surrogaatmoeders. De ene surrogaatmoeder was een robot van staal waarvan ze hun eten kregen. De andere surrogaatmoeder gaf geen eten, maar was aaibaar, pluizig en warm. De aapjes bleken in tijden van stress of onrust de voorkeur te hebben voor de aaibare en warme namaakmoeder in plaats van de namaakmoeder die hen voeding gaf. Wanneer ze bang waren, klemden ze zich tegen de pluizige robot aan. Voor de voedingsrobot waren ze juist een beetje bang. Het onderzoek van Harlow gaf aan dat de behoefte aan troost en warmte de allerbelangrijkste is in een hechtingsrelatie, in elk geval voor de babyaapjes. Het vermoeden is nu dat mensenbaby's zich ook vooral hechten aan degene die hen warmte en troost geeft. Voeding is belangrijk, maar is zeker niet de bepalende factor voor hechting.

| hechtingsgedrag

Hechtingsgedrag ontwikkelt zich heel sterk in het eerste levensjaar. Na ongeveer 6 weken reageert een baby duidelijk op het sociale gedrag van zijn verzorgers. De eerste glimlach is dan zichtbaar. Deze eerste glimlach is nog niet specifiek op bepaalde mensen gericht, hij is nog niet selectief. Een jonge baby die zich tevreden voelt, glimlacht meer als een soort reflex, dan dat het echt al een 'sociale' glimlach is.
Vanaf 5 tot 6 maanden zoekt een kind de belangrijkste verzorgers actief op en reageert daar speciaal op. Het herkent zijn ouders en reageert daar enthousiaster op dan op onbekenden of minder belangrijke mensen. Rond de leeftijd van 7 tot 10 maanden ontstaat eenkennigheid en angst voor vreemden. Baby's laten in deze periode een duidelijke voorkeur zien voor de vertrouwde verzor-

| eenkennigheid

gers. Ze proberen dat op allerlei manieren te bewerkstelligen en volgen hun ouders actief. Vanuit de box kan dat zijn door tijdens het spelen steeds even na te gaan of een ouder nog in de buurt is of door de aandacht te trekken met geluidjes en nabijheid te zoeken. Bij kinderen die al kunnen kruipen of lopen, zie je dat ze in deze periode het liefst hun ouders volgen, waar die ook gaan. In deze periode vinden baby's het niet fijn om zonder hun ouders met een onbekende persoon achter te blijven. Ze laten dan scheidingsangst zien, ook wel separatieangst genoemd. Deze angst is heel normaal voor kinderen van deze leeftijd. Hij hoort bij hun ontwikkeling.

| separatieangst

Typerend hechtingsgedrag is te observeren aan het eind van het eerste levensjaar. Hechtingsgedrag is te herkennen als een reactie van angst of onrust bij het tijdelijk afscheid nemen van de ouder. Zodra de ouder weer verschijnt, zijn er reacties van blijdschap en herkenning. Wanneer een baby van bijna een jaar oud bij een oppas wordt gebracht, zal het kind meestal gaan huilen wanneer de eigen ouder weggaat en vaak ook nog wel een tijdje daarna. Wanneer de ouder terugkomt, reageert het kind met een blij gezicht of een enthousiaste kreet en het strekt zijn armpjes uit om opgepakt te worden.

Op basis van ervaringen die baby's opdoen, bouwen ze een representatie op van gehechtheid. Als een kind heeft ervaren 'als ik huil word ik opgepakt en getroost', bouwt het de verwachting op dat het een volgende keer ook weer snel en adequaat zal worden getroost in een dergelijke situatie. Dit maakt dan deel uit van het innerlijk schema, de representatie van gehechtheid van het kind. Wanneer deze representatie positief is, is er sprake van een basisvertrouwen (zie de theorie van Erikson); er is een veilige basis ontstaan voor verdere ontwikkeling.

| representatie van gehechtheid

Gedrag waardoor je kunt zien dat een kind een veilige basis heeft ontwikkeld, noemen we veilige-basisgedrag. Een voorbeeld hiervan is dat je kunt observeren dat baby's met hun ouders in de buurt meer vertrouwen hebben om de wereld te verkennen dan zonder hun ouders. Wanneer ze weten dat hun ouders in de buurt zijn, gaan ze spelen en op onderzoek uit. Ze gebruiken daarbij de vertrouwde ouder als een soort veilig basisstation van waaruit ze de omgeving ontdekken.

| veilige-basisgedrag

Bij ouder wordende kinderen zie je een ontwikkeling naar het internaliseren van die veilige basis. Op een gegeven moment hebben kinderen zoveel vertrouwen opgebouwd dat ze ook zonder hun ouders ondernemend en onderzoekend gedrag laten zien. Het kind heeft dan een goede representatie van gehechtheid opgebouwd. Dat een kind die representatie kan opbouwen, heeft te maken met de cognitieve (verstandelijke) ontwikkeling die het kind inmiddels heeft doorgemaakt. Die cognitieve ontwikkeling maakt het namelijk mogelijk dat een kind op een gegeven moment kan begrijpen dat een ouder ook weer terugkomt, ook al is hij even buiten beeld (zie hoofdstuk 6).

| internaliseren

Vanaf de leeftijd van 18 maanden gaat het kind zichzelf ontdekken als individu met een eigen wil. Dit noemen we de periode van individuatie (zie hoofdstuk 4). Rond de leeftijd van 3 jaar is een kind in staat de tijdelijke

kers observeren hoe het kind op deze situatie reageert. Na enige tijd keert de moeder in de kamer terug. Nu observeren de onderzoekers hoe het kind op deze hereniging reageert.

Er is in deze situatie sprake van drie stressfactoren: een onbekende situatie, een onbekende persoon en een kortdurende scheiding van de ouder. De kwaliteit van de gehechtheid is te observeren door de reacties van het kind en de snelheid waarmee het te troosten is.

We maken onderscheid tussen 'veilige' en 'onveilige' hechtingsrelaties. De onveilige hechtingsrelaties tussen moeder en kind duiden we aan als onveilig-vermijdend gehecht, onveilig-ambivalent gehecht of gedesorganiseerd gehecht.

| veilig gehecht

Een veilig gehecht kind zal zich samen met de ouder gemakkelijk aanpassen in een vreemde situatie en zal zich in aanwezigheid van de ouder al snel veilig genoeg voelen om te gaan spelen en op onderzoek te gaan. Het kind heeft weinig moeite met een onbekende persoon in de kamer wanneer de eigen moeder er ook nog bij is. Kind en ouder zijn zichtbaar positief gestemd in elkaars aanwezigheid. Wanneer de ouder vertrekt, zal het kind met enig verdriet of met onrust reageren. Het kind is echter niet volledig ontroostbaar. Op het moment dat de ouder terugkeert, zal dit kind contact met de ouder zoeken en duidelijk blij en opgelucht zijn de ouder weer te zien. Het laat zich door de ouder gemakkelijk kalmeren en troosten en hervindt zijn evenwicht. Het kind zoekt en vindt een goede balans tussen exploratie (onderzoeken) en nabijheid zoeken.

| onveilig-vermijdend

Een onveilig-vermijdend gehecht kind reageert heel anders. Het lijkt weinig onderscheid te maken tussen bekende en onbekende mensen en lijkt weinig onder de indruk van een onbekende situatie. Het kind is weinig gericht op de moeder en tussen moeder en kind is weinig gevoelsmatige interactie te zien. Dit kind zal vaak niet hevig reageren als de moeder vertrekt. Soms lijkt het haar vertrek zelfs niet op te merken. Het kind reageert ook nauwelijks wanneer de moeder terugkeert. Het negeert de ouder en zelfs wanneer de moeder het kind oppakt, kijkt het kind weg of probeert het zich los te maken. Het onveilig-vermijdend gehechte kind laat zich door een onbekende even gemakkelijk troosten als door de eigen moeder. Het laat weinig gevoelens blijken en durft zijn gevoelens van onveiligheid en stress niet te laten zien, zelfs niet aan de eigen ouder. Het kind maakt eigenlijk de indruk niet sterk gehecht te zijn aan de moeder.

| onveilig-ambivalent

Een onveilig-ambivalent gehecht kind zal zich zichtbaar niet op zijn gemak en angstig voelen in een onbekende situatie, zelfs in nabijheid van de eigen moeder. Het legt geen contact met een onbekende in dezelfde ruimte en komt ook weinig tot spelen. Dit kind zal extreem aangedaan zijn als de ouder vertrekt. Bij terugkeer van de ouder zoekt het wél contact. Het kind laat zich echter niet troosten, maar blijft huilen en toont vaak ook boosheid en weerstand tegen de ouder. Het gedrag is ambivalent: dan weer vragen om getroost te worden en dan weer de verzorger actief afwijzen.

Wereldwijd worden in dit type onderzoeken steeds ongeveer dezelfde percentages gevonden in de te onderscheiden categorieën van hechtingsrelaties. Ongeveer 61 procent van de kinderen is te typeren als veilig gehecht. De groep van onveilig-vermijdend gehechte kinderen omvat 15 procent van de groep en het aantal onveilig-ambivalent gehechte kinderen is ongeveer 9 procent. In de onderzoeksliteratuur worden onveilig gehechte kinderen ook vaak aangeduid als 'angstig gehecht' (dus 'angstig-vermijdend' of 'angstig-ambivalent'). Recent hechtingsonderzoek onderscheidt binnen de groep onveilig gehechte kinderen nog een vierde categorie. Het typeert de hechtingsrelatie van deze kinderen (15 procent) als gedesorganiseerd gehecht.
Een kind met een gedesorganiseerde gehechtheid vertoont inconsistent gedrag, waaraan geen strategie ten grondslag lijkt te liggen. Het zoekt eerst nabijheid en wendt dan weer af. Het wisselt perioden van tevreden spel af met plotselinge hevige angst. Soms kan het gedrag totaal verstillen en maakt het kind een verkrampte en verwarde indruk. Het kind weet eigenlijk totaal niet wat het moet doen en lijkt gedesoriënteerd. Dit kind heeft te maken met een moeilijke paradox. Het voelt angst zonder dat er een oplossing voor is. Dezelfde persoon die bron van veiligheid zou moeten zijn, veroorzaakt tegelijkertijd angst. Deze paradox is zeer moeilijk om mee om te gaan voor een kind. De gedesorganiseerde vorm van gehechtheid leidt dan ook tot de meeste problemen later in de ontwikkeling. Deze vorm van gehechtheid wordt ook wel hechtingstrauma genoemd.

| gedesorganiseerd gehecht

| hechtingstrauma

2.2.4 BEVORDERENDE FACTOREN

Een veilige hechting wordt bevorderd door sensitiviteit van de ouders. Wanneer ouders gevoelig zijn voor de soms heel subtiele signalen van stress, onrust en ongemak bij hun baby, zijn ze sensitief. Responsiviteit is de andere belangrijke bevorderende factor. Wanneer ouders adequaat en snel weten te reageren op de signalen van hun baby zijn ze responsief. Dit is positief voor het ontwikkelen van een goede hechtingsrelatie.
De meest effectieve aanpak bij hechtingsproblemen bestaat uit het verbeteren van de sensitiviteit en de responsiviteit van de ouders. Ouders zijn gemakkelijker in staat tot deze houding wanneer zij zelf een positieve representatie van gehechtheid hebben kunnen opbouwen, dus wanneer ze zelf een goede hechtingsrelatie hebben met hun eigen ouders of verzorgers. Wanneer de situatie van de ouders positief is en ze bijvoorbeeld een voldoende ontwikkeld sociaal netwerk hebben en zich in voldoende sociaaleconomische omstandigheden bevinden, werkt dat ook bevorderend. Daarnaast is het belangrijk dat de ouders zelf goed in hun vel zitten. Ouders die zelf evenwichtig zijn en zich tevreden voelen over hun eigen leven zijn beter in staat om open te staan voor hun kind. Ze kunnen beter sensitief en responsief reageren, wat weer positieve gevolgen heeft voor de hechtingsrelatie.

| sensitiviteit

| responsiviteit

2.2.5 Hechting als basis voor de verdere ontwikkeling

| Erikson

Eerder werd al de ontwikkelingstheorie van de psycholoog Erik Erikson (1902-1994) genoemd. Hij zag nadrukkelijk het belang van een gevoel van basisveiligheid voor de ontwikkeling van een kind. Een goede hechting en een goed basisvertrouwen geven een kind de beste mogelijkheden zich verder evenwichtig te kunnen ontwikkelen.

| stadiumtheorie

| psychosociaal

Erikson heeft de ontwikkeling van mensen beschreven in een stadiumtheorie. Alle mensen doorlopen alle stadia, in een vaste volgorde. Erikson benadrukt de ontwikkeling van een mens in interactie met zijn omgeving. Zijn theorie wordt daarom een psychosociale theorie genoemd. Ze beschrijft acht stadia, die de hele levensloop van een mens omvatten, van baby tot in de ouderdom. Voor de periode tot en met de adolescentie zijn er vijf stadia.

| ontwikkelingscrises

Erikson beschrijft zijn stadia in termen van ontwikkelingscrises waarin een bepaald conflict moet worden opgelost. Hoe goed iemand daarin slaagt, vormt de basis waarmee hij het volgende stadium moet zien door te komen. Wanneer iemand een ontwikkelingsconflict goed oplost, zal hij het gemakkelijker hebben bij het oplossen van het conflict in de volgende ontwikkelingsfase. Slaagt iemand er niet goed in een bepaald conflict op te lossen, dan heeft dat weer negatieve gevolgen voor de ontwikkeling in zijn verdere leven. Het ontwikkelen van een basisvertrouwen versus een basiswantrouwen is de eerste en belangrijkste ontwikkelingscrisis. Is dat basisvertrouwen ontwikkeld in mensen, dan geeft het goede mogelijkheden voor de hele verdere ontwikkeling. Ook het tegengestelde is het geval.
De stadia van Erikson zullen steeds in dit boek aan de orde komen bij de ontwikkelingstaken waarvoor ze relevant zijn. De vijf ontwikkelingsstadia voor kinderen en jeugdigen zijn hieronder weergegeven.

Ontwikkelingsstadia in de theorie van Erik Erikson

Basisvertrouwen versus basaal wantrouwen
In deze periode heeft de ontwikkelingscrisis betrekking op het verwerven van een gevoel van basisvertrouwen. Door te ervaren dat er goed voor hem wordt gezorgd en dat aan zijn belangrijkste behoeften wordt voldaan, ontwikkelt het kind een basisvertrouwen in zijn omgeving en in andere mensen. Wanneer het kind ervaart dat juist niet aan die basisbehoeften kan worden voldaan, ontwikkelt het een basaal wantrouwen tegenover de buitenwereld. In het eerste levensjaar zijn kinderen bezig met het verwerven van een gevoel van basisvertrouwen.

Autonomie versus schaamte en twijfel
Deze ontwikkelingscrisis vindt plaats in de periode tussen 1 en 3 jaar. Het kind staat nu voor de taak om autonomie te verwerven. Als het goed is, heeft hij daar genoeg vertrouwen voor opgebouwd. Kinderen tonen in deze periode de drang om zelf te mogen beslissen wat ze doen. Hierbij zetten ze zich soms af tegen hun opvoeders. Wanneer peuters goed door dit stadium komen, ontwikkelen ze een gevoel van autonomie en zelfstandigheid. Lukt dat niet, dan ontwikkelen ze schaamte en twijfel aan hun eigen kunnen.

Initiatief versus schuldgevoel
Kinderen tussen de 3 en 6 jaar hebben te maken met het conflict tussen initiatief nemen en schuldgevoel. Initiatief heeft betrekking op levenslust en ambitie, de wil om nieuwe dingen te ondernemen. Hun enthousiaste initiatieven kunnen hen in conflict brengen met opvoeders en met andere kinderen. De manier waarop de omgeving van het kind hierop reageert, bepaalt hoe goed het kind deze ontwikkelingscrisis doorstaat.

Vlijt versus minderwaardigheid
Vanaf de leeftijd van ongeveer 6 jaar staat een kind voor de crisis van vlijt versus minderwaardigheid. Kinderen ontwikkelen op school de capaciteit om te werken en hun mogelijkheden te ontplooien. Ze krijgen erkenning en bevestiging van hun kwaliteiten door te laten zien wat ze kunnen. Komen de eisen die aan het kind worden gesteld niet overeen met hun mogelijkheden, dan kan het kind een gevoel van minderwaardigheid ontwikkelen.

Identiteit versus rolverwarring
In de puberteitsperiode is de jongere bezig met het ontdekken van de eigen identiteit. Wie ben ik, wat kan ik en wat is mijn plaats in de maatschappij? Een positieve uitkomst van dit ontwikkelingsconflict is een jongere die in staat is keuzes te maken en die een eigen identiteitsgevoel heeft ontwikkeld. Wanneer het de jongere niet goed lukt deze ontwikkelingscrisis door te komen, blijft hij in verwarring over zijn identiteit en zijn maatschappelijke rollen.

2.3 SOMS GAAT HET ANDERS

Het merendeel van de kinderen is in staat een veilige hechtingsrelatie op te bouwen met zijn ouders. Bij een deel van de kinderen lukt dit minder goed. Een onveilig gehecht kind zal echter doorgaans meer moeite hebben om later met moeilijke of frustrerende situaties om te gaan. De stressregulatie (aanpas- | stressregulatie sing aan stressfactoren) verloopt minder gemakkelijk. Een onveilig gehecht kind kan later minder goed omgaan met spanningen. Ook het aangaan en onderhouden van vriendschaps- en liefdesrelaties kan problemen geven. Vooral de groep kinderen met een gedesorganiseerde gehechtheid heeft kans op problemen. Deze kinderen vertonen in de kleuterleeftijd meer agressief en destructief gedrag dan leeftijdsgenoten. Ook voelen ze zich minder gelukkig in de contacten met andere kinderen.

| sociale problemen

In de hoofdstukken over het ontwikkelen van een eigen identiteit (hoofdstuk 4) en over het omgaan met anderen (hoofdstuk 7) beschrijven wij wat er nodig is om deze ontwikkelingstaken goed af te ronden. De basis voor al deze ontwikkelingstaken is steeds een veilige, solide hechtingsrelatie. Is deze goed en stevig, dan zal een kind zich ook veilig kunnen voelen als het even zonder zijn ouders is en zal het actiever en ondernemender gedrag laten zien. Hierdoor wordt het kind zelfstandiger en kan het zijn vaardigheden ontwikkelen. Dit draagt bij aan zijn gevoel van eigenwaarde. Een stevig zelfbewustzijn en goed gevoel van eigenwaarde is weer een basis voor het kunnen openstaan voor contacten met anderen. Problemen met het basisgevoel van veiligheid hebben dus gevolgen voor de verdere ontwikkeling.
Onderzoek heeft ook laten zien dat kinderen met een gedesorganiseerde gehechtheid op 17-jarige leeftijd aanzienlijk meer psychische problemen en stoornissen hebben dan leeftijdsgenoten.

2.3.1 BELEMMERENDE FACTOREN

| traumatiserende situaties

Factoren die het ontwikkelen van een veilige hechting in de weg staan, kunnen ontstaan door traumatiserende situaties in de eerste periode. Voorbeelden hiervan zijn medische omstandigheden waardoor een kind pijnlijke of beangstigende medische ingrepen moet ondergaan of langdurig wordt gescheiden van de ouders. Ook kunnen stressfactoren in een gezin leiden tot een minder goed verlopende hechting. Bijvoorbeeld als een gezin onder druk staat door financiële problemen of relatieproblemen. Ouders zijn dan minder goed in staat om zich open te stellen voor hun kind en reageren minder sensitief en responsief. Een kind dat langere tijd meemaakt dat er niet of te weinig adequaat op zijn signalen wordt gereageerd, gaat anders reageren. Doordat het er niet op kan vertrouwen dat de ouder toegankelijk is, is hij bijvoorbeeld extra alert op elke aanwijzing voor verminderde nabijheid. Ook zal hij meer van streek zijn bij kleine alledaagse scheidingen. Het kind kan in zo'n geval extreem aanklampend gedrag gaan vertonen en het zal ook onrustig zijn.

Ouders met problemen

Persoonlijke problemen van ouders kunnen de hechtingsrelatie negatief beïnvloeden. Een ouder die zelf emotionele of psychische problemen heeft, kan structureel of tijdelijk minder bereikbaar zijn. Kinderen van ouders met dat soort problemen passen zich vaak aan aan de behoeften van deze ouder in plaats van andersom. Een kind van een depressieve ouder kan zich bijvoorbeeld sterk geroepen voelen deze ouder positieve energie te geven door hem te vermaken en initiatief te nemen. Deze kinderen ontwikkelen zich vaak tot mensen die opvallend veel sociaal wenselijk en charmant gedrag vertonen. Een ernstige mate van onvermogen om sensitief te reageren zie je bij ouders die zelf geen veilige hechtingsrelatie hebben kunnen opbouwen. Voor hen is het heel moeilijk om zo op het kind te reageren dat het veilig gehecht kan raken. Daar hebben deze ouders zelf niet de capaciteiten en gevoeligheid voor kunnen ontwikkelen. Andere situaties die tot extreem weinig responsiviteit of ongeschikte responsiviteit van ouders kunnen leiden, zijn traumatische scheidingen of blijvend verlies van hechtingsfiguren in het verleden van de ouder of het verlies van een ander kind in het gezin. Ook extreme omstandigheden zoals oorlogsgeweld of andere bedreigingen kunnen hiertoe leiden.

| problemen ouders

| onveilig gehechte ouder

Trauma

Een belangrijke risicofactor voor het ontwikkelen van een gedesorganiseerde vorm van gehechtheid, is trauma. In het bijzonder traumatiserende situaties als verwaarlozing, huiselijk geweld en mishandeling hebben veel invloed op de ontwikkeling van gehechtheidsrelaties en de aard daarvan. Dit soort traumatiserende situaties vormen vooral een risico voor het ontwikkelen van een gedesorganiseerde gehechtheid, de meest schadelijke vorm van gehechtheid. De ouders, die juist een bron van vertrouwen en veiligheid zouden moeten zijn, zijn voor het kind beangstigend. Ze mishandelen het kind fysiek, psychisch of seksueel, of zijn extreem insensitief of onvoorspelbaar in hun reactiepatroon. Het gedrag van de ouder leidt tot angst bij het kind, en die angst wordt niet opgelost. Er is geen troost of geruststelling, of troost wordt weer gevolgd door andere negatieve reacties. De ouder die zo belangrijk is voor stressregulatie, zorgt juist voor stress.

| trauma

Adoptie

Een groep kinderen die vaak veel traumatiserende situaties hebben meegemaakt, is de groep kinderen die wordt opgevoed door adoptiefouders. Dit zijn vaak kinderen die vanuit een zeer problematische of ernstig gedepriveerde (verwaarlozende) opvoedingssituatie worden gehaald en geplaatst in een gezin dat in veel betere omstandigheden verkeert. Met de meeste kinderen gaat het relatief goed na adoptie, zeker vergeleken met de kinderen die in die moeilijke situatie zijn gebleven.

| adoptie

Hechtingsproblemen en hechtingsstoornissen komen in deze groep echter relatief vaak voor, vergeleken met kinderen die bij biologisch eigen ouders opgroeien. Voor de ontwikkeling van een veilige hechting maakt het verschil op welke leeftijd het kind is geadopteerd. Onderzoek door de Leidse onderzoeksgroep onder leiding van Van IJzendoorn heeft aangetoond dat de kansen op een veilige hechting groter zijn wanneer de adoptie plaatsvindt tijdens het eerste levensjaar. Een speciaal probleem in de ontwikkeling van de hechtingsrelatie van geadopteerde kinderen is dat ze hun interne schema, de interne representatie van de hechting die ze in het eerste jaar hebben opgebouwd, meenemen naar hun nieuwe gezin.

| eerste levensjaar

Hoezeer de adoptiefouders hun best ook doen om het kind positieve hechtingservaringen mee te geven en hoe sensitief en responsief ze ook reageren, het blijkt een zeer lange en moeizame weg te zijn om vertrouwen te winnen van een kind dat een intern schema heeft waar dit positieve en sensitieve gedrag niet in past.

Wanneer de omstandigheden in de eerste periode extra ernstig waren – bijvoorbeeld wanneer er sprake is geweest van een ernstige mate van sociale verwaarlozing – zijn de kansen op problemen groter. Deze kinderen hebben ervaren dat het niet uitmaakt wat ze doen; er wordt toch niet gereageerd. Ze kunnen hierdoor zeer passief worden. Ook zie je dat kinderen die geen mogelijkheid hadden tot het opbouwen van een veilige hechtingsrelatie op jonge leeftijd geen onderscheid maken tussen onbekende en vertrouwde figuren. Deze kinderen kunnen extreem claimend en niet-passend gedrag laten zien in hun contacten met onbekenden. Ze gedragen zich dan tegenover een volslagen onbekende op een manier die past bij de omgang met een primaire hechtingsfiguur, maar die helemaal niet past bij de relatie met die onbekende. Zo kan een kind na een kortdurend contact de onbekende enthousiast omhelzen en roepen: 'ik zal je missen!' of bij een onbekende meteen op schoot gaan zitten.

| verwaarlozing

Mishandelde of verwaarloosde kinderen gaan doorgaans wel hechtingsrelaties aan met hun verzorgers, maar de kwaliteit van deze relaties is dan vaak minder goed.

2.3.2 Gevolgen voor het gedrag

De gevolgen van een minder goed verlopende hechtingsrelatie zijn zichtbaar in het gedrag van het kind. Het kind probeert daarmee in de minder optimale opvoedingssituatie toch de maximale en de meest positieve nabijheid van de ouder te verkrijgen. Bij onveilig-ambivalent gehechte kinderen zie je vaak fel en schreeuwerig gedrag. Daarmee proberen ze alsnog de aandacht van de ouder te krijgen. Ze hebben ervaren dat de ouder daar doorgaans wél op reageert. Vaak willen de ouders van deze kinderen het juist heel goed doen, beter dan het voorbeeld van hun eigen ouders. Het lukt hen echter niet dit op een stabiele en consequente manier te doen.

| aandachtvragend

Bij onveilig-vermijdend gehechte kinderen zie je dat ze 'negatief' gedrag, zoals huilen en andere manieren om hun ongenoegen te laten blijken, juist dempen. Zij hebben namelijk ervaren dat hun ouders wel positief reageren op aangepast en lief gedrag, maar heel negatief – in extreme situaties door mishandeling – kunnen reageren op minder positief gedrag. Dit gedrag zullen ze vermijden om de mogelijke gevolgen ervan te voorkomen. Deze kinderen kunnen overdreven aangepast en sociaalwenselijk gedrag laten zien.

| gedempt gedrag

Op de langere termijn kan een onveilige hechtingsrelatie leiden tot het ontwikkelen van angsten en fobieën, een negatief gevoel van eigenwaarde en depressieve gevoelens. Onderzoeken bij kinderen met gestoorde of onveilige hechtingsrelaties laten zien dat ze op latere leeftijd meer gedragsproblemen vertonen dan leeftijdsgenoten. Ze vragen meer aandacht, zijn prikkelbaarder, hebben meer problemen met de impulsregulatie en hun sociale relaties verlopen moeilijker. Als volwassene kunnen ze moeite hebben met het opbouwen van partnerrelaties en met de ouderrol.

2.4 HECHTINGSPROBLEMEN EN HECHTINGSSTOORNISSEN

Een onveilige of minder goede hechtingsrelatie is nog geen stoornis. We spreken pas van een hechtingsstoornis wanneer er sprake is van een duidelijk gestoorde manier van aangaan van sociale relaties. Dit kan zijn ontremd gedrag in het contact met anderen, we spreken dan van een ontremd-sociaalcontactstoornis. Het kan ook zijn dat een kind juist opvallend geremd en emotioneel teruggetrokken is. Deze vorm noemen we een reactieve hechtingsstoornis.

| hechtingsstoornis

2.4.1 REACTIEVE HECHTINGSSTOORNIS

Kenmerkend voor een reactieve hechtingsstoornis is dat er sprake is van een patroon van geremd en emotioneel teruggetrokken gedrag ten aanzien van de primaire verzorgers. Het kind zoekt nauwelijks troost bij hen en reageert ook zelden of nauwelijks op troosten door de ouders. Er is sprake van een sociale en emotionele stoornis waarbij te zien is dat een kind zeer weinig responsiviteit laat zien in het contact met anderen. Er is beperkt positief affect, en er is bij het kind sprake van onverklaarde prikkelbaarheid, verdrietigheid of angstigheid, die zelfs opvallend naar voren komen in contacten met volwassen verzorgers die niet bedreigend zijn. Ook de sociale omgang met andere kinderen wordt belemmerd door hun negatieve emotionele reacties die voor anderen niet te begrijpen zijn, omdat er geen aanleiding voor is te vinden in de situatie.

| reactieve hechtingsstoornis

De diagnose reactieve hechtingsstoornis kan worden gesteld bij kinderen met het hiervoor beschreven reactiepatroon, waarbij is uitgesloten dat er sprake is van een autismespectrumstoornis (zie paragraaf 5.7), de stoornis voor het 5e jaar aanwezig is, en er sprake is geweest van een patroon van extreme vormen van ontoereikende verzorging, waarbij er redenen zijn om te veronderstellen dat dit verzorgingspatroon verantwoordelijk is voor het gestoorde gedrag.

2.4.2 ONTREMD-SOCIAALCONTACTSTOORNIS

ontremd-sociaal-contactstoornis

Kinderen met een ontremd-sociaalcontactstoornis zijn te herkennen aan een gedragspatroon waarbij ze actief onbekende volwassenen benaderen en met hen omgaan. Kenmerken zijn dat er sprake is van een verminderde terughoudendheid in het benaderen van onbekende volwassenen en overmatig familiair verbaal of lichamelijk gedrag dat afwijkt van de geaccepteerde sociale en bij de leeftijd passende grenzen. Het maakt hun niet uit van wie ze aandacht krijgen. Ze kunnen bijvoorbeeld toenadering zoeken bij een onbekende in de trein en met die persoon omgaan alsof het een vertrouwd figuur of familielid is. Ze zouden in veel gevallen bereid zijn om met weinig of geen aarzeling mee te gaan met een onbekende volwassene. Ook gaan ze vaak gemakkelijk uit de buurt van de eigen primaire verzorger, lijken daar niet op te letten. Voor de diagnose ontremd-sociaalcontactstoornis moet worden uitgesloten dat het gedrag beperkt is tot impulsiviteit zoals kan passen bij een aandachtsdeficiëntie-/hyperactiviteitsstoornis. Evenals bij de diagnose reactieve hechtingsstoornis moet worden vastgesteld dat er sprake is van een extreem ontoereikende verzorging.

Kenmerkend voor dit type hechtingsstoornis is dat deze kinderen van het begin af aan alleen maar oppervlakkige gehechtheden ontwikkelen, voortdurend slechte sociale relaties hebben en gedrag vertonen dat niet goed op de situatie is afgestemd (bijvoorbeeld heel vrijpostig gedrag).

ontoereikende verzorging

Bij zowel de reactieve hechtingsstoornis als bij de ontremd-sociaalcontactstoornis is er sprake van een patroon van ontoereikende verzorging. Dit kan zijn sociale verwaarlozing of deprivatie waarbij aan emotionele basisbehoeften als troost, aanmoediging en affectie onvoldoende is tegemoetgekomen. Ook kan er sprake zijn van herhaaldelijk wisselen van primaire verzorgers, wat het vormen van stabiele hechtingsrelaties beperkt, zoals frequente veranderingen in pleegzorg. Het opgroeien in ongebruikelijke omgevingen, zoals instellingen met veel kinderen per verzorger kan ook de reden zijn dat het vormen van stabiele hechtingsrelaties beperkt is geweest. Om de diagnose hechtingsstoornis te kunnen stellen moet aannemelijk zijn dat de tekortschietende verzorging verantwoordelijk is voor het gestoorde gedrag.

Kinderen met een hechtingsstoornis hebben geen basaal vertrouwen in volwassenen en hebben een sterke neiging tot inwisselbare, oppervlakkige contacten. In de puberteit zien we bij deze kinderen problematisch gedrag als weglopen, neiging tot zelfbeschadiging (automutilatie), agressief gedrag en andere vormen van probleemgedrag, maar ook angsten, depressies en gebrek aan zelfvertrouwen.

2.4.3 Separatieangststoornis

separatieangst

Binnen een normaal verlopende ontwikkeling is in een bepaalde periode separatieangst (angst om gescheiden te worden van de belangrijkste verzorger in een bepaalde situatie) normaal. Het is op dat moment juist een signaal van een gezond verlopende ontwikkeling. We spreken van een separatieangststoornis wanneer een zeer hevige, buitensporige angst optreedt zodra het kind wordt gescheiden van diegenen aan wie het sterk is gehecht, een angst die niet passend is bij de leeftijd of het ontwikkelingsniveau van het kind. Het is niet vreemd wanneer een 4-jarig kind het heel moeilijk vindt om alleen achter te blijven bij een arts voor een medisch onderzoek. En ook niet dat het zich aan zijn moeder vastklampt in deze situatie. Het is wel zorgelijk wanneer een kind van 13 dit nog doet.
Separatieangst wordt versterkt onder abnormale, stressvolle omstandigheden zoals een ziekenhuisopname van het kind. Symptomen van separatieangst zijn bijvoorbeeld weigering om te gaan slapen zonder de ouders in de buurt, nachtmerries en angstige fantasieën over scheiding of verlies van de ouders. Ook voor deze problemen geldt dat het veel verschil maakt op welke leeftijd je dit gedrag ziet. Dat een jong kind het nog moeilijk kan vinden om te gaan logeren als het dit niet gewend is, is niet zorgelijk. Wanneer een kind van 14 extreem angstig is om bijvoorbeeld mee te gaan op schoolkamp wordt dit als ernstiger beoordeeld. Het gaat er dus om of de angst past bij de leeftijd en het ontwikkelingsniveau. Daarnaast is de hevigheid van de angst van belang en de mate waarin de angst de dagelijkse gang van zaken belemmert. We spreken alleen van een separatieangststoornis wanneer er sprake is van een aanhoudende en buitensporige angst die langere tijd aanwezig is, en die leidt tot significante lijdensdruk of beperkingen in het dagelijks functioneren. Separatieangst kan leiden tot een weigering om naar school te gaan of tot het ontwikkelen van andere angsten en fobieën. De separatieangst binnen een separatieangststoornis is belemmerend voor de normale ontwikkeling en voor een normaal functioneren.

2.5 Hechtingsproblemen in de dagelijkse praktijk

2.5.1 Signalen

Een aantal signalen in het gedrag van kinderen kunnen wijzen op de mogelijkheid van een hechtingsprobleem of hechtingsstoornis. Vooral wanneer je meer signalen ziet, zou het kunnen zijn dat een kind zo'n probleem heeft. Deze signalen zijn:

- Het kind vertoont weinig onderzoekend gedrag en heeft geen interesse voor speelgoed of ander materiaal.
- Het kind stelt zich in een groep teruggetrokken op en reageert nauwelijks op de andere kinderen of op de groepsleid(st)er.
- Het kind zoekt geen troost bij de eigen ouders of verzorgers of doet dit op een ongebruikelijke manier. Bijvoorbeeld als het wanneer het zich bezeert, wel de ouder opzoekt, maar die boos in de buik stompt. Of wanneer het overdreven aanklampend gedrag vertoont dat niet past bij de leeftijd, zoals een kind van 8 dat zich aan zijn ouder vastklampt omdat er die dag een onbekende invaljuf voor zijn groep staat.
- Het kind vraagt geen hulp bij zijn ouders of stelt zich juist overdreven afhankelijk op en doet heel weinig zelf.
- Tekenen van angst voor de ouder of gedesoriënteerde gedragingen wanneer de ouder terugkomt.
- Ongerichte, onvolledige, onderbroken bewegingen en gezichtsuitdrukkingen.
- Verstarren, verstillen, of zeer traag in bewegingen.
- Het kind laat weinig genegenheid en warmte zien voor de opvoeder. Het zoekt de ouder weinig op en knuffelt niet graag of wendt zich af.
- Het kind toont tegenstrijdig gedrag, zoekt bijvoorbeeld toenadering tot de ouder met de rug naar de ouder toe, of zoekt toenadering, maar draait zich opeens dicht bij de ouder om.
- Het kind uit zich heel overdreven naar onbekenden en kruipt op schoot bij mensen die het nauwelijks kent. In een groep kan het kind overdreven aanklampend gedrag laten zien bij een bepaalde leid(st)er of juist bij elke tijdelijke kracht of stagiaire.
- Het kind kan geen stabiele vriendschappen aangaan of onderhouden.
- Het kind heeft veelvuldig moeilijkheden in de contacten met andere kinderen en met groepsleiders of leerkrachten.

| stressregulatiesysteem

| hyperarousal
| hypoarousal

De gevolgen van hechtingsproblemen en van doorgemaakt trauma reiken ver, en beïnvloeden de hele verdere ontwikkeling. Dit geldt zowel voor de cognitieve ontwikkeling als voor de sociale en emotionele ontwikkeling. De laatste jaren wordt steeds meer bekend over de gevolgen van trauma. Traumatische ervaringen kunnen ertoe leiden dat het stressregulatiesysteem wordt verstoord. Het brein verkeert dan al bij kleine prikkels en verstoringen in een toestand alsof er sprake is van een gevaarlijke situatie. Het alarmeringssysteem in de hersenen – dat wordt aangestuurd door de amygdala – wordt te snel en langdurig geactiveerd. Dit kan ertoe leiden dat een kind langdurig in een situatie verkeert van *hyperarousal* (overmatige prikkelgevoeligheid en alertheid) of *hypoarousal* (verstilling, verlamming), met gevolgen voor het functioneren in het dagelijks leven. De symptomen van hyperarousal kunnen lijken op de symptomen van ADHD, en bij hypoarousal lijkt sprake van afwe-

zigheid of een aandachtsstoornis zonder hyperactiviteit. Deze situatie leidt meestal ook tot werkgeheugenproblemen en leerproblemen.
Bij jongeren in de adolescentiefase kunnen hechtingsproblemen tot uiting komen in allerlei typen probleemgedrag. Aan de ene kant zie je vormen van ontremd gedrag en agressief gedrag. Dit kan zich richten op anderen, maar ook tegen de jongere zelf. Een voorbeeld van het laatste is zelfbeschadiging (automutilatie). Automutilatie kan dus een signaal zijn van een hechtingsstoornis. Kenmerken die in het bovenstaande zijn genoemd en ook gelden voor adolescenten zijn vooral het onvermogen om stabiele vriendschappen en relaties aan te gaan en moeilijkheden in de contacten met andere jongeren, groepsleiders of leerkrachten. De problemen die jongeren met hechtingsproblemen hebben in de contacten met anderen maken hen vaak ook eenzaam of depressief.
De problemen en symptomen zoals we hier hebben genoemd, wijzen niet altijd in de richting van hechtingsproblemen. Ze kunnen ook kenmerken zijn van een andersoortige problematiek. Wanneer veel van deze kenmerken in het gedrag worden geobserveerd, is het wel raadzaam om specialistische hulp in te schakelen. Een psychologisch en kinderpsychiatrisch onderzoek kan dan helderheid geven.

2.5.2 INTERVENTIES EN BEHANDELING BIJ HECHTINGSPROBLEMEN

Ondanks de ernst van de problematiek is het altijd mogelijk en zinvol om kinderen met hechtingsproblemen te helpen met positieve gehechtheidservaringen. Zelfs kinderen die ernstig tekort zijn gedaan op het gebied van veiligheid en hechting kunnen nog geholpen worden om een positievere representatie van gehechtheid op te bouwen. Het belangrijkste in de aanpak van hechtingsproblemen is dat kinderen het gevoel moeten krijgen dat ze ertoe doen, en dat volwassenen er voor hen zijn als ze hen nodig hebben.
Een onveilig gehecht kind voelt zich onzeker en heeft aan de basis weinig vertrouwen in volwassenen. We kunnen dit vertrouwen versterken door op een heel stabiele, voorspelbare en consequente manier positief gedrag te laten zien. Een kind weet daardoor beter waar het aan toe is en kan gemakkelijker een gevoel van overzicht en beheersing van de situatie verwerven.
Eerder in dit hoofdstuk is naar voren gekomen dat een sensitieve en responsieve houding van belang is. Een kind moet op de opvoeder kunnen rekenen en er vertrouwen in krijgen dat de opvoeder er voor hem is wanneer dit nodig is. Dit geldt niet alleen in een gezinssituatie, maar ook voor opvoedingssituaties in de klas, in kinderdagverblijven of in andere instellingen. Het is belangrijk om daar heel goed op te letten bij een kind met een hechtingsprobleem.
Professionele interventies bij hechtingsproblemen zijn meestal gericht op het bevorderen van sensitiviteit en responsiviteit bij opvoeders. Er wordt dan vaak gewerkt met vormen van video-interactiebegeleiding, waarbij ouders feedback kunnen krijgen op opvoedingssituaties, en concrete tips om meer

bevorderen van sensitiviteit en responsiviteit

sensitiviteit en responsiviteit te tonen. Het verstorend opvoedgedrag wordt verminderd en sensitief opvoedgedrag wordt gestimuleerd.
Voorbeelden van veelgebruikte en effectief gebleken interventietechnieken om problematische gehechtheidsrelaties te verbeteren zijn de Basic Trust-methode en NIKA (Nederlandse Interventie Kortdurend op Atypisch opvoedgedrag). Naast het bevorderen van adequaat opvoedgedrag wordt ook ingezet op bevorderen van het mentaliserend vermogen, waarbij de ouder het kind helpt zijn eigen emoties te herkennen en begrijpen.

2.6 VAN THEORIE NAAR PRAKTIJK

In het voorbeeld aan het begin van het hoofdstuk zagen we een situatieschets van twee baby's, Wesley en Manon. Deze baby's komen beiden in een onbekende situatie terecht, een onbekende speelruimte met een onbekende verzorger. Manon heeft er niet veel moeite mee. Ze vindt het wel even moeilijk, maar laat zich geruststellen. Wanneer ze signaleert dat haar moeder de situatie als veilig beschouwt, gaat ze na een korte tijd van wennen op onderzoek uit. Wanneer haar moeder terugkomt, is ze blij om haar te zien. Manon vertoont alle tekenen van een veilig gehecht kind. Wesley reageert heel anders op de situatie. Hij raakt veel meer in de war van al het onbekende en laat zich moeilijk kalmeren. Hij voelt zich niet voldoende op zijn gemak om op ontdekkingstocht te gaan en te gaan spelen. Als zijn moeder terugkomt, is hij opnieuw in de war. Hij weet kennelijk echt niet wat hij met de situatie aan moet. Het gedrag van Wesley geeft aanleiding tot nader onderzoek. Het is opvallend dat hij zich niet goed door zijn moeder laat troosten. Er is aanleiding om te denken aan de mogelijkheid van een probleem in de hechtingsrelatie. De hechtingsrelatie lijkt niet adequaat en er zijn signalen aanwezig van een onveilig-ambivalente hechting. Nader psychologisch of psychiatrisch onderzoek moet dit uitwijzen. Dan zijn er mogelijk ook aanknopingspunten voor verdere hulp aan Wesley en zijn moeder. Er zijn nog goede mogelijkheden om de hechtingsrelatie tussen Wesley en zijn moeder te verbeteren en Wesley alsnog een veilige basis mee te geven voor zijn verdere ontwikkeling.

Hoofdstuk 3

Het verkennen van de wereld

HOOFDSTUK 3

Het verkennen van de wereld

Yassin en Samira zijn neefje en nichtje. Ze zijn ongeveer 12 maanden oud. De ouders van Samira zijn op bezoek bij Yassins moeder. Ze zetten de twee baby's gezellig bij elkaar op een speelkleed. Yassin blijft daar rustig zitten. Hij kijkt tevreden met grote ogen om zich heen en sabbelt op zijn koek. Af en toe rekt hij zich om een boeiend stukje speelgoed te pakken dat op het kleed ligt, maar hij blijft op zijn plek. Samira is al heel snel een eind verderop. Haar koek ligt ergens op de grond. Ze kruipt razendsnel door de kamer en de volwassenen kunnen nog net verhinderen dat ze een tafeltje met een plant erop omvertrekt. Yassin kijkt het verwonderd aan. Wat maakt dat kind zich druk! De moeder van Yassin is ook heel verbaasd. Zij hoeft met de inrichting van haar kamer nog helemaal geen rekening te houden met een ondernemende dreumes. Yassin blijft altijd heel rustig zitten. Wat een verschil!

3.1 INLEIDING

Een kind dat nog maar net is geboren, komt in een wereld vol onbekende prikkels waar hij nog heel weinig van kan begrijpen. Het is een chaos van geluiden, geuren, licht en donker, koud en warm. Een pasgeborene kan er nog heel weinig ordening en logica in zien. Met de ontwikkeling van de hersenen, zintuigen en de motoriek, komt er een structuur in de chaos. Een belangrijk ontwikkelingsdoel van de pasgeborene in de eerste periode van zijn leven is dan ook het ontwikkelen van vaardigheden en mogelijkheden de wereld te verkennen en een overzicht te krijgen van de wereld om hem heen. De ontwikkeling van het denken en de intelligentie worden hiermee gestimuleerd en beïnvloed.

In dit hoofdstuk beschrijven we hoe de neurologische, zintuiglijke en motorische ontwikkeling van een jong kind doorgaans verloopt (3.3, 3.4 en 3.5) en welke belangrijke ontwikkelingsmijlpalen er zijn. Tevens geven we aan met welke belemmeringen of moeilijkheden (3.7) een kind in deze ontwikkelingsfase te maken kan krijgen, welke stoornissen het kan hebben in de ontwikkelingsgebieden en wat daarvan de gevolgen zijn (3.8). We bespreken daarbij mogelijkheden om de ontwikkeling te stimuleren en in een optimale richting bij te sturen.

3.2 Eerste ervaringen

eerste zintuiglijke ervaringen

Ruim voor de geboorte heeft een baby al ervaringen opgedaan met verschillende prikkels, zoals de stem van zijn moeder, geluiden die vanuit de buitenwereld doordringen en het voelen van beweging. De eerste zintuiglijke ervaringen en de vroegste motorische ontwikkeling vinden al plaats tijdens de zwangerschap (prenataal). Het ongeboren kind kan ook al reageren op prikkels van buitenaf en went zelfs al aan bepaalde prikkels. Een ongeboren baby toont ook al gewoontegedrag zoals bijvoorbeeld duimzuigen en is gewend aan het dag-nachtritme van zijn moeder. Om dit leergedrag te kunnen vertonen, moet een ongeboren baby dus kunnen waarnemen en zelfs op een primitieve manier al verbanden kunnen leggen.

prenatale periode

De eerste invloeden van buitenaf vinden ook in de prenatale periode plaats. Tijdens de razendsnelle ontwikkeling van lichamelijke structuren en organen is het kind in ontwikkeling zeer gevoelig voor allerlei externe factoren. Ieder orgaan en iedere lichaamsstructuur heeft daarbij zijn eigen gevoelige periode. Belangrijke bekende omgevingsinvloeden die negatief zijn voor de ontwikkeling zijn alcohol- en drugsgebruik door de moeder, infectieziekten, roken, stress en radioactieve straling. Van deze factoren is door onderzoek vastgesteld dat ze invloed hebben op de ontwikkeling van de bevruchte eicel (de eerste 2 weken), het embryo (3 tot 8 weken) en de foetus (vanaf 9 weken). Recent onderzoek heeft laten zien dat ook extreme stress bij de moeder tijdens de zwangerschap invloed heeft op de baby. Door de verhoogde toevloed van stresshormoon wordt het stresssysteem van de baby beïnvloed. Het wordt scherper afgesteld, waardoor de reactiviteit op prikkels toeneemt. Positieve invloeden zijn: een heel goede conditie van de moeder, een evenwichtige en stabiele emotionele situatie en goede voeding. Genoemde invloeden zijn soms ook zichtbaar in het geboortegewicht van de baby. Baby's van moeders die veel gerookt hebben, zijn bijvoorbeeld vrijwel altijd relatief licht. Wanneer er sprake is van excessief alcoholgebruik kan dit leiden tot ernstige symptomen bij de baby, zoals het foetaal alcoholsyndroom. Baby's die hieraan lijden, zijn zowel lichamelijk als geestelijk gehandicapt op een kenmerkende wijze. Nog steeds worden nieuwe prenatale invloeden ontdekt op de lichamelijke en psychische toestand van de baby.

stresssysteem

3.3 Neurologische ontwikkeling: zo gaat het meestal

3.3.1 Reflexen

reflexen

Het allervroegste gedragsrepertoire van pasgeboren baby's bestaat voornamelijk uit een aantal reflexen. Reflexen zijn automatische reacties op bepaalde prikkels, zonder tussenkomst van het brein. Je kunt een reflex dus niet bewust op gang brengen of onderdrukken. Pasgeboren baby's hebben een aantal reflexen die speciaal gericht zijn op overleven. De allerbelangrijkste daarvan is de reflex die ervoor zorgt dat de ademhaling op gang komt. Sommige van de reflexen van een pasgeboren baby zijn speciaal belangrijk in de eerste dagen of maanden van het leven en verdwijnen ook weer. Andere reflexen blijven bestaan. Voorbeelden hiervan zijn de oogknipperreflex, de reflex van de kniepees en de ademhalingsreflex. Dit zijn permanente reflexen.

permanente reflexen

Een voorbeeld van een reflex die bij baby's aanwezig is maar later weer verdwijnt, is de oriëntatiereflex. Die ontstaat wanneer je een baby over de wang strijkt dicht bij de mondhoeken. De baby draait het hoofd dan in de richting van die stimulatie. Deze reflex helpt de baby bij het vinden van een tepel of speen voor het voeden. Hij verdwijnt wanneer de baby na ongeveer 3 weken in staat is om zelf gericht het hoofd daarheen te bewegen. De zuigreflex is een tweede reflex die het voeden ondersteunt. Wanneer een tepel, speen of vinger in de mond wordt gestopt, gaat de baby automatisch zuigen.

Een andere bekende tijdelijke reflex is de loopreflex. Wanneer je een baby onder de oksels vasthoudt, met de voeten rakend aan een vlakke ondergrond, bewegen de voeten beurtelings op en neer in een soort loopbeweging. Deze reflex verdwijnt na 2 maanden en is een soort overlevingsreflex. De zwemreflex is ook een vroege overlevingsreflex. Wanneer een baby in water van een bad of zwembad wordt gehouden, gaat hij schoppen en peddelen in een zwembeweging. Deze reflex verdwijnt na 4 tot 6 maanden. De Moro-reflex is een soort schrikreflex. Deze verdwijnt na ongeveer 6 maanden. Bij een plotseling indringend geluid of wanneer een baby die horizontaal wordt vastgehouden, voelt dat het hoofdje iets terugvalt, spreidt hij de armen, strekt de benen en beweegt deze dan zo dat hij als het ware iets omarmt. Deze reflex wordt ook wel een clinging reflex genoemd, omdat het lijkt op het omarmen van de moeder. Het is een reactie op gevaar en gericht op overleving door het zo goed mogelijk vastklampen aan de moeder. De Babinski-reflex is een reactie op het aanraken van de voetzool met het krullen van de tenen. Ook dit zou een soort clinging reflex kunnen zijn. Deze reflex is vanaf de geboorte aanwezig en verdwijnt na 6 maanden.

tijdelijke reflexen

De aanwezigheid van de juiste reflexen, en ook weer het verdwijnen daarvan op het juiste moment, is een belangrijk teken van een gezonde neurologische ontwikkeling. Dit wordt dan ook altijd onderzocht bij baby's op het consultatiebureau of door een kinderarts.

gezonde neurologische ontwikkeling

3.3.2 Ontwikkeling van de zenuwcellen

Bij een pasgeboren baby zijn de hersenen het deel van het lichaam dat het dichtst in de buurt komt van de afmetingen in de volwassenheid (30 procent van de volwassen grootte). Baby's hebben dan ook een relatief groot hoofd. Het aantal zenuwcellen neemt niet of nauwelijks meer toe gedurende de ontwikkeling. Na 6 maanden zwangerschap is het aantal zenuwcellen

zenuwcellen compleet

compleet (100-200 miljard). Aanvankelijk zijn het er zelfs nog meer, maar een deel daarvan sterft af.

synapsen

Zenuwcellen zitten – in tegenstelling tot andere lichaamscellen – niet aan elkaar vast. Ze vormen verbindingen met elkaar door synapsen. Die verbindingen komen tot stand met behulp van speciale stoffen: neurotransmitters. Hierdoor communiceren de zenuwcellen met elkaar. Het ontwikkelen van een uitgebreid netwerk van synaptische verbindingen is de basis van de ontwikkeling van het brein. Deze ontwikkeling gaat vooral in de eerste 3 jaar razendsnel. Bij de geboorte zijn er ongeveer 2500 verbindingen per zenuwcel aanwezig. Na 3 jaar zijn dat er al zo'n 15.000 per zenuwcel!

stimulering en ervaring

Wanneer zenuwcellen verbindingen vormen, is het vervolgens van belang dat deze verbindingen worden gestimuleerd. Ze moeten voldoende worden gebruikt. Wanneer er voldoende input is vanuit de omgeving worden steeds nieuwe synapsen gevormd. Die input uit de omgeving moet er zijn in de vorm van stimulering en ervaring. Door de vorming van nieuwe synapsen zijn steeds complexere vaardigheden mogelijk. Als er niet voldoende stimulering is, kan het gebeuren dat verbindingen weer buiten gebruik raken. Dan is de ontwikkeling van bepaalde vaardigheden ook moeilijker.

De ontwikkeling van de grootte van de hersenen heeft dus niet zozeer te maken met het ontwikkelen van nieuwe hersencellen, maar vooral met de ontwikkeling van de verbindingen tussen de zenuwcellen en met het bouwen van netwerken van verbindingen. Tussen de netwerken en binnen bepaalde hersengebieden nemen de verbindingen ook toe. Hierdoor kan er steeds beter gecommuniceerd worden tussen verschillende hersengebieden en worden steeds betere netwerken gemaakt. Daarnaast neemt het hersenvolume toe door de vorming van gliacellen. Deze zorgen ervoor dat zenuwcellen worden overdekt met een myelinelaagje. Dit laagje bevordert de informatieoverdracht. Informatie kan hierdoor efficiënter van de ene zenuwcel naar de andere worden overgebracht.

In de eerste levensjaren worden verbindingen heel gemakkelijk en snel gelegd. Het vermogen tot leren is in deze periode dan ook enorm. Baby's hebben een zeer creatief en flexibel brein. Ze besteden heel veel energie aan het opbouwen daarvan. Dat is een van de redenen waarom baby's heel veel slaap nodig hebben.

3.3.3 Ontwikkeling van de cerebrale cortex

cerebrale cortex

Naast de ontwikkeling van de verbindingen tussen zenuwcellen vindt ook een ontwikkeling plaats van de cerebrale cortex. Dit is het deel van de hersenen dat verantwoordelijk is voor de hoger ontwikkelde intelligentie. De cerebrale cortex is het grootste en ook het meest complexe deel van ons brein (85 procent van het hersengewicht). Hij ontwikkelt zich relatief laat en groeit het langst door.

verschillende functies

De gebieden binnen de cerebrale cortex hebben verschillende functies. Er zijn gebieden die ervoor zorgen dat we kunnen waarnemen, gebieden die de spieren signalen geven om te bewegen en gebieden die met denken en redeneren te maken hebben of met het leren van taal. Er zijn ook gebieden die te maken hebben met bewustzijn en met het reguleren en plannen van gedrag. Voor de ontwikkeling van de verschillende hersengebieden zijn er een aantal gevoelige perioden. Dit is aangetoond in diverse studies, bijvoorbeeld van kinderen die een periode lang niet in aanraking kwamen met mensen. Ook studies van kinderen die de benodigde stimulerende ervaring misten op een bepaald gebied hebben informatie opgeleverd over de functies van de verschillende hersengebieden. Beroemd zijn de verhalen van kinderen die bij dieren opgroeien, dus zonder taal. Het is voor deze kinderen zeer moeilijk om de taal nog goed te leren, ook later in een andere situatie. Het taalgebied in hun hersenen is onderontwikkeld en er zijn relatief weinig verbindingen tussen de zenuwcellen in dit gebied.

| gevoelige perioden

Het brein is echter ook wel flexibel, zeker bij jonge kinderen. Wanneer door omstandigheden bepaalde hersengebieden zich niet goed ontwikkelen of beschadigd raken, is het mogelijk dat andere hersengebieden die functies overnemen. Meestal is de kwaliteit van die functies dan wel minder goed.
De volgorde waarin bepaalde gebieden van de cortex zich ontwikkelen, hangt samen met de ontwikkeling van bepaalde capaciteiten en vaardigheden. Zo groeien de auditieve en visuele cortex (verantwoordelijk voor horen en zien) heel hard tussen de leeftijd van 3-4 maanden en 1 jaar. In die periode ontwikkelt de auditieve en visuele waarneming zich zeer sterk.
De gebieden die verantwoordelijk zijn voor het bewegen en controleren van hoofd, armen en borst ontwikkelen zich eerder dan de gebieden die de benen en romp controleren. Dit vind je terug in de volgorde van de motorische ontwikkeling (zie paragraaf 3.5). Het laatst ontwikkelen zich de frontale kwabben, die verantwoordelijk zijn voor het denken, het bewustzijn en het sturen en plannen van gedrag. Zelfs in de puberteitsperiode vindt op dit gebied nog ontwikkeling plaats. Het brein is pas volledig ontwikkeld rond de leeftijd van 23-25 jaar.

| frontale kwabben

De afzonderlijke hersengebieden specialiseren zich allemaal in een bepaalde taak. Dit proces heet lateralisatie. Bij de meeste mensen gebeurt dit ongeveer op dezelfde manier, maar er zijn zeker individuele verschillen. Een voorbeeld hiervan is de specialisatie van de hersenhelften, de hemisferen. Die specialisatie verloopt niet voor alle mensen hetzelfde. We verschillen in welke hemisfeer dominant is voor bepaalde functies. Deze dominantie komt het makkelijkst zichtbaar naar voren in het hebben van een duidelijke voorkeurshand.

| lateralisatie

Bij mensen die rechtshandig zijn (90 procent) is de linkerhersenhelft beter in staat tot het uitvoeren van complexere vaardigheden dan de rechterhersenhelft. De fijne handcontrole huist dan – evenals de taalvaardigheden – in de dominante hersenhelft. Bij linkshandigen is de lateralisatie vaak iets minder sterk. Zo kan iemand schrijven met links, maar tennissen en voetballen met rechts. Een klein deel van de mensen is ambidexter, dat wil zeggen dat ze sommige taken zowel links als rechts goed kunnen uitvoeren.

| hersenhelften

Beide hersenhelften ontvangen zintuiglijke informatie van een helft van het lichaam en controleren ook een helft van het lichaam. De linkerhemisfeer staat in verband met de rechterlichaamshelft en andersom. Verder is bij de meeste mensen de linkerhemisfeer verantwoordelijk voor talige activiteiten en positieve emoties (zoals blijdschap). De rechterhemisfeer is vooral verantwoordelijk voor ruimtelijke capaciteiten, zoals het schatten van afstanden, het vinden van de weg en visueel-ruimtelijk inzicht, en tevens van negatieve emoties (zoals stress).
Het lateralisatieproces is ongeveer voltooid rond het 8e tot 10e jaar. De hersenen zijn vanaf dat moment ook minder flexibel. In geval van hersenbeschadiging worden functies vanaf dan ook moeilijker door andere hersengebieden overgenomen.

3.4 ZINTUIGLIJKE ONTWIKKELING: ZO GAAT HET MEESTAL

'Kijk, hij kent ons al heel goed, hij lacht naar ons!' Iedereen kent de verrukking van kersverse ouders wanneer hun baby al na een paar dagen naar hen lijkt te lachen. Helaas kan hun baby hen nog niet echt herkennen, althans niet visueel. Wat een pasgeborene kan zien, is nog heel diffuus. De eerste echte sociale glimlach duikt pas later op, als de baby echt onderscheid kan maken tussen de verschillende dingen die hij om zich heen ziet en hoort. Maar het blijft een lief gezicht!

Een pasgeboren baby is al vrij goed in staat tot horen, proeven, voelen en ruiken. Dit heeft hij al kunnen oefenen in de baarmoeder. Het zien moet nog het meest worden ontwikkeld. Ook het horen ontwikkelt zich nog sterk, zeker waar het gaat om de voorbereiding op het leren van de taal.

| van passief naar actief

De zintuiglijke ontwikkeling verloopt van passief naar actief. Eerst komt van alles op een baby af zonder dat hij daar bewust mee bezig is. Later gaat hij zelf meer actief waarnemen. Hij is dan ook steeds meer in staat betekenis te geven aan wat hij ziet of hoort. Hij herkent bepaalde geluiden en dingen die hij ziet en heeft er vaak ook al een associatie bij. Zo koppelt hij het zien van zijn ouders al snel aan eten, verzorging of aandacht krijgen. De ontwikkeling van het denken speelt hierin dus ook een rol.

3.4.1 HOREN

Baby's van een paar dagen oud bewegen hun ogen en hoofd al in de richting van een geluid. In de eerste 6 maanden leren ze steeds beter bepalen waar een geluid vandaan komt. Ook worden ze steeds beter in het schatten hoe ver weg iets is. In het eerste jaar bereidt een baby zich voor op het leren van taal.

Doordat hij steeds zijn moedertaal om zich heen hoort, leert hij welke klankeenheden in die taal belangrijk zijn en hij leert ook zich daar steeds meer op te richten. Al heel snel hebben baby's een voorkeur voor menselijke spraakgeluiden boven andere geluidsprikkels, zo blijkt uit onderzoek. Als je aan een baby verschillende geluiden laat horen, waaronder spraakgeluiden, richten ze zich opvallend vaker en ook intensiever op die spraakgeluiden.

| moedertaal

Baby's van 6 maanden letten vooral op de klanken van hun eigen taal en op spraakeenheden. Ze kunnen al klanken uitfilteren die in hun eigen taal niet van belang zijn. Aangetoond is dat het baby's van 7 tot 10 maanden al opvalt wanneer je ze spraakgeluiden met daartussen onnatuurlijke pauzes laat horen. Ze hebben blijkbaar een idee van de manier waarop normale menselijke spraak is opgebouwd. Als ze ongeveer 9 tot 10 maanden zijn, kunnen baby's woordsegmenten (woordeenheden) onderscheiden. Als je bedenkt hoe moeilijk het voor volwassenen is om in een totaal onbekende taal woorden te onderscheiden uit de lange stroom van klanken, is dit opvallend. Baby's lijken al een basisaanleg (predispositie) te hebben voor het leren van hun eigen taal (zie verder hoofdstuk 5)

3.4.2 ZIEN

De meeste mensen ervaren zien als het meest essentieel voor het ontdekken en onderzoeken van hun omgeving. Pasgeboren baby's kunnen nog niet goed hun ogen focussen (scherpstellen). Ze kunnen dus ook nog niet heel scherp zien. Baby's zien op een afstand van ongeveer drie meter even scherp als volwassenen op een afstand van negentig meter. Een gezicht van iemand die op een paar passen van de wieg of box staat, ziet er voor een baby dus heel vaag uit.

Baby's hebben een voorkeur voor het kijken naar gekleurde stimuli, maar ze kunnen nog weinig onderscheid maken tussen kleuren onderling. Kleuren zien ontwikkelt zich ongeveer na 2 maanden. Ook is een baby na ongeveer 2 maanden in staat om te focussen op bepaalde voorwerpen. Als ze 11 maanden zijn, kunnen ze dit ongeveer even goed als volwassenen.

| focussen

Het vermogen tot het volgen van een voorwerp met de ogen ontwikkelt zich in het eerste halfjaar. In de ontwikkeling van het leren zien van diepte wordt duidelijk hoezeer de ontwikkeling van de waarneming verweven is met andere ontwikkelingen, in dit geval vooral de motorische. Voor het zien van diepte is informatie vanuit beweging nodig. Die ontwikkelt een kind door te kruipen. Bij het kruipen is diepte zien weer belangrijk om obstakels te vermijden en niet van de trap te vallen. Beide ontwikkelingen hebben dus wederzijds invloed op elkaar. Om goed diepte te kunnen zien, moet een mens de informatie uit beide ogen en uit de twee bijbehorende visuele velden combineren. De ontwikkeling van het diepte zien bij baby's is onderzocht met de zogenoemde 'visual cliff'-experimenten.

| diepte zien

| visual cliff

De proefopstelling van deze experimenten bestaat uit twee naast elkaar gelegen plateaus, waarvan er een hoog ligt en de ander laag. Het hoge plateau is voor de helft voorzien van een schaakbordpatroon en voor de andere helft van een doorzichtige plaat. Daardoorheen is het lage plateau zichtbaar, met hetzelfde schaakbordpatroon. De visuele informatie wekt dus de suggestie van een afgrond, een visual cliff. Op het moment dat baby's kunnen kruipen, blijken ze al diepte te kunnen zien. Dit wordt zichtbaar doordat ze wel durven kruipen op het hooggelegen schaakbordpatroon, maar stoppen bij het punt waar de doorzichtige plaat begint. Ze houden halt voor het punt waarop er visueel een afgrond lijkt te zijn.

Het gezicht van zijn eigen moeder kan een baby al vanaf de leeftijd van 6 weken herkennen op basis van het middelste deel, dus ogen, neus en mond. Vanaf de leeftijd van 2 maanden beginnen baby's een duidelijke voorkeur te ontwikkelen voor het kijken naar gezichten boven andere patronen, niet alleen van de eigen moeder, ook van andere mensen. Als ze 3 maanden zijn, kunnen ze onderscheid maken tussen verschillende gezichten en ze kunnen dan bijvoorbeeld bekenden onderscheiden van vreemden. Baby's proberen in hun ontwikkeling steeds meer structuren en patronen te ontdekken. Ze gaan hun waarnemingen steeds meer organiseren en interpreteren. Op de leeftijd van 7 tot 10 maanden kunnen ze zelfs al verschillende gezichtsuitdrukkingen onderscheiden.

| gezichten

| patronen

In de ontwikkeling van de waarneming zie je een soort ingebouwde neiging om te zoeken naar ordening en logische samenhang. Binnen die ordening leren kinderen steeds meer verschillen te onderscheiden. Baby's kunnen in de loop van hun ontwikkeling niet alleen steeds meer differentiëren tussen verschillende stimuli die ze zien, maar er ook steeds meer betekenis aan geven. De ontwikkeling van de waarneming maakt dus ook gebruik van de gelijktijdige ontwikkeling van het denken (zie hoofdstuk 6). In de ontwikkeling van het denken, de cognitieve ontwikkeling, heeft een kind namelijk in deze periode geleerd om verschillende waarnemingen met elkaar te associëren, dus aan elkaar te koppelen. Het zien van het flesje wordt geassocieerd met het plezier van het drinken. Ook leert het kind in deze periode ordenen wat hij waarneemt. Hij herkent bepaalde mensen en bepaalde voorwerpen in zijn omgeving en koppelt ze aan elkaar. Hij ziet zijn ledikant, ziet zijn moeder de beweging maken van het trekken aan een koordje van zijn muziekdoosje, herkent het muziekje, herkent de toon en klanken van zijn moeder die iets zegt ('Basje lekker slapen'), het geluid van gordijnen die dichtgaan en herkent dit patroon. Dit heeft hij eerder zo meegemaakt en hij weet wat er volgt:

| ordening

| associëren

| patroon

nu word ik opgepakt en in mijn bedje gelegd. Een baby leert eerst al deze koppelingen van waarnemingen te maken en te onthouden. Hij bouwt een verwachting op. Dit wordt steeds verfijnder. Steeds meer kleine verschillen gaan opvallen. Hij differentieert. Hij gaat het verschil herkennen tussen het schema zoals hiervóór beschreven voor zijn middagdutje en het schema voor de nacht. Dit weet hij bijvoorbeeld doordat hij 's middags niet zijn pyjama aankrijgt, maar 's avonds wel helemaal wordt omgekleed. Of hij weet het doordat hij 's avonds altijd eerst in bad gaat. Het associëren en het ordenen ondersteunt de waarnemingen. Anderzijds is de cognitieve ontwikkeling afhankelijk van de zintuiglijke ontwikkeling. Zonder waarnemingen is er niets te associëren en te ordenen.

3.5 Motorische ontwikkeling: zo gaat het meestal

Zoals we hebben gezien bij de beschrijving van de neurologische ontwikkeling en de ontwikkeling van de waarneming is het bijna onmogelijk om de motorische ontwikkeling los te zien van andere ontwikkelingen. Deze ontwikkelingen zijn van elkaar afhankelijk en beïnvloeden elkaar wederzijds. Een goed voorbeeld daarvan is het leren grijpen.
Om te leren grijpen naar een stuk speelgoed zijn verschillende zintuigen nodig, namelijk zien en voelen. Om de diverse waarnemingen aan elkaar te kunnen koppelen, is een bepaald niveau van neurologische ontwikkeling nodig. Er moeten voldoende verbindingen tussen de verschillende zenuwcellen zijn. Om de beweging van het reiken naar het speeltje en het grijpen ervan goed te kunnen maken, is het ook nog nodig dat de motorische vaardigheden en spierbeheersing voldoende ontwikkeld zijn. De ontwikkeling van die vaardigheden beschrijven we onder de noemer motorische ontwikkeling.

3.5.1 Volgorde van de motorische ontwikkeling

dezelfde volgorde

De motorische ontwikkeling verloopt voor vrijwel alle kinderen in dezelfde volgorde. Ze doorlopen alle ontwikkelingsmijlpalen ongeveer op dezelfde manier. Het moment waarop ze bepaalde vaardigheden beheersen, ligt echter niet vast en varieert van kind tot kind. We geven de volgorde van de verschillende ontwikkelingsmijlpalen hierna weer (in tabel 3.1). De volgorde verloopt volgens een bepaald patroon. Eerst komt het controleren van de hoofdbewegingen, dan pas van de armen en borst. Dit heet de cephalocaudale ontwikkeling. Het beheersen van armen en borst gaat het leren beheersen van de bewegingen van de benen weer voor. Er is ook een ander patroon. Het beheersen van hoofd, borst en armen gaat vooraf aan het beheersen van handen en vingers en het kind beheerst de benen eerder dan de voeten en tenen. Dit is de proximodistale trend. De bewegingen met lichaamsdelen die het verst

weg zijn van het lichaam worden dus later beheerst. De grotere bewegingen komen voor de kleinere, meer precieze bewegingen.
Kinderen maken van het begin af aan bewegingen met alle ledematen, maar dat is dan nog niet bewust. Pas wanneer een kind doelbewust bewegingen maakt met bepaalde ledematen zeggen we dat dit wordt beheerst. Een kind beheerst zijn beenbewegingen pas als hij doelbewust zijn been ergens heen beweegt, bijvoorbeeld om iets weg te schoppen of in beweging te brengen. Het zomaar bewegen met de benen en misschien toevallig ook wat raken, heet nog geen beheersing. Wanneer een kind een bepaalde vaardigheid heeft geleerd te beheersen, noemen we dit een ontwikkelingsmijlpaal. Zo heb je de ontwikkelingsmijlpaal van het los kunnen zitten zonder steun of het bewust kunnen omrollen van de buik naar de rug. Een heel bekende ontwikkelingsmijlpaal is het moment dat een kind zijn eerste stapjes los kan zetten. De ouders onthouden die dag meestal ook en leggen hem het liefst vast op film of foto. Een kind is zelf heel trots en blij als hij een bepaalde ontwikkelingsmijlpaal heeft bereikt. Hij vindt het leuk om iets te kunnen en te voelen dat hij iets beheerst. Dat is op zichzelf al geweldig. En dan met ook nog die enthousiaste reacties van iedereen om hem heen ('Kom eens gauw kijken, Jeremiah loopt!') zal het kind zeker beseffen dat er iets bijzonders aan de hand is.

| ontwikkelingsmijlpaal

Het verloop van de ontwikkelingsmijlpalen in de eerste 3 jaar geven we weer in de volgende tabel. We vermelden steeds van een bepaalde vaardigheid wanneer een minderheid (25 procent) deze bereikt, wanneer het merendeel (90 procent) van de kinderen de betreffende vaardigheid beheerst en wat de gemiddelde leeftijd is waarop kinderen die vaardigheid beheersen.
Sommige baby's kunnen dus al vanaf de leeftijd van 3 weken zitten met steun (25 procent), maar een klein deel van de kinderen doet dit pas als zij al 3 maanden oud zijn. Gemiddeld beheersen kinderen deze vaardigheid als ze 6 weken oud zijn. (Uit: Berk, 2001)

TABEL 3.1

VAARDIGHEID	25 PROCENT	90 PROCENT	GEMIDDELD
hoofd oprichten (liggend op buik)	2 weken	4 maanden	6 weken
zitten met steun (hoofd stil)	3 weken	3 maanden	6 weken
borst omhoog (buikligging)	3 weken	4 maanden	2 maanden
omrollen (van buik naar rug)	3 weken	5 maanden	2 maanden
omrollen (van rug naar buik)	2 maanden	7 maanden	4 1/2 maand

zitten zonder steun	5 maanden	9 maanden	7 maanden
overeind trekken (tot staan)	5 maanden	13 maanden	8 maanden
kruipen	5 maanden	11 maanden	7 maanden
stevig los staan	9 maanden	16 maanden	11 maanden
goed zelf lopen	9 maanden	17 maanden	12 maanden
springen (op de plaats)	17 maanden	30 maanden	23 1/2 maand

Het leren beheersen van een nieuwe vaardigheid komt tot stand door een aantal factoren. Als eerste noodzakelijke factor is er de ontwikkeling van de benodigde neurologische structuren, de netwerken van verbindingen tussen zenuwcellen. De tweede factor is de ontwikkeling van de lichamelijke mogelijkheden tot beweging, zoals spierspanning en spierkracht. Daarnaast zijn omgevingsinvloeden van belang: de omgeving moet het mogelijk maken om bepaalde vaardigheden te oefenen. Als laatste factor is motivatie belangrijk. Omdat een kind een bepaald doel wil bereiken, probeert het de benodigde vaardigheden te ontwikkelen. Een motiverend doel voor een jong kind kan een speeltje zijn dat het graag wil pakken. Of het wil achter zijn moeder aan gaan door de kamer en op de trap.

| neurologische structuren
| spierspanning en spierkracht
| motivatie

Wanneer een bepaalde motorische vaardigheid wordt beheerst, vindt daarna een proces plaats van steeds verdergaande automatisering. De beweging of activiteit gaat dan soepel en als vanzelf en vraagt geen bewuste aandacht meer.

| automatiseren

3.5.2 Grove en fijne motoriek

In de motorische ontwikkeling van kinderen maken we onderscheid tussen de grove (of grote) en de fijne motoriek. De grove motoriek heeft betrekking op de hiervoor beschreven ontwikkelingsmijlpalen in de eerste drie jaar, maar ook op het leren rennen, huppelen, zwemmen en skaten. In een goede ontwikkeling van deze gevorderde motorische taken speelt de motorische coördinatie een belangrijke rol. Door coördinatie worden de verschillende bewegingen op elkaar afgestemd. Bij leren zwemmen moeten de bewegingen van de armen en de benen op elkaar worden afgestemd en gecombineerd. Daarnaast is zo'n arm- of beenbeweging ook weer samengesteld uit deelbewegingen die je met elkaar moet combineren en afstemmen. Evenwicht is ook van belang, zeker bij taken als skaten en fietsen.

| grove motoriek

De fijne motoriek heeft betrekking op het reiken, grijpen en hanteren van voorwerpen en ook op vaardigheden zoals het leren tekenen, schrijven,

| fijne motoriek

knippen, vouwen en plakken en het dichtdoen van ritsen en knopen. De eerste taken die zich op het gebied van de fijnere motoriek ontwikkelen, zijn het gericht reiken en grijpen. Deze vaardigheden beginnen grof en ongericht, maar ontwikkelen zich tot steeds nauwkeuriger en beter gecoördineerde acties. Een pasgeborene zwaait en maait met zijn armen in de richting van een voorwerp. Het is meer toevallig wanneer het lukt om het betreffende voorwerp te raken. Dit reflexmatig bewegen verdwijnt rond de leeftijd van 7 weken. Op de leeftijd van ongeveer 3 maanden ontstaat het bewust reiken, waarna het reiken steeds meer in nauwkeurigheid toeneemt. Een kind op deze leeftijd vindt het nog even gemakkelijk om te grijpen naar iets wat het hoort als naar iets wat het ziet.

| reiken

Op de leeftijd van ongeveer 5 maanden kan een kind naar bewegende voorwerpen reiken en kan het inschatten wanneer een voorwerp buiten bereik is. In het begin reikt het met twee armen tegelijk. Pas als het 7 maanden is, kan een kind een arm onafhankelijk van de andere bewegen. Met het reiken ontwikkelt ook het grijpen. De pasgeborene grijpt in een soort reflex. Wanneer iets de handpalm raakt, knijpt het zijn hand dicht. Rond de leeftijd van 4 tot 5 maanden is een baby in staat om beide handen te gebruiken in het verkennen van voorwerpen. Kinderen van 1 jaar oud kunnen met hun duim en wijsvinger in een pincetgreep voorwerpen vastpakken. Wanneer een kind het reiken en grijpen voldoende beheerst (met ongeveer 8 tot 11 maanden), verlegt het zijn aandacht naar de effecten van dit gedrag en gaat het bijvoorbeeld zoeken naar verstopte speeltjes.

| grijpen

Wanneer de controle van handen en vingers verder ontwikkelt, kunnen peuters duploblokjes op elkaar zetten, torens bouwen en eenvoudige puzzels maken. Ze gaan hier volop mee experimenteren. Ouders moeten dus alert zijn in deze periode, want het duwen van blokjes in een vormenkubus is even leuk als het proberen of een Playmobilpoppetje in een stopcontact of sleuf van een apparaat past.

Kinderen tussen 2 en 3 jaar leren zelf hun kleren aan- en uittrekken (behalve knoopsluitingen en andere ingewikkelder dingen) en een lepel gebruiken bij het eten. De zelfredzaamheid neemt hiermee toe. De fijne afstemming is bij dit soort vaardigheden in het begin nog moeilijk. Een vaardigheid als het eten met een lepel houdt heel wat deelvaardigheden in. Je moet iets op een lepel zien te krijgen, liefst aan de goede kant, je moet de lepel recht zien te houden en dan ook nog voorzichtig naar je mond bewegen. Dit gaat zeker niet in een keer goed.

| fijne afstemming

Tussen 3 en 4 jaar ontwikkelen kinderen vaardigheden als grote knopen zelf open- en dichtmaken en zelf eten. Ze kunnen een verticale lijn of een cirkel natekenen, iets eenvoudigs knippen en ze beginnen mensfiguren te tekenen. Op deze leeftijd zijn dat nog de zogenoemde 'koppoters', hoofden met meteen daaraan vast de benen getekend.

| tekenen

koppoter, 3 1/2 jaar

Kleuters van 4 tot 5 jaar oud, dus leerlingen van groep 1 van de basisschool, zijn meestal in staat om een eenvoudige vorm uit te knippen. Ze kunnen driehoeken, kruisen en eenvoudige letters natekenen. De kinderen tekenen de letters in dit stadium nog, ze maken ze nog niet in een schrijfbeweging. Het leren van het schrijven in de juiste schrijfrichting is een vaardigheid die pas later volgt.

mens, 5 jaar

Kinderen tussen 5 en 6 jaar, doorgaans leerlingen van groep 2 van de basisschool, kunnen meer complexe mensfiguren tekenen met een hoofd, een romp en met armen en benen. Eenvoudige woordjes en hun eigen naam kunnen ze meestal wel schrijven, met grote en onregelmatige letters. Kinderen van deze leeftijd kunnen nog beter zelfstandig eten en ze kunnen ook al hun eten een beetje in stukken snijden. Ook leren ze op deze leeftijd zelf hun schoenen dichtmaken, niet alleen met klittenband, maar ook met veters. Veters strikken is een complexe fijnmotorische taak, waarbij ook het geheugen een belangrijke rol speelt. Om dit te leren, moeten kinderen in staat zijn de verschillende tussenstappen te onthouden en ze ook nog in een bepaalde volgorde uitvoeren.

schrijven

Het leren schrijven ontwikkelt zich met voorbereidende schrijfoefeningen en het oefenen met schrijfbewegingen van links naar rechts. Kleuters en beginnende schrijvers in groep 3 maken de lettertekens nog heel groot en onregelmatig. Ze beginnen vaak met het schrijven van hoofdletters, omdat deze zijn opgebouwd uit rechte lijnen en hoeken, die ze tamelijk gemakkelijk kunnen maken. Pas later gaan ze de schrijfletters maken met hun ingewikkelder vormen en krullen.

Het schrijven ontwikkelt zich verder naar steeds meer regelmatigheid in vorm en grootte. Bij het kopiëren van letters schrijven veel kleuters en kinderen in groep 3 gespiegeld. In groep 4 moet dit wel ongeveer verdwenen zijn, met de verdergaande lateralisatie van de hersenfuncties.

jongetje (7) wil graag zijn zakgeld

rennen

fietsen

Op het gebied van de grove motoriek zijn de volgende ontwikkelingen te zien vanaf de belangrijke mijlpalen die we al in tabel 3.1 hebben aangegeven. Tussen 1½ en 2 jaar gaan kinderen steeds steviger en ritmischer lopen en ontwikkelen ze ook het vermogen tot rennen. Kinderen tussen 2 en 3 jaar kunnen springen en beginnen ook met ballen te gooien en vangen. Ze bewegen rijdend speelgoed en kunnen daarbij ook een beetje sturen. Fietsen kunnen ze op een driewieler. Tussen 3 en 4 jaar kunnen de meeste kinderen goed een trap op en af lopen en gaandeweg ook steeds meer met maar een voet op de trede, zonder de andere voet steeds bij te trekken. De meesten fietsen nog met zijwieltjes. Wanneer kinderen van deze leeftijd een bal vangen, klemmen ze hem nog tegen hun borst. Tussen 4 en 5 jaar ontwikkelt zich het soepel rennen, het hinkelen en huppelen. Lang niet alle kinderen beheersen dit nog, maar de meesten kunnen het wel aan het eind van groep 2, dus tussen 5 en 6 jaar. Het gooien en vangen lukt steeds beter zonder een bal tegen het lichaam te houden, vaak kunnen ze het met alleen de handen. Gooien wordt ook steeds gerichter gedurende de kleuterperiode. Kinderen tussen 5 en 6 jaar hebben voldoende evenwichtscontrole om te leren fietsen zonder zijwielen. Sommige houden zich al bezig met skaten of skateboarden of met koppeltje duikelen aan een rek.

| gooien en vangen

De meeste kinderen volgen zwemles vanaf de leeftijd van 5 tot 6 jaar. Veel eerder beginnen heeft weinig zin, omdat jonge kleuters nog niet in staat zijn tot de coördinatie van de verschillende bewegingen zoals die bij zwemmen nodig zijn.

| zwemmen

Kinderen vanaf groep 3 van de basisschool (dus vanaf 6-7 jaar) ontwikkelen hun grove motoriek steeds verder. Dit doen ze zowel door de gymlessen op school als door sport en spel in hun vrije tijd. Veel buitenspelen bevordert de ontwikkeling van de grove motoriek. De motorische vaardigheden breiden zich uit op het gebied van flexibiliteit en soepelheid, kracht en wendbaarheid. Ook worden de bewegingen steeds meer geautomatiseerd. Dat geeft de mogelijkheid tot combinatie. Zo kunnen kinderen soepel rennen en ook nog zicht op de bal houden. Ze kunnen een bal gericht schoppen of gooien terwijl ze aan het rennen zijn. Ook de evenwichtscontrole neemt toe, zodat ze snel van richting en beweging kunnen veranderen. Kinderen zijn ongeveer vanaf groep 3-4 in staat tot het deelnemen aan teamsporten.

3.6 Wederzijdse beïnvloeding

We hebben de neurologische, de zintuiglijke en de motorische ontwikkeling in het voorgaande apart besproken. Steeds blijkt echter dat de verschillende ontwikkelingen weliswaar parallel verlopen, maar dat ze elkaar wederzijds ook sterk beïnvloeden. Een goed verlopende neurologische ontwikkeling is essentieel voor alle andere ontwikkelingen van een kind. Daarnaast zagen we dat de ontwikkeling van de verbindingen tussen de verschillende hersencellen afhankelijk is van ervaring. Die kan een kind opdoen dankzij ontwikkeling van de zintuigen en de motoriek.

Ook de ontwikkeling van het denken (zie hoofdstuk 6) is afhankelijk van de ontwikkelingen die we hier hebben beschreven. Tegelijkertijd is het leggen van associaties en verbanden heel belangrijk voor de motorische en zintuiglijke ontwikkeling. Een kind kan alleen leren grijpen naar een voorwerp als het de informatie uit alle zintuiglijke kanalen goed gebruikt.

Een goede motorische ontwikkeling is van groot belang voor de ontwikkeling van het denken en het begrijpen van de omgeving. Veel bewegen stimuleert de cognitieve ontwikkeling. Om de omringende wereld te kennen, heb je een maatstaf nodig. Hiervoor gebruik je in eerste instantie het eigen lichaam. Daarvoor is de motoriek heel belangrijk. Een lichaamsdeel dat je kunt bewegen, krijgt een bepaalde zintuiglijke betekenis. Dit duiden we aan als een

| maatstaf

kinesthetische ervaring, het voelen van een beweging. Door deze bewegingservaringen ontwikkelt een kind een idee van hoe zijn eigen lichaam in elkaar zit. Dit heet het lichaamsschema.

| lichaamsschema

Het voelen en beseffen dat een bepaald lichaamsdeel er is en dat een bepaalde bewegingservaring mogelijk is, zorgt ervoor dat het kind dat lichaamsdeel effectief gaat benutten. Door te spelen met de eigen handjes, wat baby's vaak doen, leren ze de motorische mogelijkheden daarvan kennen. Voor het verkennen en hanteren van voorwerpen is het leren inschatten van de afstand van belang. Dit gebeurt aan de hand van de armlengte. Door in aanraking te komen met voorwerpen in de omgeving ontdekken ze dat iets wel of niet binnen hun bereik ligt. Gaandeweg kunnen ze dit steeds beter inschatten. Door te kruipen en te lopen wordt het besef van de ruimte om hen heen steeds meer uitgebreid en verfijnd. Hierdoor ontstaat het inzicht in tweedimensionale en driedimensionale figuren en overzicht over de ruimte. We noemen dit het visueel-ruimtelijk inzicht. Het visueel-ruimtelijk inzicht is een belangrijke basis om te leren rekenen. Ruimtelijk inzicht is namelijk nodig voor het begrijpen van grootte, hoeveelheden en de getalsstructuur. Ook de ordening in tijd (dagen van de week, klokkijken) steunt op ruimtelijk inzicht.

| visueel-ruimtelijk inzicht

3.7 SOMS GAAT HET ANDERS

We hebben gezien dat een voldoende verlopende neurologische, zintuiglijke en motorische ontwikkeling van groot belang is voor de verdere ontwikkeling. Om de ontwikkeling goed te laten verlopen is het belangrijk om afwijkingen op tijd te signaleren. We hebben het hier over afwijkingen die aanzienlijk verschillen van het gemiddelde, niet over een klein verschil of een lichte achterstand in de ontwikkeling. Signaleren is belangrijk, omdat een probleem op het ene ontwikkelingsgebied gevolgen heeft voor andere ontwikkelingen. Wanneer een kind een probleem heeft met de visuele zintuigen en onvoldoende ziet, zal dit zijn verdere ontwikkeling belemmeren. Een jong kind kan dit zelf niet aangeven. Het heeft namelijk alleen zijn eigen visuele mogelijkheden als maatstaf. Hetzelfde geldt voor een kind dat niet goed hoort. Als dit langere tijd zo is, weet het kind zelf immers niet wat het mist. Goed observeren is belangrijk. Zo kan een extreem teruggetrokken en schrikachtig kind een kind zijn dat heel veel informatie uit de omgeving mist en zich daardoor onzeker voelt. En bij een kind dat heel weinig lijkt te begrijpen, kan het zijn dat het de instructie niet goed hoort. Een kind dat onhandig lijkt, veel struikelt en tegen dingen op loopt, zou problemen kunnen hebben met diepte zien.

Wanneer kinderen bepaalde problemen hebben in hun functioneren, is het dus altijd belangrijk om na te gaan of informatie wel goed bij hen binnenkomt. Wat betreft de motorische ontwikkelingsmijlpalen is het gunstig wanneer een kind in elk geval alle stadia doorloopt, ongeveer binnen de normale marge. Toch is het niet meteen een probleem als het zich trager dan gemiddeld ontwikkelt. Wanneer de vertraging zeer opvallend is of wanneer een kind zich bepaalde belangrijke motorische vaardigheden niet goed eigen maakt, is dit wél een reden om verder te kijken. Nader onderzoek door een fysiotherapeut of kinderarts is dan aan te raden.

| vertraagde motorische ontwikkeling

Bij kinderen in de kleuterleeftijd die motorisch onhandig zijn of een licht vertraagde motorische ontwikkeling doorlopen, is het belangrijk na te gaan of en in welke mate dit belemmerend is. Wanneer het kind er zelf last van heeft, is het extra belangrijk er iets aan te doen. Een kind kan zich heel onzeker voelen door een moeizame motoriek. Als de fijne motoriek of de motorische coördinatie veel achterblijft, ook ten opzichte van de verdere ontwikkeling van het kind, is het ook belangrijk dat nader te onderzoeken. Mogelijk is er sprake van een motorische stoornis of een motorisch ontwikkelingsprobleem. De eerst aangewezen weg is dan via een jeugdarts. Die kan doorverwijzen naar een kinderfysiotherapeut of Cesartherapeut voor verder onderzoek of motorische training.

| motorisch ontwikkelingsprobleem

3.8 PROBLEMEN EN STOORNISSEN

De neurologische, zintuiglijke en motorische ontwikkeling beïnvloeden elkaar wederzijds. Daarom zullen handicaps of belemmeringen die zich voordoen op een bepaald gebied gevolgen hebben voor de ontwikkeling op de andere gebieden. We bespreken de problemen vanuit het gebied waar ze worden veroorzaakt of waar ze zich primair voordoen.

3.8.1 NEUROLOGISCHE PROBLEMEN

Op het gebied van de neurologische ontwikkeling zijn aandoeningen bekend die aangeboren zijn en het gevolg van erfelijke aanleg. Voorbeelden hiervan zijn het syndroom van Down, andere genetische aandoeningen of epilepsie. Ook zijn er neurologische aandoeningen of stoornissen die het gevolg zijn van hersenbeschadiging. Dit kunnen hersenbeschadigingen zijn ten gevolge van omstandigheden rondom de geboorte of er zijn later in de ontwikkeling problemen ontstaan die hersenbeschadiging tot gevolg hebben, bijvoorbeeld infectieziekten (zoals meningitis) of ongelukken. Welke gevolgen de verschillende hersenbeschadigingen hebben, hangt af van de ernst en van welk hersengebied is aangedaan. Sommige functies kunnen volledig intact zijn, terwijl er zich op andere gebieden problemen voordoen. Een hersenbeschadiging of aangeboren afwijking kan een kind in zijn verstandelijke ontwikkeling belemmeren. Wanneer deze belemmering in de verstandelijke ontwikkeling ernstig is, noemen we dit een verstandelijke beperking (zie hiervoor hoofdstuk 5).

| neurologische aandoeningen

| hersenbeschadiging

De hersenen van kinderen zijn nog in ontwikkeling, ze hebben nog een bepaalde flexibiliteit. Wanneer de functies van bepaalde hersengebieden verloren zijn gegaan, is het mogelijk dat een ander hersengebied die functies

| flexibiliteit

overneemt. De kwaliteit van het functioneren op dat gebied is dan meestal minder goed.

3.8.2 Neurobiologische ontwikkelingsstoornissen

Een speciale categorie van neurologische stoornissen zijn de neurobiologische ontwikkelingsstoornissen. Kenmerkend voor deze groep ontwikkelingsstoornissen is dat het problemen zijn waarbij hersenafwijkingen een belangrijke rol spelen. Ze worden ontdekt in de kindertijd, maar mensen hebben er nog langer in hun leven, vaak tot in de volwassenheid last van. De belangrijkste neurobiologische ontwikkelingsstoornissen zijn:

| neurobiologische ontwikkelingsstoornissen

- verstandelijke ontwikkelingsstoornis
- ADHD (aandachtsdeficiëntie-/hyperactiviteitsstoornis)
- ASS (autismespectrumstoornis)
- DCD (coördinatieontwikkelingsstoornis)
- ticstoornissen.

Een verstandelijke beperking geeft problemen binnen het verstandelijk functioneren en binnen het aanpassend vermogen op sociaal en emotioneel gebied. Meer over deze beperking wordt besproken in hoofdstuk 6. Een bekende neurobiologische ontwikkelingsstoornis is ADHD (aandachtsdeficiëntie-/hyperactiviteitsstoornis). Kinderen met ADHD hebben aandachts- en concentratieproblemen, en hebben daarnaast moeite met het beheersen van impulsen, waardoor ze overbeweeglijk zijn en impulsief in hun handelen. (zie voor een beschrijving van ADHD verder hoofdstuk 7). Een andere belangrijke neurobiologische ontwikkelingsstoornis is ASS, een autismespectrumstoornis. Kern van deze problematiek is dat er een stoornis is in de sociale communicatie en sociale interactie. Zie hiervoor verder hoofdstuk 5.
Van een ticstoornis is sprake wanneer een kind onwillekeurige bewegingen vertoont die niet bewust kunnen worden gecontroleerd. Het gebeurt vanzelf. Voorbeelden van dergelijke tics zijn overmatig oogknipperen, hoofdschudden, steeds kuchen, bepaalde trekkingen in het gezicht of met de handen of benen. Er zijn veel kinderen in de basisschoolleeftijd die tijdelijk tics hebben. Die gaan vanzelf over. Vaak doen die tics zich voor in een spannende periode of in bijzondere situaties. Wanneer een kind langdurig tics vertoont (meer dan een jaar) en het aantal tics zich ook uitbreidt, zou er sprake kunnen zijn van een ticstoornis.

| ticstoornis

3.8.3 Zintuiglijke problemen en handicaps

Zintuiglijke problemen hebben meestal vergaande gevolgen voor de verdere ontwikkeling van een kind. Een deel van de input ontbreekt en dit maakt het moeilijk bepaalde vaardigheden te ontwikkelen.

| blind of slechtziend

In de ontwikkeling van blinde of slechtziende kinderen heeft het ontbreken van gezichtsvermogen de grootste gevolgen voor de motorische ontwikkeling en onderdelen van de cognitieve ontwikkeling, vooral het visueel-ruimtelijk inzicht. Kinderen die slecht of niet kunnen zien ontwikkelen vaak een extra scherp waarnemingsvermogen op andere gebieden. Veel meer dan ziende kinderen benutten ze geluiden als aanduidingen van de plaats waar iemand zich bevindt. Subtiele verschillen in spraakintonatie zijn voor hen aanwijzingen voor hoe iets door iemand wordt bedoeld. Ze gebruiken dit extra sterk omdat ze de gezichtsuitdrukking niet kunnen zien.

| doof of slechthorend

Kinderen die doof of slechthorend zijn, maken juist weer extra intensief gebruik van visuele informatie om het gemis aan auditieve informatie te compenseren. De gevolgen van doofheid zijn vooral terug te vinden in de ontwikkeling van de taal (zie hoofdstuk 5). Slechthorende kinderen kunnen heel moeilijk de koppeling leggen tussen wat ze horen en wat ze verder zien en ervaren. Kinderen die volledig doof zijn, zijn aangewezen op gebarentaal en liplezen. Daarmee zijn ze aanzienlijk belemmerd in de taalontwikkeling.

3.8.4 Motorische problemen en belemmeringen

Lichamelijk gehandicapte kinderen ondervinden door hun belemmering niet alleen gevolgen voor de ontwikkeling van de motoriek, maar ook voor de cognitieve ontwikkeling. Door de motorische beperkingen ontwikkelen ze een minder goed visueel-ruimtelijk inzicht. Vaker dan kinderen met goede motorische mogelijkheden kunnen ze daardoor problemen ondervinden met het leren rekenen. Behalve duidelijke handicaps zijn er ook lichtere motorische problemen en belemmeringen zoals DCD, een motorische ontwikkelingsstoornis.

Coördinatieontwikkelingsstoornis

| DCD

Een coördinatieontwikkelingsstoornis staat ook wel bekend onder de Engelse term DCD (developmental coordination disorder) of dyspraxie. Het is een stoornis in de motorische ontwikkeling bij kinderen die het gevolg is van een vertraagde rijping. Kinderen met DCD zijn motorisch onhandig, ze zijn traag en onnauwkeurig in het uitvoeren van motorische vaardigheden en hebben moeilijkheden met de coördinatie tussen verschillende bewegingen. Een vaardigheid als zwemmen, waarbij ze de bewegingen van armen en benen op elkaar moeten afstemmen, is voor kinderen met deze problematiek heel moeilijk om te leren. Ook worden bewegingen moeilijk geautomatiseerd. Heel lang blijven ze bewuste aandacht nodig hebben voor leren gooien en vangen of leren fietsen. De afstemming van verschillende bewegingen op elkaar verloopt niet vloeiend. Rennen is ook een heel moeilijke vaardigheid voor kinderen met een dergelijk motorisch ontwikkelingsprobleem. Links en rechts werken moeilijk samen. Meestal zullen deze kinderen de belangrijkste vaardigheden wel verwerven, maar ze blijven toch enigszins motorisch onhandig.

Ze rennen wel, maar doen dat net even minder soepel dan leeftijdsgenoten. Ze kunnen wel leren tennissen of voetballen, maar minder gemakkelijk en soepel dan andere kinderen. Ze hebben meer oefening nodig. De motorische onhandigheid is ook vaak te zien bij andere handelingen. Een kind met een coördinatieontwikkelingsstoornis of een probleem dat daarop lijkt, zal net even vaker dan anderen een beker omstoten, zichzelf bezeren aan de tafel of per ongeluk iets omverschoppen. Als mensen in zijn omgeving daar negatief of vervelend op reageren, kan het kind zich ook echt onhandig gaan voelen en heeft zijn motorische onhandigheid ook gevolgen voor zijn zelfvertrouwen. Leren schrijven geeft vaak problemen voor kinderen met een motorisch ontwikkelingsprobleem. Ze automatiseren de schrijfbeweging traag en schrijven letters lang gespiegeld. Kinderen met een coördinatieontwikkelingsstoornis leren meestal moeilijk het verschil tussen links en rechts en ze hebben ook vaak moeite met het verwerven van ruimtelijk inzicht. Kinderen met leerproblemen hebben vaker dan gemiddeld ook last van een coördinatieontwikkelingsstoornis. We kunnen kinderen met dit soort problemen steunen in hun ontwikkeling door Cesartherapie of kinderfysiotherapie. In zo'n therapie kunnen ze de bewegingen oefenen en de bewegingspatronen automatiseren. Daarnaast is het belangrijk om thuis en op school zo veel mogelijk te oefenen met allerlei vormen van beweging en spel en vooral ook het plezier hierin te stimuleren.

3.9 Van theorie naar praktijk

In het praktijkfragment aan het begin van dit hoofdstuk illustreren Yassin en Samira hoe verschillend kinderen zich kunnen ontwikkelen. Ze zijn even oud, maar zijn heel verschillend in hun motoriek.
Samira is motorisch al behendig en mobiel. Ze verkent de hele ruimte. Yassin is een kind dat motorisch veel minder ver is in zijn ontwikkeling. Hij kruipt nog niet, maar zit rustig op zijn speelkleed. Dit hoeft helemaal geen probleem te zijn. Yassin lijkt er niet onder te lijden en maakt een tevreden indruk. Als Yassin goed gezond is en zich verder goed ontwikkelt, is er op dit moment nog niet echt reden tot zorg. Misschien vindt hij het leuk om zijn omgeving te observeren en neemt hij van alles in zich op. Het kan ook zijn dat Yassin al heel ver is in zijn taalontwikkeling en dat daar veel van zijn energie in is gaan zitten.
Toch is het wel raadzaam voor de moeder van Yassin om zijn motorische ontwikkeling in de gaten te houden. Kan hij met steun op zijn benen staan? Zijn de spierspanning en de spierkracht in orde? Bij een volgend bezoek aan het consultatiebureau is het prettig wanneer de kinderarts daar even naar kijkt.
Wanneer alle lichamelijke voorwaarden aanwezig zijn om zich verder te ontwikkelen, kan de ontwikkeling nog wel even worden afgewacht. Het kan wel positief werken om hem op een speelse wijze een beetje proberen te stimuleren in zijn ontwikkeling. Yassins moeder kan dit zelf doen, bijvoor-

beeld door hem een leuk speeltje aan te bieden dat net buiten zijn bereik ligt, dat hem zou kunnen motiveren om zich erheen te bewegen. Of ze kan in spelvorm veel samen met hem bewegen en hem meenemen naar een speeltuin. Door hem te laten kennismaken met het plezier van bewegen, kan Yassin gemotiveerd worden om zich verder te ontwikkelen. Heeft dit allemaal geen effect, dan kan zijn moeder de hulp inroepen van een kinderfysiotherapeut of Cesartherapeut. Die kan verder motorisch onderzoek doen en gericht met Yassin oefenen. Wie weet zijn Yassin en Samira over 5 jaar alsnog samen aan het skaten!

Hoofdstuk 4

Een eigen identiteit

HOOFDSTUK 4

Een eigen identiteit

Lieke (6) is het jongste kind uit een gezin dat uit vader, moeder en vier kinderen bestaat. Lieke was vanaf de geboorte een vrolijk, snel en stoer kind. Als peuter noemde ze zichzelf 'jomme', dat jongen betekende. Ze gedroeg zich als een jongen en voelde zich een jongen. Haar ouders maakten er geen punt van, al zeiden ze wel dat Lieke zich weliswaar een jongen voelde en er als een jongen uitzag, maar dat ze wel een meisje was. Er zijn immers ook stoere meiden, hielden ze haar voor. Voor Lieke was het echter niet genoeg om een stoere meid te zijn. Op de basisschool was ze verdrietig als de juf haar een meisje noemde en ze kwam zelf met de oplossing dat ze een jongen-meisje was. 'Weet je mama,' vertrouwde ze haar moeder 's avonds toe, 'iedereen hoort tot een soort, alleen ik niet. Er zijn geen andere jongen-meisjes en daarom snappen kinderen dat niet.' Toen ze 5 jaar was, vroeg ze om stilte tijdens het avondeten. Ze ging erbij staan en sprak het gezin plechtig toe. 'Jullie weten dat ik eigenlijk een jongen ben. Maar ik ben fout geboren. Ik ben geboren als meisje en dat was foute boel. Zo, nu weten jullie het.' Lieke komt nadrukkelijk op voor haar eigen identiteit.

4.1 INLEIDING

Aanvankelijk gaat een baby nog op in zijn omgeving en ervaart hij nog geen onderscheid tussen zichzelf en de anderen. De wereld, dat is hij zelf! Rond de leeftijd van anderhalf jaar gaat dit veranderen. Er ontstaat een besef bij het kind dat het ook apart bestaat van de wereld om hem heen. Er is een 'ik' en er zijn 'anderen'. Een kind maakt dan een begin met de ontwikkeling van autonomie en zelfstandigheid. Daarmee begint ook de ontwikkeling van het zelfbewustzijn en emoties die daarmee samenhangen. Een kind kan zich schamen of juist trots zijn op zichzelf.
In dit hoofdstuk beschrijven we het proces van de verandering van een baby die de wereld en zichzelf als één geheel ziet, tot een zelfstandig wordende peuter en nog later tot een kind met steeds meer besef van wie hij zelf is. Een kind met een eigen identiteit. Deze ontwikkeling gaat verder in de adolescentiefase en wordt beschreven in hoofdstuk 11.

4.2 Zo gaat het meestal: ontdekken van het ik

In het eerste levensjaar hebben kinderen met hun ouders samen een hechtingsrelatie opgebouwd. Zo heeft het kind een gevoel van basisveiligheid ontwikkeld. Het heeft ervaren dat het veilig is bij zijn ouders en dat het kan rekenen op goede verzorging. De ouders zijn er wanneer het kind hen nodig heeft.

basisvertrouwen

Wanneer een kind het eerste stadium goed heeft kunnen afsluiten, en een goed basisvertrouwen heeft opgebouwd, heeft het een goed uitgangspunt om het volgende stadium succesvol te doorlopen. Vanuit deze veilige basis heeft het ook het vertrouwen om meer te durven loslaten. Hiermee is de mogelijkheid aanwezig om de wereld steeds meer te verkennen. Een kind kan autonomie gaan opbouwen, los van zijn ouders.

autonomie versus schaamte en twijfel

In de ontwikkelingstheorie van Erikson (zie hoofdstuk 2) wordt in deze tweede ontwikkelingsfase gesproken over autonomie versus schaamte en twijfel en psychologisch gezien over loslaten versus vasthouden. Het is de bedoeling dat een kind op een evenwichtige wijze leert omgaan met de eigen autonomie en het vertrouwde durft los te laten.
Wanneer deze ontwikkelingsfase van autonomie versus schaamte en twijfel goed wordt afgerond, verwerft een kind zelfstandigheid en autonomie of in elk geval een goed begin daarvan. Lukt het het kind niet om deze fase goed door te komen, dan kan dit resulteren in een overgevoeligheid voor schaamte en twijfel.
Volgens Erikson wordt het opbouwen van zelfstandigheid bevorderd door ouders die het kind voldoende de ruimte geven. Wanneer ouders te rigide optreden tegen zijn eerste stappen los van hen, kan het kind onzekerheid opbouwen en gaan twijfelen aan eigen kunnen.

4.2.1 Onderscheid zelf en anderen

Jonge baby's maken nog geen onderscheid tussen zichzelf en hun omgeving. Ze gaan als het ware op in hun omgeving. Met hun primaire verzorger hebben ze een symbiotische relatie, dat wil zeggen een relatie van wederzijdse afhankelijkheid. In de periode van het ontdekken van de eigen identiteit ontwikkelt een kind zich van baby die een symbiotische eenheid vormt met de moeder tot een individueel persoon met eigen wensen en behoeften. We noemen dit proces separatie-individuatie. Peuters leren zichzelf te beleven als afgegrensd van de ander.

separatie-individuatie

Margaret Mahler beschreef dit proces, dat plaatsvindt in de periode tussen 5 maanden en 3 jaar. Vanaf de leeftijd van een half jaar gaat een kind de wereld ontdekken, steeds meer los van de moeder. Kinderen van die leeftijd kunnen het aan om af en toe gescheiden te zijn van hun moeder, maar zoeken haar ook met regelmaat op. Op de leeftijd vanaf 1½ jaar worden kinderen zich er steeds meer van bewust dat hun ouders ook individuen zijn met hun eigen wensen en behoeften. Deze komen niet altijd overeen met wat het kind wil. Het kind ervaart dan nogal eens frustraties omdat zijn eigen wensen niet altijd in vervulling kunnen gaan. In reactie hierop wordt het kind boos, driftig en ook verdrietig. Het kind is dus even uit balans. In die tijd wil een peuter dan juist weer heel veel in de buurt van moeder zijn. Een taak voor ouders in deze periode is aan de ene kant het kind voldoende geruststellen en begrip tonen. Aan de andere kant is het ook belangrijk dat ze het kind stimuleren om ook zonder de ouders iets te durven ondernemen. Op de leeftijd van 2 tot 3 jaar kunnen kinderen de separatie van de ouders beter verdragen. Wat hen daarbij helpt is dat ze zich nu een innerlijk beeld van de ouders kunnen vormen. Dit beeld dragen ze met zich mee en dat kan hen troost geven in moeilijke situaties.

| frustraties

| separatie

Eerste besef van zichzelf

Het eerste besef van het bestaan van een 'zelf', een zelfstandig individu, begint te komen wanneer baby's ontdekken dat ze zelf iets in gang kunnen zetten en invloed kunnen hebben op hun omgeving. Ze zien dan dat hun handelingen ertoe doen en dat ze iets kunnen bewerkstelligen. Ze ontdekken dat ze op bepaalde manieren invloed kunnen hebben op hun ouders en voorspelbaar gedrag van ouders kunnen opwekken. Ook gaan ze zien dat ze door te schoppen of slaan tegen een object, zoals een speeltje in de box, een beweging in gang kunnen zetten. In de ontwikkeling van de motoriek is dit besef van het eigen ik als actief element ook essentieel (zie hoofdstuk 3).
Een voorwaarde om dit te kunnen beseffen, is lichaamsgevoel en lichaamsbewustzijn. Het kind kan dan de gevoelde beweging koppelen aan het effect op de buitenwereld. Het zelf voelen dat je huilt kun je koppelen aan de reactie daarop, bijvoorbeeld gevoed worden.

| zelf

| lichaamsbewustzijn

Spiegelbeeld: 'dit ben ik'

Jonge baby's die zichzelf zien in de spiegel reageren daar al op heel jonge leeftijd enthousiast op. Een speeltje waarin een spiegel is verwerkt, is altijd een populair object. Ze glimlachen vriendelijk naar de baby die ze in de spiegel zien en proberen hem aan te raken. Het babygezicht in de spiegel is hen bekend. Ze reageren er positief op, net zoals ze op vertrouwde mensen positiever reageren dan op onbekenden. Op de leeftijd van ongeveer 1½ jaar gaan baby's op een foto of spiegelbeeld reageren met hun naam of de aanduiding 'baby'. Pas een tijd later beseffen ze dat die baby die naar hen teruglacht in de spiegel een beeld van henzelf is. Het is moeilijk om na te gaan wanneer dit precies zo is. Als ouders met hun kind voor de spiegel staan, zeggen ze: 'kijk, daar is Sanne'. Of bij het bekijken van foto's wijzen ze een foto aan met de naam erbij: 'Sanne'. Wanneer kinderen zelf naar hun eigen foto wijzen en 'Sanne' zeggen, kan dat imitatie zijn, zoals het leren van een woord. Wanneer beseffen ze nu echt dat zij zélf dit kind zijn?

| spiegelbeeld

rouge-experiment

Om na te gaan wanneer baby's en peuters echt beseffen dat hun spiegelbeeld of een foto een reflectie van henzelf is, is een onderzoek uitgevoerd met baby's tussen 9 maanden en 2 jaar voor een spiegel (het rouge-experiment van Lewis & Brooks-Gunn, 1979). De baby's werden hierbij recht voor een spiegel gezet. De moeders die erbij in de buurt zaten, deden alsof ze het gezicht van hun kind wilden schoonmaken met een zakdoekje en smeerden daarbij ongemerkt een beetje rode make-up (rouge) op hun neus. De jongste groep kinderen raakte de rode vlek in de spiegel aan alsof dit beeld in de spiegel niets met henzelf had te maken. Van de groep kinderen vanaf 15 maanden gingen enkele aan hun eigen neus vegen om de rode vlek weg te poetsen. Zij hadden al het besef dat het beeld in de spiegel een beeld van henzelf was. Op de leeftijd van 2 jaar begreep de meerderheid van de kinderen dat (75 procent).

representatie

Dit onderzoek geeft aan dat de meeste kinderen rond de leeftijd van 2 jaar begrijpen dat hun spiegelbeeld, een foto of een videobeeld van henzelf echt met henzelf te maken heeft en een representatie van hen is. In het taalgebruik van 2-jarigen vind je de aanduidingen 'ik' en 'zelf ' terug, naast de aanduidingen van het kind met de eigen naam. Soms vergissen ze zich nog en zijn in de war met 'jij' en 'jezelf '. Ze worden immers ook heel vaak 'jij' genoemd door anderen!

4.2.2 Ontwikkelen van autonomie

Met het besef van het bestaan van een 'ik' is er een basis voor het ontwikkelen van zelfstandigheid. Het kind kan een persoon worden met een eigen individualiteit. Hij is zelf iemand, los van de anderen. Peuters ontdekken dat ze niet meer altijd en alleen het lichamelijke contact met hun moeder of andere verzorgers nodig hebben. Ze leren dat contact ook mogelijk is door te kijken of te praten. Ze kunnen dan iets meer afstand verdragen en enige separatie van de ouders hanteren. Ze hebben namelijk geleerd dat hun moeder nog ergens is, ook al zien ze haar even niet. Dit besef heet het begrip van objectpermanentie. Peuters snappen dat iets altijd ergens blijft, ook al zie je het niet. Hoe kinderen dit begrip ontwikkelen, beschrijven we in hoofdstuk 6.

objectpermanentie

Objectpermanentie ontstaat doordat peuters op een gegeven moment het vermogen hebben om zich ergens een mentale voorstelling van te maken. Peuters kunnen zich in hun hoofd een voorstelling maken van hun ouders. Dit helpt hen verdragen dat hun ouders er lijfelijk even niet zijn.
Kinderen die in de eerste ontwikkelingsfase een goede basisveiligheid hebben opgebouwd, kunnen dat extra goed. Het basisvertrouwen dat ze hebben in de ouders helpt hen om zelfstandig meer te durven ondernemen. Ze hebben

namelijk het vertrouwen ontwikkeld dat de ouders er zijn wanneer het nodig is en dat ze altijd terugkomen, ook al zijn ze er tijdelijk niet. Hechten en loslaten zijn aan elkaar gekoppeld. De ouders durven loslaten gaat makkelijker wanneer je juist eerst heel veilig gehecht bent geweest. Voor ouders geldt dat ook. Je kind durven loslaten gaat gemakkelijker wanneer je zelf een goede representatie van gehechtheid hebt en een goed basisvertrouwen.
Om je als kind te kunnen losmaken van je ouders moet je dat ook van je ouders mogen. Je moet de gelegenheid krijgen om te oefenen. Peuters vanaf 1½ jaar hebben een natuurlijke drang tot het vergroten van hun zelfstandigheid. Ze willen zelf hun kleren aandoen en zelf hun schoenen aantrekken. Ze vinden het vaak heel leuk om te helpen met volwassen taken. Het is voor de ontwikkeling van hun gevoel van autonomie en voor hun gevoel van eigenwaarde heel belangrijk dat ze ook de kans krijgen om dit te doen. Door te ervaren dat ze iets zelf kunnen en dat hun ouders bepaalde taken met een gerust gevoel aan hen overlaten, ontwikkelen ze een gevoel van competentie. Ze ontwikkelen het vertrouwen in hun eigen mogelijkheden. Om een kind te helpen zelfstandig te worden, moeten ouders in deze fase leren loslaten. Niet alleen de peuter is bezig met een ontwikkelingsproces van vasthouden en loslaten, maar ook de ouders. Bevorderend voor dit proces bij een peuter is wanneer ouders het geduld kunnen opbrengen om hun kind zelf dingen te laten doen. Wanneer – bijvoorbeeld door tijdgebrek – die eerste pogingen tot zelf doen steeds worden onderbroken door ouders die het wel even snel overnemen, krijgt het kind impliciet de boodschap dat hij het niet goed genoeg doet, en het beter is dat de ouder het voor hem doet. Ouders van peuters doen er dan ook verstandig aan hun tijdschema's wat aan te passen. Tien minuten eerder een vertrek aankondigen geeft een kind de kans zelf zijn jas en schoenen aan te trekken, in zijn eigen tempo. Het krijgt dan echt het gevoel 'ik kan het zelf'.

| autonomie

| competentie

Ontwikkelen van een eigen wil: 'Nee!'

Een kind dat bezig is zijn autonomie te vergroten, gaat steeds meer ervaren dat hij zelf iets kan. Eerst gebruikt het die toenemende zelfstandigheid om juist te doen wat de verzorger van hem vraagt. Jonge peuters helpen graag en trekken zelf hun trui of broek aan. Wanneer ze te horen krijgen 'wat kun jij dat al goed' en 'wat fijn dat je me zo goed helpt', groeit hun zelfvertrouwen. Kunnen voldoen aan de verwachtingen van de ouders en daarvoor positieve feedback krijgen, is uiterst belangrijk voor een jonge peuter. Verder in de ontwikkeling van het eigen ik gaan ze zich juist steeds meer afgrenzen van de ander, om te beginnen van de eigen ouders. Ze gaan zich steeds meer afzetten. Het onderscheid tussen ik en de anderen wordt verscherpt.
Bij het leren van dit onderscheid ontdekken kinderen dat wat zij willen en wat anderen willen vaak niet hetzelfde is. Ze kunnen zich hierin zeer machteloos en hulpeloos voelen en zijn gefrustreerd dat niet alles wat zij willen, kan gebeuren. Ze ontdekken hun eigen wil. In de interactie tussen kind en ouders kan dan veel veranderen. Eerst volgde steevast een opgewekt 'ja' op

| zelfvertrouwen

de vraag 'Max, ga je mee boodschappen doen?' en ineens reageert het kind met een heftig 'nee!' Voor ouders is dat even wennen. Een volgzame dreumes kan in deze periode veranderen in een peuter die boos en driftig kan worden. Peuters ervaren dat ze regelmatig tegen beperkingen aanlopen en vinden dat frustrerend. Ze willen op de bank springen en het mag niet. Ze willen geen boterham eten, maar het moet. Uit verzet kunnen peuters enorme driftbuien laten zien. Sommige peuters gaan zo ver in hun drift dat ze zelfs even stoppen met ademen. Dit verschijnsel staat bekend als een breath holding spell. Peuters kunnen hierbij echt even blauw aanlopen. Dit is beangstigend voor ouders, die soms van schrik reageren door het kind maar snel zijn zin te geven. Dit kan ertoe leiden dat dit soort aanvallen vaker voorkomen. Het gedrag is namelijk beloond door het inwilligen van de eisen van het kind. Beter is dus om er juist niet op te reageren met toegeven, maar het gedrag te negeren. Een kind moet in zo'n driftbui wel voelen dat de ouders in de buurt zijn. Het heeft die geruststelling nodig, want zo'n explosie van boosheid is voor het kind ook angstig. Het kind zelf moet dus vooral niet worden genegeerd, maar wel het gedrag.

| breath holding spell

Peuterpuberteit

De periode waarin peuters hun eigen identiteit, hun eigen ik ontwikkelen, wordt ook wel de peuterpuberteit genoemd. Er is een parallel met de ontwikkeling van adolescenten. Ook zij zijn bezig met hun eigen identiteit en het bepalen van hun eigen plaats. En ook zij zetten zich daarbij vaak af tegen hun ouders en tegen de gevestigde orde (zie hoofdstuk 11). Zo verschillend als adolescenten zijn in de heftigheid van hun puberteit zijn peuters dat ook. Hoe heftig de koppigheidsfase en peuterpuberteit is, hangt onder andere af van het temperament van het kind.

In diverse studies is aangetoond dat kinderen vanaf hun geboorte duidelijke verschillen in temperament laten zien die tamelijk stabiel zijn in de tijd. Van een groep kinderen werd het activiteitsniveau, de prikkelbaarheid, de aandachtsspanne en de sociabiliteit gemeten. In deze groep blijken alleen de meest significante verschillen stabiel te zijn. Vanaf de leeftijd van 2 jaar zijn tamelijk betrouwbare voorspellingen te doen over het temperament in het latere leven. In de eerste twee jaar is het temperament nog sterk aan verandering onderhevig, afhankelijk van de verzorgers en de ontwikkeling van de hersenen.

In hoofdstuk 2 zijn de studies van Thomas en Chess naar temperament besproken. Zij maakten onderscheid tussen baby's met een moeilijk temperament, baby's met een gemakkelijk temperament en een groep 'langzame starters'. Kinderen met een gemakkelijk temperament hebben als baby al snel een duidelijk ritme en regelmatige routines. Ze zijn meestal vrolijk en passen zich gemakkelijk aan bij nieuwe ervaringen. De moeilijke kinderen zijn onregelmatig in hun dagelijkse routines. Ze accepteren moeilijk veranderingen en reageren vaak negatief en heftig. De derde beschreven categorie – langzame starters – is doorgaans minder actief. Ze reageert niet heftig op stimuli uit

| moeilijk temperament

| gemakkelijk temperament

| langzame starters

de omgeving, is minder positief in humeur en past zich trager aan nieuwe dingen aan. Kinderen met een zogenoemd moeilijk temperament zullen zich doorgaans ook heftiger laten gelden als peuter. Ze zijn relatief heftig en fel in hun verzet tegen regels en beperkingen die volwassenen hun opleggen. In de loop van de ontwikkeling leren kinderen steeds beter hun emoties reguleren, invloed op hun omgeving uitoefenen en communiceren, waardoor de manier waarop het temperament tot uiting komt verandert.

Zindelijkheid

Een belangrijke ontwikkeling in het kader van de autonomie in de periode vanaf de leeftijd van 1½ jaar is de zindelijkheidsontwikkeling. In deze ontwikkeling komt het door Erikson beschreven conflict tussen vasthouden en loslaten van dit ontwikkelingsstadium scherp naar voren, zelfs letterlijk. Het is voor het welbevinden van het kind en voor een optimale ontwikkeling van belang dat dit aspect van zelfstandigheidsontwikkeling goed wordt doorlopen.

| vasthouden en loslaten

De meeste ouders beginnen pas met zindelijkheidstraining wanneer het kind aangeeft dat het zich bewust is van het produceren van ontlasting en urine. Een goede ontwikkeling van de zindelijkheid kan het beste worden bewerkstelligd door een soepele, tolerante en consequente houding van de ouders. Door prijzen en aanmoedigen kunnen ouders hun kinderen op een ontspannen en rustige manier leren zindelijk te worden. Een te dwingende houding werkt vaak juist averechts. Het kind voelt zich dan te veel onder druk staan en wordt daardoor belemmerd. Veel kinderen van 3 jaar zijn overdag zindelijk. Op de leeftijd van 4 jaar kunnen de meeste kinderen het plassen uitstellen, maar veel ouders zullen de ervaring herkennen van het in allerijl in een winkel op zoek moeten naar een toilet, omdat het kind dat acuut nodig heeft. Zindelijkheid overdag wordt eerder bereikt dan zindelijkheid 's nachts. Op de leeftijd van 4 jaar is er nog een aanzienlijk aantal kinderen (15-20 procent) dat af en toe (ongeveer een keer per maand) nog in bed plast. Broekplassen overdag komt nog heel weinig voor bij beginnende basisschoolkinderen (2 procent). Meisjes zijn doorgaans eerder zindelijk dan jongens. Aan het einde van de basisschool is er ongeveer nog 7-8 procent van de jongens die nog een keer per maand in bed plast. Oorzaken hiervoor zijn meestal gelegen in genetische factoren en andere lichamelijke factoren. Het bedplassen is vaak een rijpingsprobleem, dat te maken heeft met vertraagde rijping in bepaalde hersendelen die voor deze regulerende functies verantwoordelijk zijn. Bedplassen kan voor een kind heel vervelend zijn als het ouder dan 6 jaar is. Het is dan belangrijk om hier tactvol mee om te gaan. Positief reageren op een droge nacht is prima, maar elke negatieve of teleurgestelde reactie op bedplassen werkt heel negatief voor het kind. Wanneer het bedplassen aanhoudt, kunnen ouders ervoor kiezen om te proberen de zindelijkheid 's nachts met hulpmiddelen te bevorderen. Een veelgebruikt hulpmiddel is een plaswekker. Soms kan bedplassen optreden in perioden van stress en onrust. Het kan een signaal zijn van problematiek bij het kind. Heel

| bedplassen

zelden komt het voor dat bedplassen toegeschreven moet worden aan een inadequate zindelijkheidstraining.

4.2.3 Zelfbewuste emoties

zelfbewustzijn

Met de ontwikkeling van het zelfbewustzijn ontstaan ook de zelfbewuste emoties. Voorbeelden daarvan zijn schaamte, verlegenheid, trots en jaloezie. Een kind wordt zich bewust van de blik en beoordeling van de ander. Bij baby's en jonge peuters zijn alleen nog de primaire emoties zichtbaar, zoals blijdschap, interesse, angst, boosheid en verdriet. De zelfbewuste emoties kunnen zich pas ontwikkelen wanneer er een bepaalde mate van zelfbewustzijn is. Dit is bij de meeste kinderen aan het eind van het tweede levensjaar. Tussen 1½ jaar en 2 jaar kun je bij kinderen zien dat ze hun schaamte of verlegenheid tonen door hun ogen neer te slaan of hun hand voor hun gezicht te houden. Ook kunnen ze vanaf deze periode laten zien dat ze trots zijn op hun eigen prestaties. Jaloezie en schuldgevoel ontwikkelen zich iets later. Bij de meeste kinderen van 3 jaar is dit al een beetje aanwezig. In de ontwikkeling van zelfbewuste emoties spelen ouders en andere verzorgers een belangrijke rol. Zij benoemen die emoties voor hun kinderen en geven aan wanneer een bepaalde emotie passend zou zijn. Ze zeggen dan bijvoorbeeld 'kijk eens hoe goed je al een toren kunt bouwen!' of 'je moet je schamen om spullen af te pakken van je kleine broertje'. Kinderen leren het erkennen en benoemen van emoties dus het eerst van hun ouders.

4.2.4 Zelfconcept

zelfconcept

eigen ik

Het zelfconcept bestaat uit alles wat een persoon naar zijn eigen idee kenmerkt. Het is het beeld van hoe je zelf bent, wat voor persoon je bent. We zagen eerder in dit hoofdstuk hoe het prille begin van het zelfconcept ontstaat. Een peuter moet eerst leren beseffen dat hij niet een geheel vormt met de wereld, maar dat hij een eigen ik heeft. In de babytijd wordt hiervoor een basis gelegd wanneer het kind ontdekt dat het invloed kan uitoefenen op wat er gebeurt. Wat hij zelf doet, leidt tot een reactie in de buitenwereld. Als hij tegen een duikelaar schopt, gaat die bewegen en geluid maken. De koppeling van jezelf iets voelen doen en zien wat er gebeurt, helpt bij het voelen van jezelf als persoon. Een kind van rond de 2 jaar beseft 'dit ben ik' als hij in de spiegel kijkt. Op vakantiefoto's kan hij zichzelf aanwijzen. Na afronding van het separatie-individuatieproces, op ongeveer 3-jarige leeftijd, ontwikkelt het kind het zelfconcept en zelfbeeld verder.

concreet

Het zelfconcept van kleuters tussen 3 en 5 jaar is nog heel concreet. Als je vraagt naar een beschrijving van zichzelf zou een kleuter als volgt kunnen antwoorden: 'Ik ben Thomas en ik heb een Pokémon-trui aan en ik heb heel veel lego'. Vanaf de leeftijd van 5 tot 6 jaar volgt al een beschrijving van zichzelf in iets meer psychologische kenmerken, bijvoorbeeld: 'Ik ben Thomas en ik houd van voetbal.' In de loop van de ontwikkeling gaan kinderen de observaties van eigen kenmerken en eigen gedragingen meer in termen van competenties beschrijven. Kinderen vanaf 7 jaar beoordelen zichzelf meer op basis van sociale vergelijking. Dezelfde jongen kan bijvoorbeeld als hij 8 jaar is van zichzelf aangeven dat hij goed kan voetballen en tennissen, veel vriendjes heeft, maar minder goed is in spelling op school. Pas in de puberteit volgen zelfbeschrijvingen in meer abstracte termen, zoals volwassenen dat ook doen. Een puber kan bijvoorbeeld van zichzelf zeggen dat hij intelligent en sportief is, maar niet erg creatief (zie hoofdstuk 11).

competenties

sociale vergelijking

abstracte termen

In de zelfbeschrijvingen zie je de ontwikkeling van het denken terug. Een kind tussen 7 en 11 jaar denkt nog concreet. Een puber vanaf 12 jaar is in staat tot meer abstract denken en kan zichzelf in abstractere termen beschrijven.

Zelfbeschrijvingen van kinderen ontwikkelen zich van vaag en weinig gedifferentieerd tot steeds beter gedifferentieerd en genuanceerd. Je kunt dit terugzien in de ontwikkeling van de kindertekening, vooral bij een menstekening of een zelfportret. Vanaf 3 jaar zijn kinderen in staat een eerste weergave van een mens of van zichzelf te geven. Ze tekenen schematisch een mensfiguur.

Eerst is dit een hoofd met twee benen eraan (de 'koppoter') en later wordt dit een completer figuur, met een hoofd, lijf, armen en benen. De tekening blijft schematisch en nog zonder specifieke kenmerken waaraan je kunt zien wat voor mens het is. Het kan nog iedereen zijn. Een kleuter tekent zichzelf ongeveer hetzelfde als Sinterklaas of Action Man. Een ouder kind verwerkt meer kenmerken van de persoon in het zelfportret, bijvoorbeeld zijn eigen kapsel, kleding of andere kenmerkende dingen. Vanaf 6 jaar krijgt Sinterklaas zijn kenmerkende mijter en baard en tekent een kind ook duidelijk te onderscheiden andere figuren zoals ridders en prinsessen. In de ontwikkeling van het zelfconcept is ook een ontwikkeling te zien in het ervaren en beseffen dat het zelfconcept tamelijk constant is. Kinderen leren het zelfconcept in stabiele persoonskenmerken te beschrijven en zien het zelf, de eigen persoonlijkheid, als iets wat een gegeven is. Dit noemen we zelf-constantie en dit is het begin van het ontdekken en ontwikkelen van een eigen persoonlijkheid.

koppoter

zelfportret

zelf-constantie

4.2.5 EIGENWAARDE

Het gevoel van eigenwaarde is een evaluatie van het zelfconcept. Het is de waardering voor het eigen zelf, met alle kenmerken en competenties die we daarmee associëren. Een kind kan dus leren dat hij iemand is die aardig is, goed zoals hij is en competent. Dit leert hij door feedback van de ouders en andere belangrijke personen. Gekoppeld aan het gevoel van eigenwaarde zijn de gevoelens die met deze beoordeling samenhangen. Zo kan het gevoel van eigenwaarde positief of negatief zijn. Iemand met een negatief of zwak gevoel van eigenwaarde denkt niet positief over zichzelf en over de eigen competenties en kenmerken. Kenmerkend voor iemand met een zwak gevoel van eigenwaarde en een negatief zelfbeeld is dat hij alles wat hij meemaakt en alle feedback die hij ontvangt negatiever kleurt. Hiermee bevestigt hij het negatievere zelfbeeld. Een kind met een minder goed gevoel van eigenwaarde heeft grote kans op het ontwikkelen van faalangst.

| zelfbeeld

Het gevoel over de eigen competenties wordt gevoed door feitelijke ervaringen en beoordelingen zoals op de voetbaltraining en op school, maar is toch voornamelijk subjectief. Het gaat om een subjectief ervaren gevoel van competenties. Hoe positief we die eigen competenties beoordelen, verschilt sterk individueel. Vaak is dit verschil in zelfwaardering ook blijvend. Sommige kinderen zijn al van jongs af aan heel positief in het benoemen van hun eigen competenties. Zij beoordelen zichzelf ook als volwassene eerder positief. Zo kan een kind dat in een bepaalde groep een gemiddelde prestatie haalt over zichzelf zeggen dat hij niet zo goed was, want veel anderen waren immers beter. Een kind met een sterk competentiegevoel kan over dezelfde prestatie stralend vertellen 'ik was de beste van de slechten!'.

| zelfwaardering

4.2.6 Geslachtsrol en geslachtsidentiteit

Een belangrijk onderdeel van de eigen identiteit is de geslachtsidentiteit of genderidentiteit. Het is een van de aspecten van de eigen identiteit die een constante factor vormt in het ervaren van zelf-constantie. De geslachtsrol is sterk sociaal bepaald. 'Is het een jongen of een meisje?' is een van de eerste vragen die wordt gesteld na de 18-weken echo. Vanaf dat moment worden de verwachtingen van ouders al anders gekleurd. Zo worden baby's al voor de geboorte verschillend benaderd. We kopen andere kleren voor een jongen dan voor een meisje en we richten de babykamer anders in. Vanaf de vroege ontwikkeling gebruiken we andere woorden en intonaties naar jongens en meisjes en interpreteren en waarderen we gedragingen verschillend.

| genderidentiteit

Rond het tweede levensjaar weet een kind dat je personen kunt indelen in twee soorten: jongens en meisjes. Tussen het tweede en derde levensjaar treedt het besef op dat het tot de ene dan wel de andere soort hoort en dat dit ook zo blijft. Ze weten dan dat ze later zullen opgroeien tot een man of een vrouw. Kinderen verwoorden dit als 'later word ik een papa' of 'later word ik een mama'. Dit besef tot een bepaald geslacht te horen, noemen we geslachtsidentiteit. Hoewel de meeste 3-jarigen besef hebben van hun geslachtsidentiteit, duurt het nog ongeveer twee jaar voor ze tot geslachtsconstantie komen, het besef dat de geslachtsidentiteit een permanent karakter heeft. Kleuters denken nog dat een jongetje later best een meisje kan worden, bijvoorbeeld door het haar te laten groeien of andere kleren aan te trekken.

| geslachtsidentiteit
| geslachtsconstantie

Zodra kinderen weten dat ze een jongen of een meisje zijn, zullen ze zich meestal zo veel mogelijk gaan gedragen in overeenstemming met het geslacht. Ouders, broertjes en zusjes, kinderen uit de straat of van de peuterspeelzaal dienen hierbij als rolmodellen. De geslachtsrol is de rol die het kind vervult om te laten zien dat het een jongen of een meisje is, alles wat het kind zegt en doet om te laten merken tot welk geslacht het behoort. De meeste van deze

| geslachtsrol

gedragingen zijn onbewust en verlopen geautomatiseerd. Het kind denkt daar niet bewust over na maar krijgt het ongemerkt mee in zijn opvoeding en door de cultuur.
Meestal zijn geslachtsidentiteit en geslachtsrol met elkaar in overeenstemming. Een kind weet dat het een jongen is en gedraagt zich ook als een jongen. Het proces waarbij een kind zich specifiek gaat gedragen conform de geslachtsrol heet geslachtssocialisatie (zie hiervoor hoofdstuk 7).
Wanneer geslachtsidentiteit en geslachtsrol niet met elkaar overeenkomen, spreken we van genderdysforie. Hier gaan we in paragraaf 4.4 verder op in.

geslachtssocialisatie

4.2.7 THEORY OF MIND

Kayleigh (2), Boy (4) en Donny (8) doen verstoppertje met hun vader. Eerst zat vader verstopt achter de kapstok in de hal. De kinderen hebben hem gevonden en nu is het de beurt aan vader om hen te gaan zoeken. Kayleigh doet haar handen voor haar ogen. 'Jij ziet me niet, jij ziet me niet', roept ze naar haar vader. Haar broer Boy ziet het verbaasd aan. Hoe kan zijn zusje nou zo dom zijn om te denken dat iemand haar niet ziet als ze haar handen voor haar ogen doet? Hij weet wel dat hij zich dan moet verstoppen en hij gaat enthousiast achter de kapstok in de hal staan. Dat vindt Donny nou weer niet slim. Die verstopplek kent zijn vader toch al! Hij bedenkt een nieuwe goede plaats in de badkamer achter het douchegordijn. Deze drie kinderen laten in hun verstoppertjesspel drie stadia zien in de ontwikkeling van het begrijpen wat een ander kan zien en wat een ander verwacht. Kayleigh denkt nog van 'wat ik niet zie, ziet een ander ook niet'. Haar oudere broertjes hebben al iets meer zicht op het perspectief van een ander.

Wanneer kinderen zich meer bewust worden van zichzelf en van de andere mensen om zich heen ontwikkelen ze een *theory of mind*. Een theory of mind houdt in dat een kind begrijpt dat hijzelf gedachten en gevoelens heeft en dat andere mensen die ook hebben. Op een meer gevorderd niveau kunnen kinderen zich verplaatsen in het perspectief van anderen en kunnen ze ook veronderstellingen maken op basis van dat inlevingsvermogen.
De theory of mind begint eenvoudig wanneer kinderen van enkele maanden oud onderscheid maken tussen levende wezens en voorwerpen. Op de leeftijd van 3 maanden hebben baby's al een duidelijke voorkeur voor het glimlachen naar mensen boven voorwerpen. Rond de leeftijd van een jaar begint een besef te komen van de mentale toestanden van mensen, van gevoelens als blij en niet blij. Baby's kunnen emoties bij anderen herkennen door gezichtsuitdrukkingen, gebaren en intonatie te interpreteren. Rond de leeftijd van 2 jaar past bij de theory of mind die kinderen hebben dat ze denken dat iedereen vanuit zijn behoefte en vanuit een egocentrisch perspectief dingen doet. Hun

emotieherkenning

eigen behoeftebevrediging gaat voor alles. Ze hebben nog geen besef dat ook andere zaken motiverend voor gedrag kunnen zijn.

Pas als kinderen 4 jaar zijn, kunnen ze gaan invoelen en begrijpen dat er ook andere bepalende factoren zijn. Ze kunnen dan inzien dat anderen mogelijk iets anders voelen of denken dan zijzelf. Vanaf die leeftijd gaan kinderen ook inzicht krijgen in 'false beliefs', ze kunnen snappen dat iemand anders iets nog niet kan weten omdat hij bepaalde informatie niet heeft. Het begrijpen van false beliefs is het begrijpen van misverstanden. Dit kan worden aangetoond met een simpel experimentje. Stel, je bent in een ruimte met een kind en een derde persoon. Verstop nu duidelijk zichtbaar een bepaald voorwerp, bijvoorbeeld een Duplopoppetje onder een doosje, in het bijzijn van zowel het kind als die andere persoon. De derde persoon verlaat nu even de kamer. Vervolgens verplaats je het poppetje en je stopt het – zichtbaar voor het kind – in de lade van een kast. Vraag nu aan het kind waar degene die even weg was het poppetje zal zoeken, onder het doosje of in de kastlade? Een kind dat zich kan verplaatsen in het perspectief van de ander zal begrijpen dat die persoon niet beter weet dan dat het poppetje nog steeds onder de doos ligt. Een kind dat dat nog niet kan, vindt het logisch dat de persoon op de plaats gaat zoeken waar het poppetje zich werkelijk bevindt, dus in de la. Door de ontwikkeling van de theory of mind leert het kind begrip te hebben voor wat een ander denkt, weet of voelt en leert het ook false beliefs te begrijpen.

| false beliefs

Je kunnen verplaatsen in andermans perspectief en het ontwikkelen van een adequate theory of mind is zeer belangrijk voor de sociaal-emotionele ontwikkeling van een kind. Pas wanneer een kind zich kan verplaatsen in andermans emoties is het in staat tot empathie. Hij kan dan meeleven met de gevoelens van een ander en positief sociaal gedrag laten zien. De theory of mind is een voorwaarde voor het sociaal leren omgaan met anderen.

| verplaatsen in perspectief

4.2.8 Bevorderende factoren

Bevorderend voor een goede ontwikkeling van het zelfbewustzijn, het gevoel van eigenwaarde en het zelfbeeld is een positieve, consistente en responsieve ouder. Een kind kan gemakkelijker en beter een beeld opbouwen van zichzelf als individu en zijn eigen mogelijkheden wanneer ouders responsief zijn en op een positieve en voorspelbare manier reageren. Een ouder die positief reageert op pogingen van een kind om iets te proberen of iets zelfstandig te doen, helpt het zelfvertrouwen te bevorderen. Uit onderzoek is gebleken dat kinderen die een veilige hechtingsrelatie hebben opgebouwd met hun ouders ook in het voordeel zijn bij het ontwikkelen van een gezond en positief zelfbeeld. Durven loslaten is vooral mogelijk wanneer een sterke hechtingsrelatie en veilige basis is ontwikkeld. Gevoeligheid, responsiviteit, een positieve grondhouding ten aanzien van het kind, en stabiliteit zijn de eigenschappen van ouders die een kind steunen om zich veilig te hechten en zelfstandigheid en zelfvertrouwen op te bouwen. Voor de ontwikkeling van zelfstandigheid is het tevens belangrijk dat kinderen de ruimte krijgen. Het werkt bevorde-

| responsief

| veilige basis

rend wanneer een kind veel zelf mag doen met een ouder die op de achtergrond aanwezig blijft en die door geduld en positiviteit laat merken dat hij vertrouwen heeft in het kind. Wat ook bevorderend is voor het gevoel van eigenwaarde, is wanneer een kind ruimte krijgt voor zijn eigen interpretaties en ideeën. Ouders die accepteren dat niet alleen hun methode de beste is, maar openstaan voor ideeën van het kind zelf, bevorderen de zelfstandigheid en het gevoel van eigenwaarde. Het kind ontwikkelt een idee dat hij mag zijn wie hij is, en dat dit goed is. Steeds corrigeren, tegenspreken of taken uit handen nemen werkt juist belemmerend.

Van ouders wordt veel gevraagd in de peuterperiode. Aan de ene kant moeten ze hun peuters stimuleren tot het verwerven van zelfstandigheid en aan de andere kant is het juist weer belangrijk dat ze grenzen stellen aan het gedrag. Het kind heeft namelijk ook behoefte aan duidelijkheid over wat wel en niet mag. In deze combinatie van stimuleren, aanmoedigen en grenzen stellen is vooral de voorspelbaarheid en de consistentie van de ouders van belang. Te veel straffen of harde kritiek kan leiden tot veel frustraties en tot oppositioneel gedrag. Ouders die op het juiste moment steun en aanwijzingen kunnen geven en emotioneel beschikbaar zijn, ondersteunen de ontwikkeling van de autonomie het best.

| grenzen

4.3 SOMS GAAT HET ANDERS

Wanneer kinderen er in interactie met hun ouders niet of minder goed in slagen hun zelfstandigheid en een eigen identiteit te ontwikkelen, zijn er een aantal mogelijke gevolgen voor hun ontwikkeling en functioneren.

4.3.1 EEN MINDER GOED ONTWIKKELDE AUTONOMIE

Wanneer ouders kinderen minder de ruimte geven hun eigen identiteit vorm te geven, kan dit tot gevolg hebben dat het zelfbeeld en het gevoel van eigenwaarde van de kinderen daaronder lijdt. Wanneer ouders een kind alles uit handen blijven nemen, geven ze daarmee onbedoeld de boodschap af 'jij kunt het (nog) niet'. Een kind dat dit gevoel vaak overgedragen heeft gekregen, zal eerder aan zichzelf twijfelen, niet snel initiatief durven nemen en ook niet snel nieuwe uitdagingen durven aangaan.

Een minder goed ontwikkelde identiteit maakt een kind gevoeliger voor de oordelen van anderen en ook kwetsbaarder voor negatieve beïnvloeding. Wanneer een kind minder goed een gevoel van zelfstandigheid heeft kunnen ontwikkelen, kan het ook minder goed zelfvertrouwen opbouwen. Het zelfbeeld is minder positief en een kind kan zichzelf als minder competent zien. Kinderen die zichzelf minder competent vinden, hebben een grote kans op het ontwikkelen van faalangst bij allerlei taken, bijvoorbeeld bij het leren op school of bij het omgaan met anderen. De kans op het ontwikkelen van angst- en stemmingsproblemen is groter dan bij kinderen die wel in staat zijn

| faalangst

geweest een goed gevoel van eigenwaarde te ontwikkelen. Een goed zelfvertrouwen en goed gevoel van eigenwaarde vormen een beschermende factor in de verdere ontwikkeling, tot de volwassenheid toe.

4.3.2 Problemen met de theory of mind

autismespectrumstoornis

Problemen met het opbouwen van een theory of mind kunnen leiden tot sociale problemen. Wanneer een kind zich niet goed kan verplaatsen in de denkwereld en gevoelens van anderen is het minder goed in staat tot empathie. Dit kan veel problemen geven in de omgang met anderen, zeker zodra het kind ouder is (zie hoofdstuk 7). Een groep kinderen die speciaal veel problemen heeft met de theory of mind zijn de kinderen met een autismespectrumstoornis. Kinderen met zo'n stoornis (zie verder hoofdstuk 5) hebben zeer veel moeite om met anderen te communiceren. Zij kunnen zich niet in een ander verplaatsen. Deze kinderen blijven in hun eigen wereld met hun gedachten en waarnemingen, ze kunnen zich moeilijk voorstellen dat een ander iets anders voelt of denkt dan zij. Ze hebben op dit gebied een onvermogen en ontwikkelen daarom ook moeilijker empathie en inlevingsvermogen. Deze kinderen hebben ook meer moeite met het verwerven van zelfstandigheid en met loslaten. Ze houden namelijk bijzonder sterk vast aan routines en disciplines. Die zijn heel belangrijk voor hun gevoel van veiligheid. Kinderen met een autismespectrumstoornis missen vaak een gevoel van basisveiligheid. Omdat ze zich moeilijk kunnen verplaatsen in het perspectief van een ander begrijpen ze minder goed wat er om hen heen gebeurt. Dit geeft een onveilig en onzeker gevoel. Wanneer je dan vasthoudt aan wat je kent en gewend bent, levert dit weer wat meer veiligheid en rust op. Deze kinderen vinden het moeilijk om zelf op onderzoek te gaan. Dat belemmert het ontwikkelen van autonomie. We gaan in hoofdstuk 5 verder in op stoornissen in het autistismespectrum.

4.3.3 Minder duidelijke genderidentiteit

Een minder duidelijk ontwikkelde genderidentiteit hoeft geen probleem te zijn. Of dit een probleem is, hangt af van hoe de omgeving erop reageert. Die omgeving behelst dan zowel het gezin, vriendjes, de schoolomgeving als de hele maatschappij. Doorgaans ervaren jongensachtige stoere meisjes of meisjesachtige gevoelige jongens weinig problemen. Anders is dit wanneer er sprake is van genderdysforie.

4.4 PROBLEMEN EN STOORNISSEN

Geslachtsidentiteit en geslachtsrol komen meestal met elkaar overeen. Een kind dat geboren is als meisje voelt en gedraagt zich ook als een meisje. Is het geboren als jongen, dan voelt en gedraagt het zich ook als jongen. Wanneer dit niet het geval is, kan er sprake zijn van genderdysforie. Een kind met genderdysforie ervaart dat de eigen identiteit niet klopt met de geslachtsrol die de omgeving verwacht. Zo kan een meisje zich jongen voelen, waar de omgeving gedrag verwacht dat bij de geslachtsrol van meisjes past. In Nederland vertoont naar schatting 1 op de 300 mensen kenmerken van genderdysforie in meer of mindere mate. Tien procent van hen ontwikkelt transseksualiteit, de meest vergaande vorm van genderdysforie. Transseksualiteit is een diepe, niet te verdringen wens om als het andere geslacht te leven en ook het lichaam biologisch aan te passen zodat geslachtsrol en geslachtsidentiteit in overeenstemming zijn. Transseksualiteit is een ernstig identiteitsprobleem. Steeds meer is er ook aandacht voor jonge genderdysfore kinderen. Je spreekt van genderdysforie bij kinderen als zij herhaaldelijk de wens uiten om tot het andere geslacht te horen en soms ook de overtuiging hebben dat dat zo is. Een ander kenmerk is dat ze een sterke en blijvende voorkeur hebben voor de daarbij passende kleding en stereotiepe spelletjes en bijna uitsluitend met vriendjes van de andere sekse willen omgaan, vaak gepaard gaand met een afwijzing van en verzet tegen kinderen van de eigen sekse. Bij een genderdysfore jongen wordt de stoornis zichtbaar door de bewering dat hij geen penis heeft of dat deze zal verdwijnen. Hij heeft een afkeer van wilde spelletjes en jongensspeelgoed. Bij een genderdysfoor meisje zie je een afwijzing van zittend plassen, de bewering dat ze een piemel heeft of dat deze zal aangroeien en de bewering dat ze geen borsten zal krijgen. Er zijn in Nederland drie keer zoveel jongens die het gevoel hebben meisje te zijn als meisjes die het gevoel hebben jongen te zijn. Voor dit verschil is geen wetenschappelijke verklaring te vinden. Misschien komt het omdat de acceptatie van stoere meiden in broeken vele malen groter is dan de acceptatie van gevoelige jongens in meisjeskleding. Genderdysfore meisjes kunnen gemakkelijker zo leven dat hun geslachtsrol in overeenstemming is met de ervaren geslachtsidentiteit. Voor genderdysfore jongens geldt dit niet. Bij genderdysfore kinderen verloopt een aantal ontwikkelingen rondom de identiteitsvorming extra moeilijk. Het is voorstelbaar dat het voor deze kinderen moeilijker is om een goed zelfbeeld te ontwikkelen en een goed gevoel te krijgen over hun identiteit. Ook hebben ze nog meer last van conflictgevoelens tussen wat ze zelf voelen en wat de omgeving van hen verwacht. Het is van belang om genderdysforie tijdig te onderkennen, omdat veel kinderen ernstige problemen kunnen krijgen. Relatief gezien is er een hoog aantal gevallen van zelfdoding onder genderdysfore kinderen. Dat legitimeert een serieuze en vroegtijdige aanpak.

genderdysforie

transseksualiteit

genderdysfore kinderen

4.4.1 Begeleiding van genderdysfore kinderen

Kleuters die zeggen dat ze tot het andere geslacht behoren, hebben niet onmiddellijk speciale zorg nodig. Er is dan immers nog geen geslachtsconstantie, zoals we in paragraaf 4.3 beschreven. Het is heel normaal dat een 5-jarig jongetje gedurende een aantal weken zegt een meisje te zijn. Het kan zijn dat hij in die periode voordelen ziet van het meisje-zijn, bijvoorbeeld doordat hij tegen een ouder zusje opkijkt, bewondering heeft voor een buurmeisje of graag wil zijn zoals zijn moeder. Het komt ook voor dat een kleuter een alter ego (een tweede identiteit) van het andere geslacht bedenkt. Het kind heeft dan een denkbeeldig vriendje van het andere geslacht. Zo oefenen kinderen ook met de geslachtsrol: hoe hoor ik me te gedragen als jongen of meisje, en hoe kan ik ook andere stukjes van mijzelf een plaats geven? Pas als een kind de wens tot het andere geslacht te horen langdurig en consistent uit, waarbij je duidelijk verdriet kunt bemerken en er geen sprake van een bepaalde gebeurtenis is die de wens in gang kan hebben gezet, is specifieke begeleiding noodzakelijk. Bij deze kinderen werkt het averechts om ze te verplichten kleding van het aangeboren geslacht te dragen of het haar conform het geslacht te knippen. Ouders staan voor de taak om het kind te aanvaarden zoals het is en hun verdriet, ongenoegen of frustratie te verwerken zonder het kind hiermee te belasten. Uit onderzoek blijkt dat genderdysfore kinderen die opgroeien in een gezin en omgeving die het kind accepteren zoals het is aanzienlijk minder moeite met de genderdysforie hebben. Begeleiding voor kinderen met genderdysforie en hun ouders is mogelijk bij genderklinieken. Dit zijn speciale afdelingen binnen de kinderpsychiatrie die gericht zijn op diagnose en begeleiding bij deze problemen. Bij een beperkt aantal van de genderdysfore kinderen blijkt er sprake te zijn van transseksualiteit (ongeveer 10 procent van deze kinderen). Dan kan worden gekozen voor een behandeling met hormoonremmers, die de ontwikkeling van secundaire geslachtskenmerken voorkomen. Dit proces is nog omkeerbaar tot het zestiende jaar. Wanneer het kind stopt met de hormoonremmers ontwikkelt het lichaam zich alsnog volgens de genetische aanleg. Vanaf het zestiende levensjaar kan het kind ervoor kiezen hormonen van het gewenste geslacht toe te dienen, waardoor de secundaire geslachtskenmerken van het gewenste geslacht worden gevormd. Dit proces is onomkeerbaar. Vanaf het achttiende levensjaar kunnen er geslachtsveranderende operaties plaatsvinden.

| genderklinieken

| hormoonremmers

| geslachtsveranderende operaties

4.5 Van theorie naar praktijk

In het voorbeeld van Lieke in het praktijkfragment aan het begin van het hoofdstuk valt op dat dit meisje sterk opkomt voor haar eigen identiteit. Ze ervaart een verschil tussen wat de omgeving van haar verwacht als meisje en hoe ze zelf haar identiteit beleeft. Het is voorstelbaar dat een kind dat zo'n verschil ervaart problemen kan krijgen met identiteitsvorming en zelfvertrouwen. In de fase van separatie-individuatie en autonomieverwerving krijgen peuters te maken met verschillende conflicten tussen zichzelf en hun omgeving. Kinderen die het gevoel hebben dat hun identiteit niet klopt met het beeld dat anderen van hen hebben op grond van hun geslachtsrol hebben het in deze fase extra moeilijk.

Er zijn verschillende reacties denkbaar wanneer kinderen dat ervaren. Lieke is er blijkbaar in geslaagd om op een goede manier autonomie te verwerven. Ze grenst haar identiteit juist extra sterk af van anderen en ook ten opzichte van wat de buitenwereld verwacht. De omgeving verwacht dat ze een meisje is met alles wat daarbij hoort. Zij voelt dat anders en staat pal achter haar eigen gevoel. Het is goed mogelijk dat ze zich om dit goed duidelijk te maken nog jongensachtiger zal gaan gedragen dan de gemiddelde jongen van haar leeftijd en nog veel sterker alles wat meisjesachtig is, zal afwijzen. Ze probeert haar identiteit in overeenstemming te brengen met haar eigen gevoel. Ze probeert zelfs om het beeld van de buitenwereld aan te passen aan haar zelfbeeld en identiteit. Blijkbaar heeft ze genoeg basisvertrouwen om dit zo te doen.

Niet alle kinderen met een vergelijkbare problematiek zullen er op deze manier mee omgaan. Er is ook een andere reactie mogelijk. Een kind met genderdysforie kan helemaal in verwarring raken over zijn identiteit en gevoelens ontwikkelen dat het niet goed is zoals hij of zij is. Die signalen pikt het immers uit de omgeving op. Het kind ervaart onmacht en kan ernstige problemen krijgen met het ontwikkelen van de identiteit en het gevoel van eigenwaarde. Voor de psychische gezondheid van kinderen met gevoelens van genderdysforie is het heel belangrijk dat de omgeving accepterend en begripvol reageert en het kind niet rigide de ene of de andere kant op dwingt.

Hoofdstuk 5

Leren communiceren

HOOFDSTUK 5

Leren communiceren

Ewout is 5 jaar en leerling van groep 2. In de anderhalf jaar dat hij op school zit heeft zijn leerkracht op school hem nog maar nauwelijks iets horen zeggen. In de kring vertelt hij zelf niets, hij luistert alleen maar. Hij speelt wel met plezier in de bouwhoek en de poppenhoek. Als het echt noodzakelijk is, duidt hij iets aan door middel van gebaren of met enkele woorden. Verder stelt hij zich passief en teruggetrokken op. Op school maken ze zich zorgen over Ewout. Hij wordt onderzocht door een logopedist en ook bij dit onderzoek spreekt hij bijna geen woord.
Ricardo is ook 5 en zit ook in groep 2 van de basisschool. Ook hij spreekt vrijwel niet. Hij stelt zich teruggetrokken op in de kring en de eerste maanden op school wilde hij zelfs helemaal niet in de kring zitten. Hij zat het liefst in een hoek van de klas achter een kast. Ricardo speelt graag met blokken en ander materiaal, maar bij voorkeur alleen. Hij reageert nauwelijks wanneer er iets tegen hem wordt gezegd. Hij wil ook liever niet dat de juf of een ander kind hem aanraakt. Hij speelt met autootjes, maar niet door ermee te rijden. Hij zet ze allemaal netjes in een lange rij. Het liefst zit hij bij het raam en kijkt hij naar buiten. Buiten spelen vindt hij niet fijn. Hij heeft een hekel aan het spelen met zand en reageert panisch wanneer zijn handen vies worden. Op het plein zoekt hij meestal een rustig plekje op.
Twee jongetjes die niet of nauwelijks spreken. De oorzaken zijn verschillend. Wat is er met ze aan de hand?

5.1 INLEIDING

Met taal onderscheiden mensen zich van andere levende wezens. Communiceren doe je niet alleen met behulp van taal, maar een voldoende taalbeheersing is hierbij wel heel essentieel. Daarnaast is het goed kunnen interpreteren en gebruiken van niet-talige communicatie van cruciaal belang. In een goed verlopende communicatie is zowel het talige (verbale) aspect als het niet-talige (non-verbale) aspect goed ontwikkeld. Wanneer je bij een kind taalproblemen signaleert, is het belangrijk na te gaan waar deze hun oorsprong vinden. Dit kan zijn in de taalontwikkeling, maar het kan ook liggen aan de sociaal-communicatieve mogelijkheden van een kind. Bij een kleuter is dit heel moeilijk te onderzoeken. In het voorbeeld van Ewout en Ricardo is

het van belang om hen in verschillende situaties te zien functioneren en een uitgebreider onderzoek te verrichten.
In dit hoofdstuk over communicatie beschrijven we hoe kinderen communicatiemogelijkheden verwerven. De ontwikkelingstaak die hier centraal staat, is: leren communiceren met de buitenwereld, zowel verbaal als non-verbaal. In het eerste deel bespreken we de taalverwerving, in het tweede deel de ontwikkeling van de non-verbale communicatie en afstemming op anderen.

5.2 TAALONTWIKKELING

De eerste signalen van taalverwerving worden zichtbaar bij kinderen aan het eind van het eerste jaar. Vanaf die leeftijd beginnen kinderen voor het eerst actief taal te gebruiken. Bij de meeste kinderen zijn dit dan nog losse woordjes. In de loop van het 2e jaar ontwikkelen ze de tweewoordzinnetjes en daarna worden hun taaluitingen steeds uitgebreider en verfijnder. De eerste woordjes zijn echter niet echt het begin van de taalontwikkeling. Die begint al veel eerder. Vanaf hun eerste dag horen baby's taal gebruiken in hun omgeving en dat nemen ze in zich op. Ze leren welke klanken en soorten intonaties betekenisvol zijn in hun moedertaal. Zelfs vóór hun geboorte, in de baarmoeder, maken ze al een begin met dit leerproces. Ze luisteren dan al naar de stem van hun moeder, en leren al hoe het ritme van hun moedertaal is. Ook leren ze klankreeksen interpreteren en op te delen in eenheden. Verder oefenen ze in het maken van geluiden en klanken en proberen ze hun mogelijkheden op dit gebied uit. Baby's oefenen ook in de niet-verbale aspecten van taal. Ze leren om zich te uiten en duidelijk te maken dat ze aandacht nodig hebben. Aanvankelijk doen ze dit door te huilen, maar later ook door aan te wijzen of op een andere manier de aandacht van anderen te trekken. Voor ze daadwerkelijk zelf gaan praten oefenen baby's alle aspecten van taal en van communiceren. Ze bereiden zich voor op hun taalontwikkeling. Het moment dat die op gang komt en taal wordt gebruikt als instrument luidt het einde in van de periode waarin een kind baby is. Met taal wordt een kind steeds minder baby en steeds meer een zelfstandige peuter (zie voor dit proces ook hoofdstuk 4). Wanneer een kind merkt dat hij iets kan zeggen dat een ander ook begrijpt, geeft dit een gevoel van competentie. Hij kan door taal iets bewerkstelligen. Door 'mama' te zeggen, kan hij de aandacht van zijn moeder krijgen. En door simpelweg het woord 'sap' te gebruiken kan hij ervoor zorgen dat hij iets te drinken krijgt.

| eerste dag

| in de baarmoeder

| huilen

5.2.1 FUNCTIES VAN TAAL

Taal bestaat uit reeksen klanken die mensen die dezelfde taal gebruiken kunnen interpreteren en die voor hen betekenisvol zijn. Dat taal een opeenvolging van klankenreeksen is, valt vooral op in een taal die voor jezelf totaal onbekend is. Het lijkt dan alsof de spreker geen afzonderlijke woorden en

zinnen gebruikt, maar alsof hij een brij van onverstaanbare klanken uit.
Taal heeft verschillende functies. Ten eerste is er de instrumentele functie van taal. Taal wordt gebruikt om aan te duiden dat je iets wilt, bijvoorbeeld dat je iets wilt hebben. Taal is dan een middel om aan bepaalde behoeften te voldoen, zoals het verkrijgen van eten of een favoriet speeltje ('Davy melk').

| instrumentele functie

Taal heeft ook een regulerende functie. Je kunt taal namelijk gebruiken om je omgeving en het gedrag van anderen te beïnvloeden. Een voorbeeld hiervan is 'mama lezen' als een kind wil dat zijn moeder gaat voorlezen.

| regulerende functie

De interpersoonlijke functie van taal heeft te maken met de interactie met belangrijke personen in de omgeving, bijvoorbeeld het groeten van mensen of op vragen reageren met 'ja' of 'nee'.

| interpersoonlijke functie

De persoonlijke functie gaat over het uitdrukken van je eigen uniekheid en je gevoelens. Je geeft ermee aan wat je wilt of niet wilt, wat je leuk of niet leuk vindt ('Nee, Joshua níét mee').

| persoonlijke functie

De onderzoekende functie van taal gebruik je om dingen te weten te komen, zoals de naam van iemand of het hoe en waarom van dingen.

| onderzoekende functie

Als laatste functie van taal is de verbeeldende functie belangrijk. Met taal kun je fantaseren, bedenken en je kunt je zaken mentaal voorstellen die je niet concreet voor je ziet.

| verbeeldende functie

De functies van taal ontwikkelen zich grotendeels parallel. De verbeeldende functie ontwikkelt zich als laatste, die vereist een goed ontwikkeld denkvermogen.

Taal en denken

Voor de taalontwikkeling is de ontwikkeling van het denken heel belangrijk. Het leren van woordjes kan alleen als je verbanden kunt leggen, associaties kunt maken en zaken aan elkaar kunt koppelen. Een kind moet een bepaalde klank, bijvoorbeeld 'poes', gaan koppelen aan iets wat hij ziet. Regelmatig hoort hij de klank 'poes' zeggen. Steeds gebeurt dat als dat kleine dier op vier poten met een staart langskomt, dat miauw zegt en dat zacht voelt als hij het aait. Daar is blijkbaar een verband tussen. Hij gaat de klank 'poes' koppelen aan het zien van dat dier. Eerst koppelt hij de klank aan alles wat met dat dier te maken heeft. De klank 'poes' hoort bij een klein dier, bij iets wat een staart en vier poten heeft, bij iets wat zacht is. Het kind kan het woord poes dan ook gebruiken voor andere dieren die er een beetje op lijken. Of voor een knuffelbeest dat even zacht is en overeenkomst heeft met een poes.

| ontwikkeling van het denken
| associaties

Tegelijkertijd is het voor de ontwikkeling van het denken van belang dat je de taal tot je beschikking hebt om mee te denken (zie hoofdstuk 6). Niet alle denken vindt plaats door middel van taal, maar veel van ons denken wordt door taal ondersteund. Taal en denken beïnvloeden elkaar dus wederzijds.
Daarnaast is het leren van taal afhankelijk van de sociale en emotionele ontwikkeling. Een kind moet zich allereerst veilig, comfortabel en voldoende zelfverzekerd voelen. Als dit niet zo is, leert het heel moeilijk iets nieuws en dat geldt zeker voor taalverwerving. Daarnaast moet een kind gevoel hebben

| taal en denken
| emotionele ontwikkeling

| sociale interacties

voor sociale interacties om zijn taal of andere communicatie adequaat af te stemmen op anderen.

Opbouw van taal

| woordenschat

| concept

De eerste taaluitingen van kinderen zijn losse woorden. Het opbouwen van een woordenschat is een van de aspecten van de taalontwikkeling. Het kind koppelt een serie klanken, een woord, aan een bepaald concept. Dit proces heet associatie. In de hersenen wordt de associatie van de klankenreeks p-oe-s met het idee (concept) van het dier poes opgeslagen, samen met alle andere informatie die hoort bij het concept poes. Die andere informatie is een serie kenmerken van de poes (pluizig, zacht, staart en vier poten, miauwt, plaatje van een poes in een boekje enzovoort). Naast deze kenmerken zijn er een aantal ervaringen gekoppeld aan het concept dat steeds poes wordt genoemd (zoals het dier dat mij gisteren pijn heeft gedaan, het dier dat steeds door de tuin rent). Al deze informatie wordt opgeslagen in de hersenen. Wanneer het kind de klank p-oe-s hoort, worden alle associaties met dat woord geactiveerd. De klank poes brengt alle associaties even beschikbaar. In de loop van de ontwikkeling breiden die associaties zich uit en worden ze steeds meer gedifferentieerd. Een kind weet ook steeds beter wat een poes is en wat niet. In het begin zijn alle kleine dieren een poes, later alleen de diersoort poezen.

| mentaal lexicon

| fonologie

| morfologie

In de hersenen slaan we de woordenschat op in het mentaal lexicon, een soort intern woordenboek. Woorden zijn opgebouwd uit klanken. De klanken die in een bepaalde taal betekenisvol zijn, noemen we de fonologie van een taal. Deze informatie slaan we op in het fonologisch systeem van de hersenen. Met behulp van dit systeem kunnen we spraakklanken herkennen en woorden uitspreken. Het systeem van vervoegen en verbuigen van woorden (zoals in verkleinwoorden en werkwoordsvormen) heet de morfologie van een taal. Morfologie heeft betrekking op de vorm van het woord en veranderingen daarin, zoals vis en visje. Die vorm heeft weer een bepaalde betekenis. Zo moet het kind zich bij verkleinwoorden gaan realiseren dat wanneer je achter een woord 'je' of 'tje' toevoegt, het de kleinere vorm ergens van is. Woorden vormen zinnen en de opbouw van die zinnen is heel betekenisvol. We kunnen de betekenis pas goed interpreteren door de volgorde van woorden in een zin te analyseren. Het systeem van zinsopbouw en zinsontleding heet de syntaxis van een taal, ofwel de grammatica.

| grammatica

| pragmatiek

Behalve deze meer technische aspecten is de pragmatiek van taal belangrijk. Pragmatiek is de kennis van hoe we taal gebruiken in verschillende contexten. Een kind moet zijn taaluitingen leren aanpassen aan de situatie waarin het zich bevindt. Tegen de leerkracht zeg je bijvoorbeeld 'goedemorgen, juf Astrid' als je de klas binnenkomt. Naar je vriendje mag je 'hee Damian!' roepen.

| taalperceptie
| taalproductie
| passieve taalontwikkeling

In de taalontwikkeling onderscheiden we de ontwikkeling van de taalperceptie: het waarnemen en begrijpen van taal, en de taalproductie: het actief spreken van taal. De ontwikkeling van de taalperceptie noemen we ook wel de passieve taalontwikkeling. Onderdeel hiervan is het verwerven van een passieve woordenschat. Die bestaat uit alle woorden waarvan je de betekenis kent. De actieve woordenschat bestaat uit alle woorden die je zelf correct en gericht kunt gebruiken. Bij het onderzoeken van de taalontwikkeling van een kind is het belangrijk dit onderscheid te maken. Soms begrijpt een kind namelijk veel meer dan wat je op grond van het actieve taalgebruik zou inschatten.

| passieve woordenschat
| actieve woordenschat

5.2.2 Hoe leren kinderen taal?

Zowel ontwikkelingspsychologen als taalkundigen hebben zich gedurende lange tijd intensief beziggehouden met de vraag hoe kinderen hun eigen taal leren. Als je bedenkt hoe moeilijk het is een andere taal te leren, is het verbazingwekkend dat baby's en jonge kinderen dat in zo'n razend tempo kunnen doen. En dit allemaal zonder expliciete instructie. Hoe leren ze het dan? In de taalontwikkeling speelt heel sterk de discussie van *nature versus nurture*. In hoeverre is het vermogen tot het leren van taal aangeboren en in hoeverre wordt het geleerd door ervaring, aan de hand van voorbeelden en stimulering vanuit de omgeving? Zeker is dat het noodzakelijk is voor kinderen om taal in hun omgeving aangeboden te krijgen. Kinderen die zonder taal zijn opgegroeid in het eerste deel van hun leven en in isolement leefden of bij dieren verbleven, leren ons dat deze kinderen weinig tot geen taal ontwikkelen. Zelfs als ze later alsnog met de taal in aanraking komen, leren ze het nog maar op een heel beperkt niveau. Voor het leren van taal is er een gevoelige periode, namelijk de eerste 7 jaar. Op hun 7e kunnen vrijwel alle kinderen zich goed in hun moedertaal uitdrukken. Natuurlijk gaat de taalontwikkeling hierna nog wel verder, maar het belangrijkste fundament is gelegd. Wanneer kinderen pas na deze periode in aanraking komen met taal wordt het heel moeilijk om die nog voldoende te leren beheersen.

| nature-nurture

| gevoelige periode

Daarnaast moeten ze de taal die ze aangeboden krijgen in hun omgeving ook goed kunnen verwerken. Kinderen met een gehoorstoornis hebben daar dus een probleem mee. Zij missen geheel of gedeeltelijk die auditieve informatie. Voor een deel is de taalontwikkeling dus afhankelijk van de input van voldoende taalaanbod en de verwerking daarvan. Toch is er zeker ook een genetische component. Er is een bepaald vermogen tot taal begrijpen dat al dan niet tot ontwikkeling komt. Om taal te kunnen ontwikkelen, is er een wisselwerking (interactie) nodig tussen de genetische taalaanleg en ervaring met taal. Pas dan komt die aanleg tot ontwikkeling. Onlangs is verdere ondersteuning voor de genetische component gevonden. Bij een Engelse familie waarvan alle familieleden werden belemmerd door een specifieke taalstoornis werd een afwijking in het erfelijk materiaal ontdekt op een bepaald gen. Dit wordt het taalgen genoemd. Een andere aanwijzing voor taalaanleg zien we in de universaliteit van de taalontwikkeling bij kinderen over de hele wereld. De taalontwikkeling verloopt bij alle kinderen in ongeveer dezelfde volgorde en volgens hetzelfde schema. Het tempo waarin ze de ontwikkeling doorlopen, kan grote individuele verschillen laten zien, maar de volgorde is universeel.

| interactie

| taalgen

5.2.3 Verloop van de taalontwikkeling

Taalkundigen hebben kinderen uitgebreid gevolgd in hun taalontwikkeling en ze hebben de volgorde van die ontwikkeling in kaart gebracht. Binnen de taalontwikkeling onderscheiden we een aantal fasen: de voortalige periode (0-1 jaar), de eerste talige periode (1-2½ jaar), de differentiatiefase (2½-5 jaar) en de voltooiingsfase (5-10 jaar).

De voortalige periode (0-1 jaar)

| voortalige periode

De voortalige periode (ook wel prelinguale periode genoemd) begint vanaf de geboorte en duurt gemiddeld het hele eerste jaar. Pasgeboren baby's hebben al een voorkeur voor het luisteren naar menselijke stemmen boven andere geluiden. Ze richten zich ook het meest op menselijke gezichten. Hiermee is er een basis voor het communiceren met de mensen in de omgeving. De communicatie van een kind met zijn omgeving wordt in de loop van het eerste jaar steeds gerichter. Al na 2 maanden begint een kind een soort conversatie met ouders op te bouwen. Baby en ouder kijken elkaar aan en maken om beurten geluiden. In dit eerste jaar wordt verder vooral het vocaliseren geoefend, het produceren van alle mogelijke klanken. De allereerste vorm van vocaliseren is huilen. Vervolgens zien we ongeveer op de leeftijd van 6 tot 8 weken dat een baby door geluiden te maken laat merken hoe hij zich voelt. Een voorbeeld hiervan zijn de tevreden en kirrende geluiden die een baby na een voeding maakt. De klanken die als eerste worden geuit, zijn de 'ontspannen vocalen', zoals de stomme 'e', de 'eu' en de 'u'. Een kind oefent dan bijvoorbeeld alsmaar 'uh-uh-uh' en vindt het ook leuk als dit wordt teruggezegd. Na ongeveer 4 maanden gaat een kind ook de lippen gebruiken en meer medeklinkers (consonanten) in de klanken verwerken. In de brabbelfase (ongeveer 6 tot 12 maanden) herhaalt het bepaalde klankcombinaties (klinker-medeklinker) steeds. Voorbeelden hiervan zijn 'babababa' en 'duhduhduh'. Deze combinaties worden steeds ingewikkelder en het kind breidt het repertoire steeds meer uit. Rond 9 maanden uit het kind klankenreeksen met allerlei intonatiepatronen en accenten. Dit noemen we expressief jargon. Het brabbelen klinkt dan erg herkenbaar als spreken, zonder dat er woorden worden gebruikt. Een baby maakt eerst helemaal geen onderscheid tussen klanken die al of niet bij zijn eigen moedertaal horen. Hij kan ze allemaal even goed gebruiken en heeft voor allemaal evenveel belangstelling. In de loop van deze periode zie je dat een baby steeds meer de klanken gaat gebruiken die bij de moedertaal horen. Het gebrabbel is herkenbaar als passend in de moedertaal. Wanneer je baby's hun repertoire hoort oefenen (bijvoorbeeld liggend in hun bedje als ze net wakker zijn) zijn zelfs karakteristieke intonaties en accenten van mensen in de omgeving te herkennen. Ze kunnen 'praten' zoals hun vader of moeder dat typisch doet. Ook hoor je bepaalde uithalen in het brabbelen die op uitroepen lijken die het kind regel-

| vocaliseren

| brabbelfase

| expressief jargon

| moedertaal

matig om zich heen hoort of die gelijkenis vertonen met liedjes of de tunes van een favoriet televisieprogramma.

De eerste talige periode (1- 2 1/2 jaar)

vroeglinguale periode

We noemen de eerste talige periode ook wel de vroeglinguale periode. Het meest kenmerkend van deze periode is dat het kind voor het eerst woorden gebruikt. Wanneer een kind met een bepaalde klank of klankencombinatie iets aanduidt en dat ook bij herhaling consequent op die manier doet, zegt het een woord. Het is niet belangrijk of het het woord helemaal goed uitspreekt, het gaat om de bedoeling. De eerste woorden hebben vaak betrekking op handelingen en voorwerpen die van direct belang zijn voor het kind, zoals eten, verzorging, lichaamsdelen, belangrijke mensen, huisdieren, speelgoed. Veelvoorkomende eerste woordjes zijn 'die', 'deez' (om van alles aan te wijzen), papa, mama, poes, eet, koek en namen van mensen.

eerste woorden

Vaak gebruiken jonge kinderen woorden anders dan volwassenen dat doen. Kinderen leren de woorden door het woord te associëren met wat ze zien gebeuren of met een begrip. Eerder hebben we het voorbeeld besproken van het koppelen van de klankenreeks 'p-oe-s' aan het dier of het begrip poes. Het kind koppelt die klankenreeks aan het hele begrip van een poes, met alles wat daarbij hoort. Het gebruikt het woord dan ook in het begin voor veel meer dan alleen de diersoort poes. Ook een flinke cavia kan een poes zijn, of een kleine hond, of een knuffelbeer. Dit verschijnsel noemen we overextensie. Met een bepaald woord duiden we een hele ruime categorie aan. Andere voorbeelden daarvan zijn het aanduiden van alle vrouwen met grijs haar als oma. Of alle dingen op wielen, inclusief poppenbuggy en winkelwagen, als 'toto' (auto). Ook kan het kind met een woord een handeling aangeven of een combinatie van een handeling en een voorwerp. Zo kan het het woord 'boof' gebruiken voor naar boven of naar beneden gaan, maar ook gewoon als aanduiding voor de trap.

overextensie

verfijning

In de loop van de ontwikkeling vindt steeds meer verfijning in het taalgebruik plaats en worden de categorieën ingeperkt. We brengen binnen een categorie steeds meer onderscheid aan. Een voorbeeld hiervan is van Daan die als 1-jarige het woordje sap gebruikt als aanduiding voor alle soorten drinken. 'Sap' is gewoon alles wat in een glas of beker zit. Of dit nu opa's borrel is of een beker koffie of appelsap, het is allemaal sap. Op een gegeven moment bedoelt Daan met dit woord uitsluitend nog drankjes die vooral kinderen drinken. De koffie van zijn ouders of opa's borreltje vallen nu in een andere categorie. Nog later (als hij bijna 3 is) gebruikt Daan het woord sap alleen nog maar voor zijn vruchtensiroop of appelsap. Voor de andere begrippen binnen de categorie dranken heeft hij nieuwe woorden. Kinderen bouwen woordkennis op door associatie, door het koppelen van wat ze zien of ervaren aan wat een volwassene daarbij zegt. Dit is ook te zien doordat ze bijvoorbeeld het woord 'papa' kunnen gebruiken voor alle spullen die van papa zijn of die ze met hem in verband kunnen brengen, zoals papa's kleren en papa's werktas. Ook het woordje 'bah' wordt duidelijk associatief geleerd. Het heeft dan betrekking op het hele verschoningsritueel of op alleen een vieze luier. De klankvormen van de eerste woorden zijn vereenvoudigde versies van de woorden. Kinderen laten onbeklemtoonde lettergrepen vaak weg ('maat' in plaats van tomaat). Ook clusters van medeklinkers laten ze vaak weg ('sool' in plaats van school), worden vereenvoudigd of vervangen door een andere klank. Een moeilijke naam als 'Annemarie' kan in deze volgorde worden geleerd:

- eerst duiden ze het meisje dat Annemarie heet aan door een vage ie-klank
- vervolgens door Amma-ie of Ammalie (stomme e weg, r weg of vervangen)
- daarna heet ze een tijdje Ammarie
- en pas veel later Annemarie.

Kinderen kunnen sommige verbasteringen van woorden heel lang gebruiken. Zo duidde een jongetje nog tot zijn 5e jaar zijn zus aan als 'heusje' (zusje), bij een verder goed verlopende taalontwikkeling. Vaak voegt een gezin dergelijke verbasteringen toe aan het familiejargon. Het kan dan bijna jammer zijn wanneer een kiwi ophoudt een 'kiwo' te zijn of wanneer andere mensen netjes worden aangeduid met 'jullie' in plaats van met 'lullie'.

| tweewoordzinnen
| betekenisrelaties

Rond de 2e verjaardag gebruikt een kind de eerste woordcombinaties, de tweewoordzinnen. Tweewoordzinnen zijn meer dan alleen maar twee woorden na elkaar. Ze drukken ook bepaalde betekenisrelaties uit. Zo drukt 'Eefje bal' bijvoorbeeld een bezitsrelatie uit: die bal is van Eefje. De woordvolgorde die kinderen in de tweewoordzin gebruiken, hangt samen met de betekenisrelatie. Zo kan 'Nino bed' betekenen dat Nino naar bed gaat of op bed is en 'bed Nino' het bed dat van Nino is. Dit is het eerste begin van het toepassen van grammatica. Tweewoordzinnen worden al snel uitgebreid tot meerwoordzinnen. Kenmerkend voor de spraak van kinderen in deze periode is een soort telegramstijl. Functiewoorden (lidwoorden, voegwoorden, voornaamwoorden) ontbreken namelijk vaak. Je hoort dus zinnetjes als 'Tim toel zitten' of 'Danny oma logeren'. Hierbij is het ook opvallend dat kinderen van deze leeftijd de werkwoorden niet vervoegen, maar het hele werkwoord gebruiken.

| meerwoordzinnen
| telegramstijl

Differentiatiefase (2 1/2 - 5 jaar)

In deze fase, die gemiddeld plaatsvindt in de leeftijdsperiode van 2½ tot 5 jaar, zet het kind alle ontwikkelingen uit de eerste talige periode voort. De fonologische ontwikkeling wordt bijna helemaal voltooid, op een aantal moeilijke klankcombinaties en klankonderscheidingen na. Het kind breidt de woordenschat steeds verder uit. Aan het begin van deze fase beschikt een kind over enkele honderden woorden, aan het eind zijn dat er enkele duizenden. De zinnen worden steeds langer en de grammatica wordt steeds meer correct toegepast, met een onderwerp en een gezegde. Ook leren kinderen in deze fase ontkennende zinnen te maken. De eerste ontkennende zinnen maken ze door eenvoudigweg het woordje 'niet' voor of achter de zin te plaatsen ('niet Femian bed'). Later wordt dit een echte ontkennende zin ('Nee, ik wil niet naar bed').

grammatica

Het meest kenmerkend voor deze taalontwikkelingsfase is de ontwikkeling van morfologie. De kinderen gebruiken meervoudsvormen en verkleinwoorden, ze vervoegen werkwoorden en vervormen bijvoeglijke naamwoorden. Sommige woorden worden eerst goed gezegd en juist later fout. Dit is het geval bij onregelmatige werkwoorden (zoals lopen en breken). Eerst gebruiken ze door associatie en imitatie de correcte vormen 'gelopen' of 'gebroken'. Kinderen horen dit anderen zeggen en zeggen het ook zo na. Vervolgens krijgen ze besef van de algemene regel. Ze leren dat de voltooide tijd van tekenen getekend is en van fietsen gefietst. Ze passen de algemene regel nu op alle woorden toe. Ze zeggen dus ook: geloopt en gebreekt. Het kind past de algemene regel goed toe. Bij werkwoorden die een uitzondering vormen, klopt dit niet. Als het de algemene regel helemaal goed beheerst, is een kind eraan toe om ook te ontdekken dat er uitzonderingen zijn. Dan kan het deze vervolgens toepassen. Uiteindelijk gebruikt het zowel de regelmatige als de onregelmatige woorden correct.

morfologie

regel

Tabel 5.1

Associatie:	Regel:	Regel met uitzondering
Er gaat iets kapot. Je zegt: 'gebroken'.	Als je iets vertelt dat al is geweest, zet je 'ge' ervoor en 't' erachter: > 'je hebt het glas *gebreekt*'.	Meestal zeg je ge...t, maar bij sommige woorden is dit anders: > 'het glas is gebroken'.

Voltooiingsfase (5 tot 9 à 10 jaar)

In deze fase lijkt de kindertaal heel veel op volwassenentaal en zijn er niet zoveel verschillen meer. Het kind beheerst tussen 5 en 6 jaar alle bouwstenen van zijn taal en kan ze toepassen en verder ontwikkelen. Wat betreft de fonologie van de taal zijn er nu – als het goed is – geen systematische fouten meer. Het kind beheerst alle klanken. Soms zal het bij ingewikkelde woorden nog kleine articulatiefouten maken, maar je ziet in deze periode kinderen meestal geen klanken systematisch meer weglaten of de ene door de andere klank vervangen. Het kind beheerst de basisregels van de grammatica goed en breidt deze basis steeds verder uit naar ingewikkelder zinnen met bijzinnen. Ook beheerst het kind de vervoegingen steeds beter (morfologie) en zijn woordenschat wordt uitgebreid. Gemiddeld heeft een 5- of 6-jarige een passieve woordenschat van 6.000-8.000 woorden. Actief kan hij 3.000-

bouwstenen

4.000 woorden correct gebruiken. Rond deze leeftijd vindt op school bij de kinderen van groep 2 meestal een taalscreeningsonderzoek plaats om na te gaan of er bijzondere hiaten zijn in de taalontwikkeling. Dit onderzoek wordt uitgevoerd door een logopedist of door een schoolarts.

Een vaardigheid die het kind in deze periode nog moet leren, is het zich richten naar de gesprekspartner en rekening te houden met het perspectief van de luisteraar. Kinderen denken in het begin van deze fase nog dat ze via de telefoon iets kunnen vertellen waarbij ze dat ondersteunen met aanwijzen of gebaren. Op de vraag 'hoe oud ben je geworden?' steken ze vier vingers op. Pas later houden ze rekening met het feit dat die ander dat niet kan zien. Ze hebben dan besef van het perspectief van de ander en kunnen zich daaraan aanpassen. Ze komen los van hun egocentrisch standpunt en ontwikkelen een theory of mind (zie ook hoofdstuk 4). De taalontwikkeling staat verder in deze periode onder invloed van wat het kind op school leert. Belangrijk hierbij is vooral het leren lezen en schrijven. Het kind wordt geletterd, het is niet langer analfabeet. Ook het taalonderwijs beïnvloedt de taalontwikkeling, op een meer systematische manier dan tot nu toe bij het leren van taal is gebeurd.

| school

5.2.4 BEVORDERENDE FACTOREN

| talige omgeving

Positief voor het ontwikkelen van een goede taal- en communicatievaardigheid is het opgroeien in een talige omgeving. Wanneer een kind veel en op een goede manier taal krijgt aangeboden, is dat gunstig voor de ontwikkeling. Voor het leren van de taal is het belangrijk dat de omgeving steeds voor goede feedback zorgt. Want taalontwikkeling verloopt in interactie met de omgeving.

| motherese

Volwassenen hebben een speciale manier om het leren van taal voor kinderen te vergemakkelijken. De speciale taal die volwassenen gebruiken als ze praten met jonge kinderen duiden we aan met *motherese* of *babytalk*. Dit is een soort oudertaal. Kenmerken van deze taal zijn dat volwassenen in eenvoudiger zinnen spreken. Ook worden de woorden en zinnen in een trager tempo uitgesproken, met opvallend hoge intonatie, veel herhalingen en met weinig versprekingen. Een moeder zegt bijvoorbeeld tegen haar kind 'Joost lekker eten? Kijk, hier is je fruithapje' en dit op hogere toon dan ze zou doen tegen oudere kinderen of volwassenen. Door de hoge toon wordt de aandacht van jonge kinderen beter gericht. Door de eenvoudige zinsbouw kan een kind gemakkelijker de boodschap begrijpen. Ouders passen hun manier van praten zodanig aan dat de taalperceptie voor het kind gemakkelijker verloopt. Dat doen ze automatisch. Het gebruiken van de kenmerken van het motherese zie je ook wanneer mensen tegen iemand praten waarvan ze vermoeden dat hij de taal niet beheerst. Zelfs jonge kinderen passen hun taal op deze wijze aan wanneer ze tegen baby's of huisdieren praten. Behalve speciale duidelijke taal gebruiken, geven ouders ook belangrijke stimulerende feedback. In reactie op een onvolledige taaluiting van een kind, zoals 'Jamy eten', reageren ouders met 'ja, Jamy gaat straks fruit eten'. Hiermee bevestigen ze dat de taaluiting is begrepen en geven ze tevens het voorbeeld van een volledige zin die hetzelfde betekent. Zo helpen ze het kind zijn woordenschat en gevoel voor grammatica uit te breiden. Als ouders vaardig zijn in het op deze manier stimuleren van een kind bevordert dat de ontwikkeling van de taalvaardigheid.

5.3 NON-VERBALE COMMUNICATIE

Door talige communicatie kun je gedachten en bedoelingen overbrengen op iemand anders. De non-verbale communicatie voegt hier nog een belangrijk element aan toe. Met non-verbale communicatie bedoelen we alle niet-talige communicatie zoals gebaren, bewegingen of handelingen. Maar ook de intonatie waarmee we iets zeggen of de gezichtsuitdrukking die iemand heeft wanneer hij iets zegt, horen bij non-verbale communicatie. Deze niet-talige manieren van communiceren geven aan de taal extra inhoud en betekenis en dienen voor betekenisverlening. De non-verbale communicatie geeft aan hoe we een bepaalde taaluiting moeten interpreteren. Wanneer we het woord 'nee' op luide toon zeggen met een gezichtsuitdrukking die aangeeft 'pas op, je overschrijdt een grens en ik word boos', zal dit heel anders overkomen dan hetzelfde woord 'nee' wanneer het op rustige toon wordt uitgesproken.

| non-verbale communicatie

| betekenisverlening

Parallel aan de taalontwikkeling ontwikkelt een kind ook vaardigheid en inzicht in de niet-talige aspecten van communicatie. In de voortalige periode zien we bij baby's als begin van de taalontwikkeling dat ze eerst voornamelijk non-verbaal communiceren. Het leren van taal begint met het zich richten op mensen, hun handelingen, bewegingen en gezichtsuitdrukkingen en ook op hun taal. Baby's kijken vaak heel intensief naar hun verzorgers. Ze nemen alle kenmerken van communicatie in zich op. Ze gaan geluiden en gezichtsuitdrukkingen imiteren. In de periode tussen 4 en 6 maanden gaat een kind gebaren gebruiken, zoals zwaaien en nee schudden. Vanaf 6 maanden is een kind in staat tot meer interactie en aankijken. Uit het elkaar aankijken ontstaat de gezamenlijke aandacht voor voorwerpen. We noemen deze gezamenlijke aandacht *joint attention.* Kinderen leren dingen aan te wijzen voor anderen ('die!') en daarmee hun aandacht hierop te richten. Dit is een belangrijke manier van contact en communicatie. Tevens leren ze hiermee nieuwe woorden. Het kind wijst een vaas met bloemen aan en zegt 'die'. Ouders kijken wat het kind bedoelt en zeggen 'ja, mooie bloemen'.

| joint attention

Vanaf de leeftijd van 10 maanden kunnen kinderen de aandacht van ouders richten door iets aan te wijzen en vervolgens oogcontact te maken. In deze periode ontwikkelen kinderen ook het beurtgedrag (weten dat je om de beurt praat) en krijgen zij oog voor pauzes in spraak. Voordat een kind echt taal gebruikt, oefent het al met beurt nemen door om beurten geluiden te maken met zijn ouders. Hoe beter ouders en kind in staat zijn tot deze interactie, hoe beter zich later de taal en de communicatie ontwikkelt. In de differentiatiefase zien we dat de cognitieve en de sociale ontwikkeling heel duidelijk een stempel drukken op de taalontwikkeling. In deze periode differentieert

| beurtgedrag

het kind zich van zijn omgeving als uniek persoon. Dit valt samen met het verwerven van begrippen als 'ik' en 'mijn' (zie ook hoofdstuk 4). In de leefwereld van een kind verandert in deze periode veel. Het kind komt meer buiten het beschermde milieu van het gezin en leert ook taal van andere volwassenen. Zo kan een peuter die net naar het kinderdagverblijf gaat, thuiskomen met nieuwe woorden en tot verbazing van de ouders opeens uitroepen 'shit!' wanneer zijn Lego-gebouw instort. Of hij vindt een bepaald stuk speelgoed opeens 'cool' of 'vet' in plaats van gewoon leuk.

5.4 Als het anders gaat

5.4.1 Normale variaties in taalontwikkeling

| volgorde universeel

Niet alle kinderen leren even snel praten. Zoals voor de gehele ontwikkeling geldt, is het ook bij de taalontwikkeling zo dat het ene kind zich sneller ontwikkelt dan het andere. De volgorde van de taalontwikkeling is universeel. Toch doorlopen sommige kinderen niet alle tussenstappen die binnen die volgorde te onderscheiden zijn. Er zijn kinderen die de fase van losse woorden overslaan en meteen in zinnetjes praten. Zo'n kind kan een bepaalde periode traag lijken in zijn ontwikkeling, maar haalt die achterstand dan later weer ruimschoots in. Dit komt voor bij introverte, bedachtzame kinderen die eerst uitgebreid luisteren en observeren, voordat ze zelf een woord zeggen. Kinderen met een meer expressieve aard proberen klanken juist eerder te imiteren. Verschillen in karakter en temperament kunnen leiden tot variaties in de taalontwikkeling. Soms zijn er ook omstandigheden waardoor de taalontwikkeling tijdelijk stilstaat of minder snel verloopt. Meestal is er dan iets anders dat de aandacht van het kind vraagt. Het kan dan even meer bezig zijn met ontwikkeling op een ander gebied, bijvoorbeeld motorisch. Soms heeft zo'n periode van stilstand ook te maken met ingrijpende gebeurtenissen in zijn leven, waardoor de aandacht tijdelijk minder gericht is op de taalontwikkeling.

| temperament
| omstandigheden

Een kind dat in een bepaalde periode veel ziek is, ontwikkelt zich vaak minder vlot in die tijd. Dit geldt in de taalontwikkeling vooral wanneer een kind last heeft van herhaaldelijke verkoudheden en oorontstekingen, doordat deze ziektes vaak tot een tijdelijk verminderde gehoorfunctie leiden. Dit leidt tot stagnatie, of tot een minder goede ontwikkeling van foneemdifferentiatie, het onderscheid tussen de verschillende klanken.

| verminderde gehoorfunctie

Een veelvoorkomend taalprobleem is het tijdelijk stotteren. Soms wil een kleuter zoveel tegelijk zeggen dat hij er met de articulatie niet helemaal uitkomt en gaat stotteren. Meestal is dit maar een periode, een fasegebonden probleem. Dit komt het meest voor in de differentiatiefase, vooral bij kinderen rond de 4 jaar. Wanneer deze periode lang duurt of wanneer het kind zich door het stotteren belemmerd gaat voelen in zijn praten, wordt het

tijd om te overleggen met huisarts of logopedist. Het stotteren zou zich tot een chronisch probleem kunnen ontwikkelen.
Een vertraagd verlopende taalontwikkeling is niet meteen een reden tot zorg. Het is ook niet zo dat het tempo van de taalontwikkeling altijd iets zegt over de ontwikkeling van het denken of het intelligentieniveau. Over het natuurkundig genie Albert Einstein wordt verteld dat hij pas op zijn 3e jaar begon te praten. Een minder goede cognitieve ontwikkeling (denkontwikkeling) vormt echter wel een belemmering voor de taalontwikkeling. Kinderen met minder sterk ontwikkelde cognitieve capaciteiten hebben veel meer moeite met het begrijpen van categorieën. Ze kunnen minder goed abstraheren en indelen in categorieën zoals levende wezens, dingen waarmee je kunt rollen, dingen die je kunt eten. Ze kunnen vervolgens ook minder gemakkelijk woorden aan categorieën koppelen. Tevens zal een kind dat minder gemakkelijk leert meer tijd nodig hebben om de associaties te leren tussen klanken die het hoort en voorwerpen of handelingen die het ziet. Het ontwikkelt dan ook minder snel een woordenschat. Het begrijpen van grammatica en vervoegingen vereist ook een bepaald niveau van abstractievermogen en logisch redeneren en heeft dan ook een relatie met de verstandelijke ontwikkeling.

vertraagde taalontwikkeling

ijkpunten

We spreken van een vertraagde taalontwikkeling wanneer een kind later leert praten dan de meeste andere kinderen, maar niet op een afwijkende manier. IJkpunten voor een normale taalontwikkeling zijn globaal de volgende. Tegen het 1e jaar communiceert een kind volop met zijn omgeving door veel en gevarieerd brabbelen, met de melodie en intonatie die past bij de moedertaal. Rond de leeftijd van 1½ jaar kan een kind in elk geval een paar woordjes zeggen, ook al is de uitspraak nog niet goed. Op hun 2e jaar spreken kinderen minimaal in tweewoordzinnetjes. Kinderen van 3 gebruiken doorgaans taaluitingen van drie tot vijf woorden. De zinsbouw hoeft nog niet kloppend te zijn. Met 4 jaar spreken kinderen in eenvoudige zinnen, waarbij zij het meervoud en de vervoeging van het werkwoord nog moeilijk vinden. Ruim 75 procent van wat een kind van 4 zegt, is voor anderen verstaanbaar. Kinderen van 5 jaar spreken in redelijk goed opgebouwde zinnen en vrijwel alles wat het kind zegt, is goed te volgen voor een buitenstaander (zie tabel 5.2).

Tabel 5.2

1 jaar:	gevarieerd brabbelen
18 maanden:	kan een paar woordjes zeggen
2 jaar:	kan in tweewoordzinnen praten
3 jaar:	uitingen van drie tot vijf woorden
4 jaar:	eenvoudige zinnen, 75 procent van de spraak verstaanbaar voor anderen
5 jaar:	redelijk goede zinnen, bijna 100 procent van de spraak verstaanbaar voor anderen

Wanneer een kind hier significant van afwijkt is er sprake van een vertraagde taalontwikkeling, bijvoorbeeld een kind dat op zijn tweede jaar nog geen woorden zegt of als driejarige alleen nog losse woordjes zegt en geen enkele zin. Het is dan belangrijk om de taalontwikkeling extra nauwgezet te volgen en eventueel een onderzoek te laten doen door een logopedist of bij een audiologisch centrum, gespecialiseerd in gehoorproblemen en taalproblemen.

5.4.2 MEERTALIGHEID

| meertalig

Sommige kinderen leren niet één taal, maar worden vanaf hun geboorte al geconfronteerd met twee of nog meer talen. Zij worden meertalig opgevoed. Ook zijn er veel kinderen, bijvoorbeeld van immigranten, die met een moedertaal zijn opgegroeid, maar zich in de contacten met de buitenwereld moeten redden met een tweede taal. In Nederland zie je dit veel bij gezinnen die van oorsprong anderstalig zijn en hun moedertaal nog als eerste taal gebruiken of het Nederlands (nog) niet goed beheersen.

Jonge kinderen zijn heel flexibel in hun taalverwerving, omdat hun hersenen nog plastisch zijn. Tot en met hun 10e of 11e jaar leren kinderen bijna moeiteloos een tweede taal erbij. Kinderen die op hun 11e emigreren, maken zich doorgaans vlot de nieuwe taal eigen. Dit doen ze veelal automatisch. Simpelweg door veel met de taal in aanraking te komen, kunnen ze de tweede taal oppikken, zonder dat ze expliciet de taalregels of grammatica uitgelegd krijgen. Kinderen doen dit veel gemakkelijker en sneller dan volwassenen en adolescenten die een tweede taal leren.

| flexibiliteit

De flexibiliteit van jonge kinderen in hun taalontwikkeling heeft tot gevolg dat ze een taal die ze niet meer gebruiken, ook heel snel weer kwijt zijn wanneer ze er niet of nauwelijks nog mee in aanraking komen. Een jong kind dat na een aantal jaren in het buitenland terugverhuist, is de beheersing van de tweede taal zo weer verloren. Soms wordt gedacht dat het leren van twee talen nadelig is voor een kind. Dit valt meestal wel mee. Kinderen vanaf 9 maanden kunnen al een onderscheid maken tussen de twee talen die ze leren. Helpend hierbij is wanneer de twee talen worden gebruikt in verschillende situaties door verschillende personen. Het onderscheid is dan gemakkelijker te maken en het kind raakt niet in de war. Een meertalige opvoeding kan wel een probleem vormen voor kinderen die op een of andere manier al kwetsbaar zijn in hun taalontwikkeling. Kinderen met een taalontwikkelingsstoornis krijgen nog meer problemen als ze twee talen moeten leren in plaats van een. Ook kinderen met bepaalde leerstoornissen zoals dyslexie zullen eerder nadeel kunnen ondervinden van een tweetalige opvoeding of van tweetalig onderwijs.

| meertalige opvoeding

5.4.3 SPREEKANGST

Sommige kinderen vinden het gedurende een bepaalde periode moeilijk om te spreken, vooral met onbekenden. Dit kan te maken hebben met sociale angst of verlegenheid. Meestal is er dan sprake van een kind dat in aanleg

| verlegenheid

introvert en verlegen is en zijn deze gedragskenmerken ook te herkennen bij andere familieleden. Introverte kinderen verwerken alle informatie uit hun omgeving adequaat, maar zijn terughoudend in het zichzelf uiten. Zo'n kind kan in nabijheid van onbekenden soms geen woord zeggen, maar begint vaak onmiddellijk weer met praten zodra hij alleen met vertrouwde mensen is. Wanneer een kind niet sociaal angstig lijkt en toch niet spreekt met anderen kunnen er andere belemmeringen zijn. Dan is het belangrijk om na te gaan waar het probleem in zit. Als eerste is het belangrijk om na te gaan of het gehoor in orde is. Wanneer het vermoeden bestaat dat dit niet zo is, is een onderzoek door een arts nodig, via een audiologisch centrum of afdeling keel-, neus- en oorheelkunde. Wanneer het gehoor voldoende is zou het taalbegrip belemmerd kunnen zijn en is er mogelijk sprake van een vertraagde of afwijkende taalontwikkeling. Dit zou verder kunnen worden onderzocht en behandeld door een logopedist. Ouders kunnen zelf het kind extra stimuleren door veel voor te lezen en veel te praten met het kind.

| onderzoek

Als spreekangst zich ontwikkelt tot sociale angst of als er aanwijzingen zijn voor een taalstoornis (zie paragraaf over taalstoornissen) is het ook tijd om hulp te zoeken. Lichte sociale angst kunnen ouders zelf begeleiden. Het is dan aan de ene kant van belang het kind te accepteren zoals het is en niet het onmogelijke te verwachten. Aan de andere kant is het ook belangrijk contact met anderen te stimuleren. Op een gegeven moment kun je ook wel bepaalde eisen stellen. Bij een kind van 2 jaar is het nog acceptabel dat het niets zegt tegen de vriendelijke bakker die het kind een krentenbolletje geeft, maar van een kind van 6 of 7 jaar mag worden gevraagd dat hij het minimale doet aan groeten en 'dank u wel' zeggen. Bij een terughoudend kind is het belangrijk van tevoren uit te leggen wat je van hem verwacht en daar afspraken over te maken.

| sociale angst

| stimuleren

Een tijdelijke periode van niet praten of onzeker zijn in het praten kan worden afgewacht. Toch is het belangrijk om niet te lang te wachten. Door steeds het praten te vermijden, kan een kind steeds onzekerder worden en wordt het probleem groter. Tevens is er de mogelijkheid dat er sprake is van een taalstoornis of een ontwikkelingsprobleem. Dan is een tijdige interventie belangrijk om de schade voor de verdere ontwikkeling te voorkomen of beperken.

5.5 COMMUNICATIESTOORNISSEN

Communicatie tussen mensen is voor een deel talig en voor een deel niettalig. Wanneer zich in de ontwikkeling van een kind problemen of stoornissen voordoen op het gebied van de communicatie kunnen dit problemen zijn op het gebied van taal, maar ook op het gebied van de non-verbale communicatie. De problemen die zich voordoen op het gebied van de taal, dus de talige aspecten van communicatie, duiden we aan als spraak-taalontwikkelingsstoornissen. We bespreken een aantal veelvoorkomende spraaktaalontwikkelingsstoornissen als taalstoornissen, stotteren, spraakklankstoornissen, en selectief mutisme. Daarna bespreken we een specifieke stoornis in de sociale communicatie, namelijk de autismespectrumstoornis.

5.5.1 TAALSTOORNIS

Van een taalstoornis spreken we wanneer de ontwikkeling in het gebruiken van taal aanzienlijk achterblijft bij het verdere ontwikkelingsniveau. Kenmerken van een taalstoornis zijn een verminderde woordenschat, problemen met de grammatica en morfologie van de taal of met het gebruiken van taal in gespreksvoering. Het tijdig onderkennen van taalontwikkelingsstoornissen is belangrijk. Kinderen met een taalstoornis hebben een grotere kans op problemen op alle andere ontwikkelingsgebieden. Niet goed communiceren met anderen leidt tot minder contact en kan zorgen voor onzekerheid en sociale isolatie. Een taalstoornis kan zo leiden tot sociaal-emotionele problemen. Als je taal minder goed begrijpt, begrijp je veel van wat er in de omgeving gebeurt ook minder goed. De cognitieve ontwikkeling en het leren op school worden erdoor belemmerd. Taalontwikkelingsstoornissen komen vaker bij jongens voor dan bij meisjes. Het is niet duidelijk wat hiervan precies de oorzaak is. Het heeft waarschijnlijk te maken met dezelfde factor die ervoor zorgt dat jongens meer ruimtelijk inzicht hebben. Het vermoeden is dat verschillen in rijping van de hersenen die te maken hebben met hormonale verschillen hierin een rol spelen. Soms kan een vertraagd verlopende spraak-taalontwikkeling (zie 5.4.1) uiteindelijk leiden tot een taalstoornis, maar dit is zeker niet altijd het geval.

5.5.2 ONTWIKKELINGSSTOTTEREN

Stotteren is een verzamelnaam voor diverse vormen en gradaties van niet-vloeiend spreken. Dit kan tot uiting komen in het herhalen van delen van het woord ('aa-aa-aa-aanbieding'), verlenging van lettergrepen ('llllll-leuk'), blokkades 'aan...bieding', tussenvoegingen 'eh...eh...' of herhaling van hele woorden ('ik...ik...ik...ik'). Bij iemand die stottert, valt lichamelijke spanning op bij het spreken. Dit is zichtbaar aan het trekken van grimassen, knipperen met de ogen of andere tic-achtige bewegingen. Ontwikkelingsstotteren ontstaat in de vroege ontwikkelingsperiode, en manifesteert zich meestal op de peuter- en kleuterleeftijd. Sommige kinderen maken tijdelijk een periode van stotteren door (zie 5.4.1). Het is dan een fasegebonden probleem dat vanzelf weer voorbijgaat. Wanneer de periode van het stotteren langer duurt en vooral wanneer een kind duidelijk wordt belemmerd in zijn taaluitingen, is het belangrijk het stotterprobleem als zodanig te erkennen en specialistische hulp in te schakelen. Hulp en begeleiding bij het stotteren wordt meestal geboden door een logopedist.

spanning

5.5.3 Spraakklankstoornissen

Een kind met een spraakklankstoornis heeft hardnekkige moeilijkheden met het uitspreken van bepaalde klanken of combinaties van klanken. Er zijn problemen met de fonologie *en* articulatie van de spraak. In de taalontwikkeling van kinderen is het normaal om een tijdlang moeite te hebben met bepaalde klanken en klankencombinaties. Er kan sprake zijn van een spraakklankstoornis wanneer een kind niet in staat is om te praten zoals dat past bij zijn ontwikkelingsniveau en bij zijn leeftijd. Het gaat dan om een significante afwijking van de taalontwikkeling zoals die meestal verloopt en niet om een klein verschil met de normale taalontwikkeling. Bij kleine verschillen met de gemiddelde taalontwikkeling spreken we zeker niet van een stoornis op dit gebied. Wanneer een 5-jarige sommige klanken nog niet kan zeggen, is dat niet opvallend, maar wanneer hij nog volledig onverstaanbaar praat, is het afwijkend. Een 7-jarig kind dat veel verschillende klanken en klankencombinaties niet kan uitspreken, heeft ook een achterstand in zijn spraakontwikkeling. Vooral wanneer er sprake is van een belemmering in het sociaal functioneren en in het functioneren op school, is het belangrijk gerichte hulp te verlenen. Meestal is de aangewezen specialist voor deze hulp een logopedist.

| fonologie
| articulatie

5.5.4 Selectief mutisme

We spreken van een kind met selectief mutisme als een kind gedurende een langere periode uitsluitend spreekt tegen bepaalde personen en/of in bepaalde omgevingen. Het meest voorkomend is dat het kind alleen maar thuis spreekt of met heel vertrouwde personen, maar niet tegen onbekenden. De kwaliteit van de taal die een kind met selectief mutisme gebruikt is normaal en niet afwijkend. Een kind met selectief mutisme begrijpt de taal goed en kan ook goed zelf spreken. Er is dus geen sprake van een gestoorde taalontwikkeling. Kinderen met dit probleem reageren meestal wel naar onbekenden via gebaren, lichaamshouding en dergelijke, ze communiceren dus wel. Dit is een belangrijk differentiërend kenmerk tussen selectief mutisme en autismespectrumstoornissen (zie 5.6). Veel kinderen tussen 3 en 5 jaar zijn geremd ten aanzien van onbekenden of spreken de eerste weken op school niet of alleen maar fluisterend. We denken pas aan de mogelijkheid van selectief mutisme als dit meer dan een maand duurt, waarbij het dan niet alleen moet gaan om de eerste maand op school. Vaak gaat selectief mutisme gepaard met sociaal-emotionele problemen. Die kunnen het gevolg zijn van selectief mutisme, maar kunnen ook de oorzaak vormen voor het ontstaan ervan. Soms komt selectief mutisme voor als reactie op een ernstig traumatiserende gebeurtenis. Een mogelijke interventie is door middel van speltherapie. Het kind wordt dan geleerd zijn gevoelens te uiten en zich veilig te voelen in de interactie met anderen. Er zijn ook speciale behandelprotocollen ontwikkeld om kinderen met selectief mutisme gericht te helpen. Het spreekgedrag wordt dan in kleine

| taalontwikkeling niet gestoord

| speltherapie

stappen bekrachtigd. Onderzoek heeft aangetoond dat het het meest effectief is om selectief mutisme te behandelen in de situatie waarin het zich voordoet, in veel gevallen op school. Een veelgebruikte en effectief gebleken methode is 'Spreekt voor zich'.

5.6 STOORNISSEN IN DE NON-VERBALE COMMUNICATIE

5.6.1 AUTISTISMESPECTRUMSTOORNIS

De term autismespectrumstoornis (afgekort aangeduid als ASS) wordt gebruikt om een stoornis in de sociale communicatie en sociale interactie aan te duiden die zich in de loop van de vroege ontwikkeling manifesteert. Dit gebeurt meestal op het moment dat de sociale situatie vraagt om bepaalde sociale vaardigheden. Voor kinderen is dat vaak wanneer ze voor het eerst een peuterschool of basisschool bezoeken. Soms kan het langer duren voor een autismespectrumstoornis manifest wordt, vooral bij intelligente mensen die kunnen steunen op aangeleerd gedrag. Ook wanneer de autismespectrumstoornis minder ernstig is kan het langer duren voordat deze wordt opgemerkt.
Om een diagnose autismespectrumstoornis te stellen is het nodig dat een bepaald aantal kenmerken van de stoornis wordt vastgesteld en in een bepaalde ernst en mate, zodanig dat het belemmerend is voor het dagelijks functioneren (zie tabel 5.3 en verder DSM 5).

TABEL 5.3 — Overzicht criteria autismespectrumstoornis

Bij het onderkennen van stoornissen in het autismespectrum zijn de volgende criteria van belang (zie voor volledig overzicht DSM 5):

1) Er is sprake van kwalitatieve beperkingen in de sociale communicatie en sociale interactie, zoals:

- niet in staat zijn tot leeftijdsadequate sociale interactie;
- verminderd delen van interesses en emoties;
- op een abnormale manier contact maken;
- geen passende relaties met leeftijdsgenootjes;
- niet kunnen delen van plezier en bezigheden met anderen;
- verbale en non-verbale communicatie gaat niet goed samen;
- abnormaal gedrag bij oogcontact, lichaamstaal, gebaren, gezichtsuitdrukkingen;
- problemen met aanpassen van gedrag aan verschillende sociale omstandigheden;

- moeite met deelnemen aan fantasiespel;
- moeite met vrienden maken of zelfs afwezigheid van belangstelling voor leeftijdsgenoten.

2) Er is sprake van stereotiepe patronen van gedrag en interesse, zoals:

- stereotiepe of herhalende motorische bewegingen, gebruik van voorwerpen (speelgoed in een rij zetten, voorwerpen ronddraaien) of spraak (echolalie, idiosyncratische uitdrukkingen);
- rigide vastzitten aan bepaalde routines;
- moeite met veranderingen en overgangen, rigide denkpatronen, steeds dezelfde gewoonten aanhouden;
- beperkte gefixeerde interesses.

Een zeer belangrijk kenmerk van kinderen met een autismespectrumstoornis is dat ze een afwijkende ontwikkeling vertonen op het gebied van de communicatie, zowel verbaal als non-verbaal. Ze hebben vooral moeite met de pragmatiek van de taal en met de sociale regels van de communicatie. Het beginnen en voeren van een gesprek vinden ze moeilijk en het beurt nemen lukt meestal niet. Kinderen met een autismespectrumstoornis slagen er ook niet of heel slecht in om een goede theory of mind te ontwikkelen (zie hoofdstuk 4). Ze hebben heel veel moeite om zich in het perspectief van een ander te verplaatsen, rekening te houden met het standpunt van de ander en de voorkennis van de ander. Er is weinig afstemming in de communicatie. Een kind met een autismespectrumstoornis communiceert meer vanuit zichzelf, dan dat hij zich kan richten op de ander. Ook lukt het meestal niet een gesprek op gang te brengen zoals dat met andere mensen lukt. Op de vraag 'heb je hobby's?' zal hij bijvoorbeeld alleen met 'ja' antwoorden, maar niet ingaan op de inhoud van de vraag. Terwijl hij juist zal uitweiden over iets wat hemzelf interesseert op een moment dat dat nu weer niet adequaat is. De reacties zijn anders dan verwacht, anders dan volgens de sociale gewoonten en normen. Een ander kenmerkend punt is dat jongeren en volwassenen met een autismespectrumstoornis de figuurlijke betekenis van taal veel minder goed begrijpen. Ze nemen alles letterlijk en snappen grapjes of woordspelingen niet of minder goed. Dat een bepaalde opmerking een grapje is, kun je vaak zien aan de gezichtsuitdrukking of de intonatie. Wanneer deze informatie je ontgaat, kun je dus alleen maar op de letterlijke inhoud reageren. De afstemming tussen de verbale en non-verbale communicatie is bij deze kinderen vaak niet goed.

| pragmatiek

| theory of mind

| weinig afstemming

| anders dan verwacht

| figuurlijke betekenis van taal

Kinderen met autismespectrumproblematiek zijn vaak wel goed in staat om te gaan met de instrumentele functie van taal en ook nog wel met de regulerende functie, maar kunnen niet omgaan met de pragmatische en sociale functies ervan. Ook de verbeeldende functie van taal beheersen ze doorgaans niet. Autistische kinderen kunnen heel moeilijk 'doen alsof' of iets fantaseren. Bij kinderen met autisme verloopt de taalontwikkeling vaak vertraagd. De

| doen alsof

volgorde van de ontwikkeling is wel overeenkomstig de normale volgorde van ontwikkeling.

Van een ernstige autismespectrumstoornis zijn al vroeg kenmerken te zien. In de eerste jaren ontbreekt bijvoorbeeld het sociaal lachen en valt op dat het kind langs mensen heen kijkt. Het kind maakt weinig oogcontact, maar staart bijvoorbeeld naar de mond of tussen de ogen. Vaak ontbreekt vocale communicatie in de babyperiode. Ze imiteren vaak wel geluiden, maar zonder communicatief aspect. Als ze later leren praten, is de intonatie vaak vlak en robotachtig. Verder is opvallend dat er geen wederkerigheid is in het contact. Er is geen wisselwerking, geen uitwisseling van emoties. Ouders hebben het gevoel niet echt contact met hun kind te krijgen of in elk geval anders dan ze gewend zijn met hun andere kinderen of met mensen in de omgeving. Vaak worden kinderen met een autismespectrumstoornis niet graag opgepakt en als dat wel gebeurt, 'voegen' ze zich niet, maar houden zich stijf en gestrekt (dit heet overstrekken). Bij oudere kinderen en volwassenen valt op dat de fijnere nuances van de betekenis van woorden hen ontgaan.

| geen wederkerigheid

Een ander kenmerk is stereotiep gedrag. Een kind met autismespectrumproblematiek is vaak voortdurend met dezelfde dingen bezig en zal niet of nauwelijks op ontdekking uitgaan. Het spelen blijft vaak steken in eentonige bezigheden, zoals langdurig kijken naar de draaiende was of aan wieltjes draaien. Ze spelen vaak graag alleen. De reacties op zintuiglijke prikkels zijn meestal afwijkend. Ze zijn of opvallend traag of er is juist sprake van een overdreven prikkelgevoeligheid.

| stereotiep gedrag

Ouders van kinderen met een autismespectrumstoornis hebben zich vaak ongemerkt al heel veel aangepast aan hun kind. Daarom valt de stoornis thuis veel minder sterk op. De ouders weten dat hun kind niet tegen veranderingen kan. Ze bereiden hem erop voor als er iets gaat gebeuren wat anders is dan het normale ritme. Ze weten dat hun kind baat heeft bij structuur en die bieden ze hem ook. De omgeving buiten het gezin is minder goed aangepast en dat kan dan ook problemen geven zodra een kind zich in andere sociale omgevingen begeeft zoals school of sportclubs.

| aanpassing door ouders

5.6.2 Behandeling van autismespectrumstoornissen

Een behandeling voor een autismespectrumstoornis die de problematiek volledig oplost, is er helaas niet. Doorgaans streven we ernaar om iemand met een autismespectrumstoornis zo goed mogelijk te leren omgaan met zijn mogelijkheden en beperkingen. Een van de belangrijkste aandachtspunten hierbij is het kind te leren omgaan met veranderingen. Hiermee hebben kinderen met een autismespectrumstoornis veel moeite. In de omgang met deze kinderen is het aan de mensen om hen heen om zich min of meer aan te passen aan het kind. Andersom is dat namelijk heel moeilijk.

Kinderen met een stoornis in het autistismespectrum zijn gebaat bij een overzichtelijke, tamelijk beschermde omgeving. In een schoolsituatie die een duidelijke structuur heeft en goed overzicht biedt, gaat het hun redelijk goed af. Op de basisschool functioneren ze meestal beter dan op de middelbare school. In de middelbareschoolperiode komen daar de veranderingen van de puberteit bij, die een kind met een autismespectrumstoornis moeilijk kan plaatsen. Zelfs jongeren zonder stoornis raken in de puberteit al in de war van alle veranderingen; voor jongeren met een autismespectrumstoornis geldt dit veel sterker. De sociale eisen gaan de eigen mogelijkheden steeds meer overstijgen. Het vermogen tot omgaan met anderen en het kunnen aangaan van vriendschappen worden in deze periode belangrijker. De puberteit is voor jongeren met een autismespectrumstoornis een extra moeilijke periode. Dit geldt ook voor het verwerven van een zelfstandig bestaan.

| structuur

| puberteit

Voor kinderen en jongeren met autismespectrumstoornissen zijn een aantal behandelprotocollen beschikbaar die hun leren wat hun problematiek inhoudt aan sterke en zwakkere punten en hoe ze hiermee het beste kunnen omgaan. Veelgebruikte methoden zijn *'Ik ben speciaal'* en speciaal voor adolescenten is er '*Ik puber*', waarin specifiek wordt ingegaan op veranderingen in de puberteit en het adequaat omgaan met leeftijdsgenoten. Vaardigheidstrainingen speciaal voor kinderen met autismespectrumproblematiek zijn de TOM-training voor kinderen en de Peers-training voor adolescenten. De TOM-training is gericht op het aanleren van vaardigheden die de bouwstenen vormen van de theory of mind, zoals het herkennen en adequaat uiten van emoties, en het zich verplaatsen in het perspectief van de ander. In de Peers-training wordt gericht geoefend met sociale situaties en sociale communicatie.

| TOM-training

| Peers-training

5.7 VAN THEORIE NAAR PRAKTIJK

In het praktijkvoorbeeld aan het begin van dit hoofdstuk hebben we beschreven hoe twee jongetjes van 5 jaar functioneren in groep 2 van de basisschool. Beide jongetjes vallen op door hun gebrek aan communicatie met anderen. Allebei zeggen ze nauwelijks iets in de klas. Wat kan daarvan de oorzaak zijn?
Ewout praat niet in de klas, maar laat wel zien dat hij kan communiceren. Als het echt nodig is, gebruikt hij gebaren of enkele woorden. Verder valt ook op dat hij met plezier speelt. Het is belangrijk om na te gaan of Ewout met andere kinderen speelt en of hij wederkerigheid laat zien in de interactie. Reageert hij op de andere kinderen of blijft hij passief? Praat Ewout wel in andere situaties buiten school? Bij het logopedisch onderzoek heeft hij weinig tot niets gezegd, maar misschien praat hij thuis wel honderduit. Bij Ewout is het zo dat hij inderdaad thuis wel praat. Hij kan met zijn broertje spelen en speelt ook met kinderen die hij goed kent, zoals familieleden. Ewout heeft dus geen taalontwikkelingsstoornis. Hij kan op een normale manier taal gebruiken. Hij past het alleen selectief toe.
Ewouts probleem heeft kenmerken van selectief mutisme, maar het is ook mogelijk dat sprake is van verlegenheid of sociale angst. Hij kan hierbij

worden begeleid door hem te helpen zich meer op zijn gemak te voelen in situaties buiten zijn vertrouwde omgeving. De leerkracht kan hierin een rol spelen. Daarnaast kunnen we ervoor kiezen om Ewout te stimuleren bij het leren omgaan met emoties en het versterken van zijn basisvertrouwen, bijvoorbeeld door spelbegeleiding. Hopelijk voelt hij zich dan eerder vrij om te praten en communiceren en voelt hij zich beter op zijn gemak met andere mensen.

Ricardo praat ook niet in de klas, maar anders dan Ewout. Ricardo laat tekenen van angst zien en vermijdt contact op allerlei manieren. Er is weinig interactie tussen Ricardo en de andere kinderen en tussen Ricardo en de leerkracht. Ook is zijn manier van spelen afwijkend. Hij lijkt overgevoelig voor allerlei prikkels, zoals zand aan zijn vingers en te veel drukte om hem heen. Ricardo is niet alleen beperkt in zijn talige communicatie, maar ook in andere vormen van contact. Er zijn aanwijzingen die zouden passen in het beeld van een autismespectrumstoornis.
Het kan echter ook zijn dat Ricardo zo angstig is omdat hij nog bang is voor school en hier extreem op reageert. Misschien heeft hij nog heel weinig ervaringen kunnen opdoen in het omgaan met andere kinderen en in het spelen. Wanneer hij meer gewend is aan de schoolse situatie en het omgaan met alle nieuwe prikkels, is er wellicht nog veel verbetering te zien in zijn communicatie. Om een diagnose te kunnen stellen, moeten we Ricardo goed observeren. Om na te gaan of er sprake is van een autismespectrumstoornis zou een gz-psycholoog of een kinder- en jeugdpsychiater onderzoek moeten doen.

Hoofdstuk 6

Het begrijpen van de wereld

HOOFDSTUK 6

Het begrijpen van de wereld

Rick (8) heeft het syndroom van Down. Hij is leerling van groep 4 van de basisschool bij hem in de buurt. Hij heeft een flinke ontwikkelingsachterstand als gevolg van zijn handicap, en zou daarom terechtkunnen op een school voor speciaal onderwijs. Zijn ouders vinden het fijn voor hem dat hij naar dezelfde school kan als zijn oudere broer en zus. De basisschool wil daar wel aan meewerken. Ze probeert Rick zo veel mogelijk op zijn eigen niveau te begeleiden. Hij krijgt extra begeleiding van een speciale pedagogisch medewerkster, in het kader van een persoonsgebonden budget. Tot nu toe is dit alles goed bevallen. Rick vindt het leuk op school en de leerlingen vinden het leuk met Rick. Vooral de meisjes uit de bovenbouw lopen met hem weg. Ze vertroetelen hem een beetje.
De laatste tijd is er iets veranderd. Rick gaat met minder plezier naar school. Hij geeft regelmatig aan dat hij niet wil en krijgt driftbuien als hij naar school moet. In de klas heeft hij veel conflicten met andere leerlingen. Hij vindt het steeds moeilijker rustig te werken en krijgt veel klachten van kinderen dat hij hen stoort. Ook de leerkracht merkt dat Rick het minder goed naar zijn zin heeft. Bij uitleg roept Rick steeds door de klas. Hij maakt geluiden en trekt gezichten naar andere kinderen. Steeds vaker wordt hij boos in de klas en op het plein. Waarom hij boos wordt, is vaak niet helemaal duidelijk, zeker niet voor de andere kinderen. Sommige kinderen geven aan liever niet meer met Rick om te gaan. Hij wordt snel boos en is heel sterk. Enkele kinderen zijn zelfs een beetje bang voor hem. Het niveau waarop Rick werkt, raakt ook steeds verder verwijderd van wat de andere kinderen doen. Rick is eigenlijk nog bezig met de leerstof die meestal aan het begin van groep 3 wordt gegeven, maar omdat hij al bijna 9 is, zit hij toch in groep 4. Hij is zoveel groter en sterker dan de kinderen in groep 3 dat hij daar echt niet meer tussen past. De ouders, de leerkracht en de pedagogisch medewerkster gaan in gesprek. Hoe kunnen ze Rick het beste verder helpen? Ze vragen zich af of Rick nog wel voldoende van de schoolwereld om zich heen begrijpt om zich er prettig te voelen.

6.1 INLEIDING

Vanaf het begin van hun leven proberen baby's greep te krijgen op de wereld om hen heen. Ze proberen te begrijpen wat om hen heen gebeurt en proberen alles wat op hen afkomt te ordenen. Eerst gebeurt dat vooral passief via de zintuigen. Door het verwerven van motorische vaardigheden kunnen ze ook actief op onderzoek uitgaan en verbanden leggen tussen verschillende zintuiglijke ervaringen. In hoofdstuk 3 is dat verkenningsproces beschreven. In dit hoofdstuk over het begrijpen van de buitenwereld beschrijven we hoe verkennen en ontdekken leiden tot begrijpen en redeneren.

6.2 Ontwikkeling van het denken

De ontwikkeling van het denken, redeneren en begrijpen noemen we de cognitieve ontwikkeling, of ook wel de intellectuele of verstandelijke ontwikkeling. Het denken van kinderen ontwikkelt zich vanaf een eenvoudig niveau waarbij ze twee gebeurtenissen of waarnemingen aan elkaar koppelen. Een baby kan zien dat zijn moeder zijn kamertje binnenkomt en heeft ontdekt dat hij vervolgens meestal wordt opgepakt en aandacht krijgt. Hij koppelt deze twee waarnemingen aan elkaar. Zo'n koppeling noemen we een associatie.

| associatie

Verder in de ontwikkeling gaat een kind echt denken en redeneren, maar nog op een heel concrete manier. Concreet denken gaat uit van alles wat direct is te zien en te ervaren. Een volgende fase is abstract denken, met hypothesen en gevolgtrekkingen. Iemand die abstract denkt, kan redeneren over iets zonder dat hij het voor zich ziet. Hij kan bedenken wat er zou gebeuren als hij iets zou doen zonder het echt uit te voeren en het voor zich te zien.

Het beginnend denken is gebaseerd op ontdekken vanuit zintuiglijke ervaringen. Door de ontwikkeling van de motoriek verbreedt de wereld van kinderen zich. Nu kunnen ze steeds meer actief onderzoeken en verbanden leggen.

| onderzoeken

Eerst blijft dit beperkt tot concrete voorwerpen en ervaringen, maar steeds meer is een kind in staat om zich iets mentaal voor te stellen. Bij jonge kinderen kun je dit zien aan hoe ze kunnen omgaan met kiekeboespelletjes en het verstoppen van voorwerpen. Eerst denkt een jong kind dat iets wat achter een doekje is verstopt er niet meer is. Het is verbaasd dat het weer tevoorschijn komt. Op een gegeven moment leert het kind dat het voorwerp toch aanwezig blijft, ook al is het niet meer te zien. Hij zal het dan ook zelf actief gaan zoeken.

Dit is het begin van de ontwikkeling van denken en het maken van mentale voorstellingen. Een kind kan zich in gedachten iets voorstellen en deze voorstelling ook onthouden. Dit geeft de mogelijkheid om steeds meer te redeneren.

Met de ontwikkeling van taal kan een kind zijn kennis ook steeds meer uitbreiden. Bekend zijn de talloze 'waarom'-vragen van een nieuwsgierige kleuter. Een kleuter wil alles van de wereld weten en de volwassenen om hem heen vormen zijn bron.

De cognitieve ontwikkeling gaat het hele leven door. Ook volwassenen leren nog elke dag nieuwe dingen en breiden hun kennis en ervaring uit. In de loop van de puberteit wordt het hoogste niveau van abstract denken bereikt.

Dit niveau hebben jongeren ook nodig in de laatste jaren van het voortgezet onderwijs en bij het vervolgonderwijs daarna.
Het verloop van de cognitieve ontwikkeling is door verschillende onderzoekers bestudeerd en in kaart gebracht. De belangrijkste drie theorieën over cognitieve ontwikkeling zijn:

theorieën

1. de theorie van Piaget, die de cognitieve ontwikkeling beschrijft in verschillende stadia
2. Vygotsky's theorie over de cognitieve ontwikkeling in interactie met de omgeving
3. de informatieverwerkingstheorie, die beschrijft hoe kinderen steeds efficiënter informatie kunnen verwerken.

Deze drie benaderingen hebben elk op hun eigen manier veel invloed gehad op het denken over de cognitieve ontwikkeling van kinderen. In het werken met kinderen en het begeleiden ervan wordt dan ook veel gebruikgemaakt van de belangrijkste gegevens vanuit die drie theorieën.
In het onderwijs aan kinderen is het handig wanneer je weet wat je op een bepaalde leeftijd van een kind kunt verwachten en wat nog niet. Dit geldt ook voor de opvoeding en verdere begeleiding van kinderen. Het is belangrijk om te weten dat een kind van 4 alleen nog maar kan denken vanuit zijn eigen perspectief. Het kind is dus niet egoïstisch wanneer het als cadeautje voor zijn moeder een dinosaurusfiguur koopt omdat hij dat zelf zo leuk vindt. Een kind van die leeftijd kan alleen nog maar vanuit zichzelf denken en doet dus het beste wat hij kan bedenken: iets kopen wat heel erg leuk is vanuit zijn perspectief. Om een kind iets te leren, is het belangrijk om te weten hoe een kind leert en welke mogelijkheden hij daarbij tot zijn beschikking heeft. We bespreken de drie theorieën en geven aan welke praktische toepassingen ze kunnen hebben voor het begrijpen van de denkontwikkeling van kinderen.
Om het kind te helpen meer van de wereld te begrijpen, kan in onderwijs en begeleiding adequaat worden aangesloten bij de ontwikkelingsfasen in de denkontwikkeling.

6.2.1 Piagets theorie

De Zwitserse bioloog-psycholoog Jean Piaget (1896-1980) heeft een invloedrijke theorie ontwikkeld over het leren denken van kinderen. Zijn theorie is een stadiumtheorie, waarin de ontwikkeling wordt beschreven als een discontinu proces. De ontwikkeling verloopt in stadia, waarbij elk nieuw stadium kwalitatief verschilt van het vorige. Piaget ging ervan uit dat de ontwikkeling van het denken verloopt in vier perioden. De leeftijd waarop kinderen een bepaald stadium bereiken is verschillend, maar de volgorde waarin ze de stadia doorlopen is voor alle kinderen gelijk.

stadiumtheorie

Piaget ging ervan uit dat kinderen hun kennis over de wereld zelf actief opbouwen. Dat doen ze door middel van activiteit, niet door alleen maar informatie passief op te slaan. Kinderen ontdekken wetmatigheden in een actieve wisselwerking met de omgeving. Piaget veronderstelde dat een kind

actief

wordt geboren met een aangeboren neiging om de wereld actief te willen ontdekken. De eerste reflexen van het pasgeboren kind vormen de basis. Door verdere lichamelijke rijping en door actieve interactie met de omgeving verwerft het steeds complexere cognitieve vaardigheden en concepten. Aan de basis van die ontwikkeling liggen een aantal biologische principes ten grondslag, afkomstig uit de evolutietheorie van Darwin. Volgens Darwins theorie passen lichaamskenmerken zich aan aan de omgeving waarin het levend wezen opgroeit. Dit proces heet adaptatie. Volgens Piaget ontwikkelen breinstructuren en denkstrategieën zich door adaptatie. Adaptatie betekent dan het veranderen en ontwikkelen van denkschema's om de wereld effectiever te kunnen begrijpen. Zo is er bijvoorbeeld de ontwikkeling van een grijpschema. In die strategie leert het kind om naar voorwerpen te grijpen. Later zijn er de denkschema's waarmee een kind een bepaald probleem leert oplossen.

| adaptatie

Adaptatie vindt plaats door middel van twee processen die elkaar aanvullen, namelijk assimilatie en accommodatie. Assimilatie is het toepassen van schema's die je al beheerst, op allerlei nieuwe situaties of nieuwe voorwerpen. Een voorbeeld hierbij is het grijpen. Wanneer een kind dit principe heeft geleerd kan hij dit vervolgens toe gaan passen met allerlei voorwerpen. Door middel van accommodatie kan hij zijn 'grijpschema' aanpassen aan die verschillende voorwerpen of situaties. Het is anders om een rond voorwerp zoals een bal te pakken dan om te grijpen naar een figuur aan een mobile. Verschillende voorwerpen moeten anders worden opgepakt of vragen om een verschillende benadering.

| assimilatie

| accommodatie

De drijvende kracht achter de motivatie van kinderen om hun schema's steeds verder te ontwikkelen en te adapteren, is het streven naar evenwicht. Wanneer een kind een nieuwe situatie of een nieuw probleem tegenkomt en hij ontdekt dat de schema's die hij al beheerst niet voldoende zijn om hiermee om te gaan, is er een verstoring van het evenwicht. Dit geeft onrust. Het kind probeert dit evenwicht te herstellen door nieuwe schema's te ontwikkelen waardoor hij dit probleem of die situatie wel kan aanpakken.

Een ander proces waardoor de cognitieve ontwikkeling wordt voortgestuwd, is organisatie. Het kind verwerft nieuwe schema's en organiseert alle aanpassingen die daarop plaatsvinden. Het koppelt verschillende schema's aan elkaar, bijvoorbeeld een 'kijkschema' en een 'grijpschema' om nog effectiever voorwerpen te kunnen pakken en hanteren.

| organisatie

Piaget heeft de denkontwikkeling van kinderen bestudeerd door zijn eigen drie kinderen uitgebreid te observeren. Hij heeft ze met allerlei denkproblemen en nieuwe uitdagingen geconfronteerd en ging na of ze hiermee konden omgaan en hoe ze dat deden. Later heeft hij deze observaties op een gestructureerde manier gebruikt als onderzoeksmethode. Hij heeft allerlei experimentjes ontwikkeld om de ontwikkeling te onderzoeken. Bij oudere kinderen gebruikte hij het interview als methode om hun redeneerschema's in beeld te brengen.

Piaget onderscheidt de volgende fasen in de denkontwikkeling: de sensomotorische periode (0-2 jaar), de preoperationele periode (2-7 jaar), de concreet-operationele periode (7-11 jaar) en de formeel-operationele periode (vanaf 11 jaar).

Sensomotorische periode

De sensomotorische periode (0-24 maanden) wordt opgedeeld in zes stadia. Voor al die stadia geldt dat de interactie tussen zintuigen en motoriek centraal staat. Een kind leert door activiteit, door te handelen.

1. Stadium van de reflexen (0-1 maand): een kind wordt geboren met een aantal reflexen zoals de zuigreflex, de kijkreflex en de grijpreflex. Het typerende voor pasgeborenen is dat ze totaal ongericht zijn in het toepassen van die reflexen. Een pasgeboren baby zuigt op alles wat hij tegenkomt en grijpt ook ongedifferentieerd. Een baby oefent wel met die reflexen en aangeboren schema's in dit stadium, maar nog niet bewust en gericht.

| reflexen

2. Stadium van de primaire circulaire reacties (1-4 maanden): in dit stadium ontstaat doelgerichtheid in de eigen handelingen. Een kind krijgt bijvoorbeeld per ongeluk zijn eigen duim of handje in zijn mond en zuigt erop. Het vindt dit prettig en kan proberen die handeling te herhalen om hetzelfde effect te krijgen. Dat herhalen van het effect noemen we circulair. De term primair betekent dat het nog om handelingen gaat die met het eigen lichaam te maken hebben.

| primaire circulaire reacties

3. Stadium van secundaire circulaire reacties (4-8 maanden): de aandacht wordt gericht op voorwerpen buiten het eigen lichaam, zoals speeltjes. Het kind schopt per ongeluk tegen een mobile die in de box hangt, wat een leuk geluid maakt. Om dit effect weer te krijgen, gaat het kind proberen doelgericht tegen deze mobile te schoppen. Zo ontwikkelt het een nieuw schema: dat van een voorwerp bewegen door er met de voet tegenaan te schoppen.

| secundaire circulaire reacties

4. Stadium van de coördinatie van secundaire schema's (8-12 maanden): het kind kan diverse activiteiten combineren om doelgericht iets te bereiken. Wanneer een ouder een interessant speeltje in zijn hand heeft en zijn hand dichtdoet, kan het kind proberen de hand te openen om het speeltje te pakken.

| coördinatie van secundaire schema's

5. Stadium van tertiaire circulaire reacties (12-18 maanden): in deze fase probeert het kind allerlei variaties van handelingen uit. Het experimenteert. Kenmerkend gedrag in deze fase is bijvoorbeeld het weggooien van allerlei voorwerpen en kijken welk effect dat heeft. Het eerste inzicht in oorzaak en gevolg ontstaat in dit stadium.

| tertiaire circulaire reacties

6. Het eerste denken (18-24 maanden): een kind is in dit stadium in staat om zich iets voor te stellen. Dat noemen we een mentale representatie. Het biedt de mogelijkheid om symbolisch te denken. Dat is nodig om taal te kunnen begrijpen. In taal wordt ook iets gerepresenteerd (een bal) door iets anders (de klankensequentie b-a-l). Het kind kan ook gedrag

| eerste denken

gaan imiteren. Het ziet iets, maakt zich een mentale voorstelling ervan en doet het de volgende dag na. Het begin van symbolisch denken vormt de overgang naar de volgende periode.

Preoperationele periode

De preoperationele periode begint rond de leeftijd van 2 jaar en loopt bij de meeste kinderen tot hun 7e jaar. Kenmerkend voor deze periode is de snelle ontwikkeling van denken en taal. De manier van denken is nog niet logisch en systematisch. Wanneer kinderen in deze periode een probleem oplossen, is de methode waarmee ze dat doen er een van trial and error, uitproberen. Een kind is in deze periode in staat tot eenvoudige oorzaak-gevolgredeneringen, causale relaties. Een aantal kenmerken in het denken van kinderen is typerend voor deze periode. In deze periode denken kinderen nog puur vanuit zichzelf, egocentrisch dus. Het kind gaat af op wat hij zelf kan zien en waarnemen, vanuit zijn eigen perspectief. Het kan zich nog niet in het gezichtspunt van de ander verplaatsen.

| taal

| egocentrisch

Een ander kenmerk van het denken van kinderen in deze periode is de neiging om te denken dat levenloze dingen kenmerken hebben van levende wezens. Kinderseries op televisie waarin bulldozers of treintjes kunnen praten en gevoelens kunnen hebben, sluiten hierbij aan. We noemen dit animisme. Preoperationele kinderen denken dat alles wat ze zien door mensen is gemaakt in plaats van door de natuur. Blaadjes kleuren niet vanzelf of door een natuurlijk proces rood, maar iemand zou ze hebben geverfd. Kinderen in dit stadium kunnen nog niet goed onderscheid maken tussen droom en werkelijkheid. Wat ze dromen, is echt voor hen. Het is ook de periode van het magisch denken. Dat komt tot uiting in een gevoeligheid voor sprookjes en voor het verhaal van Sinterklaas. Aan het eind van deze periode is dat juist niet meer zo. Dan wordt alles meer aan de realiteit en de logica getoetst.

| animisme

| magisch denken

We delen de preoperationele periode op in twee fasen: de preconceptuele fase (2-4 jaar) en de intuïtieve fase (4-7 jaar). In de preconceptuele fase staat de snelle ontwikkeling van denken en taal op de voorgrond. Volgens Piaget gaat de ontwikkeling van het denken vooraf aan de ontwikkeling van taal. De intuïtieve fase is de fase waarin kinderen een aantal belangrijke concepten leren begrijpen zoals rangorde, categorieën en conservatie van hoeveelheid, inhoud en gewicht.

| preconceptuele fase
| intuïtieve fase

Kleuters leren ordenen op grond van een kenmerk. Zo ordenen ze bijvoorbeeld blokken van klein naar groot. Dit is voor hen nog een moeilijke taak, die ze pas aan het eind van deze periode beheersen. Tevens leren ze voorwerpen te verdelen in categorieën op grond van een kenmerk, zoals alle rode of alle vierkante dingen. Daarnaast is het conservatiebegrip belangrijk. Dit betekent dat een kind leert begrijpen dat oppervlakkige veranderingen in de manier waarop een hoeveelheid wordt verdeeld, geen invloed hebben op de hoeveelheid zelf. Kleuters zien dat nog niet. Als je een doosje snoepjes leegstort en over de tafel verdeelt, lijkt dat voor hen veel meer dan wanneer de snoepjes nog in het doosje zitten of op een klein hoopje bij elkaar liggen.

| ordenen

| conservatie

Als je een kind twee balletjes klei geeft en vraagt of het ene evenveel is als het andere, antwoordt het 'ja'. Wanneer je een van die balletjes omvormt tot een lange smalle rol en dan vraagt of het allebei evenveel klei is, is het antwoord in de meeste gevallen 'nee' en zal het kind vinden dat het langere stuk groter lijkt. Zelfs als je daarna laat zien dat je het nog steeds in hetzelfde balletje kunt terugvormen, zal een kind in het preoperationele stadium vinden dat het groter is als je het terugrolt in het langere smallere model.

Een ander bekend probleem is dat van het brede korte glas en het hoge smallere glas. Een kind dat nog geen begrip heeft van conservatie zal denken dat er in het hoge glas meer zit. Het kind blijft bij dat idee, zelfs wanneer je duidelijk zichtbaar voor het kind het water uit het hoge glas overgiet in het brede korte en daarna weer terug in het hoge. Opnieuw zal het kind aangeven dat in het hogere glas meer limonade zit. Kinderen in het preoperationele stadium letten vooral op het oppervlakkige uiterlijk van dingen.
Oudere kinderen kunnen een kind in het preoperationele stadium nog gemakkelijk wijsmaken dat vijf munten van 5 cent meer is dan twee munten van 50 cent.

Concreet-operationele periode

De concreet-operationele periode begint rond de leeftijd van 7 jaar en duurt tot de leeftijd van ongeveer 11 jaar. In deze periode ontstaat het vermogen om consistent logisch en systematisch te denken. Het magisch denken verdwijnt steeds meer. Zo verdwijnt het geloof in Sinterklaas aan het begin van dit stadium.

| systematisch denken

In de concreet-operationele periode leert een kind omgaan met de begrippen rangorde, categorieën en conservatie. Het beheerst deze concepten in de loop van deze periode en kan ze vervolgens toepassen. Het denken wordt steeds meer flexibel en kinderen kunnen verschillende aspecten bij een redenering betrekken. Processen die ze kunnen gebruiken, zijn compensatie en omkeerbaarheid. Door het proces van compensatie toe te passen, kunnen ze beredeneren dat het lage glas breder is dan het hoge smalle. Dat brede van het glas compenseert het korte ervan, waardoor de hoeveelheid die erin kan gelijk kan zijn. Door het proces van de omkeerbaarheid toe te passen, kunnen ze begrijpen dat ze het lange smalle stuk klei weer kunnen omvormen tot dezelfde bal die het was, en dat het dus logisch is dat ze allebei bestaan uit evenveel klei.
Zo ontstaat het conservatiebegrip, het begrijpen dat er in een hoeveelheid of inhoud niets verandert als het anders wordt weergegeven.

| conservatiebegrip

Het conservatiebegrip van hoeveelheden wordt het eerst bereikt (5-6 jaar), vervolgens de conservatie van gewicht (7-8 jaar) en dan pas de conservatie van inhoud (10-11 jaar). De beperking die kinderen in dit stadium wel hebben, is dat ze voornamelijk op de concrete waarneembare omgeving afgaan en nog moeilijkheden hebben met abstract denken.

| concreet denken

Ze vinden de volgende vraag in dit denkstadium bijvoorbeeld nog moeilijk. Susan is blonder dan Els. Susans haar is donkerder dan dat van Marjolein. Wie heeft het donkerste haar?

Formeel-operationele periode

De formeel-operationele periode begint rond de leeftijd van 11 jaar. In deze fase kunnen kinderen steeds beter met abstracte gegevens omgaan. Ze leren om hypothetisch te denken en verschillende logische relaties te beredeneren. Ze kunnen conclusies trekken uit abstracte stellingen. Feitelijk leren ze in deze fase om te redeneren zoals dat in wetenschappelijk onderzoek gebeurt. Piaget heeft het denken in dit stadium bestudeerd door het penduleprobleem. Hij gaf kinderen een set gewichten en een koord dat korter en langer kon worden gemaakt. De opdracht was om te ontdekken wat de zwaaisnelheid van de pendule bepaalde. Om hier achter te komen, moeten we hypotheses toetsen zoals: wat gebeurt er als ik het koord langer maak en stel dat ik een zwaarder gewichtje aan het koord hang, wat gebeurt er dan? Dit is een voorbeeld van hypothetisch en abstract denken. In deze opdracht kan een kind zien wat er gebeurt door te experimenteren en de hypothese toetsen door concrete gebeurtenissen te observeren.

| abstract denken

In dit stadium kan een kind nu ook de vraag oplossen van het eind van de vorige alinea. Het kan vergelijkingen maken en beredeneren dat Susans haar blonder is dan dat van Els, dat Marjoleins haar blonder dan dat van Susan en dat het haar van Els dus het donkerst is.

Aanvullingen en kritiek

| stadia minder strikt

Recenter onderzoek heeft veel van Piagets theorie bevestigd. Aan de andere kant is ook aangetoond dat Piagets stadia niet zo strikt zijn als hij ze aangeeft. Kinderen zijn vaak al in het preoperationele stadium in staat tot bepaalde typen van concreet-operationeel denken en tot formeel denken terwijl ze zich nog in het concreet-operationele stadium bevinden. Het hangt dan van het type vraagstuk af en van het kennisdomein. Volgens Piaget is het vermogen tot het maken van mentale voorstellingen pas tegen het 2e jaar ontwikkeld. Recent onderzoek heeft echter aangetoond dat een baby dit al veel eerder kan. Zelfs baby's van 6 weken oud laten dit vermogen zien door een gezichtsuitdrukking of hoofdbeweging te imiteren die ze de dag ervoor voor het eerst hebben gezien en toen nog niet hebben geoefend. Ze hebben het beeld dus in hun hoofd opgeslagen en een mentale voorstelling gemaakt.
Piaget verwachtte weinig van het onderwijs wat betreft het kunnen aanleren van een hoger soort redeneren. Volgens hem is een kind wel of niet aan een

bepaald niveau van redeneren toe en onderwijs kan dat niet beïnvloeden. Toch is aangetoond dat het mogelijk is om kinderen bepaalde concepten te leren. Zeker wanneer je gebruikmaakt van concreet-operationele methoden is het mogelijk een preoperationeel kind zich bepaalde concepten eigen te laten maken. Het onderzoekend leren door systematisch bepaalde mogelijkheden na te gaan zie je al in de concreet-operationele periode, terwijl dit volgens Piaget echt alleen in het formele stadium voorkomt. Ook de leeftijden waarop kinderen bepaalde concepten of manieren van denken beheersen, worden regelmatig met succes aangevochten.
Een implicatie van Piagets theorie voor het onderwijs aan kinderen is dat het leren van iets nieuws alleen effectief is als het kind rijp is om de nieuwe ideeën en ervaringen te assimileren aan schema's die hij al beheerst. Een andere belangrijke veronderstelling is dat alle leren plaatsvindt door activiteit. Kinderen leren meer van zelf ontdekken en zelf doen dan van passieve kennisoverdracht. In de nieuwste onderwijsmethoden wordt dit veel toegepast. Recent is ook steeds meer bekend geworden over het bevorderende effect van bewegen bij het leren.

| activiteit

6.2.2 Vygotsky's theorie

De ideeën van de Russische psycholoog Vygotsky (1896-1934) werden pas tientallen jaren na zijn dood in het Westen bekend, namelijk in de jaren zestig en zeventig van de vorige eeuw. Het belangrijkste uitgangspunt in zijn theorie is dat cognitieve ontwikkeling plaatsvindt in interactie met de omgeving, dus in een sociale context. Vygotsky legde de nadruk op de begeleidende rol van volwassenen. Kinderen leren namelijk geen nieuwe dingen, maar dingen die bij volwassenen al bekend zijn. Volwassenen kunnen het kind helpen de stap te maken naar datgene wat een kind op een bepaald moment zelf kan en waar het met hulp toe in staat is. Hij noemt dit de zone van de naaste ontwikkeling. Bij het leren van taal zie je dit door volwassenen doen wanneer ze op taal van het kind reageren met antwoorden die net iets boven het beheerste actieve taalniveau liggen, maar ook weer niet te ver daarvandaan. Als een kind zegt 'Joris mapen' geeft een ouder bijvoorbeeld terug 'ja, Joris gaat slapen'.
Bij het leren van een nieuwe vaardigheid kan een kind eerst kijken hoe de volwassene het doet. Daarna kan hij het onder begeleiding van de volwassene zelf proberen en ten slotte is hij in staat om de nieuwe vaardigheid zelfstandig uit te voeren. Bij het leren van nieuwe vaardigheden en bij het redeneren onderstreepte Vygotsky het belang van inner speech. Een kind verwoordt voor zichzelf waar het mee bezig is. Op die manier is er een bewust leerproces. Door te verwoorden ordent een kind de gegevens en kan het zijn eigen denken reguleren. Een toepassing van Vygotsky's theorie in het onderwijs vind je in het zogenoemde tutoring of tutorleren. Bij deze vorm van leren wordt de beginnende leerling geholpen door een kind dat al ouder is of in elk geval al verder in het leerproces. Veel scholen passen dit toe bij het oefenen met lezen. Kinderen uit de bovenbouw helpen dan kinderen uit groep 3 en 4

| interactie met de omgeving

| zone van de naaste ontwikkeling

| inner speech

| tutorleren

of kinderen binnen een klas die veel van elkaar verschillen in leesniveau, leren van elkaar.

Tutorleren wordt veel toegepast in jenaplan- en montessorionderwijs. Het is zelfs de bedoeling dat leerlingen die ergens zelf niet uit komen eerst hulp vragen aan een medeleerling en pas als dit niet voldoende is de vraag aan de leerkracht stellen. De nieuwe vormen van computerondersteund onderwijs zijn feitelijk vormen van tutorleren. Hierbij krijgen kinderen instructie en feedback via het computerprogramma. Dergelijke programma's zijn adaptief en passen zich aan aan het ontwikkelingsniveau van het kind. Evenals bij computerspelletjes ga je namelijk pas naar het volgende niveau (level) wanneer je daar aan toe bent. Het volgende niveau is de zone van de naaste ontwikkeling. De mix van klassikaal leren en computerondersteund leren wordt aangeduid als 'blended learning', en wordt steeds meer toegepast binnen het onderwijs.

| blended learning

6.2.3 Informatieverwerkingstheorie

De informatieverwerkingstheorie beschouwt informatieverwerkingsprocessen bij mensen als vergelijkbaar met de werking van een computer. De theorie is ontstaan aan het begin van het computertijdperk in de jaren tachtig van de twintigste eeuw. Deze theorie ziet de ontwikkeling van de informatieverwerking bij kinderen niet als een stadiumgewijze ontwikkeling, maar juist als een geleidelijk proces. De informatieverwerking bij mensen verloopt volgens deze theorie globaal als volgt.

| geleidelijk proces

Eerst komt informatie uit de omgeving binnen via de zintuigen, door zintuiglijke waarneming. Dit is de input van het informatieverwerkingssysteem. Alle binnenkomende informatie wordt zeer korte tijd (minder dan een seconde) vastgehouden door sensorische registers. Vanuit deze sensorische registers wordt informatie doorgestuurd naar het kortetermijngeheugen, ook wel werkgeheugen genoemd. Bij dit proces vindt selectie plaats door middel van selectieve aandacht. Niet alle informatie die binnenkomt, komt terecht in het kortetermijngeheugen. De geselecteerde informatie wordt korte tijd (10-20 seconden) vastgehouden in het werkgeheugen. De hoeveelheid informatie die kan worden vastgehouden, is beperkt. Bij volwassenen is dit gemiddeld zeven eenheden informatie. Informatie kan vanuit het werkgeheugen worden opgeslagen in het langetermijngeheugen. Om dit zo goed mogelijk te doen, kunnen we geheugenstrategieën toepassen. Zo'n strategie is bijvoorbeeld *rehearsal*. Dit is het inprenten van informatie in het langetermijngeheugen door het een aantal keren te herhalen. De capaciteit van het langetermijngeheugen is zeer groot en informatie kan ook lange tijd worden opgeslagen. Wanneer deze informatie nodig is, kunnen we het daaruit ophalen en weer in het werkgeheugen opnemen.

| rehearsal

In de praktijk kan dit als volgt gaan. Rivano leert topografie. Hij probeert alle hoofdsteden te onthouden. Hij heeft een lijstje waarop staat: Groningen-

Groningen, Friesland-Leeuwarden, Drenthe-Assen enzovoort en een kaart van Nederland waarop de plaatsen staan aangegeven.
Rivano ziet de namen van de plaatsen voor zich en zegt ze hardop. De informatie komt steeds binnen in de sensorische registers, via horen en zien. Door zijn aandacht er goed op te richten, kan de informatie door naar het werkgeheugen, waar het kort wordt vastgehouden. Om ervoor te zorgen dat de informatie ook voor langere tijd wordt opgeslagen in het langetermijngeheugen herhaalt Rivano de plaatsnamen steeds voor zichzelf. Hij prent in: Drenthe-Assen. Op een gegeven moment is deze informatie in het langetermijngeheugen verankerd. Hoe beter de informatie is opgeslagen en hoe meer moeite is gedaan om deze te verwerken, hoe beter zij later terug te vinden is. Het helpt dus om zowel te kijken als te luisteren naar informatie. Wanneer Rivano de plaatsen ook nog oefent door ze steeds zelf op te schrijven, voegt hij nog een geheugenspoor toe. En door te bekijken waar de plaats ligt op de kaart van Nederland nog een. Al deze informatie wordt aan elkaar gekoppeld. In het langetermijngeheugen zit de combinatie Drenthe-Assen opgeslagen, het beeld van de wijze waarop die namen worden geschreven, de motorische bewegingen van het schrijven van die letters en de plaats op de kaart. Wanneer Rivano de volgende dag zijn proefwerk heeft, zal het woord Drenthe bij hem de associatie Assen oproepen, met de informatie die daarbij hoort (klank, woordbeeld, plaats op de kaart). Hij haalt de informatie uit het langetermijngeheugen terug in zijn werkgeheugen en hij kan zijn antwoord opschrijven.

| sensorische registers
| werkgeheugen
| langetermijngeheugen

| tabel 6.1

	Sensorische registers >	werkgeheugen >	langetermijngeheugen
Capaciteit	onbeperkt	beperkt	onbeperkt
Capaciteitsduur:	zeer korte tijd (1 sec.)	korte tijd (10-20 sec.)	langdurig

We zien de ontwikkeling van de informatieverwerking als een proces waarin de efficiëntie van het systeem steeds meer verbetert. Het vermogen tot selectieve aandacht neemt toe met de leeftijd. Een kind kan daardoor steeds beter informatie uit de omgeving selecteren, die op dat moment nodig en relevant is. In de klas kan het dus letten op wat de leerkracht zegt en niet op wat het buiten de klas op de gang hoort. Ook de geheugencapaciteit van het werkgeheugen neemt toe. Kinderen van 4 jaar kunnen 3 à 4 elementen onthouden en weergeven, kinderen van 6 gemiddeld 5 en kinderen van 10 of 11 jaar 6 à 7. Kinderen leren bewuste strategieën om iets te onthouden, zoals voor zichzelf herhalen en inprenten. Daarnaast kunnen ze nieuwe informatie koppelen aan kennis die ze al hebben. Zo verbetert de inhoud en de organisatie van het langetermijngeheugen. Daardoor kunnen ze sneller informatie terugvinden op het moment dat ze die nodig hebben.

| bewuste strategieën

Een belangrijke vaardigheid om processen sneller te laten verlopen, is het vermogen tot automatiseren. Wanneer je iets nieuws leert, kost het uitvoeren van die nieuwe vaardigheid eerst heel veel aandacht en energie. Door te oefenen kun je zo'n proces automatiseren, waardoor het minder aandacht en inspanning kost. Lezen is eerst een heel moeizaam proces van letterbeelden herkennen en die beelden koppelen aan een klank. Maar als je het beheerst, verloopt het automatisch, vrijwel zonder merkbare energie. Oudere kinderen en volwassenen kunnen bijna automatisch iets lezen zonder er bewust mee bezig te zijn. Ook motorische vaardigheden als fietsen of autorijden verlopen automatisch wanneer je ze goed beheerst. Vaardigheden die je automatisch kunt uitvoeren, kun je combineren met iets anders. Een kind dat net leert fietsen, heeft zijn volle aandacht nodig om niet te vallen. Een kind dat al goed kan fietsen, kan tijdens het fietsen praten met zijn vriendje en letten op het verkeer. Het fietsen gaat namelijk bijna vanzelf, automatisch. Het kost geen bewuste aandacht.

| automatiseren

Wanneer ons informatieverwerkingssysteem beter en sneller werkt, vergaren we meer nieuwe kennis. Door die kennis kunnen we nieuwe informatie gemakkelijker koppelen aan alles wat al aanwezig is en we kunnen informatie geordend opslaan. Hiermee verbeteren we ons informatieverwerkingssysteem en dat heeft een positieve invloed op het leervermogen. Het is een zichzelf versterkend systeem. Dit kunnen we extra goed benutten bij het leren. Wanneer we iets nieuws leren, kunnen we die nieuwe informatie bewust koppelen aan al bekende informatie. Zo leggen we verbindingen en op die manier is het later makkelijker om die informatie zo compleet mogelijk op te roepen. Het onderwijs kan van dit gegeven gebruikmaken.

| verbindingen

Bij onderwijs aan kinderen moet rekening worden gehouden met het vermogen tot selectieve aandacht van kinderen. We noemen dat ook wel concentratievermogen. Hoe beter het concentratievermogen, hoe langer en intenser een kind zijn aandacht gericht kan houden. Voor kleuters is tien minuten met volle aandacht luisteren al lang. Van oudere kinderen kun je geleidelijk aan hun volle aandacht vragen over langere perioden. Verder is het belangrijk om rekening te houden met de capaciteit van het werkgeheugen. Jonge kinderen kunnen minder informatie vasthouden dan oudere kinderen. Aan een kleuter kun je nog niet vragen: ga eens naar boven en haal daar de wasknijpers en wil je dan meteen even het licht in de badkamer uitdoen? Dit is te veel informatie tegelijk. Het informatieverwerkingssysteem van een kleuter kan dat nog niet aan. Eén opdracht tegelijk is genoeg.

| concentratievermogen

We kunnen het informatieverwerkingssysteem verder verbeteren door oefening. Hoe meer je een bepaalde vaardigheid gebruikt, hoe sterker deze wordt. Vergelijk het met een hardlooptraining. Om in conditie te blijven moet je blijven trainen. Zo is het ook met het werkgeheugen. Ook kun je kinderen helpen met leren door ze handige strategieën te leren voor het opslaan van informatie. Jonge kinderen leren meestal gemakkelijker wat ze kunnen zien (visuele informatie), dan informatie die ze alleen horen (auditieve informatie). Denk maar aan de soms verbazend goede prestaties van kinderen bij het memory-spel. Het ondersteunen van de leerstof met concrete, visuele

| oefening

voorbeelden werkt positief op het vermogen om iets te leren. Iets anders wat goed werkt om effectief te leren is als je de informatie binnen laat komen via verschillende informatieverwerkingskanalen. Bij het leren van letters kan dit als volgt worden toegepast. Je kunt de vorm van een letter leren als visuele figuur, maar ook door beweging en voelen. Dit kan door met een vinger de vorm te voelen, bijvoorbeeld van een letter in schuurpapier of door lettervormen te schrijven in zand of in de lucht.
Het ondersteunen van het leren met het concreet en aanschouwelijk maken van de leerstof doet ook goed recht aan de manier van informatieverwerking van kinderen. Basisschoolkinderen denken immers nog vooral concreet en hebben behoefte aan een koppeling met iets wat ze vóór zich kunnen zien. Het is nuttig en handig om bij het leren van abstracte zaken een koppeling te leggen met handelen, met activiteit. Met deze laatste praktische toepassingen voor het onderwijs is er een link met de theorie van Piaget, die activiteit ziet als de basis voor al het leren.
De drie genoemde theorieën over de cognitieve ontwikkeling van kinderen sluiten elkaar niet uit. We kunnen de inzichten uit de verschillende theorieën combineren. Wel denken Piaget, Vygotsky en de informatietheoretici verschillend over het nut van onderwijs.

nut van onderwijs

Volgens Piaget is dat nut maar beperkt. Een kind kan pas iets leren wanneer het daar zelf aan toe is. En het is niet mogelijk om een kind iets te leren dat nog niet bij zijn ontwikkelingsstadium past.
Vygotsky hecht zeer veel belang aan het onderwijs. Juist door de interactie met de omgeving leert een kind nieuwe dingen en kan het op een hoger niveau komen in zijn denken en vaardigheden. Door een kind opdrachten aan te bieden die in de 'zone van de naaste ontwikkeling' liggen, leert het kind iets nieuws. Eerst met hulp van de volwassene of een gevorderde leerling, later zelf.
In de informatieverwerkingstheorie wordt onderwijs beschouwd als een mogelijkheid om informatie gestructureerd aan te bieden, zodat kinderen goed kunnen leren. Ook kunnen kinderen op school expliciet leren om nieuwe informatie te koppelen aan bekende informatie. Daarnaast kunnen ze geheugenstrategieën oefenen. De informatieverwerkingstheorie is als verklaring voor de gehele cognitieve ontwikkeling niet helemaal compleet. De kwalitatieve verschillen in het denken van een jonger kind in vergelijking met een ouder kind komen nauwelijks aan bod. Hierover verschaft de theorie van Piaget veel meer inzicht. De meest complete verklaring van de wijze waarop een kind de wereld leert te begrijpen, krijg je dus door informatie uit al die theorieën te integreren. Dit vergt een actief proces, zoals Piaget dat graag zag.

6.3 INTELLIGENTIE

Meten van cognitieve ontwikkeling

Om na te kunnen gaan of de cognitieve ontwikkeling van een kind goed verloopt, kan onderzoek nuttig of nodig zijn. Je kunt dan nagaan of er voldoende groei zit in de ontwikkeling en of een kind nog voldoende mee kan met zijn leeftijdsgenoten. Wanneer het bepaalde moeilijkheden of hiaten heeft, zou je met extra begeleiding kunnen proberen dit te verbeteren. Is dit niet mogelijk, dan kun je ervoor kiezen om rekening te houden met bepaalde moeilijkheden of beperkingen in de begeleiding. Wanneer een kind namelijk dagelijks wordt overvraagd en dingen moet doen die niet bij zijn ontwikkelingsniveau passen, is dat heel frustrerend.

6.3.1 INTELLIGENTIENIVEAU

| intelligentieniveau.

Het niveau van de cognitieve ontwikkeling van een kind in vergelijking met dat van leeftijdsgenoten noemen we het intelligentieniveau. Het begrip intelligentie is een probleem op zichzelf. Decennialang hebben psychologen zich gebogen over de juiste definitie van wat intelligentie is. Oorspronkelijk wilden ze het algemeen probleemoplossend vermogen van een mens ermee aangeven. Intelligentie zoals dat in de huidige intelligentietests wordt gemeten heeft te maken met het redeneervermogen, het probleemoplossend vermogen en de snelheid en kwaliteit van de informatieverwerking.

6.3.2 INTELLIGENTIETEST

| capaciteiten

| motivatie

Om alle aspecten van intelligentie te meten, bestaat een intelligentietest uit verschillende taken. Deze taken zijn voor een deel verbaal, (talig) en voor een deel praktisch en visueel van aard. Via een intelligentietest meten we over welke verstandelijke capaciteiten iemand beschikt. Het gaat niet om wat iemand al heeft geleerd, maar meer om de mogelijkheden die iemand heeft om te leren, het leerpotentieel.
Met intelligentietests kunnen we goed voorspellen welke mogelijkheden iemand heeft om een bepaald onderwijsniveau te behalen. Of dat ook werkelijk lukt, hangt niet alleen van het intelligentieniveau af. Bijna de helft van de variantie in schoolsucces wordt door andere factoren verklaard, zoals de motivatie om te leren, de interesse en de werkhouding. Een kind kan voldoende capaciteiten hebben om vlot en goed de basisschool te doorlopen en door te leren op vwo-niveau. Maar of dit ook werkelijk zal gebeuren, hangt af van zijn motivatie voor het leren en van de wijze waarop zijn ontwikkeling verder verloopt, bijvoorbeeld in sociaal-emotioneel opzicht. Hoe gemotiveerd is het kind om te leren? Zijn er misschien belemmerende factoren die ervoor

zorgen dat het niet kan presteren conform zijn capaciteiten? Is het onderwijs goed genoeg?

intelligentiefactoren

Het totale intelligentieniveau is opgebouwd uit verschillende factoren. In de meest gebruikte intelligentietest, de Wechsler Intelligence Scale for Children (WISC-III NL), wordt de ontwikkeling van een kind op de verschillende intelligentiefactoren vergeleken met die van leeftijdsgenoten. Door de test af te nemen bij een grote groep leeftijdsgenoten die op een evenwichtige manier is samengesteld conform de opbouw van de bevolking, zijn normen voor de test verzameld. Afgemeten aan die normen kan een kind gemiddeld, benedengemiddeld of bovengemiddeld presteren vergeleken met zijn leeftijdsgenoten.

intelligentiequotiënt

Het intelligentieniveau wordt uitgedrukt in een getal, het intelligentiequotiënt (IQ). Wanneer iemand exact gelijk met het gemiddelde scoort, heeft hij een IQ van 100.

De betrouwbaarheid van intelligentietests is tamelijk hoog vanaf de leeftijd van 6 tot 8 jaar. Vanaf die leeftijd is het mogelijk om een tamelijk stabiele indicatie te krijgen van de cognitieve mogelijkheden van een kind. Tests voor kleuters zijn vooral nuttig om een indicatie te geven van hoe de cognitieve ontwikkeling verloopt in vergelijking met die van andere kinderen, en als screening om eventuele moeilijkheden tijdig op het spoor te komen. Voor jongere kinderen (2½ t/m 7 jaar) is de meest gebruikte test de WPPSI III-nl.

Bij het interpreteren van gegevens van intelligentieonderzoeken is het heel belangrijk dat degene die dat doet verstandig en afgewogen met deze gegevens omgaat. Een IQ-getal lijkt een heel exacte score, maar is dat feitelijk niet. Het is een uitspraak over een intelligentieniveau die je met een bepaalde mate van betrouwbaarheid kunt doen. Bij de normering van een test worden altijd betrouwbaarheidsintervallen aangegeven. Met een zekerheid van 95 procent ligt de behaalde score binnen die marge. Het is belangrijk dat je dit betrouwbaarheidsinterval ook in aanmerking neemt. De gegevens van een intelligentieonderzoek zijn alleen betrouwbaar wanneer de test goed en zorgvuldig is afgenomen én wanneer je de gegevens heel zorgvuldig interpreteert.

relativiteit

betrouwbaarheidsinterval

zorgvuldigheid

Een zorgvuldig uitgevoerd en afgewogen geïnterpreteerd psychologisch intelligentieonderzoek biedt waardevolle informatie voor de begeleiding van kinderen. Het geeft inzicht in de sterke en zwakke kanten van een kind. Ook kan zichtbaar worden met welke leerbelemmeringen rekening moet worden gehouden. Een intelligentietest kan ook behulpzaam zijn wanneer je wilt nagaan of een kind op het juiste niveau of type onderwijs zit en of het niet te veel op zijn tenen loopt. Je kunt de begeleiding vervolgens zo veel mogelijk afstemmen op de capaciteiten van het kind.

observaties

De observaties die de testleider tijdens het onderzoek doet, zijn zeker zo belangrijk als de uitslag op zichzelf. De testleider signaleert hoe een kind met taken omgaat, hoe het doorzettingsvermogen en het zelfvertrouwen is en wat een kind motiveert.

De meest gebruikte intelligentietests geven een aanduiding van de algemene intelligentie, onderverdeeld in intelligentiefactoren, namelijk de verbale intelligentie (het vermogen tot denken en redeneren met taal), de performale intelligentie (het vermogen om met visueel-ruimtelijke informatie te redeneren) en de factor verwerkingssnelheid (het vermogen om informatie te verwerken en op te slaan). Intelligentie heeft dan alleen betrekking op cognitieve capaciteiten. Er zijn ook theorieën over intelligentie die uitgaan van een concept van multipele intelligentie in plaats van algemene intelligentie. Het bekendst is Gardners *multiple intelligence theory*. Gardner onderscheidt acht mentale vaardigheden met elk een biologische basis en een bepaald ontwikkelingsverloop. Behalve de vaardigheden die in de meest gebruikte intelligentietests ook voorkomen, voegt Gardner toe: muzikale capaciteiten, lichaamskinesthetische capaciteiten (de vaardigheid om het lichaam gericht te benutten voor expressie en atletische vaardigheden), naturalistische capaciteiten (inzicht in dieren en planten), interpersoonlijke vaardigheden (adequaat kunnen omgaan met de gesteldheid en bedoelingen van anderen) en intrapersoonlijke capaciteiten (zelfinzicht en zelfkennis). De laatste twee capaciteiten vatten we ook wel onder de noemer emotionele intelligentie. Voor deze vaardigheden zijn geen betrouwbare tests voorhanden.

| meervoudige intelligentie

| emotionele intelligentie

Positief aan deze nieuwe theorieën is dat ze het belang benadrukken van andere dan alleen de cognitieve capaciteiten. Niet alleen cognitieve capaciteiten zijn belangrijk voor een optimale ontwikkeling en voor het slagen in opleiding, werk en maatschappij. De meest creatieve genieën en mensen met belangrijke ideeën en theorieën zijn niet zozeer mensen met hoogste IQ's, maar ze onderscheiden zich vooral door hun creativiteit en flexibiliteit van denken en het durven afwijken van de geijkte theorieën. Dit zijn belangrijke eigenschappen om iets te bedenken wat echt vernieuwend is. Zie hiervoor ook paragraaf 6.4.2.

6.3.3 WAT BEPAALT HET INTELLIGENTIENIVEAU?

Over de rol van erfelijke aanleg in de intelligentie en het vermogen tot leren is veel discussie gevoerd in de wetenschap (het nature-nurture vraagstuk, zie ook hoofdstuk 1). Intelligentie blijkt voor een groot deel te worden bepaald door erfelijke aanleg (de meeste schattingen gaan uit van 80 procent).

| erfelijke aanleg

Toch zijn aanzienlijke individuele verschillen mogelijk binnen een gezin of zelfs bij kinderen met een identieke erfelijke aanleg zoals tweelingen. Deze verschillen worden veroorzaakt door de omgeving waarin een kind opgroeit. Onderzoek bij tweelingen die niet samen zijn opgegroeid en onder kinderen die op vroege leeftijd zijn geadopteerd, laat zien dat de omgeving het intelligentieniveau vooral op jonge leeftijd sterk kan beïnvloeden. Deze verschillen nemen later weer wat af. Verder is de kwaliteit van het onderwijs belangrijk voor de ontwikkeling. Door leren en het uitbreiden van kennis kunnen we het vermogen tot leren verder optimaliseren (zie de informatieverwerkingstheorie).

| onderwijs

Een kind moet de gelegenheid krijgen zich te ontwikkelen. Kinderen afkomstig uit ontwikkelingslanden presteren relatief zwak op tests met plaatjes en puzzels. Zij zijn daar niet mee bekend, terwijl westerse kinderen

juist veel hebben geoefend met puzzeltjes, plaatjes kijken in boekjes en kijken naar filmpjes.
Kinderen die van oorsprong een andere moedertaal hebben geleerd en het Nederlands als tweede taal hebben, zijn ook in het nadeel bij intelligentietests. Dit geldt vooral bij de talige onderdelen, maar soms ook bij de praktische testonderdelen. Het is erg moeilijk om een culture-faire test te ontwerpen, die volledig recht doet aan de capaciteiten van mensen die in verschillende culturen of onder andere omstandigheden zijn opgegroeid.

6.3.4 BEVORDERENDE FACTOREN BIJ DE COGNITIEVE ONTWIKKELING

Onderzoek heeft aangetoond dat kinderen het beste leren in een georganiseerde en geordende omgeving. Die moet als het ware voorbereid zijn om te kunnen leren. Daarnaast is stimulering belangrijk. Het kind wordt gestimuleerd door de betrokkenheid van ouders, maar ook door de aanwezigheid van stimulerend (speel-) leermateriaal. Voor beide factoren geldt overigens wel dat té veel juist weer nadelig is. Dit kan ertoe leiden dat het kind onder druk staat, waarmee de ontwikkeling juist wordt belemmerd. Ook te veel uitdagend en stimulerend materiaal kan contraproductief werken. Het kind kan dan het overzicht verliezen.

| omgeving

Een andere belangrijke voorwaarde voor kinderen om zich cognitief goed te kunnen ontwikkelen, is een positief en stabiel opvoedingsklimaat. Voor de effectiviteit van onderwijs op school is het pedagogisch klimaat zeer belangrijk. Een gunstig pedagogisch klimaat houdt rekening met individuele verschillen en heeft respect voor elk kind met zijn eigen mogelijkheden en belemmeringen. Zo wordt een kind uitgedaagd zijn mogelijkheden optimaal te benutten. In zo'n omgeving leren kinderen van elkaar en is er ook aandacht voor de sociaal-emotionele aspecten in hun functioneren. Een kind kan alleen maar goed leren wanneer het zich goed op zijn gemak voelt. Een evenwichtige sociale en emotionele ontwikkeling is dan ook misschien wel de allerbelangrijkste voorwaarde voor een goede cognitieve ontwikkeling.

| pedagogisch klimaat

| evenwichtige sociale en emotionele ontwikkeling

6.4 ALS HET ANDERS GAAT

6.4.1. NORMALE VARIATIES

Niet elk kind ontwikkelt zich even snel. Dat is niet meteen reden tot zorg. Er is wel nader onderzoek of extra aandacht nodig wanneer er sprake is van stagnatie in de ontwikkeling of van een aanzienlijke afwijking van het gemiddelde. Er zijn dan mogelijk aanpassingen nodig in de onderwijsleeromgeving of thuissituatie en er moet mogelijk extra zorg worden verleend.

| stagnatie

Bij het interpreteren van uitkomsten van intelligentieonderzoek is een veelvoorkomend misverstand dat een verschil tussen een IQ van 97 en een van 105 een betekenisvol verschil is. Dat is het niet. Bij het beoordelen van IQ-scores moeten we rekening houden met de betrouwbaarheidsintervallen. De handleiding van de test geeft ook aan wanneer een verschil belangrijk genoeg is om te vermelden. Een verschil tussen 97 en 105 is geen statistisch significant verschil. Beide IQ-scores zijn gemiddeld. Toch vatten we dit vaak anders op, bijvoorbeeld bij het beoordelen van een geschikte schoolkeuze in het voortgezet onderwijs. IQ-scores zijn cijfers, maar er is niet gezegd dat we er op een exacte manier mee moeten omgaan. Het zijn aanduidingen van een niveau in vergelijking tot andere kinderen van dezelfde leeftijd.

| statistisch significant

De meest gehanteerde indeling van IQ-scores is als volgt:

IQ scores	kwalificatie
>130	zeer begaafd niveau
121-130	begaafd niveau
111-120	bovengemiddeld
90-110	gemiddeld
80-89	benedengemiddeld
70-79	moeilijk lerend/laagbegaafd niveau
50-69	licht verstandelijk beperkt niveau

Bij het beoordelen van een IQ-score is niet alleen het totale IQ belangrijk. Veel belangrijker is het totale intelligentieprofiel. Hoe komt een bepaalde score tot stand? Wat zijn sterke en minder sterke punten van het kind? Om een intelligentieprofiel goed te kunnen interpreteren wordt gewerkt met profielanalyses. Er zijn verschillende methoden om zo'n analyse te doen. Uitgaande van de Wechsler intelligentieschalen wordt gewerkt met de verschillende factoren binnen een intelligentieprofiel. Binnen de verschillende subtests wordt onderscheid gemaakt tussen verbale taken en performale taken. Verbale taken doen een beroep op het talig redeneervermogen en inzicht, terwijl performale taken praktisch en visueel-ruimtelijk van aard zijn. Op basis van de verbale taken wordt een verbaal IQ berekend, en op basis van de performale taken een performaal IQ.

| intelligentieprofiel

| intelligentiefactoren

De drie intelligentiefactoren die worden onderscheiden zijn:

1 Verbaal begrip: verbaal begrips- en redeneervermogen.
2 Perceptuele organisatie: praktisch en visueel-ruimtelijk inzicht.
3 Verwerkingssnelheid: verwerkingssnelheid bij routinematige taken.

Voor de interpretatie maakt het veel verschil of een IQ-score is samengesteld uit een benedengemiddeld verbaal begrip, een bovengemiddelde perceptuele organisatie en een laag ontwikkelde factor verwerkingssnelheid. Een kind met zo'n profiel is heel goed in staat te leren op een praktische, concrete manier. Het kan goed omgaan met visueel-ruimtelijke voorstellingen zoals bij wiskunde nodig is. Maar het heeft een minder goed vermogen tot het vlot verwerken en opslaan van informatie, zeker wanneer die informatie talig is.

Andersom is ook betekenisvol. Een kind dat een hoge verbale intelligentie en een goed inprentingsvermogen heeft, maar een zwak ruimtelijk inzicht en zwakke praktische intelligentie vraagt om speciale begeleiding. Dit kind kan heel slim lijken, zeker door het taalgebruik en verbaal inzicht, maar het heeft moeite met praktische taken, zich oriënteren in ruimte en tijd en het overzien van situaties. Dat heeft vaak ook gevolgen voor de sociale vaardigheid en voor het vermogen om in teamsporten te functioneren. In hoofdstuk 9 gaan we nader in op de verschillende leerproblemen en leerbelemmeringen.

Op de vraag *Wat is een diamant?* antwoordt Daan (10 jaar en 9 maanden): 'Dat is een soort steen, hij glimt... en hij is heel duur. Mijn oma heeft er een in haar ring.' Yoeri (10 jaar en 6 maanden) antwoordt: 'Dat is een mineraal van hardheidsgraad numero 10. Het wordt gevonden in mijnen en wordt ook wel gebruikt in sieraden.'
Beide antwoorden zijn goed volgens de normen van de intelligentietest. Ze leveren zelfs beide de volledige score op. Opvallend is wel het kwaliteitsverschil tussen de antwoorden. Daan blijft heel concreet in zijn antwoord en is associatief in zijn manier van antwoorden. Yoeri is in staat tot een hoger abstractieniveau. Beide kinderen scoren binnen de normale intelligentieniveaus. Yoeri scoort wel significant hoger dan Daan. Hij is een leergierig kind dat zijn ouders in het weekend meesleept naar het museum voor mineralogie of naar NEMO. Later wil hij paleontoloog worden of natuurkundige. Daan houdt meer van voetbal en PlayStation. De kans is goed aanwezig dat beide kinderen in dezelfde havo-vwobrugklas terechtkomen.

6.4.2 Hoogbegaafdheid

Hoogbegaafdheid heeft betrekking op meer dan alleen intelligentieniveau. Een IQ-score die behoort bij de hoogste 2 procent is slechts een van de kenmerken van hoogbegaafdheid. Hoogbegaafdheid is een combinatie van een zeer hoog intelligentieniveau, uitzonderlijke creativiteit, sensitiviteit en een groot doorzettingsvermogen. Mensen die hoogbegaafd zijn zijn niet alleen op het cognitieve vlak sterk, maar hebben op meerdere gebieden uitzonderlijke kwaliteiten. Ze leggen snel verbanden, kunnen goed flexibel denken en kunnen zich goed focussen op een onderwerp. Hoogbegaafde kinderen zijn doorgaans ook al 'wijs' voor hun leeftijd en stellen soms op jonge leeftijd al levensvragen. Ze nemen veel informatie in zich op en kunnen ook deze nieuwe informatie goed koppelen aan wat ze al aan kennis hebben en er goede gevolgtrekkingen uit maken. Kinderen die hoogbegaafd zijn vinden dat zelf niet buitengewoon, ze zijn immers niet anders gewend. Op een gegeven moment gaat hun echter opvallen dat anderen dat niet op dezelfde manier doen of kunnen. Dan kan een kind zich 'anders' gaan voelen, en dat kan lastig zijn om mee om te gaan. Ook voor een hoogbegaafd kind is het belangrijk om het gevoel te hebben erbij te horen. Zo kan een hoge

| hoogbegaafd

| aansluiting bij leeftijdsgenoten

begaafdheid naast voordelen ook nadelen hebben. De aansluiting bij leeftijdsgenoten kan moeilijker zijn, en kan daardoor tot sociale moeilijkheden leiden. Emotionele problemen kunnen ontstaan doordat er een verschil is tussen wat het kind kan begrijpen en wat het emotioneel kan verwerken. Door de hoge sensitiviteit kan het kind ook overprikkeld raken door alles wat het aan indrukken verwerkt en in de omgeving opmerkt.
Hoogbegaafde kinderen kunnen zich de basisschoolleerstof gemakkelijk eigen maken, en hebben vaak een grote voorsprong op hun klasgenoten. Vooral in groepen 3 en 4 kan dit heel opvallend zijn. Vaak hebben ze ook een andere belangstelling dan andere kinderen van hun leeftijd, en vinden anderen soms kinderachtig. Om hoogbegaafde kinderen te stimuleren en motiveren in het onderwijs is dan aanpassing nodig. Die kan gevonden worden in differentiatie binnen een klas, waarbij kinderen lesstof op hun eigen niveau krijgen aangeboden. Daarnaast kan verbreding en verdieping een manier zijn om de ontwikkeling positief te stimuleren. Verdieping kan worden gevonden in extra uitdagen, lesmateriaal of speciale opdrachten. Sommige scholen hebben speciale groepen (kangoeroegroepen of plusklassen) waarbij het lesaanbod is afgestemd op een hoger en sneller leerniveau. Met deze aanpassingen kan een kind vaak adequaat begeleid worden in de eigen groep. Soms wordt er voor gekozen om hen het schooltraject versneld te laten doorlopen, ook wel 'versnellen' genoemd. Ze slaan dan een jaargroep over. Of dit een goede oplossing is hangt af van veel meer factoren dan alleen het niveau van de leervorderingen. Een kind moet ook sociaal en emotioneel goed in een klas passen. Bij het afstemmen van de begeleiding en het zorgaanbod voor hoogbegaafde kinderen is het belangrijk om aandacht te hebben voor alle ontwikkelingsfactoren. Voldoende uitdaging bieden is belangrijk omdat een kind met een hoge begaafdheid anders niet leert om leerstrategieën te ontwikkelen. Ook het leren omgaan met frustraties en met het maken van fouten is hierbij belangrijk. Binnen het standaardtempo van het klassikale onderwijs zijn kinderen met een hoge begaafdheid zelden bezig in hun zone van de naaste ontwikkeling, om met Vygotsky te spreken. Sommige meer begaafde of hoogbegaafde kinderen gaan dan ook onderpresteren uit een soort aanpassing aan de klas of uit verveling. Ook kunnen gedragsproblemen het gevolg zijn.

| verbreding en verdieping

| versnellen

| onderpresteren

Het labelen van een kind als meer begaafd of hoogbegaafd heeft ook nadelen. Onderzoek naar gedragsproblemen bij hoogbegaafde kinderen heeft aangetoond dat die significant meer voorkomen bij kinderen die door hun omgeving als hoogbegaafd worden gezien en gelabeld, en minder bij de groep even intelligente kinderen die we als 'normaal' intelligent beschouwen. Een kind met een hoog intelligentieniveau heeft niet per definitie problemen. De meesten van hen slagen erin zich aan te passen en zich conform hun mogelijkheden te ontwikkelen.

6.5 Beperkingen en problemen

6.5.1 Verstandelijke beperking

Een verstandelijke beperking is een neurobiologische ontwikkelingsstoornis. Niet ieder kind ontwikkelt zich in hetzelfde tempo, en dit hoeft geen probleem te zijn. Wanneer het verschil met de 'normale' ontwikkeling echter groot is en een belemmering gaat vormen in het dagelijks leven kan er sprake zijn van een verstandelijke beperking.

| verstandelijke beperking

Evenals bij de definitie van hoogbegaafdheid is bij de definiëring van een verstandelijke beperking het intelligentieniveau niet het enige belangrijke kenmerk. We spreken van een verstandelijke beperking wanneer er zowel in het intellectuele functioneren als in het adaptief functioneren een beperking is. Om aan te geven hoe belemmerend de beperking is wordt in de DSM 5 een ernstniveau aangegeven van licht tot zeer ernstig. Er wordt onderscheid gemaakt tussen beperkingen op denkniveau (conceptueel domein), op sociaal gebied (sociaal domein) en op praktisch gebied (praktisch domein).

| conceptueel
| sociaal
| praktisch

Licht verstandelijk beperkt noemen we kinderen met een algemeen intelligentieniveau tussen 55 en 70. Kinderen met een dergelijk intelligentieniveau hebben veel moeite om de basisvaardigheden op de basisschool te leren, vooral met rekenen, begrijpend lezen en in het algemeen met plannen en organiseren van hun werk. Ze kunnen moeilijker zelf overzicht krijgen. Door moeilijkheden in het adaptief vermogen ondervinden ze problemen bij het verwerven van zelfstandigheid en zelfredzaamheid. Deze kinderen hebben meestal wel extra zorg nodig. Soms hebben ze die zorg al nodig vanaf de peuter- en kleuterleeftijd. De opvoeding kan dan worden ondersteund door een medisch kleuterdagverblijf. Vanaf de basisschoolleeftijd wordt vaak gekozen voor aangepast onderwijs. Dit is dan onderwijs voor zeer moeilijk lerende kinderen ofwel speciaal onderwijs cluster 3.

| adaptief vermogen

Onderwijs aan kinderen met een zwakkere begaafdheid is aangepast aan het tempo van denken, leren en handelen van deze kinderen. Het is sterk gestructureerd ingericht en daardoor is het zeer overzichtelijk. Verder is het heel concreet en praktisch van aard. Kinderen met een zwakkere begaafdheid kunnen wel concreet denken, maar niet abstract. Kinderen met een licht verstandelijke beperking zullen in hun cognitieve ontwikkeling maximaal functioneren op het door Piaget aangegeven concreet-operationele stadium. Verder doen ze er veel langer over om de basisvaardigheden van het lezen, rekenen en schrijven onder de knie te krijgen. Het eindniveau van de basisschoolperiode is daardoor ruimschoots lager dan gemiddeld. Het onderwijs aan zeer moeilijk lerende kinderen besteedt veel aandacht aan het bevorderen van de zelfstandigheid en zelfredzaamheid. Het vervolgonderwijs is meestal praktijkonderwijs. Veel verstandelijk beperkte kinderen zijn in de toekomst, dus ook in hun volwassenheid, aangewezen op speciale woongroepen en vormen van begeleid wonen en werken.

| concreet
| concreet-operationele stadium

| matig verstandelijk beperkt

Kinderen met een intelligentieniveau tussen 35 en 55 noemen we matig verstandelijk beperkt. Zij kunnen leren spreken en leren communiceren. Ook kunnen zij zich redden met begeleiding. Het maximale cognitieve niveau is het preoperationele stadium van Piaget, maar er is wel training in sociale vaardigheden en werkvaardigheden mogelijk.

| preoperationele stadium

| ernstig verstandelijk beperkt

Kinderen met een IQ-score tussen 20 en 35 noemen we ernstig verstandelijk beperkt. Zij behalen eveneens als maximaal cognitief functioneringsniveau het preoperationele stadium van Piaget. Ze kunnen leren praten en/of communiceren en zich enigszins zelf leren redden met behulp van systematische training. Een IQ onder de 20 duiden we aan met een diepe verstandelijke beperking. Ze zijn zo ernstig achter in hun ontwikkeling dat ze cognitief niet verder komen dan het sensomotorische stadium. Zij hebben intensieve verpleging en verzorging nodig. Het is voor hen al heel moeilijk om zich de basisvaardigheden voor zelfhulp (zoals zich wassen en zelf tandenpoetsen) eigen te maken.

| syndroom

| hersenletsel

De oorzaak voor een verstandelijke ontwikkelingsstoornis is vrijwel altijd een genetisch bepaald syndroom, zoals het syndroom van Down. Soms veroorzaken externe factoren hersenletsel dat tot een verstandelijke ontwikkelingsstoornis kan leiden. Dit kunnen prenatale factoren zijn zoals infecties of middelengebruik door de moeder (alcohol, drugs, medicijnen) of hersenletsel ten gevolge van de geboorte. Een verstandelijke beperking kan ook ontstaan door latere infecties zoals hersenvliesontsteking of hersenbeschadigingen.
Zowel thuis als in het onderwijs is het belangrijk aanpassingen te doen, juist omdat het aanpassingsvermogen van kinderen met een verstandelijke beperking niet groot is. Het is vooral belangrijk om de omgeving zo overzichtelijk en gestructureerd mogelijk te houden, en dagelijkse handelingen concreet en visueel aanschouwelijk te maken, bijvoorbeeld door pictogrammen en plaatjes.

6.5.2 Leerstoornissen

| specifiek probleem

We spreken van leerstoornissen als een kind een specifiek probleem heeft met het verwerven van bepaalde leerstof dat niet te verklaren is door andere factoren. We noemen een probleem specifiek wanneer het zich vooral voordoet op een leergebied en niet op de andere gebieden. Factoren die we moeten uitsluiten bij het spreken van leerstoornissen zijn: een verstandelijke beperking, zintuiglijke stoornissen, pedagogische of onderwijskundige verwaarlozing, gedragsproblemen of emotionele problemen die de schoolse taken belemmeren en motivatieproblemen. Een specifieke leerstoornis kan zich voordoen bij het leren lezen en spellen of bij rekenen. Kenmerkend is dat het probleem onverwacht is wanneer je de verdere ontwikkeling van het kind bekijkt. Er is sprake van een onverklaarbaar verschil tussen het normale intelligentieniveau van het kind aan de ene kant en de verworven vaardigheden op het gebied van lezen, spellen of rekenen aan de andere. Het leerprobleem is ook onverwacht, omdat het kind zich voldoende inzet voor het leren en

| onverklaarbaar verschil

onderwijs krijgt dat goed genoeg is. Alle voorwaarden zijn aanwezig om goed te kunnen leren en toch lukt het niet.

Een bekende specifieke leerstoornis is dyslexie. Dyslexie is een specifiek en hardnekkig probleem met lezen en spellen. Soms blijft het probleem alleen beperkt tot lezen, maar meestal gaan lees- en spellingsproblemen samen. Dyslexie komt naar schatting voor bij ongeveer 5 tot 10 procent van de basisschoolleerlingen. Bij 3 procent van de leerlingen is er sprake van een hardnekkig en blijvend probleem. We spreken dan van ernstige enkelvoudige dyslexie. Als leidraad voor diagnose en behandeling van dyslexie geldt het Protocol Dyslexie Diagnose en Behandeling.

| dyslexie

Een ander specifiek leerprobleem is dyscalculie (rekenstoornis). Een voorbeeld van een meer algemeen leerprobleem is een concentratieprobleem of ADHD (aandachtsdeficiëntie-/hyperactiviteitsstoornis). Een algemeen leerprobleem doet zich niet voor bij maar één schoolvak of één leerstofgebied, maar juist bij alle schoolvakken.

6.6 Van theorie naar praktijk

In het praktijkfragment aan het begin van dit hoofdstuk hebben we kennisgemaakt met Rick van 8, die leerling is van een reguliere basisschool ondanks het feit dat hij het syndroom van Down heeft. Rick heeft ter ondersteuning van de basisschool een 'rugzakje', een persoonsgebonden budget. Daarmee kunnen zijn ouders op zijn school extra begeleiding inkopen. Ouders en school bepalen zelf hoe ze dit willen inzetten. Bij Rick is een pedagogisch medewerkster ingeschakeld. Zij begeleidt Rick af en toe individueel met wat werkjes. Ze heeft met de leerkracht overlegd over praktische hulpmiddelen. Zo is er voor Rick een overzichtelijk schema van de schooldag gemaakt, met plaatjes erbij. Hij kan nu zien hoe zijn dag eruitziet en wat hij moet doen. Dit helpt hem om overzicht te krijgen. Jarenlang ging het prima met Rick op de basisschool. Nu hij in groep 4 zit, wordt het toch wel erg moeilijk. Hij is al ruim de oudste in zijn klas, maar snapt niet goed waar de anderen mee bezig zijn. Met spelletjes op het plein kan hij ook steeds minder meedoen. De andere kinderen helpen hem wel en passen soms de regels wat aan voor Rick. Dat vindt hij niet leuk. Hij wil hetzelfde doen als de anderen en dat lukt hem niet. Dat frustreert hem en dat uit hij met boosheid. Ook wil hij niet graag meer naar school. Dit vormt het sein voor iedereen om de zaak nog eens te overwegen. Misschien is het toch fijner voor Rick om naar een school te gaan met kleinere groepen en met onderwijs dat is aangepast aan zijn tempo.

Hoofdstuk 7

Omgaan met anderen

HOOFDSTUK 7

Omgaan met anderen

Emma is 11 en zit in groep 7. Na schooltijd komt ze altijd meteen naar huis. Ze heeft dan alle tijd om bezig te zijn met haar hobby, muffins en taarten maken. Ze doet dit altijd met haar moeder. Emma houdt niet van buitenspelen. Ook vindt ze sportclubs en verenigingen niet fijn. Ze heeft een tijdje op tapdansen gezeten, maar wilde er na een halfjaar af, omdat ze zich niet op haar gemak voelde in de groep. Haar moeder ging eerst steeds samen met haar, maar daar schaamde ze zich voor. Maar alleen durfde ze eigenlijk niet. Emma neemt nooit vriendinnetjes mee uit school. Ze heeft wel soms contact met een meisje uit de straat. Dat meisje is al 14 en gaat naar het gymnasium. Ze lijkt wel een beetje op Emma. Soms maakt haar moeder zich zorgen. Zou Emma niet méér met haar leeftijdsgenoten om moeten gaan? Aan de andere kant vindt ze het ook wel heel gezellig. Emma is haar enige dochter en ze vindt het fijn dat ze zoveel met haar samen kan doen.

7.1 INLEIDING

In de voorgaande hoofdstukken hebben we gezien hoe een kind zich van baby af ontwikkelt tot een individu met steeds meer zelfstandigheid, met communicatiemogelijkheden en een steeds beter denkvermogen. Het is een persoon aan het worden, die zich steeds meer bewust is van zichzelf en steeds meer van anderen kan begrijpen. Hiermee is een goede basis aanwezig om de sociale omgeving te vergroten. Baby's en jonge peuters zijn nog voornamelijk gericht op een klein kringetje mensen: hun ouders, broertjes of zusjes, directe familie en vrienden en de crècheleidster of oppas. Dit kringetje wordt uitgebreid met een toenemende interesse voor andere kinderen.
De omgang met leeftijdsgenoten is fundamenteel anders dan met volwassenen en met gezinsleden. Leeftijdsgenoten staan op gelijke voet met elkaar, zij houden geen rekening met elkaar zoals volwassenen dat met kinderen doen. Met leeftijdsgenoten kun je meningsverschillen hebben en je moet zelf moeite doen om het contact op gang te houden. Dit vraagt om nieuwe vaardigheden en levert ook nieuwe ervaringen op. In dit hoofdstuk beschrijven we hoe een kind vriendschappen opbouwt. Ook zien we hoe een kind rekening leert te houden met anderen en zijn impulsen leert controleren. Hij moet dit alles proberen te doen met behoud van de eigen identiteit.

7.2 Leren omgaan met anderen: zo gaat het meestal

7.2.1 Initiatief nemen tegenover schuld en schaamte

| basisveiligheid
| identiteit
| initiatief versus schuldgevoel

Volgens Eriksons ontwikkelingstheorie (zie hoofdstuk 2) heeft een kind een veilige basis ontwikkeld in zijn babytijd. Vanuit deze basisveiligheid voelt hij zich zelfstandig, en veilig genoeg om van alles te ondernemen zonder dat zijn ouders constant in de buurt hoeven te zijn. Als peuter leert hij om steeds autonomer en zelfstandiger te zijn. Hij ontwikkelt zijn eigen identiteit en een gevoel van competentie, het gevoel dat hij zelf iets kan (zie hoofdstuk 4).
Als kleuter krijgt een kind te maken met het vervolg hiervan. Het ontwikkelingsprobleem dat het volgens Erikson in deze fase moet oplossen, is dat van initiatief versus schuldgevoel. De term initiatief heeft in dit verband betrekking op levendigheid, ondernemingslust en ambitie. Het kind wil graag nieuwe dingen doen en ontdekken en van alles ondernemen. Soms kan het door zijn enthousiaste ideeën en initiatieven botsen met anderen. Niet alles wat een kind onderneemt, wordt met enthousiasme ontvangen. Soms komen zijn initiatieven anderen helemaal niet goed uit. Wanneer een kind vaak negatieve reacties krijgt op zijn initiatieven en veel beperkt wordt in zijn ondernemingslust, kan dit leiden tot gevoelens van schuld en schaamte. Kinderen die dat soort gevoelens ontwikkelen, zijn heel bang om iets niet goed te doen en niet te voldoen aan de verwachtingen van de omgeving.
Het is belangrijk dat een kind zijn eigen wensen en ideeën leert afstemmen op de eisen van de omgeving en de belangen van anderen. Zo vindt het een balans tussen initiatief ontplooien zonder anderen daarmee te belemmeren en voldoende zijn eigen weg te gaan, zonder bang te zijn dat een ander het niet goed zal vinden.

| spel

Een goede mogelijkheid om dit te leren is door spel. Daarin leren kinderen heel veel over zichzelf en hun sociale wereld. Ze kunnen ook nieuwe vaardigheden uitproberen. Vooral de 'doen-alsof'-spelletjes bieden hiervoor veel mogelijkheden. Het vader-en-moedertje spelen of het nadoen van mensen in aansprekende beroepen als brandweerman, politieagent, dokter of schooljuf biedt allerlei mogelijkheden om zich te verdiepen in de sociale wereld. Spel is voor kinderen een veilige manier om dit te oefenen. Het is immers maar doen alsof en niet echt. Er is dan ook weinig risico op falen of op kritiek.

| vriendschappen
| zelfvertrouwen
| angst om te falen

Wanneer kinderen erin slagen om deze fase goed door te komen, zijn ze eraan toe om zowel binnen als buiten school van alles te leren en om vriendschappen op te bouwen. Het kind heeft voldoende zelfvertrouwen om al deze uitdagingen aan te gaan. Wanneer het kinderen niet of minder goed lukt om deze fase te doorlopen, kunnen ze overmatige angst om te falen of een sterk schuldgevoel krijgen. Dit kan gebeuren wanneer we te veel kritiek leveren op hun eerste pogingen om van alles te ondernemen of wanneer ze te veel zijn beperkt in hun initiatieven.

7.2.2 Ontwikkeling van het samen spelen

Een moeder van een bijna 4-jarige kleuter verzucht op het consultatiebureau: 'Ik vind het niet leuk om te zeggen van mijn eigen kind, maar ik vind Marieke helemaal niet sociaal. Als ze met een ander kind speelt, pakt ze alles af en ze kan helemaal niet leuk samen spelen! Gisteren was er een vriendinnetje en Marieke ging de hele tijd in haar eentje met haar Barbiekasteel spelen. Toen ging het vriendinnetje maar met haar kleine broertje spelen met de Duplo. Is dit niet abnormaal? Wat kan ik daaraan doen?'

Ouders maken zich soms al snel zorgen over het sociale of juist niet zo sociale gedrag van hun kind. Wat de moeder van Marieke aangeeft, is nog geen reden tot zorgen bij een kind van die leeftijd. Kinderen tussen 2 en 6 jaar zijn nog volop bezig met het ontwikkelen van het samen leren spelen. Soms lukt dit al aardig, maar vaak ook nog niet. In het leren spelen kunnen we een aantal fasen onderscheiden waarin verschillende soorten spel centraal staan. Het is niet zo dat een bepaald type spel dat in een eerdere fase hoort, totaal verdwijnt in een latere fase. Alle soorten spelen blijven belangrijk, ook later in de ontwikkeling. Een kind van 2 jaar kan nog niet echt samen met een ander kind spelen. Een kind van 6 jaar kan dat wel, maar zal het vaak ook nog heel prettig vinden om apart van een ander kind of naast een ander kind te spelen.

apart spelen

Wanneer jonge kinderen van ongeveer 2 jaar bij elkaar zijn, zie je meestal dat ze apart bezig zijn. Ze spelen hun eigen spel en zijn bezig met hun eigen dingen. Ze kijken meestal wel naar elkaar, maar doen nog geen pogingen om iets samen te doen. Ze zijn nog weinig gericht op elkaar. Ze delen vooral eenzelfde ruimte, eenzelfde territorium, veel meer is het nog niet. Ze zijn min of meer toevallig in elkaars buurt, bijvoorbeeld omdat de ouders elkaar kennen en elkaar opzoeken. Het soort spel dat kinderen van deze leeftijd doen, is vooral oefenspel. Ze halen blokjes in en uit een vormenkubus, ze zijn bezig met activity centers, bouwen met blokken en dergelijke.

naast elkaar spelen

Een volgende stap is dat ze naast elkaar spelen. Dit is nog niet echt met elkaar, maar er is iets meer afstemming. De kinderen hebben interesse in wat de ander doet. Vaak zie je dat een kind in de buurt van andere kinderen speelt met hetzelfde speelgoed. Ze beïnvloeden elkaar nog niet actief, maar komen soms wel op ideeën. Soms zullen ze dan ook ineens interesse hebben in het speelgoed van de ander en het proberen te pakken. Het naast elkaar spelen zie je veel bij peuters van ongeveer 2 tot 3 jaar.

associatief spelen

In een volgende fase zie je ze associatief spelen. De kinderen zijn apart van elkaar bezig, maar er is interactie over het spel. Ze wisselen bijvoorbeeld speelgoed uit of leveren commentaar op elkaars spel. Dit gebeurt meer actief dan in de vorige fase. Dit soort spelen ontwikkelt zich bij peuters en zie je ook nog veel bij kleuters van 4 en 5.

In de daaropvolgende fase is er nog meer interactie en ook samenwerking. Dat is de fase van coöperatief spelen. De kinderen hebben nu een gezamenlijk doel in hun spel. Ze werken aan een bepaald product zoals een groot kasteel met een opstelling van ridders en paarden of bijvoorbeeld aan een grote hut of een huis. Samen spelen is ook vaak een gezamenlijk doen-alsof-spel, zoals een verhaal met de barbies of politie en boefje. Kinderen die op die manier met elkaar aan het spelen zijn, hoor je vaak ook overleggen:

| coöperatief spelen

'Ik was de politie en jij was de boef', of 'En toen ging de politie de boef achterna met de politiemotor.' 'Nee, de politie ging met de auto en zette zijn sirene aan en toen sloot hij de boef op in de politiewagen.' 'Oké, en hij kreeg ook de handboeien om.' 'Ja, en toen probeerde hij te ontsnappen.'

Samen maken ze het verhaal en proberen ze overeenstemming te krijgen over de manier waarop het loopt en de verschillende rollen die ze erin spelen. Kinderen oefenen bij dit soort spel in feite allerlei sociale rollen en verplaatsen zich daarin.

| sociaal en non-sociaal spelen

Bij kinderen van 2 tot 4 jaar zie je nog voornamelijk het non-sociale spelen, apart van elkaar en naast elkaar. Ook bij kleuters tussen 4 en 6 jaar neemt het non-sociale spel nog een derde van hun speeltijd in beslag. Kleuters van deze leeftijd ontwikkelen daarnaast ook het vermogen tot coöperatief spelen. Dat kan constructief spel zijn, zoals wanneer ze een hut bouwen of een kasteel maken, maar het kan ook fantasiespel zijn. In dat laatste geval komt nog een speciale speelvaardigheid naar voren, namelijk die van het symbolisch spel, waarbij ze van alles nadoen en verbeelden.

| symbolisch spel

Oudere peuters (3 jaar) en kleuters zijn hier steeds meer mee bezig. Vaak doen ze daarbij volwassenen na, of wat ze zelf meemaken. Verkleden hoort hier vaak ook bij. Ze geven hun pop eten en doen de pop in bad, precies zoals hun ouders dat met hen doen. In het voorbeeld van het coöperatief spelen met politie en boef zie je een combinatie van symbolisch spelen en samen spelen. Zoals eerder aangegeven, is het bij de ontwikkeling van samen spelen niet zo dat we spelen uit een eerdere fase als minder ontwikkeld moeten beschouwen, dat later weer verdwijnt.

De diverse manieren van spelen voldoen aan verschillende behoeften van kinderen. Ze zijn allemaal belangrijk. Door in hun eentje met fantasiespel en symbolisch spel bezig te zijn, kunnen kinderen vaak allerlei emoties en ervaringen verwerken. Als ze iets angstigs hebben meegemaakt of zich machteloos hebben gevoeld, kunnen ze de situatie naspelen en de rollen omdraaien. Ze bepalen nu zelf wat er gebeurt en dit kan helpen angst en nare herinneringen te verminderen. Voor veel kinderen is dit belangrijk voor hun emotionele welbevinden. Een kind dat 10 jaar is en nog veel alleen speelt met Playmobil of barbies en dan hele verhalen bedenkt, is dus zeker niet uitzonderlijk. Wanneer een kind uitsluitend alleen wil spelen en nooit met anderen, is dat wel een aandachtspunt. Andersom: wanneer een kind helemaal niet in staat is tot zelf spelen en alleen spelen, maar dit alleen maar kan met anderen, is dat ook iets om aandacht aan te besteden. Wanneer een kind helemaal niet in staat is tot fantasiespel mist het een belangrijke uitlaatklep en ontwikkelings-

mogelijkheid. Soms kan het goed zijn een kind hierin te stimuleren door mee te spelen.
Wanneer een kind nog geen 7 is en zodanig opgaat in zijn fantasiespel dat het realiteit en fantasie uit het oog verliest, is dat in een bepaalde mate nog niet vreemd. Tot die leeftijd is het nog normaal om af en toe op te gaan in magisch denken. Veel kinderen hebben ook een fantasievriendje. Dit maakt van alles mee samen met het kind en vormt ook een uitlaatklep voor emoties. Het helpt om denkbeeldig je hart te luchten bij een fantasievriendje. Wanneer de fantasie leidt tot het volledig uit het oog verliezen van de realiteit is er wél reden tot zorg. Dit geldt ook wanneer een kind in werkelijkheid geen vriendjes heeft, maar zich alleen richt op het fantasievriendje.

| fantasievriendje

7.2.3 ONTWIKKELING VAN VRIENDSCHAPPEN

'Joeri is niet meer mijn vriend! Hij is stom en ik ga nooit meer met hem spelen! En hij mag ook niet op mijn feestje komen!' Matthijs (6) komt zeer boos uit school. Hij heeft ruzie gehad met zijn beste vriend Joeri. Hij moppert wel een half uur lang op Joeri en is de hele middag uit zijn humeur.
Zijn moeder schrikt ervan. De jongens hadden het altijd leuk samen en nu zo'n ruzie. Toevallig heeft ze net nog met Joeri's moeder afgesproken dat die over een paar dagen de beide jongens uit school zou meenemen. Hoe moet dat nu? Moet ze die afspraak maar afzeggen en andere opvang zoeken? De volgende dag na schooltijd komt Matthijs enthousiast naar buiten. 'Mag Joeri bij mij spelen? We gaan met de X-box!' Zijn moeder is verbaasd. 'Je had toch ruzie met Joeri?' 'Ruzie?? Tuurlijk niet, hij is mijn allerbeste vriend van de hele wereld!'

Voor baby's zijn ouders, verzorgers en familieleden nog vooral belangrijk. Later worden ook anderen heel belangrijk en ontwikkelt zich de behoefte om met meer mensen dingen samen te doen. Volwassen vriendschappen zijn voor de meeste mensen wederzijdse relaties waarin er waardering en kameraadschap is voor elkaar. Ze kunnen in die vriendschappen gedachten, gevoelens en activiteiten delen, voor elkaar zorgen, elkaar troosten en belangstelling voor elkaar hebben.
Voor kinderen is dit nog anders. Peuters hebben maatjes. Ze gaan om met kinderen die toevallig in de buurt zijn, omdat ze in dezelfde straat wonen of omdat hun ouders elkaar kennen. Voor kleuters is een vriend iemand die je aardig of leuk vindt en met wie je dingen kunt doen die jij leuk of belangrijk vindt. Als die interesses of belangen even uit elkaar lopen, kan een kleuter een voormalige vriend opeens stom vinden. De kleutervriendschap is niet per definitie een stabiele situatie. Wanneer zich een conflict voordoet dat niet tot tevredenheid is opgelost, kunnen kleuters hun tot dan toe beste vriend onmiddellijk tot niet meer hun vriend verklaren. Net als Matthijs in het voorbeeld. Volwassenen begrijpen dit niet altijd en nemen dit zwaarder

| toevallig in de buurt

op. De andere kinderen gelukkig meestal niet. Zij doen dit andersom ook en de dag erna kan de vriendschap weer zijn als daarvoor, alsof er niets is gebeurd. In een kleuterklas kun je al vrij goed zien wie elkaars vrienden zijn en wie niet. Kleuters brengen met vrienden substantieel meer tijd door dan met andere kinderen. Er is dubbel zoveel interactie in de vorm van groeten, oogcontact, elkaar toelachen en samen dingen doen.

| vriendschappen

Voor kinderen in de basisschoolleeftijd en zeker vanaf groep 3 worden vriendjes steeds belangrijker. Vriendschappen bieden een belangrijke mogelijkheid om meer begrip te krijgen over zichzelf en anderen en ervaring op te doen met empathie en met perspectief nemen. De interacties tussen vrienden worden in de loop van de tijd meer sociaal. Kinderen leren steeds beter begrip te hebben voor elkaar en rekening met elkaar te houden. Vriendschappen wisselen nog wel sterk gedurende de basisschoolperiode. Wanneer zich een conflict voordoet, kan dit nog wel een aanleiding zijn om de vriendschap te verbreken.

| groepsvorming

| jongens

| meisjes

Op een schoolplein of in een straat kunnen we zien hoe kinderen zich in kleine groepjes verdelen. Die groepsvorming wordt steeds belangrijker aan het eind van de basisschool. Kinderen hebben dan heel sterk de behoefte bij een bepaald groepje of clubje te horen. In zo'n groepje heerst vaak een bepaalde code van wat cool is en wat niet. De clubjes scheiden zich ook af van de rest en laten anderen niet zomaar toe. Jongens gaan vaak om met grotere groepen. Ze doen graag een spel of activiteit. Vaak hebben die activiteiten een competitief element, zoals wedstrijdjes of laten zien wie het meeste kan of durft. Meisjes delen zich meestal op in kleinere groepjes. Ze zijn ook wel actief, maar praten vooral veel. Meisjes zijn emotioneel intiemer. Vanaf groep 3 zijn jongens- en meisjesgroepen meestal gescheiden. Ze ontwikkelen hun eigen identiteit, waarvan de geslachtsrol een onderdeel is (zie hoofdstuk 4).

| vaste vrienden

| steeds selectiever

Naast de vriendengroepjes ontwikkelen zich in de basisschoolperiode ook de exclusieve een-op-een vriendschappen. Kinderen hebben steeds meer vaste vrienden voor een bepaalde periode. Ze vinden het steeds belangrijker in vriendschappen gevoelens uit te wisselen en elkaar te helpen en te troosten. Het onderling vertrouwen wordt heel belangrijk gevonden. Kinderen willen elkaars vrienden zijn omdat ze elkaar waarderen om hun persoonlijke kwaliteiten. Vriendschappen zijn dan ook steeds selectiever. Kinderen kiezen vaak vrienden die op hen lijken in persoonlijkheid en populariteit en die bij hen passen qua achtergrond (soort familie, sociaaleconomische status).

7.2.4 Sociale acceptatie en populariteit

| sociale acceptatie

Kleuters accepteren elkaar nog tamelijk gemakkelijk zoals ze zijn. Bij oudere kinderen is sociale acceptatie niet meer vanzelfsprekend. De sociale acceptatie van een kind is de mate waarin andere kinderen hem of haar mogen en zien als een volwaardige sociale partner.

| populair

In een groep kun je kinderen onderscheiden naarmate ze in sociaal opzicht door de anderen worden geaccepteerd. Er zijn populaire kinderen, die door veel andere kinderen leuk worden gevonden. Die roepen positieve reacties op. Anderen zoeken hen vaak op om samen dingen mee te doen. Er zijn ook kinderen die juist door anderen worden afgewezen. Die roepen negatieve reacties op en worden niet aardig gevonden. Deze kinderen zijn buitenbeentjes in een groep. We noemen ze afgewezen kinderen. In een groep is ook een aantal onopvallende kinderen. Die staan een beetje aan de zijlijn en worden niet vaak door anderen gekozen. Anderen negeren hen, ze vallen niet op, noch worden ze afgewezen.

| afgewezen

| onopvallend

Een aantal kinderen roepen positieve én negatieve reacties op bij de anderen. Dat zijn de controversiële kinderen in een groep. Ongeveer een derde van de kinderen is niet in een van die groepen in te delen. Hen kenmerken wij als gemiddeld in sociale acceptatie. Deze kinderen roepen geen extreme reacties op. Ze worden door voldoende kinderen geaccepteerd.

| controversieel

Kinderen die veel worden afgewezen, hebben vaak veel sociale en emotionele problemen. Ze hebben een minder goed zelfvertrouwen en een negatiever beeld van zichzelf dan kinderen die geen problemen ervaren met sociale acceptatie. Soms blijven veel afgewezen kinderen achter in hun leerprestaties en ontwikkelen ze een angst om naar school te gaan. Zulke kinderen hebben later veel meer kans op problemen in de adolescentiefase en in de volwassenheid.

| sociale en emotionele problemen

Bij de overgang van basisschool naar voortgezet onderwijs zijn er nieuwe kansen op het opbouwen van vriendschappen. Toch zie je meestal dat dezelfde patronen zich voortzetten. Kinderen die populair zijn op de basisschool, zijn dat ook op het voortgezet onderwijs. En zij die op de basisschool problemen hebben met vrienden maken, hebben dat vaak ook in het voortgezet onderwijs. Waarschijnlijk hebben zij weinig vertrouwen in hun sociale vaardigheden kunnen opbouwen.

Wat bepaalt nu of een kind populair is of niet? Uit onderzoek blijkt dat populaire kinderen opvallen doordat ze goed communiceren met anderen. Ze zijn meestal vriendelijk, gevoelig en coöperatief. Wanneer ze willen meedoen in een groepje passen ze hun gedrag adequaat aan. Wanneer er iets gebeurt wat ze niet leuk vinden of niet begrijpen, vragen ze om uitleg. Onder populaire kinderen zijn ook relatief veel kinderen die op het eerste gezicht leuk zijn om te zien. Een aantrekkelijk uiterlijk geeft meer kans op sociale acceptatie. Vooral een open en positieve uitstraling trekt veel andere kinderen aan.

| goed communiceren

Afgewezen kinderen laten vaak negatief sociaal gedrag zien. Dit kan een reden zijn voor hun afwijzing, maar het kan ook juist een gevolg daarvan zijn. Ze reageren zich af op anderen en hebben eerder het gevoel dat anderen hen negatief behandelen. Ze geven de ander vaker de schuld en uiten zich naar anderen niet positief. Een klein deel van de afgewezen kinderen stelt zich passief en teruggetrokken op. Deze kinderen zijn sociaal onhandig en voelen zich ook snel negatief beoordeeld door anderen. Ze zijn vaak slachtoffer van pestgedrag of zelfs van mishandeling. Veel van deze kinderen voelen zich eenzaam. De controversiële groep is vaak vijandig en storend in gedrag,

| negatief sociaal gedrag

| sociaal onhandig

maar laat nog regelmatig positief en sociaal gedrag zien. Deze gedragingen beschermen hen tegen sociale uitsluiting. Meestal redden ze zich wel in een groep. De onopvallende, genegeerde kinderen zijn niet zo ongelukkig als je zou verwachten. Vaak zijn zij sociaal voldoende aangepast, maar minder extravert. Ze zijn dus meer verlegen en schuw. Deze kinderen kunnen zich wel prettig voelen in een groep en uiteindelijk goede vriendschappen ontwikkelen. Zeker een-op-een zijn ze vaak prima in staat tot vriendschapsrelaties. Het is goed mogelijk deze kinderen meer bij het groepsproces te betrekken. Een beetje stimulerende aandacht en ondersteuning van hun zelfvertrouwen kan hiervoor al genoeg zijn.

7.2.5 Ontwikkeling van sociaal gedrag

| interactie

Kinderen zijn gericht op andere mensen. Baby's hebben al snel een voorkeur voor het kijken naar menselijke gezichten. We leren sociaal gedrag in de interactie met anderen. Om het aanleren van sociaal gedrag te verklaren, zijn een aantal theorieën van belang. Dit zijn cognitieve ontwikkelingstheorieën als de theorie van Kohlberg over moreel redeneren en de sociaal leren theorie. Samen geven ze een beeld van de manier waarop we sociaal gedrag leren en de manier waarop kinderen daarover denken en redeneren. Of een kind ook werkelijk het gedrag laat zien waarvan het heeft geleerd en begrepen dat het sociaal gewenst en prettig gedrag is, hangt af van opvoeding en van een aantal vaardigheden. Een voorbeeld daarvan is impulscontrole (zie paragraaf 7.2.10).

Sociaal leren

De sociaal leren theorie is ontstaan uit een stroming in de psychologie die het behaviorisme heet. Het meest opvallende van die theorie is dat deze zich puur en alleen richt op het gedrag en niet op gedachten en gevoelens. Het behaviorisme bestudeert het gedrag en observeert wat daaraan voorafging. In die theorie heet dat een stimulus (het voorafgaande) die leidt tot een respons (het gedrag dat het resultaat is van de stimulus). Leren is volgens deze theorie niets anders dan het opbouwen van stimulus-respons koppelingen. Een kind leert aan een bepaalde stimulus een bepaalde respons te verbinden.

| stimulus-respons

Een baby leert bijvoorbeeld het plezier van het drinken te koppelen aan het waarnemen van zijn flesje of de moederborst. Als hij die associatie eenmaal heeft gemaakt, is het zien van het flesje of de moederborst genoeg om alvast drinkbewegingen te maken.
Deze theorie is later uitgewerkt door Albert Bandura voor het leren van sociaal gedrag. Gedrag wordt gevormd en beïnvloed door de omgeving. Kinderen leren door het gedrag van anderen te observeren en imiteren. De anderen zijn rolmodellen van wat normaal en geaccepteerd gedrag is. Deze manier van leren noemen we modeling: letterlijk model-leren, leren via een rolmodel.

| modeling

Rolmodellen kunnen allerlei mensen zijn, zoals ouders en andere mensen in de directe omgeving. Ook vriendjes en zelfs figuren uit een tekenfilm kunnen rolmodellen zijn. Het model-leren verloopt als volgt. Kinderen zien een rolmodel iemand anders helpen of iets met hem delen. De kans is dan groot dat ze zelf ook een ander helpen of iets met hem delen. Wanneer ze dit soort gewenst gedrag laten zien, zal de omgeving er positief op reageren. Het kind krijgt een knuffel, wordt toegelachen en geprezen om dit gedrag. Zo leert het dit positieve gedrag te koppelen aan de plezierige reactie. Dat versterkt het gedrag en om dit plezierige effect weer te bereiken, begrijpt een kind dat het datzelfde gedrag weer moet laten zien. We noemen dit verschijnsel leren door positieve bekrachtiging. Is de consequentie van gedrag juist negatief, dan wordt het gedrag juist niet bekrachtigd. Zo wordt het gedrag van het aanraken van een brandnetel niet bekrachtigd wanneer een kind zich daaraan bezeert. Door die negatieve consequentie neemt het gedrag af. In de leertheorie heet dit extinctie of uitdoving.

| rolmodellen

| positieve bekrachtiging

| extinctie

Gedrag kan ook versterkt worden door negatieve bekrachtiging. Negatieve bekrachtiging is het opheffen van een negatieve consequentie. Bijvoorbeeld: een moeder zegt tegen haar kind dat het zijn speelgoed moet opruimen omdat het etenstijd is. Het kind weigert en gaat hard gillen. Moeder herhaalt haar wens wat dringender. Het kind weigert en blijft gillen. Moeder vindt het belangrijk dat het gezin op tijd aan tafel gaat. Ze zegt op boze toon: 'Nou ja, laat dan maar, ik zal het wel weer doen.' Dat versterkt de weigering van het kind. Het zal onthouden dat het weigeren van een verzoek werkt.

| negatieve bekrachtiging

Een andere manier om ongewenst gedrag te laten afnemen, is door er een negatieve consequentie aan te verbinden. De moeder had een straf kunnen verbinden aan de weigering van het kind. Dan had het kind die negatieve consequentie (de straf) kunnen verbinden aan het ongewenste gedrag (niet opruimen). Om die negatieve consequentie te vermijden, zal het kind daarom het ongewenste gedrag minder vertonen.

| negatieve consequentie

Onderzoek heeft aangetoond dat het belonen van positief gedrag beter werkt dan het straffen of negatief reageren op ongewenst gedrag. Bovendien heeft straf een aantal ongewenste bijeffecten. Een boze ouder die met stemverheffing praat of een kind hard vastpakt, geeft een voorbeeld dat kan leiden tot meer ongewenst gedrag. De ouder is immers een belangrijk rolmodel. Het is ook mogelijk dat een kind dat vaak wordt gestraft een negatieve associatie verbindt aan zijn eigen ouder en zich daardoor minder veilig voelt bij zijn ouders.

| belonen werkt beter

Om te begrijpen hoe we bepaald gedrag in stand houden of juist niet, is het principe van positieve en negatieve bekrachtiging belangrijk. Om goed gebruik te maken van dit principe moeten we beseffen dat continue bekrachtiging minder sterk werkt dan af en toe een positieve, bekrachtigende reactie. Dus wanneer een kind in een supermarkt steeds zeurt om snoep en dat meestal niet krijgt, maar af en toe wel, is dit een sterke bekrachtiger. Het zal zelfs krachtiger werken voor het in stand houden van dit gedrag dan altijd beloond worden. Het kind zal het idee eraan overhouden dat het lonend is om lang te blijven doorzeuren, want de kans bestaat dat het uiteindelijk

| aandacht bekrachtigt

toch lukt! Een ander belangrijk principe bij het leren van sociaal gedrag is dat aandacht altijd bekrachtigt. Wat aandacht krijgt groeit. Dit geldt dus ook voor negatieve aandacht in de vorm van bestraffen, boos reageren of corrigeren. Niet reageren op gedrag werkt als uitdover. Door ongewenst gedrag te negeren, krijgt het geen aandacht, wordt het dus niet bekrachtigd en zal het minder voorkomen.

Cognitieve ontwikkelingstheorie

| actieve denkers

Binnen de cognitieve ontwikkelingstheorie beschouwen we kinderen als actieve denkers over sociale regels. Ook jonge kinderen maken al morele afwegingen en beoordelen iets als goed of fout. Dit doen ze op basis van ideeën en begrippen die ze opbouwen over rechtvaardigheid en eerlijkheid. Zelfs kinderen van 5 jaar kunnen al onderscheid maken tussen het expres iemand omverduwen bij de glijbaan om zelf eerst te mogen of het per ongeluk iemand omduwen bij een spel als tikkertje. Vierjarigen hebben ook al besef van eerlijkheid en liegen. Ze snappen dat het belangrijker is aardig te zijn en van andermans spullen af te blijven dan beleefdheidsvormen in acht te nemen of netjes met je bestek eten. Dit leren ze door de reacties van volwassenen te interpreteren en die logisch te beredeneren. Ze bouwen een gevoel van rechtvaardigheid en eerlijkheid op doordat volwassenen hen uitleggen dat morele normen en waarden belangrijk zijn, Die beschermen de rechten en het welzijn van mensen. Volwassenen kunnen dit op kinderen overbrengen door ze in een ruzie waarbij kinderen elkaar emotioneel of fysiek agressief hebben behandeld uit te leggen hoe dit voor die ander is. Zo ontwikkelen kinderen het vermogen tot empathie. Ze leren zich inleven in een ander.

| empathie
| moreel redeneren

Kinderen met een goed ontwikkeld vermogen tot moreel redeneren hebben meestal ouders die hun veel leren over eerlijkheid en het respecteren van elkaar. Dat leren kinderen beter wanneer de ouders zich goed richten op wat het kan begrijpen. Zo kunnen ze het kind stimuleren verder te denken en zich te verplaatsen in de ander. Het is hierbij belangrijk dat een ouder niet te kritisch of boos reageert wanneer het kind iets nog niet begrijpt of kan. Jonge kinderen richten zich primair op hun eigen behoeftebevrediging. Zij denken er nog niet bij na of iets misschien vervelend of pijnlijk is voor een ander. Ze hebben weinig begrip van wat wel of niet mag. Kunnen begrijpen hoe iets voor een ander is, hangt samen met de cognitieve ontwikkeling van het kind. Een kind jonger dan 6 of 7 jaar is in zijn denken nog preoperationeel (zie hoofdstuk 6).
'Wie is er stouter? Een meisje dat de juf helpt opruimen in de klas en per ongeluk de hele doos krijtjes laat vallen waardoor ze allemaal breken? Of het meisje dat een krijtje breekt omdat ze stiekem op het schoolbord tekent in de pauze?' Als je dat aan een kleuter vraagt, zal hij waarschijnlijk zeggen dat het meisje dat de hele doos krijtjes breekt het stoutst is. Een kind in deze fase van ontwikkeling richt zich nog op het aantal krijtjes en niet op de totale situatie. Kinderen vanaf 6 jaar zullen steeds meer in staat zijn om de hele context van het verhaal erbij te betrekken. Zij zien in dat het meisje dat de

juf hielp weliswaar heel veel krijtjes brak, maar dat het per ongeluk was. En dat ze juist goede bedoelingen had. Het meisje dat maar één krijtje brak, ging tegen de regels van de juf in. Een kind vanaf 6 jaar zal begrijpen dat dit meisje eigenlijk iets stouters deed, ook al brak ze maar één krijtje.

In de morele ontwikkeling zien we tevens een afname van egocentrisch denken. Kinderen zijn steeds meer in staat zich te verplaatsen in de ander. Ze kunnen zich de gevolgen van hun gedrag voor iemand anders steeds beter voorstellen. De theory of mind ontwikkelt zich steeds meer (zie ook hoofdstuk 4). Kinderen van 11 tot 12 jaar kunnen begrijpen dat er tussen mensen een soort gedragscode geldt. Ze snappen dat er morele regels zijn en dat het prettig is als iedereen zich daaraan houdt.

afname van egocentrisch denken

Moreel redeneren volgens Kohlberg

De psycholoog Kohlberg heeft de ontwikkeling van het moreel redeneren bestudeerd en een indeling in niveaus gemaakt. Omdat die ontwikkeling is gekoppeld aan de algemene cognitieve ontwikkeling heeft Kohlberg zich gebaseerd op de theorie van Piaget. Alle kinderen doorlopen de niveaus in een vaste volgorde, stelt Kohlberg. Niet alle mensen bereiken het eindniveau. Hij onderscheidt de volgende drie niveaus:

1. *Preconventioneel niveau*: wat een kind goed of slecht vindt, hangt af van de directe gevolgen, zoals straf en beloning. Het kan hetzelfde gedrag dus verschillend beoordelen. Een kind dat de poes aan zijn staart trekt en niet wordt gestraft, doet naar zijn idee niets fout. Als het wel streng wordt gestraft, ervaart het ditzelfde gedrag als fout. Kleine kinderen letten sterk op de reactie van hun opvoeders wanneer ze iets doen. Ze evalueren het gedrag aan de hand van die reactie. Ze kunnen zich al aan regels houden in het bijzijn van volwassenen, maar nog niet wanneer die volwassenen er niet bij zijn.

preconventioneel niveau

2. *Conventioneel niveau*: op dit niveau hebben kinderen al een idee van goed en fout. Ze hebben zich de morele regels van hun groep of cultuur eigen gemaakt. Hiermee ontwikkelt zich hun geweten. Het idee van goed en fout hangt nu niet meer af van een reactie die onmiddellijk op het gedrag volgt. Een kind kan zelf beseffen dat het iets heeft gedaan dat fout is en berouw krijgen, ook als er geen straf volgt. Een kind dat bijvoorbeeld stiekem iets van een ander heeft weggenomen, kan zich schuldig voelen en spijt krijgen, ook al is het vergrijp niet ontdekt. Het denken over goed en fout is in dit stadium nog totaal op de groepsnorm gebaseerd, niet op hun eigen redenering. Iets is niet goed 'omdat het niet mag'. Als globale leeftijdsaanduiding voor dit stadium geldt vanaf ongeveer 7 jaar, meestal tot en met de hele periode van het concreet-operationele stadium. Veel pubers bevinden zich ook nog in dit stadium. Ze zijn dan sterk gericht op de goedkeuring van de gemeenschap.

conventioneel niveau

3. *Postconventioneel niveau*: op dit niveau heeft de eigen verantwoordelijkheid de overhand. Morele waarden en principes worden geformuleerd onafhankelijk van de bestaande regels, maar vanuit ethische principes en

postconventioneel niveau

waarden die iemand persoonlijk van belang vindt. Iemand met dit redeneerniveau kan dus verschil maken tussen een persoon die een levensreddend kostbaar medicijn steelt om een ander te redden en een persoon die een minder kostbaar luxeartikel uit een winkel steelt puur omdat hij dat graag wil hebben. Een redenering die ook bij dit morele stadium past, is bepaalde regels overtreden om daarmee een ander, hoger belang te dienen, zoals inbreken op een vliegbasis om actie te voeren tegen kernwapens die vanaf die vliegbasis worden vervoerd. Zolang anderen hiervan niet het slachtoffer worden, zullen mensen die postconventioneel redeneren, vinden dat zoiets geoorloofd kan zijn. Jongeren bereiken dit stadium doorgaans pas aan het eind van de adolescentie. Veel mensen bereiken dit denkstadium nooit.

Binnen de drie genoemde hoofdniveaus heeft Kohlberg nog een nader onderscheid gemaakt met twee substadia (zie hiervoor ook hoofdstuk 11). De beschreven theorieën leveren alle een aandeel in het begrijpen van de ontwikkeling van sociaal gedrag. Ze sluiten elkaar niet uit, maar vullen elkaar aan. Vermoedelijk leren zeker jonge kinderen voor een groot deel door imiteren en model-leren. Positieve bekrachtiging van gewenst gedrag en het negeren of negatief belonen van ongewenst gedrag spelen een belangrijke rol in het in stand houden en versterken van bepaalde gedragingen. Jonge kinderen (pre-conventioneel stadium) denken nog dat alleen gedrag waar straf op volgt fout is. Ook kunnen ze nog erg op het oppervlakkige effect van een daad afgaan in plaats van de bedoelingen erbij betrekken (zoals in het voorbeeld met de gebroken krijtjes). In het conventionele stadium hebben ze meer kennis van de morele regels. Dan ontwikkelen ze een geweten. Zelfs wanneer gedrag niet wordt bestraft, kunnen ze beseffen dat het niet goed is wat ze doen. Ze kennen de morele regels en hebben weet van goed en kwaad. Zo weten ze dus dat iets van een ander wegnemen niet goed is. Toch garandeert dit besef niet dat een kind hier ook naar handelt. Dat hangt onder andere af van het vermogen tot empathie. Wanneer kinderen zich in een ander kunnen verplaatsen en met iemand anders kunnen meeleven, snappen ze dat iets naar voor iemand is. Dat kan de reden zijn om iets dat van een ander is niet weg te nemen. Het hangt vervolgens af van de impulscontrole van een kind of het zich werkelijk kan beheersen en uiteindelijk het ongewenste gedrag niet vertoont.

| model-leren
| bekrachtiging
| geweten
| empathie
| impulscontrole

7.2.6 Bevorderend voor de ontwikkeling van sociaal gedrag

| belonen meest effectief

Vanuit de sociale leertheorie heeft onderzoek aangetoond dat belonen het meest effectief is bij aanleren van positief sociaal gedrag. De meest effectieve manieren van sociale opvoeding richten zich vooral op het bevorderen van positief gedrag. Dit kan door een kind aan te moedigen en complimenten te geven bij goed en gewenst gedrag. Verder leren kinderen veel sociaal gedrag door model-leren. Het is bevorderend wanneer ouders zelf positief sociaal gedrag laten zien. Een positieve relatie tussen ouders en kind is bevorderend voor het adequaat aanleren van sociaal gedrag. Van een ouder met wie je een goede relatie hebt, zul je eerder wat aannemen. Bij kinderen die niet vanzelf aanvoelen wat goed en prettig sociaal gedrag is, is het belangrijk dat opvoeders dit op een goede manier uitleggen en expliciet voordoen. Deze uitleg moet concreet zijn en aansluiten bij het ontwikkelingsniveau van het kind.

| concreet

Om te voorkomen dat er steeds moet worden gereageerd op ongewenst gedrag is het aan te raden voor ouders om proactief te handelen en zo minder positief gedrag te voorkomen. Bij moeilijkere situaties kunnen ouders van tevoren uitleggen welk gedrag van het kind wordt verwacht, zo concreet mogelijk. De ouder kan het kind dan positief aanmoedigen wanneer dit lukt. Wanneer het kind negatief gedrag laat zien, kunnen opvoeders dat het beste negeren. Gedrag dat geen aandacht krijgt, wordt immers niet beloond.

| proactief

Soms kan bepaald negatief gedrag onmogelijk genegeerd worden. In zo'n geval moet begrenzing en bijsturing plaatsvinden. De beste manier hiervoor is: duidelijk, mild en met begrip. Dit geldt zeker voor jonge kinderen, die nog volop aan het uitproberen zijn met hun gedrag, en grenzen testen. Ze hebben hierin sturing nodig en moeten leren dat bepaalde gedragingen niet gewenst zijn.

| begrenzing en bijsturing

7.2.7 BEKRACHTIGEN VAN GEWENST GEDRAG

In het voorgaande hebben we gezien dat belonen boven straffen te verkiezen is wanneer het gaat om het bevorderen van gewenst gedrag. Waar mogelijk moeten we dus bedenken wat het doel is, geformuleerd in termen van gewenst gedrag. Stel, een kind heeft er een enorme hekel aan om naar de kapper te gaan, en laat daar geregeld zeer moeilijk en storend gedrag zien. De ouders van dit kind willen dat graag ombuigen. Ze kunnen dit als volgt aanpakken.

| gewenst gedrag

Ouder: 'Melvin, we gaan straks naar de kapper om je haar te laten knippen.'
Melvin (gillend): 'Ik wil niet naar de kapper. Ik vind haar stom en ze doet me altijd mega-pijn!'
Ouder: 'Ik wil graag dat je straks rustig gaat zitten, goed luistert en rustig naar de video kijkt, zodat de kapster je goed kan knippen. Als dat lukt, gaan we daarna iets lekkers kopen en thuis gezellig een spelletje doen. Jij mag kiezen wat.'

Dit is een positieve benadering. De ouder negeert boze tegenwerpingen. Het gewenste gedrag is duidelijk en de beloning volgt snel op het gewenste gedrag. De ouder had ook tegen het kind kunnen zeggen: 'Melvin, als je nu weer gaat gillen en de kapster gaat schoppen zoals de vorige keer, ga je de rest van de middag naar je kamer en mag je geen tv kijken.' Dan dreigt de ouder met straf en benadrukt het ongewenste gedrag. Dat krijgt de meeste aandacht. Daarom is die aanpak minder te verkiezen dan de eerste.

duidelijk

Om met belonen een goed effect te bereiken, is het belangrijk dat het gewenste gedrag duidelijk is. De ouder moet concreet aangeven welk gedrag hij van het kind verwacht. Dit moet worden geformuleerd op een manier die past bij het ontwikkelingsniveau van het kind. Dus niet vaag aanduiden 'je moet je goed gedragen als het bezoek komt', maar zeggen 'als het bezoek komt, wil ik graag dat je eerst een hand geeft en gedag zegt. Daarna ga je zelf spelen. Weet je al iets wat je zou willen doen?' De ouder kan dan vervolgens eventueel samen met het kind iets bedenken wat het leuk vindt en zelf kan.

beloning op korte termijn

Om een beloning effectief te laten zijn moet de beloning op korte termijn volgen op het gewenste gedrag. Zo kan het kind zijn gedrag goed associëren met het positieve effect dat erop volgt. Dus geen langetermijnbeloften, maar onmiddellijke gevolgen. Soms kunnen ouder en kind wel toewerken naar een langere-termijnbeloning, bijvoorbeeld via een spaarsysteem met stickertjes. Dat kan als een kind herhaaldelijk iets moet doen dat het heel moeilijk vindt, bijvoorbeeld als het steeds een bezoek moet brengen aan een ziekenhuis en het daar tegenop ziet. Dan kan zo'n stickersysteem goed werken. De beloning kan dan uiteindelijk best iets van speelgoed zijn dat het kind graag wil hebben.

Minder geschikte manieren van belonen zijn bijvoorbeeld grote materiële wensen inwilligen in ruil voor goed presteren. Vaak heeft de beloning in zo'n geval geen enkele relatie met het gedrag dat je wilt belonen. Een voorbeeld hiervan is een nieuwe telefoon als beloning voor een goed rapport. Een nadeel van dit beloningssysteem is ook dat het te belonen gedrag niet erg concreet is. Wat is precies een 'goed rapport'? Het gewenste gedrag is niet concreter dan goed je best doen. Een ander nadeel is dat het te bereiken doel niet helemaal binnen de macht van het kind ligt. Misschien kan het kind gewoon niet beter en leidt een goede werkhouding helemaal niet tot een goed rapport. Een ander nadeel is dat het moment van de beloning te ver ligt van de momenten dat het kind bepaald gewenst gedrag moet laten zien.

7.2.8 Begrenzing en disciplineren

Soms moeten we gedrag van kinderen dringend bijsturen omdat een gevaarlijke situatie dreigt te ontstaan. Bijvoorbeeld wanneer andere kinderen de dupe worden of wanneer een kind iets beschadigt. Negeren van het ongewenste gedrag is dan niet adequaat genoeg. Het gedrag moet dus worden omgebogen. Het heeft de voorkeur om dit op een soepele maar duidelijke manier te doen. Mogelijk kunnen we het kind afleiden en zo in de gewenste richting bijsturen. Soms lukt dit allemaal niet. Vaak is dat dan een moment

directief bijsturen

waarop opvoeders geen andere uitweg meer zien dan directief bijsturen. Stel dat een kleuter ondanks alle afspraken toch zonder toestemming het huis uit rent of iets anders gevaarlijks doet. Dan is snelle actie nodig. In zo'n geval kies je er meestal voor het kind op te pakken of fysiek tegen te houden.

Met straf geven of bestraffen kan het beste heel terughoudend worden omgegaan. Uit onderzoek is gebleken dat straffen meestal maar een tijdelijk effect heeft dat ook slechts beperkt blijft tot het specifieke gedrag dat is bestraft. Bovendien heeft straf geven veel nadelen, vooral voor het zelfvertrouwen en het zelfbeeld. Door straf kan een kind angstig worden en zich als persoon afgewezen voelen, zeker wanneer het vaak gebeurt. Dit effect is extra sterk wanneer de ouder ook met een stem en gezichtsuitdrukking spreekt die afkeuring en boosheid laten blijken. Ook kan het kind gaan denken dat het nooit iets goed doet en stoppen met proberen zijn best te doen. Zo kan straf juist leiden tot meer negatief gedrag en ontstaat een negatieve spiraal.

time-out procedure

Een effectieve manier van disciplineren is de time-out procedure. Deze kan worden gebruikt wanneer een kind echt 'door het lint' gaat en het in zijn boosheid niet meer is te benaderen. In zo'n geval is het raadzaam het kind even uit de situatie te halen en te laten afkoelen. Bij die time-out procedure is het handig om een vaste, iets afgezonderde plaats in huis te hebben zoals de hal of de onderste traptrede. De eigen kamer is geen geschikte plaats. Daar moet het kind ook slapen en die plaats moet veilig voelen, en niet worden geassocieerd met straf. De time-out moet niet te lang duren. Je moet een duidelijke afspraak met het kind maken over de tijd en de manier waarop je de time-out beëindigt en over wat je daarna van het kind verwacht. Daarna is het belangrijk om positief af te ronden, zodat het kind er iets van leert en het gevoel krijgt dat weer een nieuwe start wordt gemaakt.

negatieve spiraal

Een belangrijke valkuil bij het reageren op ongewenst gedrag is dat er een negatieve spiraal kan ontstaan en de relatie tussen ouders en kind negatief gekleurd raakt. Een kind dat veel gedrag vertoont dat door ouders als ongewenst wordt beschouwd, maakt steeds maar weer negatieve reacties mee. Steeds weer ziet het kind afkeurende en boze gezichten. Ouders van kinderen met veel moeilijk gedrag beseffen soms niet hoe vaak ze boos of onvriendelijk kijken naar hun kind en hoe weinig blij en tevreden. En steeds weer krijgt hij negatieve reacties zoals (op geïrriteerde toon): 'Ja hoor, Jeffrey natuurlijk weer!' Zo'n kind krijgt een negatief beeld van zichzelf. Het geeft misschien de moed op om ooit nog iets positiefs te kunnen doen. In zo'n situatie is het belangrijk de cirkel van negatief gedrag te doorbreken. Een manier daarvoor is juist de nadruk te gaan leggen op wat goed en positief verloopt en deze situaties ook zo veel mogelijk te creëren. Door te bouwen aan positieve interactie, bijvoorbeeld door samen iets te gaan doen dat aansluit bij de belangstelling van het kind wordt de kans op positief gedrag vergroot. Dan is het daarna belangrijk om dit positieve gedrag onmiddellijk te belonen met een complimentje of andere positieve reactie. Daarnaast kan proactief handelen veel helpen. Ouders kunnen situaties waarmee het kind moeite heeft, zo goed mogelijk voorbereiden en structureren.

7.2.9 AGRESSIE

| frustratie

Alle kinderen krijgen te maken met gevoelens van boosheid, teleurstelling en frustratie. Niet alles wat ze zouden willen, is mogelijk. Ze krijgen te maken met allerlei beperkingen. Soms schiet hun eigen vaardigheid nog tekort, dan weer zijn het begrenzingen van hun opvoeders of andere belangrijke volwassenen. Het is normaal en begrijpelijk dat ze boos worden en dat ook uiten. Kinderen van rond de 3 jaar zijn bekend om hun heftige driftbuien. Die horen bij hun ontwikkeling. Vooral peuters en kleuters kunnen erg heftig reageren in hun boosheid. Daarbij laten ze vormen van agressief gedrag zien. Een voorbeeld van agressie zoals die voorkomt bij kinderen vanaf 2 jaar is de zogenoemde instrumentele agressie. Die komt voor wanneer het kind een bepaald voorwerp wil hebben of de ruimte wil hebben iets te doen wat hij wil. Hij wil bijvoorbeeld van de glijbaan en duwt een kind dat in de weg staat opzij. Of een kind in de peuterspeelzaal wil op een bepaald fietsje waar een ander kind al op zit. Dit kind staat dus zijn wens in de weg. Veel 2-jarigen lossen dit simpelweg op door het andere kind te dwingen eraf te gaan en er dan zelf op te gaan zitten. De agressie is instrumenteel, het is een manier om iets voor elkaar te krijgen. De agressieve handeling is het instrument waarmee dat gebeurt. Hier is geen sprake van opzettelijk negatief gedrag, het komt meer voort uit nog niet begrijpen hoe dit voor een ander is en ook uit het nog niet kunnen beheersen van impulsen.

| agressief gedrag

| instrumentele agressie

Een ander type agressief gedrag is vijandige agressie. Deze is echt op anderen gericht en is ook werkelijk bedoeld om een ander pijn te doen. Dit kan fysieke pijn zijn of dreiging met fysieke acties. We noemen dit openlijke, directe agressie. Vijandige agressie kan ook op een andere manier plaatsvinden, bijvoorbeeld door kwaadspreken of sociale buitensluiting. 'Nee, Michelle mag niet met ons meedoen, ze is een nerd', is daar een voorbeeld van. Deze vorm noemen we relationele agressie. Die is niet open en direct, maar meer stiekem. We noemen die vorm daarom ook wel heimelijke agressie.

| vijandige agressie

| directe agressie

| relationele agressie

| heimelijke agressie

Instrumentele agressie komt het meest voor bij peuters en kleuters. Ze neemt af in de loop van de ontwikkeling. Over wie met iets mag spelen en wie aan de beurt is, leren kinderen overleggen en compromissen sluiten. Dit gebeurt door hun sociale opvoeding. De vijandige agressie neemt juist toe in de leeftijdsperiode tussen 4 en 7 jaar. Agressie uit zich verschillend bij jongens en meisjes. Meestal zie je bij meisjes meer de relationele en heimelijke vorm van agressief gedrag en bij jongens de openlijke, fysieke vorm. De mate waarin kinderen agressief gedrag laten zien, hangt samen met het sociale klimaat waarin ze opgroeien, vooral het gezin. Sommige manieren van omgaan met kinderen versterken hun neiging agressief te reageren. Als ouders met veel machtsvertoon optreden of heel inconsequent reageren, versterkt dat agressief gedrag bij het kind. Verder kunnen rolmodellen in de omgeving agressief gedrag versterken. Dat kunnen vriendjes zijn, maar ook ouders of andere volwassenen. Sommige kinderen zijn heel gevoelig voor agressieve voorbeelden op televisie en spelen agressieve scènes uit tekenfilms met veel verve na.

7.2.10 Impulsregulatie

Jonge kinderen uiten hun boosheid of agressie heel direct en zonder zich in te houden. In de loop van hun sociale ontwikkeling leren kinderen dat agressieve impulsen zoals slaan, iets afpakken van een ander of een ander wegduwen vormen van ongewenst gedrag zijn. Ze leren dat door de reacties van de mensen om hen heen. Daarbij moeten ze ook leren hoe ze wél met deze gevoelens moeten omgaan. Sociaal leren en modeling (model-leren) spelen hierbij een rol. Kinderen kunnen van hun ouders zien hoe je met teleurstellingen of frustraties kunt omgaan, positief of negatief! Je kunt als ouder je kind vertellen dat het niet moet slaan of schelden, maar die boodschap gaat verloren als je vervolgens zelf in de auto andere automobilisten voor van alles en nog wat uitmaakt. Gedrag maakt hierbij meer indruk dan woorden.
Sommige kinderen zijn zo heftig in hun teleurstellingen en frustraties dat ze een fysieke uitweg nodig hebben. Bij die kinderen kan het helpen om ze vooral die mogelijkheid te bieden, bijvoorbeeld door ze een boksbal te geven waarop ze hun boosheid kunnen uitleven. Zo erken je hun gevoel van frustratie en leren ze die te uiten op een manier waarmee ze anderen niet benadelen.
Impulsregulatie is niet alleen belangrijk voor het beheersen van boosheid, het is ook van belang bij andere vormen van sociaal gedrag. Kinderen leren dat je niet zomaar alles kunt zeggen wat in je opkomt, omdat je daarmee anderen kwetst. Kleuters kunnen dat nog niet en roepen oprecht verbaasd uit: 'Zo, dat is echt een dikke meneer!' Ze bedoelen dit niet kwetsend, het is meer een observatie. Oudere kinderen, vanaf 6 of 7 jaar, kun je leren om bepaalde opmerkingen voor zich te houden en niet meteen alles te roepen wat ze denken. Ze leren dat het niet aardig is om over een cadeautje of traktatie meteen iets negatiefs te zeggen. En om zich in bepaalde situaties in te houden.

| impulsregulatie

Impulsregulatie is ook nodig om te leren omgaan met uitstel van behoeftebevrediging. Als jonge kinderen iets willen, willen ze het meteen, en kunnen ze nog niet verdragen er op te wachten. Dit vermogen neemt toe met de ontwikkeling van impulsregulatie. Een bekend onderzoekje dat in beeld brengt hoe moeilijk het is om deze zelfbeheersing op te brengen is de 'marshmallow test' van de Amerikaanse psycholoog Walter Mischel. Bij dit testje worden kinderen alleen gelaten met voor zich een bordje met een marshmallow. De testleider vertelt het kind dat het mag kiezen: de marshmallow meteen opeten, of wachten tot de testleider terugkomt en als beloning een extra marshmallow krijgen. Kinderen verschillen in hoe ze hier mee om kunnen gaan. Sommigen kunnen de beheersing helemaal niet opbrengen en eten de marshmallow meteen op, anderen nemen er kleine hapjes van en zetten hem dan weer terug, en weer anderen kunnen hun behoeftebevrediging uitstellen en worden beloond met een extra marshmallow. Onderzoek heeft aangetoond

| behoeftebevrediging uitstellen

frustratietolerantie

eerst denken, dan doen

executieve functies

dat er een zekere voorspellende waarde zit aan deze test, en dat kinderen met de meeste zelfbeheersing bij deze test ook later succesvoller zijn, zowel sociaal als in hun leerprestaties. Zij hebben een betere frustratietolerantie. Impulsregulatie is een vaardigheid die kinderen ook op school nodig hebben. Zo kunnen ze rustig op hun stoel blijven zitten en naar de leerkracht luisteren, al zouden ze liever even opstaan en uit het raam kijken of iets anders gaan doen. Impulsen controleren heeft betrekking op eerst nadenken en dan pas handelen, eerst denken, dan doen. Zowel in de sociale omgang, als op school als bij sport en spel is het nodig om je gedrag te kunnen reguleren. In de loop van hun ontwikkeling leren kinderen dit steeds beter, ze ontwikkelen steeds meer vaardigheden om dit goed te doen. Essentiële vaardigheden hierbij zijn de executieve functies. Dit zijn de regelfuncties van het gedrag. Met behulp van de executieve functies bepaal je het doel van je handelingen, richt je je op wat belangrijk is en schakel je afleidende factoren uit, plan je de volgorde van de handelingen, evalueer je het effect en hou je rekening met mogelijke effecten in de toekomst. Zie voor een overzicht van de executieve functies de uitleg in tabel 7.1.

TABEL 7.1

Executieve functies zijn de controlefuncties van de hersenen. Zij zorgen ervoor dat we planmatig te werk kunnen gaan en regelen ons dagelijks functioneren. De volgende executieve functies worden onderscheiden:

Planning	het vermogen om een plan te bedenken en prioriteiten te stellen
Organisatie	het vermogen om dingen volgens een bepaald systeem te ordenen
Timemanagement	vermogen om tijd in te schatten en in te delen
Werkgeheugen	vaardigheid om informatie even in het geheugen vast te houden tijdens uitvoering van een taak
Metacognitie	vermogen tot zelfevaluatie (hoe doe ik het?)
Reactie-inhibitie	vermogen om eerst na te denken, en dan pas te handelen
Emotieregulatie	vermogen om emoties te reguleren, en gedrag te controleren
Volgehouden aandacht	vermogen om aandacht te blijven richten op iets en afleiding te weren
Taakinitiatie	vermogen om zelf met een taak te starten, op tijd en efficiënt
Flexibiliteit	vermogen om plannen te herzien of aan te passen aan de situatie
Doorzettingsvermogen	vermogen om langerdurend doelmatig te werk te gaan

7.2.11 Sociale rollen en sociale identiteit

Een kind wordt gesocialiseerd door opvoeding en identificatie met rolmodellen in de omgeving. Verschillende culturen met eigen gewoonten en rolmodellen leiden tot verschillen in de wijze van socialiseren. In Nederland bestaan verschillen tussen stad en platteland, en tussen mensen van verschillende opleidingsniveaus en sociaaleconomische status. Ook zijn er duidelijke cultuurverschillen in welk sociaal gedrag we belangrijk vinden. In sommige culturen is het zeer belangrijk om ouderen met respect te behandelen, altijd beleefd te blijven en je ouders met u aan te spreken. In andere mogen kinderen hun ouders tutoyeren. Daar krijgen kinderen meer vrijheid om zich te uiten zonder dat dit uitzonderlijk brutaal wordt gevonden. Religie heeft ook veel invloed op de socialisatie.

| socialiseren

| cultuurverschillen

Kinderen zijn flexibel en kunnen zich goed aanpassen. Ze kunnen ook omgaan met de verschillende rollen die van hen worden verwacht in diverse situaties, en leren dat in de loop van hun ontwikkeling steeds beter. Zo kunnen ze leren dat in hun familie bepaalde zaken heel belangrijk worden gevonden en dat dit op school en in hun vriendengroep of bij hun vriendjes thuis anders kan zijn. Wanneer de verschillen op belangrijke punten groot zijn, kunnen kinderen in een loyaliteitsconflict komen. Op welke normen en waarden moeten ze zich richten?

| verschillende rollen

7.2.12 Geslachtssocialisatie

Een belangrijk onderscheid in sociale rollen maken we tussen jongens en meisjes. Dit noemen we de geslachtssocialisatie. Geslachtssocialisatie gaat over de vraag: hoe leren jongens en meisjes zich te gedragen zoals bij hun geslachtsrol past? Alle socialisatie vindt bewust en onbewust plaats en onder invloed van ouders, media en leeftijdsgenoten.

| geslachtsrol

Tussen het 2e en het 3e levensjaar weet een kind of het een jongen of een meisje is. Het beseft dan ook dat het later ofwel een 'papa' ofwel een 'mama' wordt. Vóór dit besef vertonen peuters nog geen verschil in agressief gedrag, daarna wel. Ook zie je dat jongens en meisjes dan vaker seksespecifiek speelgoed pakken dan daarvoor. Een jongetje van 4 vertoont zich nog gerust met een poppenbuggy op straat. Een jongen van 5 of 6 zal eerder zwaardgevechten houden met zijn vriendjes of fietswedstrijdjes doen. Na de kleuterleeftijd geven kinderen er steeds meer de voorkeur aan met kinderen van het eigen geslacht te spelen, waardoor er jongens- en meisjesculturen ontstaan. Enkele typeringen van deze culturen zijn:

| seksespecifiek speelgoed

- meisjes spelen in kleinere groepen en vaker binnen
- bij jongens is leiderschap belangrijker
- meisjes zijn het vaker met elkaar eens
- meisjes hebben vaker speciale vriendschappen waarin de relatie voorop staat

- gesprekken tussen jongens zijn korter en gaan meestal over wat ze gaan doen
- meisjes die met jongensspeelgoed spelen, worden meer geaccepteerd dan jongens die met meisjesspeelgoed spelen
- meisjes leren goed communiceren en zijn vooral goed in een-op-een-contact
- jongens leren beter om te gaan met conflicten en zijn goed als teamlid
- meisjes leren conflicten te vermijden
- jongens hebben meer moeite om tot intiemere relaties te komen.

| jongens- en meisjesculturen

| testosteron

De volledige verklaring voor deze verschillen tussen jongens- en meisjesculturen is nog niet gevonden. Voor een groot deel heeft het te maken met socialisatie en het aannemen van de geslachtsrol. Maar waar komen die verschillen in geslachtsrollen dan vandaan? De recente onderzoeksbevindingen geven aan dat de hormonale verschillen hierin een rol spelen. Het mannelijk hormoon testosteron wordt geassocieerd met het optreden van agressie en competitief gedrag. Jongens hebben een hoger testosterongehalte dan meisjes. Tussen jongens onderling zijn er ook verschillen: jongens met een hoger gehalte aan testosteron vertonen meer competitief en agressief gedrag dan jongens die dat minder hebben.
Jongens en meisjes vanaf ongeveer 6 jaar gaan nog wel met elkaar om, maar zoeken toch liever hun seksegenoten op. De verschillen worden vaak aangescherpt en de groepen zetten zich tegen elkaar af. Zo kan een jongen van 7 op minachtende toon zeggen 'nee, dat is stom, dat is voor meisjes'. Op feestjes nodigen kinderen vanaf 7 jaar doorgaans of alleen jongens of alleen meisjes uit. Het zijn typische jongens- en meisjesfeestjes. Aan het eind van de basisschool zie je in de prepuberteit meer toenadering tussen jongens en meisjes, maar dan op een andere manier. De verkeringen gaan ontstaan. De verjaardagsfeestjes worden weer gemengd gevierd, bijvoorbeeld in de vorm van dansfeestjes.

7.3 ALS HET ANDERS GAAT

7.3.1 INDIVIDUELE VERSCHILLEN IN SOCIALE EN EMOTIONELE ONTWIKKELING

Zoals bij alle ontwikkeling treden ook bij het omgaan met anderen individuele verschillen op. Kinderen verschillen in de manier waarop ze de ontwikkelingsfase van initiatief versus schuld- of schaamtegevoel doorkomen en dat kan leiden tot verschillen in zelfvertrouwen en in angstniveaus. Daarnaast zijn er verschillen in aanleg, temperament, executieve functies en opvoeding die invloed hebben op de sociale en emotionele ontwikkeling. Vooral de interactie tussen de verschillende factoren is van belang voor hoe deze ontwikkeling uiteindelijk verloopt.

7.3.2 Temperament

Vanaf de babytijd zijn verschillen zichtbaar in temperament van kinderen (zie hoofdstuk 2), met name op het gebied van prikkelbaarheid en prikkelgevoeligheid. Dit lijkt primair een verschil te zijn in aanleg, dat in het systeem van het kind zit ingebakken. Aan de andere kant hebben onderzoekers aangetoond dat je een bepaald temperament kunt temperen of juist versterken door opvoeding. Prikkelbaarheid geeft een bepaalde onrust en gevoel van onveiligheid aan. Kinderen met een minder veilig hechtingspatroon zijn meer prikkelbaar dan anderen. Ze voelen zich snel aangevallen en denken dat anderen het slecht met hen voor hebben. Ze reageren eerder boos of geprikkeld. Dit soort verschillen in reacties heeft gevolgen voor de omgang met andere kinderen en voor het kunnen accepteren van begrenzingen en regels door volwassenen. Kinderen met een gevoelig temperament worden door hun omgeving soms aangeduid als 'moeilijke' kinderen. Anderen vinden het namelijk moeilijk om op een plezierige manier met deze kinderen om te gaan en de kans op conflicten is groter dan bij andere kinderen.

| prikkelgevoeligheid

| gevoelig temperament

Wanneer de reacties van een temperamentvol kind zeer heftig zijn, is zeker bijsturing nodig. We kunnen dan de principes van belonen van positief gedrag en negeren van negatief gedrag toepassen. Wanneer een kind voor anderen zeer hinderlijk of zelfs gevaarlijk gedrag vertoont, zullen we het regelmatig uit de situatie moeten halen, bijvoorbeeld door een time-out.

| bijsturing

Door proactief te handelen kun je proberen om problemen en conflicten vóór te zijn. Een kind met een moeilijker temperament is gebaat bij veel duidelijkheid en structuur. Het is nog belangrijker dan bij andere kinderen om positief en concreet aan te geven welk gedrag je van het kind wenst. Je kunt situaties die moeilijk zijn voor het kind voorbereiden. Zo kun je voor het buitenspelen op school van tevoren afspreken met wie en waarmee het kind wil spelen. Dan kan zo'n vrije situatie worden voorgestructureerd en daardoor tot minder problemen leiden.

| proactief handelen

Duidelijkheid en structuur is extra belangrijk voor temperamentvolle, snel explosief reagerende kinderen. Wat echter juist averechts werkt bij deze kinderen is te rigide optreden. Wanneer een opvoeder zich nadrukkelijk laat gelden, zal zo'n kind juist zeer heftig en vol weerstand reageren. Het is voor hen heel belangrijk om het gevoel te hebben dat ze zelf ook iets kunnen inbrengen en voldoende ruimte krijgen voor hun eigen initiatieven. Je kunt hieraan tegemoetkomen door een aantal alternatieven te bieden. Dat geeft ruimte en toont respect voor de behoefte aan keuzevrijheid, en het is toch voldoende gestructureerd.

| structuur

7.3.3 Angsten

We hebben in het begin van dit hoofdstuk de theorie van Erikson aangehaald over zelfstandig leren functioneren en initiatief nemen en over het conflict

| gevoel van minderwaardigheid
| faalangst

overwinnen van initiatief versus schuld of schaamte. Wanneer het een kind goed lukt om deze ontwikkelingstaak te volbrengen, heeft het een goede kans om voldoende zelfvertrouwen en competentiegevoel te ontwikkelen. Lukt dat niet goed, dan kan juist een gevoel van minderwaardigheid ontstaan en een overgevoeligheid voor schuld of schaamte. Een veelvoorkomend gevolg hiervan is faalangst. Kinderen met faalangst nemen weinig initiatieven en doen geen nieuwe dingen, uit angst voor mislukking. Als ze denken iets niet te kunnen, proberen ze het liever helemaal niet dan dat ze kans lopen een fout te maken of af te gaan. Ze vertonen ontwijkend en vermijdend gedrag of ze gedragen zich juist stoer of onverschillig. Een kind dat het gevoel heeft dat het op school niet goed presteert, maar wel weet dat het anderen aan het lachen kan maken, kan in de klas clownesk gedrag vertonen. Dat gebruikt het als compensatie voor minder ontwikkelde vaardigheden en als afleiding van de minder goede schoolprestaties. Een andere mogelijke reactie op faalangst is net doen of je het niet belangrijk vindt hoe je presteert en er nadrukkelijk niet meer je best voor doen. Dan kun je immers ook niet mislukken.

7.3.4 Sociale angst

| sociale vaardigheden

Sociale acceptatie is heel belangrijk voor het zelfvertrouwen van een kind. Wanneer een kind het gevoel heeft dat andere kinderen hem niet mogen of zelfs afwijzen, kan het sociale angst ontwikkelen. Een andere oorzaak voor sociale angst is het ontbreken van goede sociale vaardigheden. Als een kind niet weet hoe het initiatief moet nemen in contacten en hoe het goed kan omgaan met anderen, bouwt het heel moeilijk vriendschappen op en draait het moeilijk volwaardig mee in een groep. Een kind dat sociaal angstig is, loopt grote kans in een vicieuze cirkel terecht te komen. Doordat het angstig is, trekt het zich terug. Het doet dan steeds minder positieve ervaringen op met anderen en oefent geen sociale vaardigheden. Zo wordt het moeilijker om alsnog een plaats in die groep te krijgen en ziet het kind er steeds meer tegenop om in contact te komen met anderen.

| stil en teruggetrokken

Kinderen met sociale angst herken je aan stil en teruggetrokken gedrag. Meestal staan ze alleen in een groep en lopen ze alleen op het schoolplein. Ze nemen weinig initiatieven tot omgang met anderen. Een kind met sociale angst zal buitenschoolse activiteiten of clubs vermijden. Vooral nieuwe groepen zijn eng. Sociaal angstige kinderen zijn sterk gericht op hun eigen gezin en op een vertrouwd kringetje van mensen. Meestal gaan ze liever met volwassenen om of met veel oudere of veel jongere kinderen. Sociaal angstige kinderen zijn kwetsbaar. Ze kunnen slachtoffer worden van pesten in een groep. Vaak horen ze bij de genegeerde kinderen.

| kwetsbaar

Sociaal angstige kinderen kunnen gebaat zijn bij een sociale vaardigheidstraining. Hierin kunnen ze leren hoe ze het beste contacten kunnen leggen en ook onderhouden. Dit soort vaardigheden kunnen ze in rollenspellen oefenen. Hierdoor neemt hun zelfvertrouwen op sociaal gebied vanzelf al iets toe. Daarnaast kunnen we het kind nog aanvullend begeleiden om zijn gevoel van eigenwaarde te versterken. Dit zou kunnen met behulp van cognitieve gedragstherapie (zie hieronder).

Cognitieve gedragstherapie (CGT) is de meestgebruikte therapievorm bij kinderen en jongeren met angstproblemen, maar wordt ook bij veel andere soorten problematiek toegepast, zoals problemen met eigenwaarde, stemmingsproblemen, fobieën, dwangstoornissen en piekerstoornissen. Voor kinderen en jongeren zijn veel protocollen ontwikkeld die aansluiten bij de ontwikkeling en die op een gerichte manier de problematiek behandelen. Bij CGT wordt een kind geholpen om anders aan te kijken tegen gebeurtenissen en ervaringen. Kind en therapeut brengen samen de problematiek in kaart en de daarmee samenhangende probleemsituaties. Er wordt vervolgens geanalyseerd welke gevoelens aan die situaties verbonden zijn en welke gedachten aan dat gevoel voorafgingen. Met behulp van systematische registratie wordt nagegaan of de gedachten die het kind heeft wel kloppen met de realiteit, en of deze gedachten 'helpend' of 'niet helpend' zijn. Bij faalangst is een niet-helpende gedachte: 'ik zal het wel weer fout doen'. Een helpende gedachte kan zijn: 'ik ga het proberen zo goed te doen als ik kan en als het niet lukt probeer ik het nog een keer'. Het kind wordt geholpen om meer realistische en ook meer helpende gedachten te formuleren bij de probleemsituatie. Ook worden vaardigheden aangeleerd om met de moeilijke situatie om te gaan (coping), zoals ontspanningsoefeningen, en het zoeken van afleiding. Bij angstproblemen is een veelgebruikte techniek 'exposure', waarbij stap voor stap wordt gewerkt aan geleidelijke blootstelling aan datgene waar men bang voor is. Samen met het kind wordt hiervoor een stappenplan gemaakt en in het tempo dat het kind aankan uitgevoerd.
Een belangrijk element bij CGT is psycho-educatie, waarbij kind en ouders informatie krijgen over de problematiek, wat de klachten in stand houdt, en wat er kan worden gedaan om de klachten te verminderen. Zo is bij angstproblemen belangrijk om uitleg te geven over hoe vermijden van hetgeen wat angstig maakt, in feite de angstklachten in stand houdt. Als een kind bang is om te logeren, is het afzeggen van een logeerpartijtje even belonend, want het geeft opluchting. Het niet gaan logeren wordt gekoppeld aan dit opgeluchte gevoel. De volgende keer zal de neiging echter groter zijn om opnieuw het logeren uit de weg te gaan. Kunst is om dit om te draaien, en juist de situatie aan te gaan en te ervaren dat dit juist positieve gevoelens met zich meebrengt en de angst vermindert.

7.3.5 Pesten

Alle kinderen plagen elkaar weleens, zelfs vrienden of vriendinnen onderling. Dit is meestal onschuldig en blijft dat ook, als er een basis is van gelijkwaardigheid en het incidenteel gebeurt. Plagen wordt pesten wanneer het steeds maar weer plaatsvindt en het op een negatieve en kwaadwillende manier gebeurt. Bij pesten is er geen sprake meer van gelijkwaardigheid, maar juist van machtsvertoon van de pester ten opzichte van het slachtoffer. Typerend voor pesten is dat het slachtoffer weinig mogelijkheden heeft zich te verweren.

| machtsvertoon

Pesten in een klas is vaak moeilijk te signaleren. Een kind dat wordt gepest, durft dit vaak niet te melden bij de leerkracht. Daar maakt het zich namelijk extra kwetsbaar mee en dan wordt het nog meer gepest. Het pesten gebeurt veelal stiekem en onopvallend, in een hoekje van het schoolplein of in de klas buiten zicht of gehoorsafstand van de leerkracht. Veel pestgedrag vindt via social media plaats, en dit is een nog ongrijpbaarder proces voor opvoeders. Pesters zijn er heel bedreven in om het pestgedrag verborgen te houden. Het signaleren van pesten vraagt dus veel oplettendheid van een leerkracht en van ouders.
De directe manieren van pesten zijn nog relatief makkelijk te observeren en ontdekken. Voorbeelden van directe manieren van pesten zijn:
- uitschelden, zogenaamd leuke opmerkingen maken, commentaar hebben op kleding, soort tas, fiets;
- een kind een bijnaam geven en die steeds gebruiken en het niet meer bij de eigen naam noemen (zoals ‘hé schele’, ‘bolle’);
- fysieke agressie: pesterig steeds in de rug duwen, tegen het been schoppen, opzij duwen bij de kapstok of in een gymles, propjes gooien.

Voorbeelden van minder openlijke manieren van pesten zijn:
- briefjes doorgeven, fluisteren en lachen over een kind, roddelen;
- isoleren, negeren en buitensluiten, niet tegen een kind praten, niet groeten, niet mee laten doen, altijd als laatste kiezen wanneer er groepjes moeten worden gevormd, aangeven niet met dit kind te willen samenwerken;
- negatief gedrag, roddelen en negatieve opmerkingen via social media.

| pester

| zwijgende groep

De leerlingen die pesten, zijn vaak zelf leerlingen met problemen of kinderen die zelf ooit zijn gepest. Rondom zo’n pester – in elke groep vind je er wel één of twee – zit een groepje kinderen dat meedoet met pesten uit angst om zelf door dit kind te worden gepest. ‘Ik heb hem gepest, omdat ik bang ben dat ze mij anders gaan pesten’ is een opmerking die je regelmatig kunt horen wanneer het over pesten gaat. Dan is er nog een zwijgende groep. Die signaleert het pesten, doet niet actief mee, maar onderneemt ook niets om het gepeste kind te helpen (‘ik bemoei me er niet mee’). Er zijn ook kinderen die wel opkomen voor het gepeste kind. Zij maken melding van het pesten bij de leerkracht en helpen het kind. Ze betrekken het kind bij het spel en groeten het juist wél. Het helpt wanneer een slachtoffer van pestgedrag dergelijke bescherming heeft van medeleerlingen. Daarnaast is het belangrijk dat de school een actief en alert pestbeleid heeft en de leerkracht alert is op signalen van pestgedrag. Preventief is van belang om in de lessen aandacht te besteden aan sociale vaardigheden en omgangsvormen.

| bescherming

Slachtoffers van pestgedrag vallen vaak buiten de groep om hun uiterlijk, kleding of gewoonten. Ook worden kinderen die leer- of spraakproblemen hebben gemakkelijk slachtoffer van pesten. Toch zijn er ook kinderen met dergelijke problemen die helemaal nooit worden gepest. Onzekere kinderen of kinderen met een negatief zelfbeeld zijn vooral potentiële slachtoffers. Kinderen die niet snel gepest zullen worden, zijn de kinderen met de kenmerken van populaire kinderen in een groep (zie 7.2.4). Deze kenmerken zijn een goed zelfvertrouwen, een sterke eigen identiteit en een goede communicatie.

| slachtoffer

De gevolgen van pesten kunnen heel ernstig zijn. Wie wordt gepest, heeft of krijgt een steeds minder positief zelfbeeld en zelfvertrouwen. Zo'n kind trekt zich terug om maar niet op te vallen en is bang. Soms durven zulke kinderen niet meer naar school of de straat op, uit angst voor het pesten. Er zijn zelfs gevallen bekend van kinderen die heel ernstig werden gepest en zelfmoord hebben gepleegd. Kinderen die worden gepest, durven vaak niet de hulp in te roepen van de leerkracht of van hun ouders.

| gevolgen van pesten

Signalen waaraan een leerkracht of ouder kan zien dat een kind mogelijk slachtoffer is van pesten zijn stil, teruggetrokken gedrag en een minder opgewekte tot zelfs gedeprimeerde stemming. Niet meer naar school willen of durven, vermijden van spelmomenten op school, te laat komen om wachten op het plein te vermijden, of in de pauze liever binnen blijven kunnen ook signalen zijn. Soms worden somatische klachten zoals buikpijn en hoofdpijn gezien in verband met naar school gaan. In sociaal gedrag is een slachtoffer van pesten of sociale uitsluiting herkenbaar doordat het kind wordt genegeerd en nooit ergens bij betrokken wordt door andere kinderen. Ook is vaak te zien dat het kind niet wordt gegroet door andere kinderen.

| signalen

| vermijden

Het is belangrijk dat een gepest kind wordt opgevangen en gesteund. Daarnaast zijn gesprekken met de pester(s) belangrijk. Een kind dat pest, heeft vaak zelf een probleem. Soms is verdere begeleiding van zowel pester(s) als gepest kind nodig. Om de zwijgende middengroep te bereiken, kun je kiezen voor groepsactiviteiten rondom pesten in het algemeen en het bevorderen van goed sociaal gedrag. Veel scholen hebben een pestprotocol dat ze door ouders, leerkrachten en (oudere) leerlingen laten ondertekenen. Hierin staan de omgangsregels, met nadruk op respect voor elkaar en elkaar positief bejegenen. In zo'n protocol staat meestal ook dat kinderen pesten altijd moeten melden en dat het niet als klikken mag worden opgevat. Pesten komt op basisscholen vaak voor. Ongeveer een op de drie kinderen heeft er weleens mee te maken.

| bevorderen van goed sociaal gedrag

7.3.6 Moeite met sociale vaardigheden

| inzicht in sociale situaties

Niet alleen sociaal angstige kinderen hebben moeite met sociale vaardigheden. Ook andere kinderen kunnen een minder goed vermogen hebben om sociale situaties te begrijpen en in te schatten. Deze kinderen verkrijgen niet gemakkelijk overzicht over een schoolplein of over de strategieën bij een teamsport. Zo kunnen ze minder goed sociale contacten leggen en moeilijkheden hebben bij het meedoen met een spel of teamsport. Zowel ouders als leerkrachten als sporttrainers kunnen een belangrijke rol hebben in het stimuleren van kinderen met dit soort moeilijkheden, door deze kinderen te coachen in hun sociaal gedrag. Wanneer het niet voldoende is om met dit soort extra aandacht in de eigen leefomgeving de moeilijkheden te verhelpen, kan gekozen worden voor een sociale vaardigheidstraining, bijvoorbeeld via school of een Centrum Jeugd en Gezin.

| autismespectrumstoornis

Ook kinderen met een autismespectrumstoornis (zie ook hoofdstuk 5) hebben veel moeite met sociale vaardigheden. Hun stoornis kenmerkt zich door problemen met sociale communicatie: deze belemmert sociale contacten. Een kind met deze stoornis kan moeilijk afstemmen op anderen en zich verplaatsen in het perspectief van de ander. Het is daardoor moeilijk om met een ander samen dingen te doen en samen te werken. Zo worden ook weinig positieve sociale ervaringen opgebouwd en wordt het leren van sociale vaardigheden verder belemmerd. Voor een deel kan de omgeving hieraan tegemoetkomen door veel af te stemmen op het kind met een autismespectrumstoornis. Daarnaast is het van belang de basale sociale vaardigheden te trainen. Voor deze kinderen moet die training heel concreet zijn en expliciet aanleren wat te doen in een bepaalde situatie. Een speciaal afgestemde training is de TOM (theory of mind)-training.

7.4 Problemen en stoornissen

Problemen met het omgaan met anderen kunnen een aantal oorzaken hebben, die vaak al ontstaan zijn in de vroege ontwikkeling en vroege socialisering. Meerdere factoren bepalen of iemand wel of niet in staat is om sociaal gedrag te laten zien. In deze paragraaf bespreken we problemen in het omgaan met anderen die zodanig zijn dat ze zowel voor het kind zelf als voor de omgeving negatieve of zelfs ernstige gevolgen kunnen hebben.
Ten eerste is het van belang dat iemand weet wat wel goed is en wat niet en dat er sprake is van gewetensontwikkeling. Die gewetensontwikkeling is mede afhankelijk van het vermogen tot empathie, het begrijpen en invoelen waarom iets voor een ander vervelend is of pijnlijk. Of iemand vervolgens geneigd is om vooral sociaal en positief gedrag te laten zien is afhankelijk van hoe het iemand in de opvoeding is geleerd, door model-leren en consequente bekrachtiging van positief gedrag. Of het dan ook daadwerkelijk lukt om dit

uit te voeren is afhankelijk van onder andere het vermogen tot zelfbeheersing en impulscontrole.

7.4.1 Gebrekkige gewetensontwikkeling

Kevin (12) is op school betrapt op het wegnemen van een aantal spulletjes van andere kinderen. Hij is in de pauze in de klas gebleven en heeft een mooie pen en ook wat kleingeld uit de kastjes van anderen gehaald. Vorige week heeft hij de fietssleutel van een meisje uit zijn klas verstopt en de huissleutel van een ander meisje. Kevin heeft hiervoor straf gekregen. Hij mag niet mee op een uitstapje van de klas.
De intern begeleider praat met Kevin op de dag dat hij voor straf op school taken zit te doen en de anderen op pad zijn. Hij vraagt aan Kevin of hij spijt heeft van wat hij heeft gedaan. 'Ja', antwoordt Kevin. De intern begeleider vraagt verder, namelijk waarom Kevin precies spijt heeft. 'Omdat ik nu hier zit en niet in de bus', antwoordt Kevin.

Kinderen met een goed verlopende morele ontwikkeling hebben al snel een besef van wat goed is en wat niet. Ze kennen de sociale regels en hebben zich deze eigen gemaakt. Ze hebben morele waarden geïnternaliseerd en geïntegreerd in hun gedrag. Dat leidt tot een geweten. Peuters en kleuters weten zelf nog niet precies wat goed en wat fout is. Ze leiden het af uit de reactie van de omgeving. Wanneer ergens straf op volgt of een negatieve reactie, dan is het blijkbaar fout. Als er geen reactie volgt, was het blijkbaar niet zo erg. Kinderen in de basisschoolleeftijd zijn wel in staat om zelf te weten en te voelen dat iets fout is. Wanneer ze iets van een ander pikken of stiekem snoep uit de kast pakken, weten ze dat dat niet mag en niet goed is. Hun geweten speelt op en niet alleen als ze worden betrapt en bestraft. Ze kunnen zich ook schuldig voelen als ze iets misdaan hebben.

| morele waarden geïnternaliseerd

Er zijn ook kinderen die dat niet of veel minder ontwikkelen. Kenmerkend voor deze kinderen is dat ze zich niet schuldig voelen nadat ze iets fout hebben gedaan. Dit is zelfs zo wanneer ze weten dat iets niet mag. Zij reageren alleen maar op straf en op negatieve consequenties, zoals Kevin in het voorbeeld.

7.4.2 Problemen met impulsbeheersing

Om plezierig om te gaan met anderen en te voldoen aan de eisen van de omgeving is het belangrijk om je eigen impulsen te kunnen reguleren. Sommige kinderen hebben hier moeite mee. Die doen of zeggen wat in hen opkomt. Ze wachten niet op hun beurt, maar roepen door de klas of dringen voor in een rij.
Ze kennen geen moment van reflectie voordat ze handelen. Dit noemen we impulsief gedrag. Impulsieve kinderen hebben moeite hun impulsen

| impulsief gedrag

te controleren en te reguleren. Hierdoor kunnen ze veelvuldig in conflict komen. Ze krijgen ruzie met andere kinderen, die ze te ruw bejegenen, of problemen met leerkrachten, die hen voortdurend in hun gedrag moeten corrigeren.

ADHD

Kinderen met een ernstige mate van impulsief gedrag die daarbij onrustig en overbeweeglijk zijn en hun aandacht niet goed gericht kunnen houden, zouden last kunnen hebben van ADHD. ADHD betekent letterlijk: *attention deficit hyperactivity disorder*, ofwel aandachtsdeficiëntie-/hyperactiviteitsstoornis. Kinderen met ADHD vallen op door hun enorme onrust en overbeweeglijkheid. Hun gedrag is chaotisch en impulsief. Ze kunnen hun aandacht maar kort ergens op gericht houden, en zijn zeer prikkelgevoelig en snel afgeleid. Externe factoren zoals geluiden in de klas of alles wat in de omgeving te zien is leiden kinderen met ADHD snel af, maar ook hun eigen afleidende gedachten en associaties. De concentratieproblemen zijn het meest opvallend bij langerdurende taken die intensieve aandacht vragen, en die niet interactief zijn. De impulsregulatie van kinderen met ADHD is beperkt, waardoor ze zich moeilijk aanpassen aan situaties en ook gemakkelijk in conflicten verzeild raken omdat ze zich met hun gedrag en reacties niet in kunnen houden.

In een klas worden ze dikwijls als storend ervaren door andere leerlingen omdat ze vaak geluiden maken, niet rustig op hun stoel blijven zitten, maar zitten te wiebelen en dan ook soms nog omvallen. In hun dagelijks functioneren vallen kinderen met ADHD ook op door hun onoplettendheid en vergeetachtigheid. Het is voor hen vaak moeilijk om taken af te maken. Terwijl ze bezig zijn met de ene activiteit, denken ze alweer aan wat anders en onderbreken waarmee ze bezig waren, en vergeten dat ook weer daarna. Ouders en leerkrachten hebben vaak de indruk dat ze niet luisteren, of niet geïnteresseerd zijn, maar dit is meestal niet zo. Een kind met ADHD moet heel veel moeite doen om zijn aandacht te richten, en het lukt gewoon vaak niet om dat op het juiste moment en lang genoeg op te brengen.

aandachtsdeficiëntie

We spreken pas van de kinderpsychiatrische diagnose ADHD wanneer gedurende een langere periode sprake is van een aanzienlijke mate van aandachtsdeficiëntie en een aanzienlijke mate van hyperactief en impulsief gedrag, niet passend bij de leeftijd.

Aandachtsdeficiëntiestoornissen komen drie keer zo vaak voor bij jongens als bij meisjes. Percentages van het voorkomen van deze stoornis variëren tussen de 3 en 10 procent van de kinderen.

aangepaste omgeving

Kinderen met ADHD hebben veel behoefte aan een aangepaste omgeving, zowel thuis als op school. Het helpt hen wanneer hun omgeving zo goed mogelijk georganiseerd en gestructureerd is. Omdat ze niet zo lang de aandacht bij taken kunnen houden helpt het hen wanneer hun taken worden opgesplitst in deeltaken, en wanneer regelmatig extra tussentijdse feedback wordt gegeven. Kinderen met ADHD hebben moeite met bijna alle executieve functies (zie ook 7.2.10 en 9.4.1) en het helpt hen dan ook wanneer ze hierbij gericht worden ondersteund en de functies met hen worden getraind.

Wanneer naast dagelijkse begeleiding ook behandeling nodig is, bestaat dit meestal uit een gedragstherapeutische behandeling, vaak aangevuld met medicatie. In de gedragstherapie werken ze aan het aanleren van gewenst gedrag. Voor kinderen met ADHD moet dit heel gestructureerd gebeuren: het moet heel duidelijk zijn wat precies het gewenste gedrag is en wanneer. Hier moet dan vervolgens consequent op gereageerd worden. Bij zo'n vorm van begeleiding is het zeer belangrijk dat school en ouders goed samenwerken. Zo kunnen ze op dezelfde manier reageren en structuur aanbieden. Daarnaast kunnen ze alternatief gedrag aanleren om te reageren op bepaalde situaties of taken. Een bekende methode is 'stop-denk-doe'. Bij deze methode leert een kind een soort stappenplan om met taken of problemen om te gaan. Eerst leert hij even halt te houden en het probleem of de situatie op een bepaalde manier te analyseren. Vervolgens moet hij bedenken wat hij gaat doen. Daarna volgt pas het handelen. Kinderen met ADHD – en ook met andere problemen op het gebied van emotieregulatie of impulsregulatie – kunnen ook baat hebben bij mindfulnessoefeningen. Dit helpt hen om mentaal even uit een situatie te stappen, waardoor meer rust en ontspanning kan worden bereikt. Ook om beter te leren concentreren is het toepassen van mindfulness werkzaam gebleken.

| gedragstherapie
| medicatie
| mindfulness-oefeningen

Uit onderzoek is gebleken dat de combinatie van medicatie en gedragstherapeutische interventies de meest succesvolle is. Kinderen met ADHD leren moeilijk nieuwe dingen aan. Een deel van hun probleem is dat nieuwe informatie moeilijk binnenkomt en dat ze minder goed reageren op uitleg of opvoedende maatregelen. Ze hebben een bepaalde rust nodig om van de gedragstherapie of de training te kunnen profiteren. Daar kan medicatie goed bij helpen. Kinderen met medicatie dienen goede begeleiding te krijgen van een ter zake kundige arts. Medicijnen kunnen bijwerkingen vertonen en dit moet tijdig worden gesignaleerd. Verder moet de dosering nauwkeurig worden afgestemd op het kind en zijn situatie.

7.4.3 Gedragsstoornissen

We moeten gedragsstoornissen onderscheiden van probleemgedrag. Ieder kind kan weleens probleemgedrag vertonen, dat is vaak tijdelijk. Het kan een reactie op een moeilijke situatie of ervaring zijn waar een kind niet goed mee weet om te gaan. Probleemgedrag komt ook voor bij kinderen die een heftiger temperament hebben en relatief veel bij kinderen met een andere stoornis of probleem zoals autismespectrumstoornissen en verstandelijke beperking. Dan komt het voort uit het niet begrijpen van een situatie of het niet goed kunnen inschatten van het gewenste sociale gedrag. Mogelijk is de opvoeding niet duidelijk of niet consequent of is deze niet voldoende afgestemd op wat het kind nodig heeft. Het meeste probleemgedrag heeft een oorzaak. Meestal heeft die te maken met onmacht of angst waardoor een kind niet adequaat met de situatie kan omgaan. Bij gedrag dat als moeilijk wordt ervaren

| probleemgedrag
| onmacht of angst

probeert een kind alsnog grip op de situatie te krijgen door dominant gedrag, of uit het zijn frustratie over de gevoelde onmacht door ongewenst sociaal gedrag.

gedragsstoornis

Een kleine groep kinderen (5-10 procent) laat langdurig en consequent ernstig probleemgedrag zien. Dan spreek je van een gedragsstoornis. De kinderpsychiatrie onderscheidt drie typen gedragsstoornissen: een oppositionele-opstandige gedragsstoornis, een periodiek explosieve stoornis en een normoverschrijdende gedragsstoornis.

oppositionele-opstandige gedragsstoornis

We spreken van een oppositionele-opstandige gedragsstoornis (ODD) wanneer een kind veel in conflict komt met volwassenen en zeer vaak regels overtreedt. Het kind heeft zeer veel weerstand en verzet tegen de beperkingen die hem worden opgelegd. Het is prikkelbaar en snel boos en geeft anderen de schuld wanneer er iets tegenzit. Dit kind krijgt snel het idee dat hij onrechtvaardig wordt behandeld en is dan wraakzuchtig. Verder ergert hij anderen vaak met opzet.

normoverschrijdende gedragsstoornis

Een kind met een normoverschrijdende gedragsstoornis laat ernstig probleemgedrag zien. We spreken hier pas van wanneer een kind langere tijd ten minste drie van de volgende symptomen laat zien:

- pesten, bedreigen of intimideren van anderen
- aanzetten tot vechtpartijen
- lichamelijk wreed ten opzichte van anderen, soms ook ten opzichte van dieren
- brengt anderen letsel toe
- gebruikt wapen
- besteelt anderen
- berooft anderen (tasjesroof, gewapende overval)
- blijft van huis weg
- liegt en bedriegt om dingen gedaan te krijgen of om ergens onderuit te komen
- brandjes stichten
- vernielen van eigendommen van anderen
- inbraak.

Normoverschrijdende gedragsstoornissen komen meestal vooral voor bij kinderen die emotioneel of pedagogisch zijn verwaarloosd of zeer moeilijke gezinsomstandigheden hebben meegemaakt. De opvoeding van kinderen met deze problemen is vaak niet consequent. De ene keer reageren de ouders bijvoorbeeld met harde (lichamelijke) straffen en het andere moment helemaal niet. Het ontbreekt vaak aan warmte en sensitiviteit in het opvoedingsmilieu. Een kind met een normoverschrijdende gedragsstoornis heeft geen goed sociaal gedrag kunnen aanleren. Soms ook heeft het juist via modeling het verkeerde gedrag aangeleerd. Ook een biologische factor speelt een rol in het ontstaan van deze gedragsstoornissen. Het angstniveau van kinderen met deze problematiek ligt vaak lager.
In de ontwikkeling van kinderen met een dergelijke gedragsstoornis zien we vaak problemen met de veilige basis. Vaak is er sprake van een onveilige

of gedesorganiseerde gehechtheid. Ook kunnen we problemen zien in het onderscheid tussen zelf en ander (zie hoofdstuk 4). Deze kinderen zien anderen als een soort verlengstuk van zichzelf, in functie van henzelf, niet als personen met gevoelens. Hun denken is vooral egocentrisch, op zichzelf gericht. Ze kunnen zich niet in een ander verplaatsen en zien alles vanuit hun eigen perspectief.
Kinderen met concentratiestoornissen en hyperactiviteit/impulsiviteit (zoals kinderen met ADHD) hebben een verhoogde kans op het ontwikkelen van gedragsstoornissen. Meestal is dit dan een oppositionele-opstandige stoornis of periodiek explosieve stoornis. Kinderen met ADHD hebben minder mogelijkheden om te profiteren van sociale opvoeding. Ook zijn ze prikkelbaar en prikkelgevoelig en kunnen ze een reactiepatroon ontwikkelen dat tot een oppositionele-opstandige stoornis leidt.
Om kinderen met een gedragsstoornis te behandelen, werken we vaak met het competentiemodel. Hierin bouwen we voort op de competenties die een kind of jongere al heeft. Vanuit die basis ontwikkelen we nieuwe competenties. Door middel van ouderbegeleiding of mediatietherapie ondersteunen we het gezinssysteem van een kind met ernstige gedragsproblemen. Hierin kunnen de ouders effectieve opvoedingsstrategieën aanleren om het kind zo veel mogelijk sociaal gedrag aan te leren en dat te versterken. Wanneer de problematiek te ernstig is, komt het kind in aanmerking voor behandeling in een instelling voor jeugdzorg of kinder- en jeugdpsychiatrie. Dit kan zijn via dagbehandeling, waarbij het kind nog thuis woont, of via een klinische opname.

| competentiemodel

| ouderbegeleiding

7.5 Van theorie naar praktijk

In het praktijkfragment hebben we een kort beeld geschetst van Emma, een meisje van 11 jaar. Emma maakt niet speciaal een ongelukkige indruk. Ze heeft een hobby die ze graag doet en is gewoon graag thuis. Haar moeder vindt dit ook wel gezellig.
Emma lijkt weinig aansluiting te hebben met leeftijdsgenoten. Het enige meisje met wie ze omgaat, is veel ouder dan zij. Verder heeft ze geen vriendschappen. Buitenshuis is Emma niet graag en ze vermijdt clubs en groepjes.
Emma zou last kunnen hebben van sociale angst. Ze laat vermijdingsgedrag zien en heeft weinig contacten. Wanneer ze naar een club of sport gaat, durft ze daar niet alleen te blijven. Dit is niet echt adequaat voor een meisje van haar leeftijd.
Of Emma misschien wordt gepest, is in dit praktijkfragment niet duidelijk. Het zou heel goed kunnen dat Emma in de groep een onopvallende leerling is, die een beetje wordt genegeerd door de groep, maar niet wordt gepest. Emma zou ook een meisje kunnen zijn met een minder goed sociaal inzicht. Misschien weet ze helemaal niet goed hoe ze het moet aanpakken om contact met andere kinderen te maken en te onderhouden.

Mogelijk is dit bij Emma een deel van een probleem dat meeromvattend is. Om dit na te gaan, is verder onderzoek nodig.
Een andere mogelijkheid die we nog kunnen onderzoeken, is of het Emma's moeder lukt om Emma voldoende ruimte te geven om zich te ontplooien. Moeder en Emma lijken wel erg sterk op elkaar gericht te zijn. Dit kan een reactie van moeder zijn op Emma's zwakke sociale vaardigheden, maar het kan ook te maken hebben met een eigen behoefte. Wanneer Emma zelf ook graag gemakkelijker en vlotter contact zou willen maken met andere kinderen zou het een goed idee zijn om haar aan te melden voor een sociale vaardigheidstraining. In zo'n training kan ze leren hoe ze dit kan aanpakken.

Hoofdstuk 8

Opgroeien in een gezin

HOOFDSTUK 8

Opgroeien in een gezin

Murat (4) is in de kamer. Hij is lief aan het spelen terwijl zijn moeder haar vriendin op bezoek heeft. De beide vrouwen zijn druk aan het praten. Onderwerp van gesprek is de inzet van hun partners in het gezin. Murats moeder is heftig aan het uitleggen dat ze het nu helemaal gehad heeft met haar man. 'Hij komt van zijn werk, leest de krant, schuift aan tafel en gaat 's avonds meteen weer weg. "Ik ga hardlopen", zegt hij dan en laat mij weer alleen met de kinderen. Ik moet alles alleen doen, nooit doet hij wat. En ik heb nooit meer tijd voor mezelf. Alsof het niet ook zijn kinderen zijn! Zo had ik het nooit gewild. Ik kan net zo goed alleen gaan wonen, ik heb niets aan hem.' Als vader die avond thuiskomt en Murat een knuffel wil geven, wendt Murat zich af. 'Papa is stout', zegt hij

8.1 INLEIDING

In de eerste hoofdstukken hebben we gezien hoe belangrijk ouders zijn voor kinderen bij alle belangrijke ontwikkelingstaken. Jonge kinderen ontwikkelen een veilig basisgevoel door interactie met de ouders. Ze kunnen hun vaardigheden vanuit die sterke basis ontwikkelen, hun autonomie vergroten en de buitenwereld verkennen. In het vorige hoofdstuk hebben we gezien dat kinderen in de basisschoolleeftijd hun horizon verbreden en dat mensen buiten het gezin belangrijk voor hen worden, zoals hun vriendjes en de leerkrachten (zie ook hoofdstuk 9). Toch blijft de relatie met de ouders en broertjes en zusjes – het gezinsklimaat – heel belangrijk in de verdere ontwikkeling, gedurende de hele levensloop. In dit hoofdstuk bespreken we hoe het gezin een rol speelt in de ontwikkeling van kinderen tot en met de basisschoolleeftijd. In de hoofdstukken 10 en 14 gaan we in op de veranderende relaties tussen kind en gezin tijdens de puberteit.

8.2 HET GEZIN ALS SYSTEEM

verschillende relaties

Een gezin is een geheel, maar tegelijkertijd is het ook een samenstelling van diverse systemen. Binnen het gezin hebben we te maken met verschillende relaties die samenhangen en elkaar alle wederzijds beïnvloeden. Natuurlijk is de relatie tussen ouders en kind belangrijk, maar ook de relaties tussen kinderen onderling en de partnerrelatie van ouders zijn belangrijk. Hoe stevig en warm het gezinssysteem voelt heeft ook veel te maken met de persoonlijkheid van ouders en vooral met hun eigen emotionele stabiliteit. Ouders die ieder op zichzelf stabiele personen zijn met een warme en evenwichtige onderlinge relatie, hebben zelf de optimale basis om hun kinderen ook goed te begeleiden in hun ontwikkeling. Een gezin is een dynamisch geheel van de personen die er deel van uitmaken, en die elkaar sterk wederzijds beïnvloeden in hun interactie.

| dynamisch geheel

Sociaal leren verloopt voor een groot deel via het voorbeeld van rolmodellen (zie hoofdstuk 7). In het gezin zijn verschillende rolmodellen voorhanden. Zo kan een kind een idee krijgen hoe mannen en vrouwen met elkaar omgaan. Doordat jongetjes zich met hun vader identificeren heeft de manier waarop vader met moeder omgaat invloed op hoe een jongetje vervolgens tegenover meisjes en vrouwen staat. De manier van communiceren van de ouders biedt het kind ook een voorbeeld. Ouders kunnen bijvoorbeeld van hun kinderen vragen dat ze iemand laten uitspreken en dat ze niet vloeken. Wanneer ze zich daar vervolgens zelf niet aan houden, werkt dat meestal sterker door dan de opvoedkundige uitleg die ze eerder gaven. Een moeder die boos schreeuwt tegen een kind toont een agressieve houding. Als een kind vaak op die manier met veel machtsvertoon is toegesproken, leert het dat je zo laat merken wat je ergens van vindt en past het dat toe op zijn kleine broertje of het vriendje op school. Wanneer een ouder zich negatief over de partner uitlaat en openlijk kritiek geeft, zal dit invloed hebben op de wijze waarop de kinderen tegenover die partner staan.

| subsystemen

Binnen het gezinssysteem bestaan een aantal subsystemen: de ouders, de kinderen en ook de vrouwen en de mannen. Soms zijn grenzen daartussen heel duidelijk, maar soms ook niet. Soms wordt het ouderlijk subsysteem verzwakt, bijvoorbeeld door relatieproblemen. Ouders vormen dan niet een front dat het eens is over de opvoeding, maar een minder stabiel geheel. In zo'n situatie zie je ook wel 'bondjes' ontstaan, waarbij enkelen in het gezin samen stelling nemen tegen een of meerdere andere gezinsleden. Een gunstige en versterkende factor voor het gezinssysteem is een goede partnerrelatie tussen de ouders. De kinderen ervaren dan een stabiel en veilig fundament en kunnen de ouders niet of moeilijk tegen elkaar uitspelen. Ook voor ouders die geen partners meer zijn, is het heel belangrijk nog wel zo veel mogelijk op die manier samen ouders te zijn en een ouderlijk systeem te blijven vormen.

| partnerrelatie

| ouderlijk systeem

8.2.1 Broertjes en zusjes

Lequisha (8) tegen haar moeder: 'Altijd zijn jullie maar boos op mij en nooit op Dylan. Ik moet altijd mijn spullen zelf opruimen en hij nooit. Het is niet eerlijk! Jullie vinden hem altijd veel liever. Hij wordt voorgetrokken!' Dylan (6) tegen zijn moeder: 'Lequisha mag veel meer. Waarom mag mijn vriendje niet logeren en Samantha steeds wel bij Lequisha? Ze mag ook veel later naar bed. Altijd mag zij alles en ik niets. Ik vind het niet leuk om de kleinste te zijn.

De relaties tussen broertjes en zusjes zijn belangrijk in de ontwikkeling en het verdere leven van een kind. Kinderen leren veel van de andere kinderen in het gezin. Oudere broers of zussen zijn vaak een rolmodel. Een meisje leert in de omgang met haar broer hoe jongens in elkaar zitten en hoe je het beste met hen kunt omgaan. Andersom geldt dit ook. Het helpt ze in latere vriendschappen en relaties.

| sociale rollen

Broers en zussen kunnen ook allerlei sociale rollen oefenen. Ze spiegelen zich aan elkaar en stimuleren elkaar. Tussen broers en zussen kunnen veel conflicten, gekibbel of ruzies bestaan. Sommige ouders proberen dit soort aanvaringen snel de kop in te drukken. Dat is jammer en niet nodig. Ruzie maken is een sociale vaardigheid die je moet leren. Met een broer of zus kun je dat veilig oefenen zonder de kans te lopen dat je iemand meteen kwijtraakt. Anders wordt het wanneer een broer of zus de ander stelselmatig kleineert of pest. Dat is wel schadelijk en dat vraagt om bemiddeling en regulering van de ouders.

| gegeven relatie

Typerend voor broer-zusrelaties is dat broertjes en zusjes elkaar niet kiezen. Ze zijn er gewoon, of je dat nu wilt of niet. Het is een gegeven relatie (Boer, 1994). Het is ook een relatie die heel lang duurt, langer nog dan de relatie met de ouders. Voor de meeste mensen is het de meest langdurige relatie in hun leven.

| rivaliteit

Broers en zussen kunnen heel veel aan elkaar hebben, maar ze kunnen elkaar ook in de weg zitten. Tussen broers en zusjes kan rivaliteit bestaan. De basis voor die rivaliteit ligt in het moeten delen van dezelfde ouders (en grootouders). Broers en zussen moeten strijden om de aandacht en waardering van de ouders, althans dat gevoel hebben veel kinderen. Onderzoek heeft aangetoond dat kinderen uit grote gezinnen het daardoor moeilijker hebben. Ook in hun cognitieve ontwikkeling zijn ze minder goed af dan kinderen uit kleine gezinnen of enige kinderen. Kinderen die het enige kind in hun gezin zijn, zijn vaak succesvoller dan kinderen uit grotere gezinnen. Evenals oudste kinderen in een gezin zijn ze meer gericht op presteren en ze hebben gemiddeld een hoger intelligentieniveau. Enige kinderen zijn vaak soepel en coöperatief en hebben veel doorzettingsvermogen. Sommige onderzoeken geven aan dat enige kinderen sociaal onhandiger zijn dan kinderen met broertjes of zusjes. Mogelijk is dit een gevolg van het minder kunnen oefenen in de omgang met anderen. Enige kinderen moeten al hun sociale ervaringen en sociale rolmodellen van leeftijdsgenoten buiten het gezin opdoen. Daarvoor moeten ze zelf initiatieven ontplooien, wat juist stimulerend voor hun sociale ontwikkeling kan zijn.

| tweeling

Kinderen die als tweeling worden geboren, hebben een broer of zus die precies even oud is, en die veel gemeen heeft met hen en in veel opzichten hetzelfde is. Eeneiige tweelingen zijn zelfs in hun aanleg, dus genetisch, identiek. Voor zo'n kind kan het moeilijk zijn een eigen identiteit te verwerven. Vaak worden de twee kinderen ook door de omgeving als één geheel behandeld en worden ze 'de tweeling' genoemd. Kinderen met een tweelingbroer of -zus hebben als voordeel dat ze altijd iemand hebben om mee op te trekken en samen dingen mee te doen. Tweelingen richten zich

doorgaans meer op elkaar dan op andere broers en zussen. Sommige hebben onderling zelfs een eigen taaltje dat anderen niet kunnen volgen. Ze zijn in zo'n geval een soort twee-eenheid. Of het nu een eeneiige of een twee-eiige tweeling betreft, ouders kunnen onvermijdelijk per kind minder aandacht en tijd besteden dan ze zouden kunnen doen met één pasgeboren kind. In totaal besteden ouders van tweelingen meer tijd aan hun kinderen, maar per kind is het gemiddeld minder dan voor andere kinderen geldt. Ouders van tweelingbaby's en -peuters hebben het dubbel zwaar. Alle verzorgende taken doen ze dubbel. Ouders van eenlingen zijn vaak al zeer vermoeid in de baby- en peuterjaren van hun kinderen, maar voor tweelingouders geldt dit dubbel. Ook vinden veel tweelingouders het jammer dat ze niet de tijd en ruimte hebben om volledige en ongedeelde aandacht voor hun twee kinderen te hebben. De buitenwereld vindt een tweeling vooral bijzonder en vertederend. Veel ouders hadden hun tweeling liever apart gekregen en niet tegelijk.
Hoe het voor de kinderen zelf is om een deel van een tweeling te zijn, hangt af van de manier waarop ze worden benaderd, als tweeling of als individu. Vaak is het voor tweelingen moeilijker om autonomie te verwerven. De separatie-individuatiefase (zie hoofdstuk 4) verloopt moeilijker bij hen. Ze moeten zich namelijk zowel van hun ouders als van hun tweelingbroer of -zus separeren.

separatie-individuatiefase

Ouders van tweelingen staan voor de keuze in hoeverre ze de kinderen samen laten opgroeien en hoe ze hen tot hun eigen wereld moeten stimuleren. Is het goed voor ze om in dezelfde klas te zitten op school of niet? Moet je ze verschillende hobby's en sporten laten kiezen of niet? Hierover kunnen we geen eensluidend advies geven, voor alle tweelingen is dit weer verschillend. Het hangt af van de individuele situatie van de kinderen en van wat ze zelf aangeven. Doorgaans wordt afgeraden de kinderen identiek te kleden. Het is aan te bevelen erop te letten dat ze de gelegenheid krijgen zich zelfstandig te ontwikkelen, met hun eigen voorkeuren, vriendjes en identiteit. Wel is een aandachtspunt voor ouders dat ze kleine verschillen tussen de twee kinderen niet te veel uitvergroten. Als een van de twee net iets beter is in sporten, zeg je beter niet 'hij is heel sportief en zij niet'.
De enige broer of zus van een tweeling loopt een grote kans dat hij of zij het gevoel krijgt alleen te staan. De ouders en de tweeling zijn samen en hij of zij is alleen. Het aanpassingsprobleem dat elk oudste kind doormaakt, is voor een kind in een gezin met een babytweeling extra moeilijk. Zo'n kind heeft zelf veel minder aan de baby's, omdat die meestal sterk op elkaar gericht zijn. De omgeving kan dit effect vaak nog versterken, want een babytweeling krijgt veel aandacht van de buitenwereld. Zo kan het bijzondere eerste kind in één klap gedegradeerd worden tot de broer of de zus van de tweeling.

8.2.2 Plaats in de kinderrij

De plaats in de kinderrij – of een kind de oudste of jongste is in een gezin of ertussenin – lijkt ook verschil te maken voor de verdere ontwikkeling. Eerst is de aandacht volledig voor het eerste kind. Die moet alle aandacht echter plotseling delen met een nieuw geboren broertje of zusje. Dat is belangrijk in zijn ontwikkeling. Want ook al bereid je het kind hierop voor, zo'n onttroning is vaak een grote schok die grote aanpassing vergt. Onderzoek heeft aangetoond dat dit tot veel problemen kan leiden. Hoe moeilijk dit voor het oudste kind is, hangt onder andere af van diens leeftijd. Hoe meer het kind al autonomie, zelfstandigheid en een eigen plek heeft kunnen verwerven, hoe gemakkelijker het lijkt te zijn. Volgens recent onderzoek zou het meest optimale leeftijdsverschil tussen kinderen ongeveer 6 jaar zijn. Een kind van 6 heeft zich voor een belangrijk deel gevormd in zijn sociale en emotionele ontwikkeling. Ook zou kunnen meespelen dat een kind van die leeftijd gemakkelijker kan begrijpen wat er gebeurt.

| onttroning oudste kind

Belangrijk bij het accepteren van een nieuw broertje of zusje is de manier waarop de ouders ermee omgaan. Als die het oudste kind aandacht geven en goed opvangen in deze nieuwe en moeilijke situatie helpt dat bij een gezonde aanpassing. Het oudere kind heeft de zekerheid en bevestiging nodig dat zijn ouders hem nog steeds even lief vinden als daarvoor. Die zekerheid is vaak namelijk even weg, met een nieuw gezinslid dat opeens enorm veel aandacht krijgt van iedereen.

Wat kan helpen, is dat ouders een oudste kind betrekken bij het verzorgen van de nieuwe baby en het een duidelijke rol geven als grote broer of zus. Soms imiteren oudste kinderen hun ouders in het verzorgen van een kind, bijvoorbeeld met hun eigen pop. Het meespelen van dit spel kan een oudste kind helpen. Aan de andere kant moet het oudste kind weer niet al te nadrukkelijk steeds als groot worden afgeschilderd. Oudste kinderen hebben juist in de periode na de geboorte van een baby in het gezin extra veel behoeften die eigenlijk meer bij kleinere kinderen passen. Vaak laten oudste kinderen tijdelijk een teruggang (*regressie*) zien in hun ontwikkeling. Kinderen die al zindelijk waren, plassen ineens weer in hun broek of in bed. En kinderen die alles zelf konden, stellen zich opeens heel hulpvragend op. Sommige kinderen imiteren het gedrag van de baby. Mogelijk zien ze dat de baby hiermee veel positieve aandacht krijgt en daarom proberen ze het ook eens. Wanneer ouders hier rustig en met begrip op reageren, zal deze periode van teruggang vrij snel voorbijgaan. Het is het handigst voor ouders om even erin mee te gaan wanneer een ouder kind graag weer in de box wil spelen, in een buggy wordt rondgereden of een keer in het ledikantje wil liggen. Doorgaans is het interessante er dan snel weer van af.

Jongste kinderen in een gezin hebben ook hun speciale omstandigheden. Altijd is het zo dat de anderen op hen 'voor' zijn. Die weten meer, kunnen meer en hebben al meer meegemaakt. Oudere kinderen 'mogen' meer, ze hebben een belangrijk voordeel. Ouders stellen zich anders op tegenover de kinderen.

| jongste kinderen

Ze stimuleren de oudste kinderen meer tot zelfstandigheid en zien die als relatief 'groot kind'. De jongste is juist langer 'nog maar klein'. Beide benaderingen hebben voor- en nadelen. De jongsten zijn zo langer afhankelijk van hun ouders en minder snel zelfstandig. Ook kan hun gevoel van eigenwaarde minder zijn, omdat ze zo vaak te horen hebben gekregen dat ze iets nog niet

| oudste kinderen

konden of mochten. Deze kinderen kunnen het gevoel krijgen dat ze niet te snel groot mogen worden. Veel ouders vinden het leuk van hun jongste dat die nog zo lekker klein is. Ouders vinden het moeilijk los te laten dat hun kind baby-, peuter-, kleuter- of schoolkind af is. Ze willen hun kind als het ware tegenhouden in het groter en ouder worden.
Ouders spreken de oudste vaak aan op zijn verantwoordelijkheid en die vindt dat niet altijd fijn. Bij ruzies is de oudste eerder de verantwoordelijke en de jongste het slachtoffer. De oudste zou immers wijzer moeten zijn. Oudste kinderen in het gezin missen soms de koesterende aandacht die de jongsten in overvloed krijgen.
Het oudste kind is vaak ook een wegbereider. Hij bevecht als eerste allerlei voorrechten bij de ouders. Die moeten aan elke nieuwe ontwikkelingsfase wennen en gedragen zich tegenover een oudste vaak voorzichtiger en overbeschermender dan tegenover de kinderen die op hem volgen. Voor de oudste kan het lang duren voordat hij alleen naar school mag fietsen. De anderen mogen dat vaak al eerder. Voor de oudste is de tijd dat hij thuis moet komen na een avondje uit vaak nog heel voorzichtig gesteld. De jongste kinderen mogen vaak op diezelfde leeftijd veel later thuiskomen. Bij de jongere kinderen zijn ouders over hun eerste angsten heen. Ze zullen bij hen meer vertrouwen in de goede afloop uitstralen. Dit bevordert het zelfvertrouwen van de jongeren.
Het oudste of jongste kind in een gezin heeft als vanzelf een speciale positie. Een kind in een middenpositie qua leeftijdsvolgorde heeft het lastiger. Deze kinderen moeten meer moeite doen om op te vallen en aandacht te krijgen. De oudste valt op omdat hij al zoveel kan en alle mijlpalen als eerste bereikt. Dat maken de ouders allemaal voor het eerst mee en daar reageren ze extra enthousiast op. Het tweede kind krijgt hiermee meestal veel minder aandacht. Zo hebben middelste kinderen vaker de neiging tot wedijveren en ervaren ze dat ze veel moeite moeten doen om op te vallen. Een middelste kind heeft zowel jongere kinderen om mee om te gaan als oudere. De afstand in leeftijd en ontwikkelingsniveau is bij beiden te overbruggen. Voordeel is dat dit kind vaak meer leert aan sociale vaardigheden. Het kan goed omgaan met leeftijdsgenoten en is vaak populairder dan oudste en jongste kinderen. Die zijn beiden meer gericht op de ouders, het middelste kind relatief meer op andere kinderen.

middelste kind

De hier genoemde kenmerken van kinderen in relatie tot hun positie in de kinderrij zijn tendenties die zijn gevonden in onderzoeken, maar ze zijn zeker niet algemeen geldend. Het maakt veel uit hoeveel leeftijdsverschil er is tussen kinderen. Ook maakt het verschil of je met een broer of zus te maken hebt, en hoe groot het gezin verder is. Daarnaast is het bepalend hoe zeer ouders anders zijn in hun benadering van de oudste respectievelijk jongere kinderen. Tevens verschillen kinderen in hun aanleg, temperament en karakter. Die kenmerken verklaren meer dan alleen de positie in de kinderrij.

8.2.3 Vergelijking en rivaliteit

Kinderen in een gezin worden vaak met elkaar vergeleken. Dit gebeurt door de kinderen zelf, want broers en zussen worden vaak gebruikt om hun identiteit en prestaties aan te spiegelen. Ook de ouders en mensen buiten het gezin vergelijken kinderen binnen het gezin met elkaar. Een opvallend aspect hiervan is dat we kleine verschillen tussen kinderen uitvergroten. Een kind dat opgroeit in een gezin waar drie kinderen een gymnasiumopleiding volgen, en zelf naar de havo-vwobrugklas gaat kan worden gezien als 'niet zo'n hoogvlieger'. Terwijl een kind in diezelfde brugklas uit een familie waar niemand een hogere opleiding heeft dan de vroegere mavo (nu vmbo-theoretische leerweg) juist binnen zijn gezin kan worden beschouwd als een 'stuudje' en academisch talent.

verschillen

Kenmerken die ouders van hun kinderen noemen, zijn vaak relatief. Dit is belangrijk om te onderkennen wanneer ouders deskundigen raadplegen vanwege problemen met hun kind. Ze zien alles wat ze vertellen in het licht van de vergelijking met de andere kinderen in het gezin en ook in vergelijking met zichzelf. Een ouder die zelf kunstschilder is, zal niet zo snel van zijn kind vinden dat het iets leuks of creatiefs maakt. Hij stelt op dat gebied misschien heel hoge eisen. Ouders met een hoge opleiding of andere bepaalde talenten zullen mogelijk snel vinden dat de ontwikkeling van hun kind op bepaalde punten tegenvalt. Kinderen vinden het belangrijk dat hun ouders tevreden over hen zijn. Ze proberen meestal aan de verwachtingen van hun ouders te voldoen. Ouders beseffen dat vaak moeilijk. Verwachtingen van ouders worden heel subtiel overgedragen. Ze denken dat ze hun kind alle ruimte hebben gegeven voor zijn eigen ontwikkeling, maar toch heeft het kind het gevoel dat het bepaalde dingen móét voor zijn ouders. Bekend zijn de voorbeelden van de vader die zèlf graag een goede voetballer had willen worden en zijn zoon daarin stimuleert. Zo'n jongen zal toch het gevoel hebben dat hij zijn vader teleurstelt als hij van de voetbalclub af gaat of geen uitzonderlijke prestaties behaalt als voetballer. De moeder die zelf altijd graag op toneelles heeft gewild, zal proberen haar dochter zover te krijgen en subtiel of minder subtiel teleurstelling laten blijken als dit niet doorgaat.

relatief

verwachtingen van ouders

Kinderen verschillen in hun gevoeligheid voor dat soort verwachtingen. Sommige zijn zo autonoom dat ze sterk blijven staan voor hun eigen keuze. Andere zijn juist extreem gevoelig voor de verwachtingen van hun ouders en voor verwachtingen van de omgeving in het algemeen. Zij vinden het heel moeilijk een eigen identiteit en zelfvertrouwen te verwerven en vast te houden. Deze kinderen zijn gevoelig voor sociale wenselijkheid en daardoor ook meer beïnvloedbaar.

8.2.4 DE MATCH TUSSEN OUDERS EN KIND

Kinderen verschillen in aanleg, temperament en persoonlijkheid. Ouders doen dat ook. Ouders vinden het vaak belangrijk om al hun kinderen gelijk te behandelen. Toch is dit heel moeilijk. Elk kind is uniek en vraagt vanzelf om andere reacties en een andere benadering. Het ene kind heeft bijvoorbeeld vooral aanmoediging nodig om iets nieuws te durven proberen. Het andere kind vraagt voortdurend om duidelijke grenzen door zijn drukke en impulsieve gedrag. Een ouder voelt soms het ene kind gemakkelijker aan en begrijpt het beter dan het andere. Soms is dat omdat de ouder het gevoel heeft dat het kind dichter bij hem staat en meer op hem lijkt. Dan is er een sterkere identificatie, waardoor het gemakkelijker klikt met dat kind. Dit hoeft niet heel negatief te zijn, zolang een ouder zich daarvan bewust is en extra moeite doet om elk kind op zijn eigen leuke kanten te beoordelen.

uniek

Ouders kunnen zich soms ook negatief benaderd of afgewezen voelen door een kind. Dit gebeurt vooral bij een combinatie van een kind met een moeilijker temperament en een ouder die zelf minder stabiel is. Zo'n ouder kan het gevoel hebben dat het kind zich negatief gedraagt om de ouder te 'pesten'. Een dergelijke attributie van gedrag leidt tot een negatief gekleurde ouder-kindrelatie en zal gevolgen hebben voor de verdere ontwikkeling. Aan de andere kant kunnen ouders soms gedrag van een kind extreem vergoelijken, en moeilijk gedrag alleen maar toeschrijven aan de omstandigheden of speciale situatie ('hij is gewoon moe'). Dit kan tot gevolg hebben dat onvoldoende sturing wordt gegeven aan een kind, waardoor hij probleemgedrag kan ontwikkelen.

attributie

8.3 OMSTANDIGHEDEN VAN HET GEZIN

De omstandigheden waarin een gezin zich bevindt, hebben invloed op het functioneren van de kinderen die daarin opgroeien. Van invloed is onder andere de sociaaleconomische status van het gezin, bepaald door het opleidingsniveau en het beroep van de ouders en het inkomen dat daaruit voort- komt. Kleine verschillen hierin hebben weinig invloed, maar grote verschillen in sociaaleconomische status (SES) leiden tot verschillende leefomstandigheden. Een gezin met een hoge SES woont meestal in een prettige, comfortabele wijk met weinig problemen. Zo'n gezin heeft geen financiële zorgen en er is alle ruimte om een kind te laten kiezen wat het wil doen in zijn vrije tijd en om zich te ontplooien op het gebied van clubs, toneellessen en dergelijke.

sociaaleconomische status

Wie opgroeit in een gezin met een lagere SES komt meer beperkingen tegen op dit gebied. Die kinderen kunnen zich daardoor achtergesteld voelen bij klasgenoten van wie de ouders zo'n beetje elke wens inwilligen. Uiteraard heeft het ook nadelen wanneer een kind leert dat elke wens op materieel gebied meteen in vervulling kan gaan. Een kind dat dat ervaart, vindt het

later heel moeilijk om op iets te wachten of te sparen voor een grote uitgave. Het ontwikkelt minder frustratietolerantie en is daarmee minder voorbereid op een zelfstandig bestaan.
Een gezin met een lagere SES woont veelal in een wijk waar meer mensen met problemen wonen. Die wijk is minder prettig gelegen, met minder veilige speelruimte, meer verkeerslawaai en dergelijke. Een kind uit een gezin met ouders met een lager opleidingsniveau wordt doorgaans thuis minder gestimuleerd. Het heeft een minder rijke taal- en kennisomgeving. Dit heeft gevolgen voor zijn succes op school.
Gezinnen met een lagere of hogere SES verschillen gemiddeld genomen ook in opvoedingsstijl. Gezinnen met een lagere SES lijken meer nadruk te leggen op gehoorzaamheid, gezinnen met een hogere SES meer op overleg en onderhandelen.
Eenoudergezinnen vormen een speciale groep wat betreft hun SES, vooral wanneer het een verandering betreft na een scheiding. Een gezin met een hoge SES kan uiteenvallen in twee gezinnen met een lagere SES of een met een uitgesproken lagere SES en een ander met een hogere SES. Voor kinderen is dit vaak een moeilijke overgang.
Een andere situatiefactor die veel invloed heeft op het functioneren van het gezin is het gezinsnetwerk. Met gezinsnetwerk doelen we op alle contacten van het gezin met de buitenwereld, maar vooral met de mensen in de nabijheid. De familie van de ouders en vooral de grootouders zijn heel belangrijk voor het gezin. Zijn er mensen die opvang bieden wanneer een van de ouders plotseling ziek is of anderszins even zelf minder voor de kinderen kan zorgen? Staan de grootouders en andere familieleden positief tegenover het gezin? Zijn er positieve en ondersteunende buurtcontacten en heeft het gezin vrienden? Hoe meer van deze vragen we positief kunnen beantwoorden, hoe steviger het gezin is ingebed in een sociaal netwerk. Dit kan heel belangrijk zijn voor de weerbaarheid van het gezin als systeem.

| gezinsnetwerk

8.4 OPVOEDING

Ouders hebben hun eigen manier van opvoeden. Dit noemen we de opvoedingsstijl. Ouders hebben veel invloed op en ook macht over hun kinderen. Ze zijn groter, ouder, hebben meer kennis en vaardigheden en beheren het huis en de huishouding. Het is de bedoeling dat ze die ouderlijke macht bij de opvoeding positief gebruiken om het kind te stimuleren en bij te sturen waar nodig. Zo groeit een kind zo optimaal mogelijk op. Er zijn verschillen in wat ouders belangrijk vinden voor hun kind. En er zijn ook verschillen in de manier waarop ouders hun doelen voor hun kinderen proberen te bereiken.

| opvoedingsstijl

8.4.1 Opvoedingsstijlen

Uit onderzoek naar verschillen in de manier van opvoeden komen vier opvoedingsstijlen naar voren, elk met hun eigen kenmerken. Deze zijn de autoritaire stijl, de toegeeflijke stijl, de structurerende stijl en de 'laisser-faire'-opvoedingsstijl.

autoritaire opvoedingsstijl

Bij een autoritaire opvoedingsstijl eisen ouders veel van hun kinderen en ze controleren hen sterk. Ze hechten veel waarde aan gehoorzaamheid en prestaties en zijn daar heel strikt in. Ze zijn meer gericht op controle dan op de emoties en gevoelens van de kinderen. Deze ouders zijn minder warm en senstitief en reageren minder op wat de kinderen laten zien in hun gedrag of op wat ze tegen de ouders zeggen. Zij bepalen nadrukkelijk de regels en gaan hierover niet in overleg.

toegeeflijke stijl

De toegeeflijke stijl (ook wel de verwennende stijl) is juist tolerant en niet eisend. Kinderen mogen heel veel en hun ouders accepteren heel veel van hen. Gehoorzaamheid aan regels vinden deze ouders minder belangrijk dan het sensitief en begripvol reageren op de behoeften van hun kinderen. De opvoeding is sterk kindgericht. Toegeeflijke ouders zijn vaak ook overbeschermende ouders. De opvoedingsstijl is warm, maar bereidt kinderen niet altijd optimaal voor op weerbaarheid en zelfstandigheid.

autoritatieve opvoedingsstijl

Een structurerende opvoedingsstijl (ook wel de autoritatieve opvoedingsstijl) is een manier van opvoeden waarbij ouders sterk op de kinderen zijn gericht en ook reageren op hun behoeften. Er is veel contact, overleg en tweerichtingsverkeer. Ouders accepteren veel van de kinderen, ze respecteren hun individualiteit en hun behoeften, maar stellen ook grenzen. De grens tussen ouders en kinderen is duidelijk, de ouders hebben uiteindelijk het heft in handen. Zij hebben nadrukkelijk de eindverantwoordelijkheid en beslissen.

laisser-faire-opvoedingsstijl

De laisser-faire-opvoedingsstijl is een gemakkelijke, zelfs tamelijk onverschillige manier van opvoeding. Er is weinig controle, maar ook weinig responsiviteit. De ouders zijn weinig betrokken bij hun kinderen. Hun eigen belang gaat vóór dat van de kinderen. Ze laten dingen liggen in het belang van hun eigen rust. Ze stellen niet veel eisen aan de kinderen, er is weinig controle op hun gedrag en welbevinden. Een laisser-faire-opvoedingsstijl heeft verwaarlozende elementen.

Een sterk verwennende (te toegeeflijke) opvoedingsstijl is in zekere zin ook een beetje een verwaarlozende opvoeding. Deze ouders kiezen soms de weg van de minste weerstand en niet voor datgene wat voor de kinderen belangrijk is. Kinderen die worden opgevoed met een laisser-faire-opvoedingsstijl of met een autoritaire opvoedingsstijl ontwikkelen relatief veel gedragsproblemen. In onze cultuur vinden we de structurerende of autoritatieve opvoedingsstijl momenteel de meest optimale opvoedingsstijl, zo wijst onderzoek uit. Kinderen die zijn opgevoed met de structurerende opvoedingsstijl vertonen het meest sociale gedrag. Zij hebben minder kans op het ontwikkelen van gedragsproblemen. In oudercursussen wordt dan ook meestal de structurerende opvoedingsstijl aangeleerd.

Veel ouders zullen deze opvoedingsstijl als doelstelling hebben. Toch lukt het niet alle ouders om consequent zo'n stijl te handhaven. Ze schakelen dan tijdelijk of situationeel over op een andere. Dit zou je kunnen beschrijven als de 'situationele opvoedingsstijl'.

8.4.2 Cultuurverschillen

Welke opvoedingsstijl ouders kiezen, hangt af van hun persoonskenmerken, maar er is ook een duidelijke invloed vanuit de cultuur en de tijdgeest. Halverwege de twintigste eeuw legde men relatief veel nadruk op gehoorzaamheid, hard werken en goed presteren. Ouders wilden hun kind opvoeden tot een deugdzaam en fatsoenlijk burger. Tegenwoordig ligt meer nadruk op individuele ontplooiing en persoonlijk geluk. Ouders zeggen meestal 'als hij/zij maar gelukkig wordt'.

cultuurverschillen

In de opvoedingsstijlen zijn ook veel cultuurverschillen. Zo is een veelgehoorde mening van bevolkingsgroepen die van oorsprong uit een ander land en andere religieuze cultuur afkomstig zijn dat Nederlandse (autochtone) kinderen te veel vrijheid krijgen en ongehoorzaam en brutaal zijn. In sommige gezinnen en culturen is het heel belangrijk dat kinderen respect hebben voor ouderen. Daar moeten kinderen hun ouders met 'u' aanspreken. Andere gezinnen hechten daar totaal geen waarde aan. Zulke verschillen zijn er ook in andere omgangsvormen, religieuze gewoonten, eetgewoonten, prestatiedruk enzovoort.

De opvoedingsstijl die ouders hanteren, wordt ook beïnvloed door de manier waarop ze zelf zijn opgevoed. Hun eigen opvoeding is hun belangrijkste ervaringsbron, en is hen met de paplepel ingegoten. Ouders komen uit verschillende gezinnen met meestal verschillende opvoedingsstijlen. Wanneer partners samen ouders worden, moeten ze de opvoedingsstijlen die ze hebben geleerd op elkaar afstemmen. Dit kan soms leiden tot conflicten. Het is belangrijk dat ze hierover overeenstemming bereiken om een duidelijke, voorspelbare en consequente lijn te handhaven.

8.4.3 Het 'ideale' gezin

Het ideale gezin in de reclame is het gezin dat bestaat uit twee ouders met twee gezonde, leuk uitziende kinderen. Een gezin dat je ontwikkelingspsychologisch gezien ideaal zou kunnen noemen, heeft andere kenmerken. In het voorgaande hebben we verschillende kenmerken van gezinnen en gezinssystemen gezien die de manier waarop kinderen opgroeien, beïnvloeden. Hieruit kunnen we een aantal bevorderende factoren distilleren die beschermend en positief zijn voor de ontwikkeling.

bevorderende factoren

Een gezin dat een kind goede mogelijkheden geeft zich optimaal en gelukkig te ontwikkelen, is een gezinssysteem dat harmonisch is. Weinig factoren brengen het gezinssysteem uit balans en wanneer zich een crisis voordoet,

harmonisch

heeft het gezin voldoende 'rek' en flexibiliteit om daar overheen te komen. In dit gezinssysteem vormen de ouders of opvoeders en de kinderen aparte subsystemen. De ouders hebben ideeën over de opvoeding, overleggen daarover en voeren ze consequent uit. Ze zien hun kinderen als verrijking van hun eigen leven maar gunnen hen nadrukkelijk hun eigen zelfstandigheid en individualiteit. De kinderen hoeven de idealen van de ouders niet na te streven of van alles te compenseren wat in het leven van de ouders is tegengevallen of mislukt. De ouders bieden hun kinderen grenzen en duidelijkheid, maar ook voldoende ruimte. Het gezin is warm en gezellig, er zijn veel contacten met anderen. De ouders zijn beschermend, maar niet overbezorgd. Idealiter leeft het gezin in toereikende sociaaleconomische omstandigheden en hebben de ouders voldoende psychologische draagkracht.

| consequent

Een kind heeft natuurlijk niet per se een ideaal gezin nodig om goed op te groeien. Zeker wanneer een kind een goede basis heeft meegekregen en basisveiligheid heeft opgebouwd, kan er ook weleens iets minder goed verlopen zonder desastreuze gevolgen voor de ontwikkeling. Het zal geen enkel gezin lukken om in alle opzichten ideaal te functioneren, maar dat hoeft ook niet. Het belangrijkste is dat het kind een 'warm nest' heeft dat veiligheid biedt en ruimte om zich te ontwikkelen zoals bij hem past.

| warm nest

8.5 Soms gaat het anders

Hoewel alles in onze maatschappij gericht lijkt te zijn op de doorsneegezinnen van vader, moeder en twee of drie kinderen zijn er veel situaties die afwijken van die norm. Daarvoor kunnen allerlei redenen zijn. Die kunnen gelegen zijn in verschillende delen van het gezinssysteem of in het systeem als geheel. We geven een aantal ervan aan.

8.5.1 Ouders met problemen

Ouders die zelf onder druk staan of problemen ervaren in hun persoonlijke leven hebben vaak extra moeite met de opvoeding van hun kinderen. Ze zijn noodgedwongen veel met zichzelf bezig en kunnen soms signalen van hun kinderen missen en niet voldoende responsief zijn voor hun behoeften. Ouders met ernstige problemen die daarvoor zelfs verzorging of hulp nodig hebben, kunnen tijdelijk niet de volle verantwoordelijkheid voor hun kinderen dragen. Dat kan zelfs extreme vormen aannemen bij ouders die verslaafd zijn aan alcohol of drugs of ouders die psychiatrisch ziek zijn. In zo'n gezin verandert een kind van rol. Hij is minder kind en gaat meer op zijn ouder letten en voor een deel de rol van verzorger op zich nemen. Het kind kan niet of nauwelijks leunen op zijn ouder, hij is zelf de steunpilaar. Als deze situatie lang duurt, komt het kind moeilijk aan zijn eigen ontwikkeling en ontplooiing toe. Kinderen die opgroeien met een ouder met problemen hebben extra ondersteuning nodig. Deze kan komen van de andere ouder, of

| extra ondersteuning

van steunende volwassenen in het netwerk van het gezin. Voor kinderen van ouders met psychiatrische problemen worden ook vanuit GGZ-instellingen speciale groepen georganiseerd, de zogenoemde KOPP-groepen. Hierin leren kinderen hoe ze kunnen omgaan met deze vaak moeilijke situatie.

KOPP-groepen

Wanneer een ouder in een gezin ernstig ziek is, zal dat ook veel effect hebben op hoe de kinderen opgroeien, zeker wanneer deze situatie lang duurt of er een slechte prognose is. Ook dan is het netwerk van het gezin heel belangrijk, zeker ook omdat de andere ouder veel bezig zal zijn met het verzorgen en ondersteunen van de zieke ouder.

8.5.2 Speciale kinderen

Wanneer een kind in een gezin in een of meer opzichten speciaal is, zal dat niet alleen invloed hebben op de ontwikkeling van dat kind, maar ook op de ouders en op de andere kinderen. Bijvoorbeeld wanneer een kind ernstig ziek wordt, verandert het gezinssysteem mee. Het zieke kind heeft buitengewoon veel aandacht nodig en ouders en de andere kinderen zijn bezorgd. Het hele gezinsleven draait dan om het zieke kind. Als dit een korte periode duurt, lukt het de gezinsleden meestal wel om zich aan te passen. Dan herstelt het normale evenwicht zich snel. Duurt het langer, dan kunnen de gevolgen ook langduriger zijn.

Een kind met een handicap of een ernstig probleem levert ook een onevenwichtige aandachtsverdeling op. De andere kinderen in het gezin kunnen hier zeker gevolgen van ondervinden. Die zijn niet altijd negatief, maar soms ook wel. Het 'probleemloze' kind kan lange tijd weinig aandacht krijgen en zal vaak ook weinig aandacht vragen. Ook jonge kinderen kunnen al aanvoelen dat dit te veel wordt voor de ouders, die immers al zoveel aandacht nodig hebben voor het kind met een probleem. Soms komen later in de ontwikkeling, bijvoorbeeld in de puberteit, extra heftige problemen naar voren bij het kind dat altijd zo zonder problemen leek.

onevenwichtige aandachtsverdeling

8.5.3 Relatieconflicten en echtscheiding

Veel kinderen krijgen te maken met relatieconflicten tussen hun ouders. Dit is altijd al zo geweest. Nieuw voor deze tijd is dat die conflicten of het uit elkaar groeien van ouders ook steeds vaker leiden tot een scheiding. Er zijn veel variaties in hoe het de kinderen vergaat wanneer ouders uit elkaar gaan en er worden verschillende keuzes gemaakt ten aanzien van de opvoeding. Soms groeien kinderen hoofdzakelijk bij een van de ouders op (doorgaans de moeder) in een eenoudergezin en zien ze hun andere ouder op afgesproken tijden via een omgangsregeling. Soms kiezen ouders voor co-ouderschap en wonen de kinderen beurtelings bij de ene en bij de andere ouder, bijvoorbeeld een week bij hun moeder en dan een week bij hun vader of met de dagen van de week verdeeld over beide ouders. Hoe dit voor de kinderen is, hangt

co-ouderschap

voornamelijk af van de manier waarop de ouders met elkaar omgaan. Welke keuze ook wordt gemaakt, het is voor een kind belangrijk en positief wanneer ouders in staat zijn om ondanks de verbroken partnerrelatie samen ouders te blijven die zich verantwoordelijk voelen voor hun kinderen en over de opvoeding blijven overleggen.

loyaliteitsproblemen

Conflicten tussen ouders in nabijheid van en vaak ook over de hoofden van de kinderen zijn uitermate ongunstig en schadelijk voor alle verhoudingen in het voormalige gezin. Als ouders kinderen in hun conflicten betrekken, krijgen de laatsten hierdoor loyaliteitsproblemen. Zij houden namelijk van beide ouders en kunnen zich gedwongen voelen partij te kiezen. Zo verliezen ze de andere ouder, al dan niet tijdelijk. Ook dit kan schadelijke effecten hebben voor de psychische gezondheid van een kind. We duiden dergelijke sterk conflictueus verlopende scheidingen aan als 'vechtscheidingen'. Deze zijn vrijwel altijd heel ongunstig en schadelijk voor de betrokken kinderen. Zij zitten klem tussen beide ouders en zijn soms zelfs inzet van het conflict in een gevecht om voogdij of over een omgangsregeling.

Gelukkig is er een meerderheid van ouders die er goed in slagen om hun ouderschap voort te zetten en de nadelige gevolgen van een scheiding voor kinderen te beperken. Toch lopen kinderen van gescheiden ouders in het algemeen meer kans op psychische problemen en op minder functioneren op school. Dit geldt vooral voor de eerste twee jaar na de scheiding. Daarna nemen de schoolprestaties en het zelfvertrouwen meestal weer toe. Deze nadelige effecten van een scheiding zijn er zelfs wanneer de situatie tijdens het huwelijk slecht was, met ernstige conflicten. Dit komt vermoedelijk omdat kinderen meestal de situatie die ze kennen en waaraan ze gewend zijn willen behouden. Elke verandering brengt onzekerheid met zich mee, zelfs wanneer het goed te beargumenteren is dat het de beste keuze is. Het lukt de meeste ouders en nieuwe gezinnen wel om na enige tijd weer een situatie te creëren die stabiliteit en rust biedt voor de kinderen. Als ze daarin slagen, kan er weer voldoende veiligheid en zekerheid ontstaan. Dan hebben de kinderen weer voldoende ruimte en gelegenheid zich goed te ontplooien en te ontwikkelen.

8.5.4 NIEUWE GEZINNEN

samengesteld gezin

Ongeveer 40 procent van de kinderen die een (echt)scheiding hebben meegemaakt, krijgt daarna te maken met een nieuwe relatie van een van de ouders of van allebei. Ze krijgen dan een stiefouder en misschien ook nieuwe broertjes en zusjes. Dit vergt dus opnieuw een aanpassing. Een nieuw-samengesteld gezin moet gezinsculturen en opvoedingsstijlen combineren. Dit kan een moeizaam proces zijn. Daarnaast hebben alle kinderen ook nog te maken met hun andere ouder en met diens eventuele partner. De kinderen kunnen de nieuwe partners van de ouders noch de kinderen daarvan kiezen. Die mengen zich in hun leven, of ze dat nu willen of niet. Van alle gezinsleden vraagt zo'n situatie veel aanpassing en flexibiliteit. Loyaliteit aan de achtergebleven ouder speelt ook een grote rol, zeker wanneer die nog alleen is. Dit kan de relatie met een stiefouder extra moeilijk maken.

| stiefouders

Een goed advies aan stiefouders is doorgaans om zich niet te veel op te dringen aan de kinderen van hun nieuwe partner. Het is niet reëel te verwachten dat kinderen meteen een positieve band opbouwen met de nieuwe partner. Zij hebben die partner niet gekozen. Een stiefouder kan het beste op een rustige manier belangstelling tonen en positieve aandacht aan de kinderen geven. De belangrijkste opvoedingsregels en beslissingen kunnen – zeker in het begin – het beste aan de biologische ouders worden overgelaten. Voor zowel de biologische ouder als de stiefouder van een kind is een belangrijk aandachtspunt dat het kind niet wordt aangetast in zijn positie en dat er voldoende aandacht is voor zijn behoeften, welzijn en interesses. Het is belangrijk dat het kind nog tijd doorbrengt met zijn ouder zonder dat de nieuwe partner er altijd bij is. Toch kan het ook een goed idee zijn dat de nieuwe partner af en toe iets leuks doet met het kind, eventueel samen met de nieuwe broertjes en zusjes. Wanneer het alle betrokkenen lukt zich aan te passen en de anderen voldoende ruimte te geven, kan een nieuw gezin nieuwe mogelijkheden bieden en heel positief stimulerend zijn.

8.6 Gezinsproblemen en gestoorde gezinsrelaties

Soms ervaart een gezin dermate grote problemen dat het nodig is hulp van buitenaf te zoeken. Soms ook signaleren mensen uit de omgeving van het gezin problemen die zo alarmerend zijn dat actie nodig is.

| gesloten systemen

Wanneer ouders moeilijkheden ervaren met de opvoeding van een kind komen ze daar meestal niet gemakkelijk mee naar buiten. Echte probleemgezinnen zijn juist vaak uitgesproken gesloten systemen die de buitenwereld nauwelijks binnenlaten. Zo'n buitengewoon gesloten gezin met weinig contacten zendt hiermee vaak al een signaal uit dat er problemen zijn. Een kind uit zo'n gezin zal dat zeker niet gemakkelijk melden. Kinderen zijn meestal zeer loyaal aan hun ouders. Die zijn de basis, zelfs als ze het kind niet goed behandelen. Een kind zal zijn gezin en zijn ouders heel lang verdedigen. Het is zelfs mogelijk dat een kind zich hecht aan een ouder die hem mishandelt. De kwaliteit van deze hechtingsrelatie is wel vaak ambivalent of onveilig (zie hoofdstuk 2).

8.6.1 Misbruik van de ouderlijke macht

Ouders zijn groter en sterker en ze beheren de hele verzorging en levensbehoeften van een kind. Daarmee zijn ze heel belangrijk voor diens ontwikkeling en ze hebben ook veel macht over hem. Sommige ouders kunnen niet altijd goed met die macht overweg. Veel ouders zullen weleens de ervaring hebben heel boos op hun kind te worden, zich onmachtig te voelen en uit

die onmacht onredelijk uit te vallen tegen hun kind of het zelfs een tik te geven. Zeker wanneer ze daarna zo'n incidentele uitval erkennen en hun spijt daarover betuigen, hoeft dit niet tot nare gevolgen te leiden.
Dit is wel zo wanneer ouders stelselmatig misbruik maken van de macht over hun kinderen. Dan spreek je van kindermishandeling. Kindermishandeling is er in verschillende vormen, namelijk psychologische, lichamelijke en seksuele mishandeling (seksueel misbruik).

| psychologische mishandeling

We spreken van psychologische mishandeling wanneer een ouder een kind steeds kleineert, bespot of negatief bejegent. Het kind ontwikkelt hierdoor een negatief beeld van zichzelf en een ernstig minderwaardigheidsgevoel. Zulk ouderlijk gedrag heeft veel meer gevolgen dan zo'n behandeling door leeftijdsgenoten, bijvoorbeeld bij pesten op school. De mening van en de waardering door ouders is uitermate belangrijk voor het zelfvertrouwen en voor het opbouwen van een positief zelfbeeld en competentiegevoel. Een ouder kan een kind op dit gebied maken of breken. Totaal voorbijgaan aan de emotionele behoeften van een kind is ook psychologische mishandeling. Wanneer een ouder niet openstaat voor de gevoelens en behoeften van zijn kind is dit verwaarlozend en een vorm van psychologische mishandeling.

| lichamelijke kindermishandeling

Lichamelijke kindermishandeling is het meest bekende voorbeeld van misbruik van ouderlijke macht. Een ouder kan een kind mishandelen wanneer hij zijn verantwoordelijkheid als ouder niet aankan en niet weet om te gaan met datgene wat een kind van hem vraagt. Vaak mishandelt de ouder het kind uit een gevoel van machteloosheid. Dan weet hij geen andere manier om het gedrag van het kind te reguleren. Kinderen die veel huilen of kinderen met een moeilijk temperament hebben meer kans op mishandeling dan 'makkelijke' kinderen. Toch mishandelen ouders niet alleen kinderen die op een of andere manier extra aandacht vragen. Het komt ook voor dat ouders frustraties en problemen uit hun persoonlijke leven op hun kind afreageren. Dan maakt het geen verschil of het kind een moeilijk of makkelijk temperament heeft.

| seksueel misbruik

Een derde vorm van kindermishandeling is seksueel misbruik, dat al vanaf jonge leeftijd voor kan komen. Seksueel misbruik kan worden gepleegd door een ouder (vrijwel altijd de vader), een ander familielid of een buitenstaander. Het vindt het meest plaats in de familiekring. Wanneer zoiets gebeurt, is dit uiteraard funest voor het gevoel van veiligheid en vertrouwen van een kind in het gezin. Meisjes lopen de grootste kans om slachtoffer te worden van seksueel misbruik. Schattingen naar cijfers van seksueel misbruik variëren sterk, afhankelijk van de exacte definitie. Vermoedelijk gaat het om 2 tot 5 procent van alle kinderen. Deze cijfers verschillen met de exacte definitie van wat als seksueel misbruik wordt beschouwd. Dit kan variëren van aaien of betasten van intieme lichaamsdelen tot volledige geslachtsgemeenschap. Feitelijk is elke handeling die gericht is op het bevredigen van seksuele behoeften van de volwassene seksueel misbruik. Een kind strelen kan dus onschuldig zijn maar ook niet, afhankelijk van de intentie waarmee het gebeurt en de plaats waar het kind wordt gestreeld.

Om kindermishandeling tijdig te onderkennen, kunnen we letten op een aantal signalen. Signalen van kindermishandeling zijn:

signalen

- Een kind is bleek en teruggetrokken, vermoeid en lusteloos. Het 'groeit en bloeit' niet. Soms zie je bij kinderen dat ze letterlijk niet groeien in een situatie waarin ze slachtoffer zijn van mishandeling. In vaktermen heet dit *failure to thrive.*
- Schrik of afweer bij toenadering en lichamelijk contact. Het kind houdt zich stijf of weert af bij oppakken of aanraken.
- Contactstoornissen: weinig contacten of juist allemansvriendjes, onvermogen tot hechting en binding.
- Nerveuze, schrikachtige en hyperalerte basishouding.
- Gezondheidsproblemen, slechte verzorging (hygiëne, kleding).
- Weinig spelen, weinig exploreren en moeilijk leren.
- Gedragsproblemen: onaangepast, agressief, overbeweeglijk en chaotisch gedrag.
- Lichamelijke tekens, zoals onverklaarbare blauwe plekken of onverklaarbare pijnklachten. Dit is vooral een signaal wanneer er een onduidelijk of ongeloofwaardig verhaal is over de oorzaak van deze klachten en kwetsuren.

Signalen van seksueel misbruik (zie ook hoofdstuk 15) zijn:

- Sterke angst voor of weerstand tegen aanraking en lichamelijk contact, zich niet durven uitkleden of baden/douchen in het bijzijn van anderen.
- Bij een lichamelijk onderzoek of in situaties waarin een kind zich uitkleedt (sport of gym) kan opvallen dat het kind de benen stijf bij elkaar houdt of zich niet durft te bewegen.
- Bij kinderen van 0-2 jaar: angst voor verschonen (verluieren) en paniekreactie bij het aanraken van de geslachtsdelen die niet kan worden verklaard door andere redenen (zoals bijvoorbeeld luiereczeem die pijn veroorzaakt).
- Vanaf 3 jaar: masturbatie met objecten, naspelen van seksuele handelingen. Wanneer we deze signalen bij kinderen boven 7 jaar zien, moeten we ze zwaarder opvatten, omdat kinderen vanaf die leeftijd normaal gesproken meer schuld- en schaamtegevoel aangaande deze handelingen hebben.
- 4-11 jaar: uitdagend gedrag naar mannen of voor hun leeftijd ongewone seksuele uitingen, bijvoorbeeld veel bezig zijn met seksualiteit of in allerlei opmerkingen of situaties een seksuele lading zien.

Wanneer een hulpverlener of een ander persoon ten aanzien van een gezin of kind een sterk vermoeden heeft van misbruik of mishandeling, is dit altijd een zeer moeilijke situatie. Meestal is de meest effectieve manier om een kind in zo'n situatie te helpen door het ondersteuning te bieden en het positieve aandacht te geven. Slachtoffers van kindermishandeling kunnen veel steun hebben aan een persoon in hun omgeving bij wie ze terechtkunnen voor gezelligheid en aandacht. Een positieve ervaring met een andere volwas-

steun

sene is heilzaam voor de verdere sociale ontwikkeling en kan voor een kind in die situatie echt een belangrijk verschil maken. Soms kan een kind zo'n volwassene ook in vertrouwen nemen, maar de kans daarop is niet heel groot. Kinderen verzwijgen doorgaans het misbruik vanwege angst voor de persoon die het misbruik pleegt. Om te bevorderen dat een kind durft te vertellen over wat er gebeurt, is het belangrijk om een open, neutrale houding aan te nemen, en vooral aan te geven dat het kind bij je terechtkan. Wanneer een kind wil vertellen is het belangrijk om open en geïnteresseerd te zijn door vragen te stellen die niet sturend zijn, maar wel aanmoedigen om te vertellen wat het kind kwijt wil. Bij zorgen over de situatie van een kind en een vermoeden van misbruik is het belangrijk contact te zoeken met 'Veilig Thuis'. Deze instantie is speciaal bedoeld om misbruik tijdig op het spoor te komen zodat het kind zo snel mogelijk adequaat kan worden geholpen door specialisten. Via Veilig Thuis is hulp en advies te verkrijgen en kan ook een melding worden gedaan wanneer er ernstige zorgen zijn over een kind of gezin.

| Veilig Thuis

Kindermishandeling komt in alle lagen van de bevolking voor. Het kan zijn dat ouders die hun kinderen mishandelen zelf als kind zijn mishandeld of misbruikt. Andere risicofactoren die de kans op mishandeling en/of misbruik vergroten zijn: ouders met alcohol- of drugsproblemen, psychiatrische stoornissen, lage intelligentie of een slechte partnerrelatie. Mishandeling of misbruik kan een combinatie zijn van ouderlijke risicofactoren en kindfactoren als een moeilijk temperament. Mishandelende ouders interpreteren het gedrag van hun kind al snel als negatief en bewust ondeugend of gezagsondermijnend. Vaak gaat het om heel normaal gedrag dat past in de ontwikkeling, zoals peuterdriftbuien, huilen, tegenstribbelend gedrag of beweeglijk en druk gedrag bij kleuters.

| risicofactoren

| kindfactoren

Vanzelfsprekend is kindermishandeling zeer schadelijk en traumatisch voor de ontwikkeling van kinderen. De ouder die hun veiligheid zou moeten bieden vormt tevens een bedreiging. We hebben gezien bij de patronen van gehechtheid dat een dergelijke situatie leidt tot een onveilige hechting, meestal tot een gedesorganiseerde gehechtheid. Misbruik leidt ook later in de ontwikkeling tot trauma dat ook veel gevolgen heeft voor het psychisch functioneren van een kind, vergelijkbaar met de gevolgen van een problematische hechting. Kinderen met trauma's functioneren zowel op sociaal, emotioneel als op cognitief gebied minder goed. In alle ontwikkelingstaken volgend op het trauma treden stagnaties of gestoorde ontwikkelingen op, ook op gebieden waar het niet meteen vanzelfsprekend is. Recent onderzoek heeft aangetoond dat trauma gevolgen heeft voor het executief functioneren op heel veel punten. Kinderen met trauma in hun ontwikkeling groeien minder goed, floreren niet en stagneren op vele terreinen. Hun brein is in beslag genomen door de schadelijke ervaringen en het omgaan daarmee. Daardoor kunnen ze zich onder andere minder goed concentreren en functioneert hun werkgeheugen minder goed. Er is een grote kans op het ontwikkelen van een posttraumatische stressstoornis (PTSS). In zo'n situatie is het belangrijk om een kind een goede traumabehandeling te bieden om het trauma te

| stagnaties

| traumabehandeling

verwerken. Hier zijn verschillende methodieken voor. Bij PTSS en trauma is de eerste keuze van behandelingen die effectief gebleken zijn cognitieve gedragstherapie en EMDR-therapie (Eye Movement Desensitization and Reprocessing) (zie uitleg in kader), vaak in combinatie met andere therapievormen. Soms zijn kinderen dermate ernstig beschadigd dat eerst een stabilisatietherapie moet worden toegepast voordat met gerichte traumabehandeling kan worden begonnen.

| cognitieve gedragstherapie
| EMDR

EMDR staat voor Eye Movement Desensitization and Reprocessing en is een behandelmethode om traumatische ervaringen te verwerken, bijvoorbeeld een ongeluk, nare medische handelingen, geweldsincidenten of pesterijen. Bij EMDR worden elementen van verschillende therapievormen gecombineerd met auditieve, visuele of tactiele stimulatie van de beide hersenhelften. De gebeurtenis wordt opnieuw verwerkt en wordt daardoor neutraler in het geheugen opgeslagen, ontdaan van geassocieerde negatieve gevoelens en gedachten. Wetenschappelijk onderzoek heeft aangetoond dat EMDR een succesvolle en snelle methode is voor traumaverwerking. Het doel van EMDR is om nare herinneringen te ontdoen van hun negatieve emotionele lading. De meest voorkomende klachten van kinderen met trauma zoals nachtmerries, herbelevingen, moeite met concentreren, inslaapproblemen en regressieverschijnselen kunnen hierdoor effectief worden verholpen. EMDR wordt ook succesvol toegepast bij de behandeling van angstklachten en fobieën, en ook zijn er toepassingen voor andere problematiek zoals dwangklachten, stemmingsklachten en eetstoornissen. EMDR is een veelgebruikte methode, omdat met weinig belasting voor de cliënt en op een effectieve en snelle manier klachten kunnen worden verholpen. Bij klachten die zijn ontstaan na een enkele traumatiserende gebeurtenis zijn enkele sessies doorgaans voldoende om de klachten te verhelpen. Kinderen vinden het vaak fijner dan gesprekstherapie.

8.7 Gezinsbehandeling

We kunnen gezinnen met problemen op verschillende manieren begeleiden. Ouders kunnen zich daarvoor zelf aanmelden. Vaak ook neemt iemand in de omgeving van het gezin het initiatief daartoe. Dit kan een schoolarts of arts van het consultatiebureau zijn, een leerkracht of een andere deskundige die al bij het gezin is betrokken. De meest laagdrempelige hulp voor ouders zijn oudercursussen, verzorgd door wijkteams of Centra voor Jeugd en Gezin (CJG). Daar krijgen de ouders diverse adviezen aangeboden voor effectief en

| wijkteams
| CJG

positief ouderschap. Aandachtspunten zijn meestal: goed communiceren met kinderen, duidelijke grenzen stellen, goede manieren van belonen van positief gedrag.

Hulp voor gezinnen kan ook bestaan uit een meer individuele vorm van ouderbegeleiding waarbij ouders worden ondersteund in de opvoeding. Dit soort begeleiding kan worden geboden door gezinscoaches van het wijkteam of CJG. Ouders kunnen dan gerichte adviezen krijgen voor het structureren en consequent uitvoeren van een geschikte opvoedingsstrategie. Deze adviezen kunnen worden aangepast aan de situatie van het gezin. Soms zijn speciale adviezen nodig vanwege de speciale begeleidingsbehoeften van kinderen in het gezin. Dit is mogelijk wanneer er een kind is met een zwakke intelligentie of met een bepaald probleem zoals een autismespectrumstoornis of ADHD. Deze kinderen vereisen een extra goed gestructureerde en begripvolle aanpak, wat extra vaardigheden van ouders vereist. Voor veel ouders is dan een vorm van ouderbegeleiding nodig en nuttig. Hulpmiddelen bij ouderbegeleiding zijn rollenspellen en gerichte feedback via video-interactiebegeleiding.

| gezinscoach

Wanneer het gezinsprobleem niet zozeer te maken heeft met problemen van een van de kinderen, maar meer met het gezinssysteem als totaal, kunnen we kiezen voor systeembegeleiding. Dat is een soort gezinstherapie waarin we de interacties en communicatie tussen verschillende gezinsleden analyseren met het gezin. De bedoeling is de communicatie tussen de verschillende gezinsleden en gezinssystemen te verbeteren.

| systeembegeleiding

Sommige instellingen bieden de mogelijkheid voor intensieve gezinsbegeleiding, bijvoorbeeld door middel van dagbehandeling van enkele dagdelen per week of zelfs een kortdurende gezinsopname. De begeleiders en therapeuten hebben dan veel gelegenheid de gezinsinteracties te analyseren. Uitgangspunt is de sterke punten van het gezin in beeld te brengen en deze te versterken en benutten. Uitgaande van de kracht van het gezin wordt een versterkt gezinsfundament gebouwd. Vaak is het bijvoorbeeld nodig het oudersysteem te versterken en de ouders te helpen een opvoedingseenheid te vormen. Het stellen van reële doelstellingen en verwachtingen ten opzichte van elkaar is een belangrijk aandachtspunt. Praktische tips in de begeleiding en stimulering van de kinderen horen meestal ook bij gezinsbehandeling, bijvoorbeeld voor belonen van positief gedrag, negeren van negatief gedrag en begrenzen van ongewenst gedrag. Video-interactiebegeleiding is een nuttig hulpmiddel hierbij. Coaching en begeleiding binnen de gezinssituatie is vaak heel effectief.

| gezinsbegeleiding

Soms zijn de gezinsproblemen zo groot dat het voor een kind niet langer goed is om in dat gezin op te groeien omdat zijn ontwikkeling werkelijk schade oploopt of dreigt op te lopen. In zo'n geval kan de kinderrechter op aanvraag van de Raad voor de Kinderbescherming overgaan tot een kinderbeschermende maatregel zoals ondertoezichtstelling (OTS) van het kind.

| ondertoezichtstelling

In zo'n geval neemt een daartoe aangewezen gezinsvoogd de ouderlijke macht van de ouders over.

Ouders moeten alle beslissingen aangaande de opvoeding van het kind met die gezinsvoogd overleggen. Die houdt contact met het kind en met het hele gezin en moet erop toezien dat de ontwikkeling van het kind goed verloopt. Soms ziet de gezinsvoogd geen mogelijkheden meer binnen het gezin. Meestal vindt dan een psychologisch onderzoek van het kind plaats en ook een onderzoek naar de pedagogische draagkracht van het gezin. Wat kan het gezin het kind bieden? Is dit voldoende voor het kind om zich goed te kunnen ontwikkelen? De kernvraag is of het gezin voor het kind een veilige plaats is om op te groeien. Er kan dan worden besloten tot een uithuisplaatsing. Het kind wordt 'uit het systeem' gehaald. Een uithuisplaatsing kan naar een pleeggezin zijn dat het kind tijdelijk of voor langere tijd opvangt. Er kan ook een uithuisplaatsing plaatsvinden naar een instelling. Welke keuze wordt gemaakt, hangt af van de vorm en intensiteit van de begeleiding die het kind nodig heeft. Ook is het gezin afhankelijk van de beschikbaarheid van de diverse typen opvang. Meestal gaat de voorkeur uit naar opvang in een pleeggezin, maar niet elk kind kan dat meteen aan. Soms is de problematiek te gecompliceerd. Een ander probleem is dat er ook vaak niet voldoende pleeggezinnen zijn.

uithuisplaatsing

8.9 Van theorie naar praktijk

Murat is nog maar jong, maar oud genoeg om voldoende te begrijpen van het gesprek van zijn moeder met haar vriendin. Hij maakt er duidelijk uit op dat zijn moeder boos is op zijn vader en dat er iets is aan zijn vader dat moeder absoluut niet waardeert.
Een jong kind zoals Murat is nog in sterke mate afhankelijk van zijn verzorgers. In de situatie van Murat is dat vooral zijn moeder. Zijn vader is immers weinig thuis, zoals moeder al aangeeft. Kinderen kiezen in zo'n situatie vaak partij. Ze sluiten zich aan bij de ouder met wie zij het meest te maken hebben. Murat neemt het gevoel van zijn moeder dus over: papa is stout. Dit heeft ook onmiddellijk effect op de relatie met zijn vader. Murat wendt het contact een beetje af. Hij voelt zich even minder op zijn gemak bij die 'stoute' vader.
De situatie in het gezin van Murat kan tijdelijk onder druk staan. Misschien hebben alle gezinsleden het in een bepaalde periode erg druk en hebben ze andere problemen die hen bezighouden. Hierdoor hebben de ouders minder tijd voor elkaar en komt hun relatie onder druk te staan. Relatieproblemen van ouders hebben invloed op het hele gezinssysteem. Het is belangrijk dat ouders voldoende aandacht blijven besteden aan hun onderlinge verstandhouding. Wat de uitkomst van dit conflict tussen de ouders van Murat ook zal zijn: ze blijven altijd samen de ouders van Murat, met een gezamenlijke verantwoordelijkheid voor zijn welzijn.

Hoofdstuk 9

Kind en school

HOOFDSTUK 9

Kind en school

Anouk (11) roept aan het eind van de zomervakantie uit: 'O, ik heb zo'n zin om naar school te gaan. Gezellig weer met al mijn vriendinnen! En ik zit dit jaar in de klas bij de leukste meester van de school!' Ze heeft haar tas vast ingepakt met alle nieuwe schoolspulletjes en is een paar dagen van tevoren al klaar om te gaan. Joey (7) heeft een heel ander gevoel. Vrijwel elke morgen om halfacht als zijn moeder hem wekt, zegt hij: 'Ik wil niet naar school! Ik haat school. School is saai en de juf zegt de hele dag wat ik moet doen, allemaal stomme werkjes. Waar is school voor nodig? Jij kunt me toch ook wel leren lezen en schrijven, lekker thuis?'

9.1 INLEIDING

Vanaf hun vierde jaar gaan kinderen naar het basisonderwijs. Ze brengen er een groot deel van hun dag door, ongeveer de helft van de tijd dat ze wakker zijn. En dat acht jaar lang! Het is dus een belangrijk deel van hun leven, zowel in tijd die ze er doorbrengen als in wat ze er kunnen leren. Naast het volgen van onderwijs is school een plaats om met andere kinderen en met andere opvoeders dan de eigen ouders te leren omgaan.
De eerste ontwikkelingen vinden thuis plaats, de basisvaardigheden leert een kind in en om het huis. Op school breidt het een aantal vaardigheden uit, zoals de taalontwikkeling en de motorische ontwikkeling. Het kind leert er ook een aantal compleet nieuwe vaardigheden, zoals lezen, schrijven en rekenen, en het breidt zijn kennis op heel veel gebieden uit.
In dit hoofdstuk bespreken we de ontwikkeling van een kind op school, de rol van de school als opvoeder, de sociale relaties op school en het leren op school. In de laatste paragrafen geven we aan welke problemen een kind kan ondervinden bij het leren op school en hoe we de begeleiding hierop kunnen aanpassen.

9.2 Ontwikkeling van een kind op school

9.2.1 Het begin van de basisschool

leerplicht

Een kind van 4 jaar mag starten op de basisschool. Vanaf 5 jaar zijn kinderen leerplichtig en moeten ze het volledige schoolprogramma volgen. We verwachten van kleuters die op de basisschool beginnen een bepaalde mate van zelfredzaamheid. In een grote klas kunnen ze immers niet met alles worden geholpen. In principe moet een basisschoolkind overdag zindelijk zijn. Sommige kleuters hebben af en toe nog weleens 'een ongelukje', dat kan binnen een kleuterklas nog wel worden opvangen. Kinderen moeten zich ook zo goed als zelfstandig kunnen aan- en uitkleden. Bij een gymles zal een leerkracht hier en daar weleens een veter strikken of met een moeilijke sluiting of rits helpen. Maar dit moet niet met alles nodig zijn. Om goed op school te functioneren, moet een kleuter in groep 1 kunnen begrijpen wat een leerkracht en de andere kinderen tegen hem zeggen en zichzelf ook voldoende mondeling kunnen uitdrukken in taal.

9.2.2 De opbouw van de basisschool

Een kind doorloopt groep 1 tot en met 8 van het basisonderwijs in gemiddeld ruim 8 jaar. Binnen deze acht groepen maken de meeste scholen onderscheid in onderbouw, middenbouw en bovenbouw. De onderbouw bestaat uit de groepen 1 en 2, de middenbouw bestaat uit de groepen 3, 4 en 5 en de bovenbouw omvat de groepen 6, 7 en 8.
Na de onderbouwperiode wordt bepaald of een kind al toe is aan het soort leren dat vanaf groep 3 plaatsvindt. In groep 3 maken kinderen een begin met het leren van lezen, schrijven en rekenen. In groep 1 en 2 is daartoe al een belangrijke basis gelegd. In die groepen wordt gewerkt aan de basisbegrippen die een kind moet beheersen om te leren lezen, schrijven en rekenen. Daarnaast worden er bepaalde eisen gesteld aan de werkhouding van een kind. Het moet zich gedurende langere tijd kunnen concentreren en zich richten op de taak. Is een kind toe aan het formele leren in groep 3, dan is het 'schoolrijp'. Een kind is schoolrijp als de werkhouding voldoende is en als het aan de belangrijkste leervoorwaarden voldoet (zie verder 9.2.3).

schoolrijp

Het ministerie van Onderwijs maakt nog een ander onderscheid binnen de groepen 1 t/m 8. De regelgeving van Onderwijs kent onderbouw (groepen 1 t/m 4) en bovenbouw (groepen 5 t/m 8). De leerlingen van de bovenbouw hebben meer verplichte lesuren dan die van de onderbouw. Elke school lost dit anders op. Soms hebben de kinderen van de groepen 1 t/m 4 de vrijdagmiddag vrij, soms aangepaste schooltijden (kortere ochtenden of kortere middagen) of meer vrije dagen. Veel scholen hanteren de indeling op onderwijskundige gronden in onderbouw, middenbouw en bovenbouw, en andere scholen houden het onderscheid tussen onderbouw en bovenbouw aan. Wanneer een kind zegt dat het in de bovenbouw zit, kan het dus op de ene school in groep 5 en op de andere in groep 6 of hoger zitten.

| onderbouw, middenbouw en bovenbouw

9.2.3 Van thuis leren tot schools leren

Een kind van 4 jaar heeft al veel geleerd voordat het naar school gaat. Leren is dus op zich niet nieuw. Een belangrijk verschil tussen het leren in de voorschoolse periode en het leren op de basisschool is dat het leren op school meer systematisch is. Het kind krijgt op basis van een bepaalde leermethode leerstof aangeboden. Thuis kiest het kind veel meer zelf wat het wil doen, ontdekken en leren. Deze ontwikkeling gebeurt op een natuurlijke manier, in een tempo dat het kind zelf kan bepalen en in interactie met de ouders.

| systematisch

Op school wordt de leerstof meer van buitenaf opgelegd. Niet het kind zelf, maar de leerkracht en de leermethode bepalen de inhoud van de leerstof en het tempo waarin die wordt aangeboden. Scholen verschillen er wel in hoe de leerstof wordt aangepast aan het ontwikkelingsniveau en de interesse van het kind. De meeste scholen werken met een duidelijk klassikaal ingericht leersysteem, met klassikale opdrachten en uitleg. Daarbinnen kan dan worden gedifferentieerd, en kan onderscheid gemaakt worden in groepen leerlingen die meer of juist minder instructie nodig hebben. Sinds de invoering van de Wet passend onderwijs in 2014 zijn scholen verplicht om alle leerlingen een goede onderwijsplek te bieden, ook de leerlingen die extra ondersteuning nodig hebben. De noodzaak tot differentiëren binnen een klas en meer flexibiliteit in de manier van lesgeven is sinds die tijd groter geworden.

| Wet passend onderwijs

Voor een kleuter die begint aan het basisonderwijs verloopt het leren nog op een speelse manier. Toch is het wennen voor een beginnende kleuter om in het schoolsysteem te functioneren en op een schoolse manier te leren. Vanaf de leeftijd van 6 tot 7 jaar is een kind toe aan het formele leren. Dan kan het leren lezen, schrijven en rekenen. Om dit goed te kunnen doen en voldoende van het onderwijs te kunnen profiteren, is een aantal basisvoorwaarden noodzakelijk die we de leervoorwaarden noemen. Een kind moet in staat zijn om zich gedurende een schooldag te richten op het leren en op de instructie die wordt gegeven, en moet in staat zijn het leerprogramma te volgen en te doorlopen.

| formeel leren

De leervoorwaarden waaraan een kind moet voldoen om adequaat aan het onderwijs vanaf groep 3 te kunnen deelnemen, zijn:

| leervoorwaarden

- Een voldoende niveau van taalontwikkeling op het gebied van woordenschat, zinsbouw en fonologie (articulatie). Een kind dat leert lezen moet begrip hebben van wat een woord is, de klanken van een woord kunnen analyseren en kunnen rijmen;
- Een voldoende cognitieve ontwikkeling; een goede waarneming, zowel auditief (gehoor) als visueel (zien), begrip van concepten als vorm, kleur en maat en voldoende concentratie en geheugen;

- Een voldoende motorische ontwikkeling, zodat een kind kan leren schrijven;
- Een zodanig gevorderde emotionele ontwikkeling dat het voldoende zelfstandigheid (autonomie), gevoel van eigenwaarde en zelfvertrouwen heeft. Een kind moet ook voldoende in staat zijn tot impulscontrole, uitstel van onmiddellijke behoeftebevrediging kunnen verdragen en het eigen gedrag kunnen aanpassen. Concreet betekent dit dat een kind zich aan de regels van de klas kan houden, kan blijven zitten gedurende een bepaalde tijd, niet roept door de klas en even kan wachten op aandacht van de leerkracht. Een kind in groep 3 moet zich zelfstandig kunnen redden gedurende een schooldag en autoriteit van de leerkracht kunnen accepteren.

| schoolrijpheid

| leerlingvolgsysteem

Het beheersen van de leervoorwaarden noemen we ook wel schoolrijpheid. De mate van beheersing van de belangrijkste leervoorwaarden wordt gemeten met behulp van een leerlingvolgsysteem, een manier om systematisch allerlei vorderingen van het kind in kaart te brengen. Op grond van deze informatie besluiten school en ouders samen of een kind wel of niet het volgende schooljaar naar groep 3 gaat. Wanneer er veel twijfel is of het kind die stap al kan maken, wordt soms de hulp van deskundigen ingeschakeld, zoals de intern begeleider van de school of een schoolpsycholoog. Elke regio heeft een samenwerkingsverband waarin deskundigen werken die beschikbaar zijn voor consultatie en advies.

9.2.4 Ontwikkelingsfasen binnen de basisschool

| latentiefase

Het kind in de basisschoolleeftijd (4-12 jaar) doorloopt een aantal ontwikkelingsfasen. Het begint als kleuter, wordt schoolkind (ook wel de latentiefase genoemd) en doorloopt aan het eind van de basisschool de periode van de prepuberteit, of zelfs al een begin van de puberteit.

| vlijt versus minderwaardigheid

In de ontwikkelingstheorie van Erikson (zie hoofdstuk 2) komt de latentieleeftijd ook aan de orde. Het kind heeft dan te maken met de ontwikkelingstaak: vlijt versus minderwaardigheid. Een goed functionerend kind in de basisschoolleeftijd is druk bezig met het ontwikkelen van allerlei vaardigheden. Als dit goed verloopt, is het gemotiveerd en is het met een positieve instelling hiermee bezig. Zijn zelfvertrouwen en competentiegevoel worden hiermee verder versterkt. Verloopt het minder goed, dan ontwikkelt het kind juist een gevoel van minderwaardigheid. Het competentiegevoel is dan juist minder sterk. Dit kan gevolgen hebben voor zijn gevoel van eigenwaarde.
Om het ontwikkelingsproces in deze latentieperiode goed te laten verlopen, dienen de eisen die op school aan het kind worden gesteld in overeenstemming te zijn met wat het aankan.
In de hoofdstukken 2 t/m 7 hebben we beschreven hoe het kind zich heeft ontwikkeld op het gebied van motoriek, denken, taal, communicatie en sociale vaardigheden. Bij het leren op school moet rekening worden gehouden

met al deze aspecten. Om kinderen goed te laten leren, moet het onderwijs aansluiten bij de ontwikkeling. Als een kind nog niet toe is aan bepaalde leerstof zal de les volledig langs hem heengaan. Het kind zal dan weinig leren. Andersom zal een kind dat grotendeels bekende leerstof krijgt aangeboden, ook weinig leren. Te makkelijke en te moeilijke leerstof hebben allebei tot gevolg dat het kind niet goed functioneert op school. Zijn motivatie voor het leren zal dan waarschijnlijk minder worden en het kind zal zich minder prettig voelen op school. Wanneer de leerstof te moeilijk is, ontwikkelt het kind vaak een minder goed zelfvertrouwen. Het moet dan steeds ervaren dat het iets niet begrijpt en niet beheerst. Daar lijdt zijn competentiegevoel onder. Ook met te gemakkelijke leerstof zal een kind zijn competentiegevoel niet goed ontwikkelen. Het geeft veel minder voldoening om iets te kunnen dat geen inspanning kost.

aansluiten bij de ontwikkeling

zelfvertrouwen

competentiegevoel

De match tussen wat het kind kan en waar het aan toe is enerzijds en wat het op school te doen krijgt en wat er van hem wordt gevraagd anderzijds, is dus heel belangrijk. Daarom moeten we goed weten wat we wel en wat we nog niet van leerlingen van een bepaalde leeftijd kunnen verwachten. Samenstellers van onderwijsleermethoden gaan uit van het gemiddelde niveau van kinderen van een bepaalde leeftijd. Daar stemmen ze de leerstof op af. Er zijn echter aanzienlijke individuele verschillen in ontwikkelingstempo tussen kinderen, en die verschillen vragen om differentiatie binnen de standaardleerstof. Het onderwijs moet worden afgestemd op het tempo en de instructiebehoefte van een leerling. Die differentiatie moet de school verzorgen, met name de leerkracht die voor de klas staat. Hij staat voor de taak om de ontwikkeling van de leerlingen goed te volgen en om zo goed mogelijk aan te sluiten bij deze ontwikkeling.

differentiatie

We hebben het ontwikkelingsverloop van kinderen geschetst in de voorgaande hoofdstukken. Voor kinderen in de basisschoolleeftijd moeten we rekening houden met een aantal ontwikkelingsaspecten. We vatten deze per ontwikkelingsgebied nog even kort samen.

Motoriek

Wat betreft hun grove motoriek zijn kleuters van 4 jaar al aardig ontwikkeld. Ze kunnen rennen en springen en de meeste kinderen kunnen ook al fietsen, meestal nog met zijwieltjes. In groep 1 en 2 oefenen kleuters in de gymles en bij het buitenspelen met huppelen, hinkelen en ballen gooien en vangen. Deze gevorderde grofmotorische vaardigheden vereisen evenwichtsgevoel en coördinatie. Ze moeten de verschillende bewegingen, bijvoorbeeld van twee armen bij het gooien en vangen, combineren en op elkaar afstemmen. Andere complexe motorische taken waarmee kleuters zich bezighouden, zijn zwemmen, skaten en fietsen. Ze beginnen deze complexe vaardigheden in de kleuterperiode te oefenen en beheersen ze meestal aan het eind van groep 2. In de midden- en bovenbouw ontwikkelt de grove motoriek zich verder. Bewegingen worden steeds soepeler en sneller en kunnen met meer kracht worden uitgevoerd. Kinderen leren ook rennen en springen en intussen nog

complexe vaardigheden

grove motoriek

een bal gooien of schoppen. Ze worden steeds handiger in teamsporten, ook omdat ze snel van richting en soort beweging kunnen veranderen. De ontwikkeling van de fijne motoriek is bij 4-jarigen zover dat ze kunnen tekenen, maar met het potlood in een vuistgreep en met grove bewegingen. Ze kunnen eenvoudige puzzels met grote stukken leggen en van grote blokken bouwwerken maken. In groep 1 en 2 wordt deze fijne motoriek verder ontwikkeld met werkjes als knippen, vouwen, plakken en steeds kleinere en moeilijkere puzzels en constructiewerkjes. Aan het eind van groep 2 kunnen kinderen met een goede pengreep tekenen en redelijk goed binnen de lijntjes kleuren. Ze kunnen ook eenvoudige figuren natekenen en een mensfiguur tekenen.

| fijne motoriek

De meeste kleuters in groep 2 schrijven hun eigen naam, maar nog in grote, onregelmatige letters. De schrijfbewegingsmotoriek is in het voorbereidende stadium, met grote weergaven van de schrijfbewegingen (lussen, krullen). Ze oefenen eerst op een schoolbord of groot papier en dan steeds iets kleiner. Vanaf groep 3 verfijnen ze de schrijfbeweging verder. In de meeste schrijfmethoden schrijven kinderen eerst met losse schrijfletters zoals we die in verbonden schrift gebruiken. In groep 5 schrijven ze de letters in een woord meestal ook aan elkaar.

| schrijven

Tekeningen van kinderen worden vanaf groep 3 steeds gedetailleerder. Kinderen kunnen dan een goed herkenbare en uitgewerkte mensfiguur tekenen met benen en armen en de zintuigen aangegeven. Vanaf de leeftijd van 9 tot 10 jaar (groep 5, 6) verwerken ze diepte en maken ze een begin met perspectieftekenen. Tekeningen worden steeds meer gehelen in plaats van verzamelingen losse elementen.

Taal

De meeste kleuters die in groep 1 starten, zijn wat de taalontwikkeling betreft zover dat ze zich voor andere mensen verstaanbaar kunnen uiten. Hun taalontwikkeling bevindt zich in de differentiatiefase, die tot en met hun 5e jaar loopt. Ongeveer 75 procent van wat een 4-jarige zegt, is voor mensen die het kind niet kennen goed te begrijpen. Vierjarigen praten in eenvoudige zinnen. Ze hebben soms nog moeite met het meervoud en vervoegingen van een werkwoord. Kinderen in groep 2 kunnen zich volledig verstaanbaar maken voor anderen en praten in tamelijk goed opgebouwde zinnen.

| differentiatiefase

Kinderen uit groep 3 bevinden zich in de voltooiingsfase van de taalontwikkeling. Ze beheersen alle bouwstenen van de taal en kunnen deze toepassen en verder ontwikkelen. Een kind dat begint aan groep 3 kan ongeveer 3000-4000 woorden actief gebruiken en begrijpt 6000-8000 woorden. Kinderen in groep 3 maken nog wel kleine articulatiefouten bij ingewikkelde woorden, maar geen systematische fouten meer in de klanken. De woordenschat wordt in de groepen 3 t/m 8 verder uitgebreid. Ze leren ook ingewikkelder zinnen correct gebruiken (syntax) en de vervoegingen goed beheersen (morfologie). Dit alles leren ze systematisch via gericht taalonderwijs.

| voltooiingsfase

Begrijpen, denken en redeneren

Een basisschoolkind doorloopt de preoperationele fase (tot 7 jaar), de concreet-operationele fase (7 tot 11 jaar) en een begin van de formeel-operationele fase (vanaf 11 jaar), zoals dit wordt geformuleerd in de theorie over denkontwikkeling van Piaget (zie hoofdstuk 6).
Kinderen in groep 1 en 2 ontwikkelen inzicht in hoeveelheden en het vermogen tot ordenen en sorteren. Ze kunnen objecten in categorieën indelen en maken bijvoorbeeld onderscheid tussen levende en niet-levende dingen, jongens en meisjes of alle dingen die rond zijn of van een bepaalde kleur. Kleuters kunnen deze ordening in categorieën doen op grond van één kenmerk. De werkjes in groep 1 en 2 sluiten bij die ontwikkeling aan. De kleuters ordenen blokken of staven van klein naar groot, bouwen aan hun ruimtelijk inzicht in de bouwhoek, leren tellen en zoeken allemaal spulletjes bij elkaar waarvan de eerste klank een 'p' is. Dit doen ze als voorbereiding op de taalwerkjes in groep 3. Sommige leerlingen van groep 2 zijn al toe aan het leren van symbolen, zij zijn al bezig met letters en cijfers.

| ordening in categorieën

De meeste kinderen die naar groep 3 gaan, zijn met hun denk- en redeneerniveau in het concreet-operationele stadium. Ze beheersen het conservatieprobleem steeds beter en kunnen al leren dat oppervlakkige veranderingen in de manier waarop een hoeveelheid wordt verdeeld geen invloed hebben op de hoeveelheid zelf (denk aan de vervormde balletjes klei en de hoeveelheid limonade in een kort breed glas of een lang smal glas). Typerend voor kleuters in groep 1 en 2 is dat ze dat nog niet begrijpen. Kinderen in groep 3 t/m 7 zijn hun conservatiebegrip aan het vervolmaken. Het laatst (groep 6, 7) ontwikkelt zich het conservatiebegrip van inhoud.

| concreet-operationeel stadium

Kinderen vanaf groep 3 kunnen steeds beter logisch redeneren en leren gevolgtrekkingen te maken (als… dan...). Ook kunnen ze ordenen en indelen in categorieën op basis van meer kenmerken dan één, bijvoorbeeld alle rode dingen die ook vierkant zijn. Ze zijn nog wel aangewezen op het concreet waarneembare. Deze kinderen leren het beste door iets vóór zich te zien. Ze bevinden zich immers nog bijna de gehele basisschoolperiode in het concreet-operationele stadium. Bij het leren van nieuwe taken is het dan ook belangrijk om abstracte zaken zoals rekenformules te ondersteunen met concreet materiaal. Zo kan een kind zien wat de rekenformule, de som, werkelijk voorstelt. De meeste leerlingen zullen pas aan het eind van de basisschool in staat zijn tot abstract redeneren, zoals past bij het formeel-operationele stadium. Uiteraard verschillen kinderen hierin. Sommige intelligente kinderen kunnen al in groep 7 goed abstract redeneren, andere zijn daar pas aan toe als ze al op de middelbare school zitten. Om het formeel-operationele denken te ondersteunen, wordt in de hoogste groepen van de basisschool soms met natuurkundige proefjes gewerkt. Ook discussiëren leerlingen met hun leerkracht steeds meer over sociale en maatschappelijke vragen, bijvoorbeeld naar aanleiding van de actualiteit. De lesstof op het gebied van grammatica en gevorderd rekenen doet ook steeds meer een beroep op abstract denken.

| concreet materiaal

Informatieverwerking

| enkelvoudige opdracht

| efficiënter

Een kleuter in groep 1 en 2 kunnen we het beste aanspreken in niet te lange en ingewikkelde zinnen. In een opdracht of uitleg moet niet te veel informatie tegelijkertijd besloten zitten. De opdracht moet eenvoudig, concreet en eenduidig zijn. Kleuters kunnen nog geen meervoudige opdrachten verwerken, zoals 'ga naar de klas van juf Margriet, haal daar de lijmpotjes en neem uit het keukentje meteen de kwastenomspoelpot mee'. Dit is voor de meeste kleuters te veel. We moeten deze opdracht in delen splitsen. Kinderen vanaf groep 3 kunnen hier steeds beter mee omgaan. Zij kunnen informatie steeds efficiënter verwerken.

Kleuters kunnen ongeveer drie tot vier informatie-eenheden (woorden, begrippen, plaatjes) onthouden en weergeven, kinderen vanaf de leeftijd van groep 3 ongeveer vijf en kinderen vanaf groep 6 ongeveer zes à zeven. Kleuters leren het gemakkelijkst door te doen, te ervaren en door het vóór zich te zien. Dit geldt ook nog voor leerlingen van groep 3, maar zij kunnen steeds beter leren van wat hun wordt verteld, van verbale informatie. De informatieverwerking en het onthouden verlopen steeds bewuster. Kinderen in groep 4 kunnen bewust de tafels van vermenigvuldiging inprenten en onthouden. In de loop van de basisschool ontwikkelen ze ook metacognitie, kennis over het denken en leren. Ze kunnen dan bewust strategieën toepassen om iets te onthouden en bewust hun aandacht richten en zich concentreren.

| concentratievermogen

Het concentratievermogen ontwikkelt zich snel gedurende de basisschoolperiode. Voor een kleuter in groep 1 en 2 is tien minuten gericht luisteren al erg moeilijk. Van kinderen in groep 3 kun je iets meer vragen en in de loop van de schoolperiode kun je steeds vaker en langduriger gerichte concentratie verwachten.

Sociaal en emotioneel

Kinderen in de basisschoolperiode hebben een groeiend besef van hun eigen emoties. Ze kunnen emoties bij anderen herkennen en snappen dat een ander iets anders kan voelen dan zij. Ze ontwikkelen een theory of mind. Bij kleuters (groep 1 en 2) is die theorie nog gebaseerd op concrete zaken. Hun

| zelfconcept

zelfconcept is nog concreet. Zij beschrijven zichzelf op basis van bepaalde spullen die ze hebben, de groep waarin ze zitten of het huis waarin ze wonen. Kinderen vanaf groep 3 vergelijken hun eigen vaardigheden met die van anderen en kunnen zichzelf in termen van die competenties kenmerken.

| competentiegevoel

Het gevoel van eigenwaarde wordt voor een groot deel bepaald door het competentiegevoel dat een kind van zichzelf heeft. Sommigen hebben een ijzersterk basiszelfvertrouwen, dat niet wordt aangetast door het gevoel sommige dingen niet goed te kunnen zoals bijvoorbeeld het leren op school. Andere kinderen zijn geneigd minder positief over zichzelf te denken, terwijl ze feitelijk veel dingen goed doen en goed kunnen. Aan het eind van de basisschool heeft een kind meestal een bepaald idee over waar hij of zij staat in vergelijking tot anderen op het gebied van verschillende competenties.

Bijvoorbeeld hoe het sportief, in de verschillende vakken op school en op het gebied van uiterlijk is, vergeleken met anderen. Kinderen aan het begin van groep 8 weten aardig in te schatten wat het schoolniveau binnen het voortgezet onderwijs van hun medeleerlingen zal zijn.

In de sociale omgang van kleuters valt op dat ze nog veel zelf spelen en naast elkaar bezig zijn. Ze zijn wel steeds beter in staat met elkaar te spelen en samen te werken. Dit vermogen ontwikkelt zich nog gedurende de basisschool. Kinderen doen allerlei activiteiten samen. In de laatste groepen van de basisschool delen ze emoties met elkaar, zeker in meisjesvriendschappen. De groep wordt steeds belangrijker, vooral het oordeel ervan. Kinderen in groep 7 en 8, het begin van de prepuberteit, hechten steeds meer belang aan uiterlijk. Veel kinderen zijn al bezig met verkering en zijn al beginnende pubers.

| sociale omgang

9.3 Leren op school

De overheid heeft bepaald welke schoolvakken op de basisschool moeten worden aangeboden en welke leerstof aan het eind van de basisschool minimaal moet zijn behandeld. Er zijn kerndoelen opgesteld, waarnaar moet worden gestreefd voor alle leerlingen. Deze kerndoelen zijn uitgewerkt in leerlijnen waarin wordt aangegeven wat wordt behandeld in welke groep. Voor sommige leerlingen zijn deze doelen niet haalbaar, of niet voor alle vakken. Voor deze leerlingen kan dan een aangepaste 'eigen leerlijn' worden uitgezet. De oorzaken hiervan kunnen verschillend zijn, zoals een leerprobleem, een minder goede intelligentie, of een leerbelemmering in de vorm van concentratieproblemen of gedragsproblemen. Soms ook zijn er andere omstandigheden op sociaal en emotioneel gebied waardoor de voortgang op school wordt belemmerd. Voor het vervolgonderwijs op de middelbare school is het van belang dat alle basisscholen vergelijkbare eindtermen hebben, zodat het voortgezet onderwijs daarop kan aansluiten. Om het niveau van taal en rekenen goed te kunnen vergelijken zijn referentieniveaus beschreven voor de schoolloopbaan tot en met voortgezet onderwijs. Het referentieniveau rekenen en taal voor eind basisschool is 1F. Voor eind vmbo, eind havo en eind vwo zijn dit respectievelijk referentieniveaus 2F, 3F en 4F.

| kerndoelen

| eigen leerlijn

| referentieniveaus

9.3.1 Wat bepaalt het leerresultaat?

Een kind komt de basisschool binnen met een bepaalde bagage. Het heeft een bepaalde aanleg en beschikt over een hoger of lager intelligentieniveau. De omstandigheden waarin een kind opgroeit, zijn verschillend. Het ene kind groeit op in een gunstige sociaaleconomische situatie in een prettige straat in een stabiel en warm gezin. Een ander kind heeft misschien al heel andere dingen meegemaakt, bijvoorbeeld een veel minder stabiel gezin met zodanige problemen dat het zelfs buiten het gezin moest worden opgevoed. Het niveau

| aanleg

van de ontwikkeling tot het 4e jaar loopt behoorlijk uiteen. Uit onderzoek blijkt dat deze verschillen alleen maar groter worden. De factoren die ervoor zorgen dat een kind voor hij aan de basisschool begint een voorsprong heeft, zorgen er ook voor dat hij optimaal kan profiteren van het onderwijs. Hierdoor verloopt zijn verdere ontwikkeling sneller dan die van kinderen met een achterstand.
In het onderwijs probeert men hier zo goed mogelijk op aan te sluiten en er wordt naar gestreefd alle kinderen de mogelijkheid te geven zich optimaal te ontwikkelen volgens hun eigen capaciteiten. Het leerresultaat is het gevolg van deze interactie tussen school en leerling. Het komt tot uiting in bepaalde leervorderingen. Die leervorderingen noemen we ook wel de didactische vorderingen. De school meet die en het vervolgonderwijs gebruikt deze gegevens als indicatie van het niveau van een leerling.

9.3.2 Leerlingkenmerken

Er zijn een aantal belangrijke leerlingkenmerken die bepalen of een leerling wel of niet goed functioneert op school. Deze zijn:

| intelligentieniveau

- Niveau van intellectuele ontwikkeling; een sterker of zwakker intelligentieniveau en daarmee een sterker of minder sterke aanleg tot het begrijpen en leren van nieuwe informatie. Een kind met een bovengemiddeld of hoog intelligentieniveau zal tamelijk gemakkelijk de instructies op school kunnen volgen en met niet al te veel inspanning de einddoelen van het basisonderwijs kunnen behalen.

| motivatie

- Motivatie om te leren. Kinderen verschillen al bij aanvang van hun schoolperiode in hun gerichtheid op leertaken en hun drang om nieuwe dingen te leren. Het ene kind is al heel gedreven om zich iets eigen te maken. Het rust niet voor hij het beheerst en het wil alles graag zo goed mogelijk doen. Het andere kind treedt nieuwe uitdagingen heel voorzichtig tegemoet. Het kijkt de kat uit de boom en heeft minder zin zich in te spannen. Het doet zo ongeveer wat noodzakelijk lijkt. De meeste kinderen hebben wel een intrinsieke motivatie om te leren, dat wil zeggen een drang van binnenuit om nieuwe dingen te leren en zich deze eigen te maken.

| informatieverwerkingsmogelijkheden

- Informatieverwerkingsmogelijkheden. Hoe goed een leerling zich kan concentreren en hoe snel en gemakkelijk informatieverwerking plaatsvindt, is bepalend voor hoe een leerling kan profiteren van het lesaanbod en hoe snel de informatie wordt verwerkt, onthouden en weer kan worden teruggevonden.

| thuismilieu

- Een al dan niet ondersteunend thuismilieu. Een warm, stabiel gezin met ouders die zich zelf ook goed hebben kunnen ontplooien en die niet worden gehinderd door ernstige persoonlijke problemen vormt een bevorderende factor voor het leren. Belemmerende factoren zijn gezinsproblemen, zorgelijke sociaaleconomische omstandigheden, ouders die ernstige psychische of fysieke problemen hebben, of opvoeding in een andere taal.

9.3.3 INTERACTIE LEERLING EN SCHOOL

De school heeft als taak om zo goed mogelijk in te spelen op alle factoren die de ontwikkeling van een kind tot nu toe hebben bepaald en wat het meebrengt aan mogelijkheden en beperkingen. Een kind kan zich optimaal ontwikkelen en ontplooien als het zijn aanleg goed kan benutten en het zich kan ontwikkelen conform zijn mogelijkheden. Daarom moet de school een goede inschatting kunnen maken van zijn mogelijkheden en op tijd kunnen signaleren wanneer zijn ontwikkeling stagneert of niet meer past bij zijn werkelijke aanleg. De motivatie om te leren is bij de meeste kinderen in beginsel positief. De school moet die benutten en verder uitdagen. Dit kan door leerstof aan te bieden die past bij de ontwikkeling van een kind en de mogelijkheden die het heeft en die ook nog eens aansluit bij zijn belevingswereld en interesse.

Scholen volgen de vorderingen van de leerlingen in de verschillende schoolvakken via een gestandaardiseerd leerlingvolgsysteem. Dit systeem bestaat uit metingen en toetsen die regelmatig bij de leerlingen worden afgenomen. Zo kunnen ze zien welke vorderingen een kind maakt en of daar voldoende groei in zit. Die noemen we de didactische vorderingen. Meestal betreft dit de volgende vakken: technisch lezen (verklanken van letters en woorden, woordherkenning, vlotheid van lezen van zinnen en tekst), begrijpend lezen (lezen met begrip, snappen wat er staat), spelling (hoe is de schrijfwijze van woorden) en rekenen (zowel de eenvoudige rekenbewerkingen als rekenen met tijd, geld en vraagstukjes).

| leerlingvolgsysteem

| didactische vorderingen

Technisch lezen wordt op de meeste scholen daarnaast ook getoetst met de zogenaamde AVI-toetsen. Dit zijn stukjes tekst met een bepaalde moeilijkheidsgraad (AVI-niveau 1 t/m 9). Het tempo en nauwkeurigheidsniveau bij het lezen van tekst wordt uitgedrukt in dit niveau. De moeilijkheidsgraad van de leesboekjes correspondeert met de AVI-niveaus, zodat leerlingen kunnen oefenen op het juiste ontwikkelingsniveau. Naast deze tekstleestoetsen worden woordherkenningstoetsen afgenomen om de vlotheid van de woordbenoeming te toetsen.

| technisch lezen

Het meestgebruikte leerlingvolgsysteem op basisscholen in Nederland is het (Centraal Instituut voor Toetsontwikkeling) Cito-volgsysteem. Dit is een pakket van methodeonafhankelijke toetsen waarbij de scores worden aangeduid als A-, B-, C-, D- of E-score. Een A-score is een heel goede score in vergelijking met het landelijk gemiddelde voor een bepaalde groep (beste 25 procent). Een B-score is boven het landelijk gemiddelde (de 25 procent boven het gemiddelde), C is beneden het gemiddelde (de 25 procent onder het gemiddelde), D is ruim onder het landelijk gemiddelde (de zwakste 15 procent), E is zeer ruim onder het landelijk gemiddelde (zwakste 10 procent).

| A-, B-, C-, D- of E-score

Een andere veelgebruikte methode om de vorderingen aan te geven, is in DLE-scores, gerelateerd aan de didactische leeftijd. De didactische leeftijd van een kind is het aantal maanden dat hij onderwijs heeft gevolgd, gerekend vanaf groep 3. Per jaar volgt hij tien leermaanden. We drukken de score op een toets uit in een DLE-score, een didactisch leeftijdsequivalent. De didactische leeftijd van een leerling die in november in groep 6 zit en nooit heeft gedoubleerd, is 33. Als hij op een toets een DLE-score behaalt van 25, betekent dat dat zijn score vergelijkbaar is met die van een gemiddelde leerling op de helft van groep 5. Er is dus sprake van een didactische achterstand van 8 leermaanden, bijna een jaar.

| didactisch leeftijdsequivalent

Leerkrachten houden daarnaast observaties over de leerlingen bij, vaak door middel van observatielijsten. Zo houden ze zicht op de werkhouding en de sociale en emotionele factoren bij het leren op school. Kan het kind zich goed richten op de uitleg van de leerkracht? Hoe is zijn motivatie om te leren? Kan het zich langere tijd concentreren op een werkje? Ook komt in de observatielijsten de samenwerking met andere kinderen aan bod en hoe de contacten verlopen met de medeleerlingen en met de leerkracht.

| observatielijsten

9.4 De school als medeopvoeder

De school is voor een deel opvoeder van een kind. De huidige trend is dat kinderen steeds meer tijd op of rondom school doorbrengen en dat de school ook opvang biedt voor en na schooltijd (voorschoolse en naschoolse opvang). Dit concept wordt ook wel de brede school genoemd, een soort combinatie van school en buitenschoolse opvang met allerlei activiteiten op het gebied van sport en recreatie. Dit wordt geboden binnen een samenwerkingsverband van scholen en andere partijen die zich bezighouden met het welzijn van kinderen, en wordt in steeds meer gemeenten toegepast.

| brede school

Voor de meeste ouders is het belangrijk om te weten wat leerkrachten en andere begeleiders hun kinderen leren en hoe ze met hen omgaan. Niet alleen de leerstof is dan belangrijk, maar ook de sociale vaardigheden en morele regels die de kinderen leren. Hoe gaan de leerkrachten en begeleiders om met straffen en belonen, welke leefregels krijgen ze mee? Een regelmatig gehoorde klacht van leerkrachten is dat ouders soms wel heel veel van de opvoeding aan school overlaten. Ze 'droppen' de kinderen als het ware op school en verwachten dat hun kind wordt klaargestoomd voor een goed niveau vervolgonderwijs. De school moet daarnaast de kinderen van alles op andere gebieden bijbrengen, tot aan seksuele voorlichting toe. De eisen die ouders aan school kunnen stellen zijn soms hoog, terwijl hun betrokkenheid te wensen over kan laten. Soms ook is die betrokkenheid eerder iets te sterk aanwezig en wordt ervaren dat ouders zich te veel met het onderwijs willen bemoeien. Die ouders spreken de leerkracht regelmatig 's morgens aan en vragen bovenmatig veel aandacht voor hun eigen kind of voor zichzelf. Het is afhankelijk van de leerkrachten en de school hoe hiermee wordt omgegaan.

De samenwerking tussen school en ouders is een relatie waarin van beide kanten moet worden geïnvesteerd.

9.4.1 KIEZEN VAN EEN GESCHIKTE SCHOOL

In het midden van de twintigste eeuw konden ouders voor hun kind een basisschool kiezen in het openbaar, protestants-christelijk of katholiek onderwijs. Deze keuze maakten ze op grond van levensovertuiging. De genoemde typen scholen bestaan nog steeds. We vatten het onderwijs met een bepaalde geloofsovertuiging als grondslag onder de noemer bijzonder basisonderwijs. Er zijn ook nog scholen die worden aangeduid als neutraal bijzonder basisonderwijs. Die zijn wat betreft geloofs- of levensovertuiging neutraal, maar kiezen voor een bijzondere onderwijsvorm. Ze hebben een eigen onderwijskundige aanpak. De meest voorkomende zijn het jenaplanonderwijs, het montessorionderwijs, het daltononderwijs en de Vrije School.

| bijzonder basisonderwijs

| onderwijskundige aanpak

De meest voorkomende bijzondere schooltypen.

Montessorischolen: De Italiaanse pedagoge Maria Montessori ontwierp aan het begin van de twintigste eeuw een onderwijssysteem dat uitging van een continue ontwikkeling van kleuters tot aan groep 8. Haar onderwijssysteem is erop gericht de zelfstandigheid van leerlingen te bevorderen en kinderen eigen verantwoordelijkheid te geven in hun leerproces. Het onderwijs sluit aan bij het ontwikkelingsniveau en de belangstelling van het kind. Speciaal ontwikkelingsmateriaal is ontworpen om het kind de gelegenheid te bieden zelfstandig te leren. De rol van de leerkracht is vooral die van een begeleider van het leerproces die het kind op het juiste moment stimulerende materialen aanbiedt. Het onderwijs is individueel, een kind werkt op zijn eigen niveau. Toch is montessorionderwijs niet chaotisch. De leerkracht observeert, stimuleert, maar geeft ook grenzen aan. In het montessorionderwijs is het eerst gewerkt met de indeling in onder- (groep 1 en 2), midden- (3, 4, 5) en bovenbouw (6, 7, 8). Het idee hierachter is dat het goed is voor een kind om een periode de jongste in de groep te zijn, een periode de middelste en een periode de oudste. De leerlingen helpen en ondersteunen elkaar bij het leerproces. Motto van het montessorionderwijs is: 'help mij (leerling) het zelf te doen'.

| montessorischolen

Jenaplanscholen: Dit type onderwijs is afkomstig uit Denemarken, vanaf de jaren twintig in de twintigste eeuw. Net als bij Montessori is ook bij jenaplanscholen al van oudsher een indeling in

| jenaplanscholen

onder-, midden- en bovenbouw. De groepen worden aangeduid als stamgroep, om aan te geven hoe belangrijk de saamhorigheid is. Kinderen leren lezen, schrijven en rekenen in niveaugroepen. Zo'n niveaugroep kan samengesteld zijn uit kinderen van verschillende leeftijden. Vakken op het gebied van wereldoriëntatie en cultuur worden juist weer in de stamgroep gegeven. Een jenaplanschool vindt de vieringen met de hele school in het kader van de seizoenen of religieuze feesten heel belangrijk.

| daltonscholen

Daltonscholen: Het daltononderwijs is in Amerika ontwikkeld. De daltonschool is gericht op individuele ontplooiing. Er wordt gewerkt met dag- en weektaken die eigenlijk een soort contracten zijn tussen leerkracht en leerling. Die spreken af welke leerstof het kind gaat verwerken in die periode. De leerkracht begeleidt dat proces. Per daltonschool verschilt het hoe dat takensysteem precies wordt ingevuld.

| Vrije Scholen

Vrije Scholen: Dit onderwijs is gefundeerd op de antroposofische filosofie van Rudolf Steiner. Vrije Scholen kennen een jaarklassensysteem waarbij de klas door de hele basisschool een vaste leerkracht heeft. Het leerplan is opgebouwd aan de hand van thema's vanuit antroposofie, wereldgeschiedenis of mythologie. Het onderwijsprogramma legt veel nadruk op kunstzinnige vorming, vooral de euritmie (bewegingsleer) is typerend.

De school moet bij voorkeur aansluiten bij de opvoeding van de ouders. Bij het kiezen van een basisschool biedt een bezoek aan de school op een normale schooldag het beste inzicht in de sfeer, de organisatie en het pedagogisch klimaat. Het pedagogisch klimaat van een school wordt gevormd door de manier waarop de school met kinderen (en ouders) omgaat en de belangrijkste pedagogische principes. Ouders zullen ook willen weten wat de school extra kan doen om leerlingen te volgen en te begeleiden. Steeds vaker vergelijken ouders scholen ook op hun rendement en op het niveau dat de meeste kinderen op die scholen behalen.

| pedagogisch klimaat

9.5 De school als sociale omgeving

| sociale omgevingen

Een opgroeiend kind heeft drie belangrijke sociale omgevingen, die we ook wel sociale milieus noemen. De eerste sociale omgeving is zijn thuis, meestal zijn gezin en zijn ouders, maar soms ook een alternatieve thuissituatie. De tweede is de school, datgene wat de school uitdraagt aan normen en waarden,

de individuele leerkrachten met wie het te maken heeft en zijn klasgenoten en andere kinderen. Het derde sociale milieu zijn de vriendjes in de straat, op clubs en verenigingen waarvan het lid is. Bij oudere kinderen (pubers) komen daarbij de eventuele bijbaantjes.
De school vormt voor een kind een belangrijk deel van zijn sociale omgeving. In de omgang met klasgenoten leert het sociale vaardigheden en oefent het sociale rollen. Dat medeleerlingen hem sociaal accepteren, is zeer belangrijk voor zijn zelfvertrouwen en zijn gevoel van eigenwaarde. Door het omgaan met leeftijdsgenoten leert een kind meer over zichzelf en over de manier waarop hij overkomt op anderen. De identiteit wordt voor een deel gevormd en afgegrensd door de contacten met leeftijdsgenoten.
In een klas op school heb je te maken met twintig à dertig leerlingen. Zij vormen een groep die veel samen doet en veel moet samenwerken. Vaak blijft een klas jarenlang bij elkaar. Allerlei groepsprocessen spelen dus een rol. Kinderen hebben een bepaalde rol in een groep, en de groep als totaal kan een bepaalde sfeer en dynamiek krijgen. Soms is dat voor een leerkracht aanleiding om meer te weten te willen komen over de groepsprocessen en de plaats van de leerlingen daarin. Dan kan een leerkracht gebruikmaken van een sociogram, waarmee hij kan zien hoe de relaties binnen de groep liggen. Voor een sociogram vraag je aan alle kinderen met welk kind ze graag omgaan of naast wie ze graag zitten en met of naast wie juist niet. Zo kun je onderscheid maken in populaire kinderen die vaak worden gekozen en afgewezen kinderen die niet worden gekozen. Er zijn kinderen die niet opvallen, die de groep noch positief noch negatief noemt, en kinderen die echt buitenbeentjes zijn. Die worden niet of nauwelijks positief gekozen, maar wel negatief. Het sociogram is een instrument waarmee voorzichtig en bewust moet worden omgegaan. Het heeft ook nadelen wanneer kinderen zich ervan bewust zijn dat ze bepaalde leerlingen niet mogen. Ze praten daar weer onderling over ('wat heb jij opgeschreven?') waardoor het sociogram ook weer allerlei ontwikkelingen in gang zet of versterkt.

sociogram

9.6 Na de basisschool

9.6.1 Keuze voor vervolgonderwijs

Na de basisschool moet een keuze worden gemaakt voor een school voor voortgezet onderwijs. Als een kind in groep 8 zit, is hij daar meestal druk mee bezig samen met zijn ouders en zijn leerkracht. Net als bij de keuze van een school voor basisonderwijs spelen de 'kleur' van de school (religie, levensopvatting) en een bepaalde pedagogische zienswijze en onderwijskundige aanpak een rol. Een belangrijk verschil is nu dat het kind zelf meer een rol speelt in die keuze, terwijl de basisschool alleen door de ouders wordt gekozen.

Het onderwijsniveau van de brugklas is een belangrijke factor. De scholen voor voortgezet onderwijs zijn ingedeeld in schooltypen met een bepaald onderwijsniveau, variërend van vmbo tot vwo, en speciaal onderwijs voor leerlingen die extra aandacht nodig hebben. Zie voor de schooltypen binnen het voortgezet onderwijs hoofdstuk 10.

Met behulp van het leerlingvolgsysteem en op basis van de andere kennis over een leerling kan de leerkracht een advies formuleren, samen met de intern begeleider. Dit schooladvies staat centraal bij de toelating voor een school voor voortgezet onderwijs. Daarnaast is het voor alle basisscholen verplicht om ook een eindtoets af te nemen. Deze toets wordt tussen half april en half mei afgenomen en meet de vorderingen op de vakgebieden taal en rekenen en facultatief ook voor andere vakgebieden. Voor taal en rekenen wordt een referentieniveau aangegeven, zodat het niveau van het voortgezet onderwijs goed kan aansluiten op dit niveau.

| schooladvies

| eindtoets

9.6.2 Groep 8 als overgangsjaar

Groep 8 is een speciale groep voor de meeste leerlingen. Ze beseffen dat ze de periode op de basisschool afsluiten. Dat betekent dat ze de veilige, overzichtelijke school met een vaste leerkracht voor de klas moeten verlaten. Op hen wacht een grote scholengemeenschap, met meer leerkrachten en veel nieuwe vakken. Ze moeten afscheid nemen van sommige van hun klasgenoten en beginnen aan een nieuwe periode. Sommige leerlingen zijn toe aan het weggaan van de basisschool. Zij vinden het moeilijk om het hele schooljaar gemotiveerd te blijven. Andere zien er een beetje tegenop. Zij zouden als het kon nog wel langer op de basisschool willen blijven. Doorgaans groeien kinderen in de laatste groep toe naar de overstap en sluit deze stap goed aan bij hun verdere ontwikkeling.

Binnen groep 8 kunnen behoorlijke verschillen bestaan in lichamelijke en psychologische ontwikkeling. Sommige kinderen zijn al echte pubers, met de bijbehorende lichamelijke ontwikkelingen en gedragingen. Andere zijn nog veel meer kind. Kinderen die eerst heel close waren, kunnen daardoor behoorlijk uit elkaar groeien. Dit is vaak moeilijk te verwerken. 'Was alles nog maar zoals in de middenbouw, zonder al dat gedoe met verkeringen', verzuchten ze na weer een ruzie in de klas. De leerlingen bouwen ook al verwachtingen op van welk kind naar welke middelbare school gaat. Soms passen ze hun vriendschappen daar ook al op aan en zoeken ze diegenen op van wie ze verwachten dat ze naar dezelfde school gaan. Kinderen in groep 8 wordt vaak ook al in het begin van het jaar ingeprent dat ze goed moeten gaan presteren. 'Willen jullie naar een goede school en later een leuk beroep, dan zullen jullie hard je best moeten doen', wordt hen gezegd. Groep 8 is een overgangsjaar tussen kind en adolescent (zie verder hoofdstuk 10).

| grote verschillen

| overgangsjaar

9.7 Soms gaat het anders

Roel (7) is een vrolijk jongetje. Hij is altijd met plezier naar school gegaan. Sinds hij in groep 3 zit, is dat veranderd. Groep 3 viel hem tegen: weinig spelen, veel werkjes, lang stilzitten. Thuis is Roel soms heel stil. Hij heeft nergens zin in en soms is hij juist extreem druk, zo druk dat zijn ouders hem bijna niet meer herkennen. Hij is ook heel snel boos, om de kleinste dingen. Als zijn vader hem ergens in corrigeert, zegt hij: 'Ja hoor, ik ben toch dom.' En zodra hem iets zwaar valt, noemt hij zichzelf een sukkel. Vooral aan lezen heeft Roel op school een hekel. Het lukt hem ook niet. Aan het eind van groep 3 kent hij nog niet alle letters. Ook bij rekenen is hij nog meer aan het tellen dan dat hij al toe is aan het echte rekenen. De ouders van Roel gaan op gesprek bij de leerkracht. Daar spreken ze hun zorgen uit. Ook de leerkracht maakt zich zorgen over Roel. Hij maakt weinig vorderingen, plaagt de andere kinderen en stoort hen bij hun werk. Roel krijgt een psychologisch onderzoek via het samenwerkingsverband. Daaruit komt naar voren dat hij langzamer leert dan gemiddeld, zowel door een zwakke geheugenfunctie als door een minder goed begrip van talige informatie. Zijn werktempo is ook langzamer. De ouders besluiten samen met de leerkracht en onderwijsbegeleider dat Roel overstapt naar het speciaal basisonderwijs. Daar heeft Roel het eerst heel moeilijk mee. Hij komt bij onbekende kinderen in de klas, die ook niet bij hem in de buurt wonen. Na een tijdje is hij gewend. Tot hun grote opluchting zien zijn ouders dat Roel weer zichzelf wordt, de vrolijke en levendige jongen die hij was. 'Wij hebben ons kind weer terug', zeggen ze later tegen de leerkracht.

9.7.1 Individuele verschillen in ontwikkeling op school

Het leren op school verloopt niet voor alle kinderen op dezelfde manier en niet in hetzelfde tempo. Wanneer een kind aanmerkelijk sneller of langzamer is dan zijn klasgenootjes, kan dit problemen opleveren. Hoewel alle basisscholen zo veel mogelijk het onderwijs moeten afstemmen op het niveau van alle leerlingen, lukt het niet altijd voldoende om dit te realiseren. De instructie is vrijwel altijd groepsgewijs. Voor een deel van de kinderen gaat die instructie dan te snel en sluit niet aan bij hoe ver zij in de leerstof zijn. De les sluit niet aan bij hun 'zone van de naaste ontwikkeling' (zie hoofdstuk 6) en veel informatie gaat aan hen voorbij. De groep die zich gemiddeld ontwikkelt, kan de les goed volgen en leert iets nieuws. Een groepje snelle leerlingen volgt de les gemakkelijk. Zij horen weinig tot geen nieuwe dingen, zijn eigenlijk al toe aan andere leerstof en vervelen zich. De oefeningen vormen voor hen geen uitdaging, het zijn eenvoudige invuloefeningetjes. De kans is

afstemming op niveau

groot dat bij rekenen, begrijpend lezen en taal een groepsles niet aansluit bij een groot deel van de leerlingen. Die letten dan minder op. Ze sluiten zich een beetje af en gaan zitten dromen, om zich heen kijken of iets anders doen. Een deel van hen leidt de andere leerlingen af en vertoont storend gedrag. Sommige scholen hebben dit opgelost door in niveaugroepen te werken en deze groepjes apart instructie te geven. Kinderen met een flinke achterstand ten opzichte van de anderen of het verwachte niveau kunnen extra instructie krijgen, bijvoorbeeld van een remedial teacher of intern begeleider. Bij die kinderen ligt de didactische leeftijdsequivalentscore (DLE) ver achter vergeleken met de didactische leeftijd (DL). Er wordt dan een hulpplan opgesteld om deze achterstand zo goed mogelijk te verhelpen. Wanneer dit hulpplan binnen school niet voldoende blijkt te zijn kan door deskundigen vanuit het samenwerkingsverband worden bekeken welke hulp nodig zou zijn om de leerling verder te helpen. Er wordt dan een 'arrangement' aangevraagd. Dit arrangement kan bestaan uit psychodiagnostisch onderzoek, speciale begeleiding op een bepaald vakgebied, of ambulante begeleiding ter ondersteuning van de leerkracht.

| samenwerkingsverband
| arrangement

9.7.2 Speciaal basisonderwijs

Wanneer een school of een schoolbegeleider van het samenwerkingsverband problemen signaleert bij een kind zullen ze eerst proberen deze binnenschools op te lossen. Dit kan door extra begeleiding, aanpassingen in de les of instructie, of andere maatregelen die via een arrangement kunnen worden geboden. Wanneer de school eraan twijfelt of ze het kind nog goed kan begeleiden, vindt meestal een psychologisch en didactisch onderzoek plaats. Die dienen om de leerlingkenmerken en de vorderingen van het kind met de leerstof in beeld te brengen zodat een passend zorgarrangement kan worden bepaald. Een van de mogelijkheden binnen deze arrangementen vanuit het samenwerkingsverband is plaatsing op een school voor speciaal basisonderwijs. Hiervoor wordt gekozen wanneer het reguliere basisonderwijs de zorg en begeleiding die het kind nodig heeft onvoldoende kan bieden. Dit is het geval wanneer de leerachterstand zo aanzienlijk is dat die het kind in zijn functioneren op school ernstig belemmert, of wanneer er sprake is van sociaal-emotionele problemen als gevolg van het leerprobleem. Het welbevinden van een kind staat in zo'n keuze voorop. Binnen het speciaal basisonderwijs zijn de klassen kleiner en kan het onderwijs extra goed worden afgestemd op de onderwijsleerbehoeften van de leerling. Er is meer expertise aanwezig op het gebied van leerproblemen en gedragsproblemen. Voor toelating tot het speciaal basisonderwijs moet een toelaatbaarheidsverklaring worden aangevraagd bij het samenwerkingsverband.

| speciaal basisonderwijs

| toelaatbaarheidsverklaring

Wanneer de problematiek heel ernstig is en de zorg van het speciaal basisonderwijs tekortschiet, kan speciaal onderwijs nodig zijn. Binnen deze scholen is specifieke expertise aanwezig en zijn de klassen kleiner dan in het reguliere basisonderwijs. Dit onderwijs is opgedeeld in vier clusters: cluster I voor

| speciaal onderwijs

| clusters

visueel gehandicapte kinderen, cluster II voor auditief gehandicapte kinderen en kinderen met een taal-spraakstoornis, cluster III voor kinderen met een verstandelijke handicap of meervoudige lichamelijke handicap en cluster IV voor kinderen met een ernstige ontwikkelingsstoornis, gedragsstoornis of ernstige psychosociale problemen.
Het speciaal onderwijs valt buiten het reguliere primair onderwijs en is bedoeld voor leerlingen die veel ondersteuning nodig hebben. De toelating tot een school voor cluster I of cluster II wordt geregeld door de commissie van begeleiding van de school zelf. Het samenwerkingsverband beoordeelt de toelaatbaarheid voor de scholen van cluster III en IV.

9.7.3 WERKHOUDINGSPROBLEMEN

De meeste kinderen zullen uit eigen initiatief proberen zich van jongs af aan allerlei vaardigheden eigen te maken. Kinderen zijn meestal nieuwsgierig, ze willen graag van alles weten en kunnen, net als volwassenen. Die motivatie om te willen leren, weten en kunnen, noemen we intrinsieke motivatie. Een andere vorm van motivatie is extrinsieke motivatie, deze wordt meer van buitenaf gestimuleerd, bijvoorbeeld bij het streven naar goede cijfers, een bepaald resultaat of een bepaalde beloning. Gezonde kinderen hebben aanvankelijk een goed niveau van intrinsieke motivatie. In de loop van de basisschool komt daar bij veel kinderen door allerlei factoren verandering in. Uit onderzoek is gebleken dat met meer nadruk op extrinsieke motivatie de intrinsieke motivatie vanzelf minder wordt. Een kind kan van zijn ouders en leerkracht het gevoel krijgen dat het op school móét leren. Iets wat moet, is meestal minder aantrekkelijk. Het kan ook zijn dat de match tussen kind en onderwijs niet helemaal goed is. Soms vraagt de school te veel van het kind en krijgt hij het gevoel niet goed mee te kunnen en op zijn tenen te moeten lopen. Dat kan hem ontmoedigen. Het maakt immers niet uit of hij zich wel of niet inspant; het resultaat is toch niet goed genoeg. Om dit soort motivatieproblemen te voorkomen, is het belangrijk op tijd te signaleren dat het kind moeite heeft met de leerstof of het tempo van aanbieden daarvan. Extra begeleiding en aangepaste instructie kunnen dan helpen.

| intrinsieke en extrinsieke motivatie

| aangepaste instructie

Soms wordt een meer begaafd kind onvoldoende uitgedaagd op school. Dan gaan de lessen te traag en zijn de oefeningen zo eenvoudig dat ze geen of nauwelijks denkwerk vragen. Waar het kind in is geïnteresseerd, komt nauwelijks aan de orde of op een te eenvoudig niveau. Ook dit type motivatieprobleem moeten we op tijd signaleren. Dan kunnen we het kind helpen met verdiepingsstof en het in staat stellen een onderwerp naar keuze verder uit te diepen en te verwerken.

| verdiepingsstof

Een ander type werkhoudingsprobleem is een gedragsprobleem. Sommige leerlingen hebben veel moeite hun gedrag te reguleren. Ze kunnen hun impulsen slecht controleren en passen zich moeilijk aan aan de regels van de klas en de school. Dat geeft problemen in een klas, waar het belangrijk is om een goed werkklimaat voor alle leerlingen te creëren. Daarbij past onrustig en

| gedragsprobleem

storend gedrag niet. Bij dit type werkhoudingsproblemen is het handig om het gedrag in kaart te brengen met een leerlingvolgsysteem. Door systematische observatie kunnen we nagaan welk probleemgedrag zich voordoet en hoe vaak. Dit moeten we in concrete, waarneembare kenmerken beschrijven, zoals bijvoorbeeld van de plaats lopen, door de klas roepen, niet op de beurt wachten en storen van andere leerlingen. Vervolgens is het belangrijk dit gedrag te analyseren en na te gaan waar het door veroorzaakt wordt of waardoor het gedrag in stand wordt gehouden. Wat zijn de redenen waardoor deze leerling moeite heeft zich aan de regels te houden, en hoe kan hij daarbij worden ondersteund? Heeft de leerling misschien specifiek moeite om zijn impulsen te reguleren, of zijn er sociale en emotionele moeilijkheden die aan dit gedrag ten grondslag liggen?
Wanneer de mogelijkheden en belemmeringen van een leerling goed in kaart zijn gebracht kunnen reële en haalbare doelen worden beschreven. Het is zowel in het belang van de leerling als van de leerkracht en de rest van de klas dat de leerling wordt geholpen dit gedrag aan te passen. Om een leerling hierbij goed te helpen is het belangrijk het gewenste gedrag te beschrijven in bepaalde concrete doelen. Vervolgens worden deze doelen stapsgewijs aangepakt, beginnend met het meest storende gedrag, en steeds geformuleerd in heldere stappen. Als een leerling steeds door de klas roept bij elke inval of vraag die bij hem opkomt, zouden alternatieve gedragingen kunnen worden bedacht. Het gewenste gedrag moeten we concreet formuleren. Bijvoorbeeld: als je een vraag hebt of iets wilt zeggen, eerst je vinger opsteken, of bij een vraag wanneer alle leerlingen zelfstandig aan het werk zijn, een vraagtekenkaartje op de hoek van de tafel leggen. Bespreek wat het kind moet doen in de tijd dat hij op de leerkracht wacht. Leg hem uit dat hij vast verder mag gaan met iets wat hij wel snapt of met een alternatieve taak waaraan hij mag werken. Belangrijk is dat de leerkracht expliciet aangeeft welk gedrag hij van het kind verwacht. Dit kan de leerkracht vervolgens belonen met een positieve opmerking of met behulp van een beloningsschema.

| concrete doelen

| alternatieve gedragingen

9.7.4 Pesten

De school is een belangrijke sociale omgeving voor kinderen. Ze leren er veel over het omgaan met anderen. Ze leren er vriendschappen opbouwen, maar ook omgaan met andere kinderen. Soms geeft dit moeilijkheden. Sommige kinderen worden minder goed geaccepteerd dan andere en soms worden ze ook gepest. Hoe dit pesten plaatsvindt en welke gevolgen dat voor een kind kan hebben, is beschreven in hoofdstuk 7. Op school is het belangrijk heel alert te zijn op pesten en negatief gedrag. Het sociale klimaat in de klas heeft veel invloed op de manier waarop de klas functioneert. Het heeft zeker gevolgen voor het leren. Gepeste kinderen voelen zich niet prettig in de klas, ze hebben vaak een zwak zelfvertrouwen. Dit belemmert ook het leren. Een leerkracht is ook opvoeder. Hij moet de kinderen ook met elkaar leren omgaan. Veel scholen hebben een pestprotocol, om kinderen bewust te maken

| sociale omgeving

| pesten

van het probleem van pesten en ze te leren hoe ze respectvol met elkaar moeten omgaan (zie ook hoofdstuk 7).

9.8 Leerproblemen en leerstoornissen

Jelmer (10, groep 7) is goed in rekenen. Op de Cito-toetsen behaalt hij allemaal A- of B-scores. Soms heeft hij alleen wat moeite met het onthouden van de tafels van vermenigvuldiging. Hij rekent ze daarom steeds maar snel uit. De zaakvakken zoals aardrijkskunde en geschiedenis gaan hem goed af, al schrijft hij bij het leren van topografie de plaatsnamen wel heel vreemd op. Jelmer is geen lezer, zeggen zijn ouders. Hij is eigenlijk net als zijn vader, die ook allergisch lijkt voor drukletters en zo mogelijk nooit iets opschrijft. Gelukkig levert dit in zijn werk als architect niet zoveel problemen op.
Jelmer begrijpt wel prima wat hij leest, maar hij heeft er veel tijd en inspanning voor nodig om een stukje tekst te lezen. Hij leest nog steeds op AVI-niveau 6 en komt maar niet verder, ondanks extra hulp van leesouders en de intern begeleider op school. Ook spelling geeft hem veel problemen. Hij krijgt het maar niet in zijn hoofd en kan een woord op één bladzijde twee keer verschillend schrijven. De ene keer schrijft hij 'sgool', de andere keer 'school'. Hij ziet niet wanneer hij het fout heeft gedaan. In het leerlingvolgsysteem heeft hij voor lezen en spelling steeds E-scores of soms een D. Is Jelmer slordig, houdt hij gewoon niet van taal of is er iets anders aan de hand?

Eerder gaven we aan dat kinderen in tempo en in aanleg kunnen verschillen. Niet ieder kind zal dus in alle vakken het gemiddelde niveau halen. Sommige kunnen het eindniveau van het basisonderwijs (de einddoelen) niet of niet in alle vakken bereiken. Hiervoor is een aantal mogelijke leerbelemmeringen genoemd. Sociaal-emotionele problemen kunnen het leren belemmeren of een kind ontwikkelt zich tijdelijk minder snel. Ook kan er sprake zijn van een specifiek leerprobleem of een leerstoornis.

| leerbelemmeringen

Daar spreken we van wanneer we te maken hebben met een gemiddeld intelligent kind zonder speciale handicaps of belemmeringen en zonder ernstige psychosociale problematiek. Van zo'n kind zou je mogen verwachten dat het zonder noemenswaardige problemen het basisonderwijs doorloopt. Als het toch blijkt uit te vallen, kunnen we te maken hebben met een specifiek leerprobleem bijvoorbeeld op het gebied van lezen en spelling (dyslexie) of rekenen (dyscalculie). Een specifiek leerprobleem doet zich voor op één bepaald gebied en het is onverwacht als je de verdere ontwikkeling van het kind beziet.

| specifiek leerprobleem

Ook kan er sprake zijn van een meer algemeen leerprobleem dat ingrijpt op vrijwel alle leergebieden, zoals een concentratieprobleem, werkgeheugenpro-

| algemeen leerprobleem

bleem of een aandachts- en concentratiestoornis (ADHD). Er zijn ook leerbelemmeringen die zich vooral voordoen bij bepaalde vakken of taakgebieden. Een voorbeeld hiervan zijn ruimtelijk-visuele problemen.

9.8.1 LEES- EN SPELLINGSPROBLEMEN: DYSLEXIE

| dyslexie

| informatieverwerkingsprobleem

| automatiseren

Dyslexie betekent letterlijk: niet goed kunnen lezen. Bij een kind met dyslexie verloopt het proces van het leren lezen vertraagd en minder goed. Het leert ook moeilijk spellen. Dyslexie als leerstoornis heeft betrekking op beide processen. Het komt naar voren als probleem bij de taalvakken op school, maar is geen taalstoornis op zichzelf. Kinderen met dyslexie kunnen vaak prima met taal redeneren en zich goed mondeling uitdrukken. Dyslexie is een informatieverwerkingsprobleem dat zich vooral voordoet bij talige informatie. Om te leren lezen, moeten we een koppeling maken tussen een bepaald visueel letterteken, bijvoorbeeld de 'd', en de klank die het representeert. Hiertoe moet een kind de klank en het letterteken goed kunnen analyseren en onthouden. Het moet de koppeling tussen klank en teken steeds vlotter kunnen leggen om het verklanken van letters steeds gemakkelijker te laten verlopen en te automatiseren. Hiermee hebben kinderen met dyslexie vaak een probleem. Bij hen verloopt het analyseren van de klank en/of de letter moeilijker en dit proces automatiseert niet snel. Het verklanken blijft lang moeite kosten. Dyslectische kinderen lezen traag en vaak ook met veel fouten. Kinderen met dyslexie kunnen problemen hebben met de auditieve basis van het leren lezen en spellen, namelijk het analyseren en onderscheiden van verschillende klanken en klankenreeksen of – visueel – met het onderscheiden van verschillende letters en cijfers. Dyslectische kinderen zijn vooral zwak in technisch lezen, maar ze kunnen met een goed begrips- en redeneervermogen vaak toch een goede begrijpende leesvaardigheid hebben. Dit geldt vooral voor dyslectische kinderen met een hoog intelligentieniveau. Zij compenseren hun leesprobleem met hun goede begrip en inzicht.

Bij de spelling van dyslectische kinderen valt op dat ze vooral moeite hebben met het inprenten van de woordbeelden en niet met het begrijpen van logische spellingsregels. Dyslexie is dus juist niet een probleem van intelligentie en ook niet van een zwakke algemene taalvaardigheid.

| hardnekkige achterstand

We spreken van dyslexie wanneer een normaal intelligent kind zonder speciale beperkingen of handicaps een aanzienlijke, hardnekkige achterstand vertoont in het leren lezen en spellen, die niet kan worden verholpen met gerichte extra begeleiding. Om de diagnose dyslexie te kunnen stellen, is een psychologisch-didactisch onderzoek nodig door een daartoe gekwalificeerde GZ-psycholoog. Die stelt vast hoe de aanleg van een kind is (intelligentietest), hoe bepaalde deelvaardigheden zijn ontwikkeld (zoals auditieve en visuele analyse en synthese) of er andere belemmeringen zijn (concentratieproblemen, werkhoudingsproblemen, psychosociale problemen, onderwijsproblemen) en of er sprake is van een significante achterstand. Daarbij gaat hij uit van de intelligentie van het kind en het onderwijs dat het heeft gehad. Wanneer de psycholoog concludeert dat aan de criteria voor dyslexie is voldaan, beargumenteert hij dit aan de hand van het psychologisch en didactisch onderzoek. De psycholoog kan ook een aparte dyslexieverklaring opmaken. Daarin geeft hij aan dat een dyslectisch leerprobleem het kind in bepaalde mate bij het leren belemmert en hoe het kind hierbij kan worden ondersteund. Vanuit het ministerie van Onderwijs zijn bepaalde faciliteiten mogelijk gemaakt voor dyslectische leerlingen. Voorbeelden hiervan zijn extra tijd bij proefwerken, tentamens en examens en het vergroot aanbieden van werkbladen of toetsbladen zodat het makkelijker leest. De bedoeling is dat het kind wordt gecompenseerd voor het langzame leestempo, zodat het evenveel denktijd heeft als een leerling die in een normaal tempo kan lezen. Daarnaast kan het hulpmiddelen gebruiken bij de spelling, zoals een overzicht van de spellingsregels, en bij bepaalde opdrachten met een laptop of iPad met spellingcorrectie werken. Een andere mogelijke maatregel is dat spellingfouten niet moeten worden aangerekend wanneer dat niet primair het onderwerp van de overhoring is, zoals bij geschiedenis, aardrijkskunde of tekstverklaring. Met de dyslexiefaciliteiten kan een leerling onderwijs volgen op een niveau dat begripsmatig en wat betreft het verdere functioneren het juiste is. Het is raadzaam een leerling met dyslexie extra begeleiding te bieden bij de talen naast genoemde dyslexiefaciliteiten. Dat kan een jongen als Jelmer uit het voorbeeld goed helpen, waardoor dyslexie hem niet belemmert in zijn verdere voortgang.

| dyslexieverklaring

| dyslexiefaciliteiten

Binnen de groep dyslectische leerlingen is er een deel dat voldoet aan de diagnose Ernstige Enkelvoudige Dyslexie (EED), omschreven in het Protocol Dyslexie Diagnose en Behandeling. Het protocol omschrijft dyslexie als een neurobiologische stoornis in de ontwikkeling van de hersenen die genetisch is bepaald. Deze stoornis leidt tot ernstige taalverwerkingsproblemen met als gevolg ernstige lees- en spellingsproblemen. Voor deze leerlingen is er een vergoedingsregeling voor diagnostiek en behandeling. De criteria voor de diagnose EED zijn scherp. Alleen de zwakst presterende leerlingen met de meest hardnekkige problematiek komen ervoor in aanmerking. Het voorkomen van de diagnose EED wordt geschat op 3,6 procent. Lichtere vormen van dyslexie worden gediagnosticeerd bij 8-10 procent van de leerlingen.

| EED

Dyslexie kan lang onopgemerkt blijven. Dat geldt zeker voor intelligente leerlingen die veel kunnen compenseren met hun goede redeneervermogen en inzicht. Vaak wordt dan gedacht dat ze slordig of lui zijn als ze spelfouten blijven maken. Deze leerlingen krijgen veel problemen wanneer ze Engels en Frans leren lezen en schrijven. Een aantal scholen voor voortgezet onderwijs neemt aan het begin van de brugklas een screeningstoets af voor reken- en taalvaardigheid. Zo signaleren ze leerlingen met achterstanden of leerproblemen. Die kunnen ze dan adequaat begeleiden. Om leesproblemen tijdig te signaleren, zijn er enkele aandachtspunten.

In groep 1 en 2 zijn de volgende kenmerken mogelijke aanwijzingen voor een dyslectisch leerprobleem:

- moeite met het leren van namen, kleuren en teksten van liedjes
- krom praten met veel verbasteringen en niet-kloppende zinsbouw
- moeite met de auditieve leervoorwaarden, zoals rijmen, klanken onderscheiden en analyseren
- geen belangstelling voor letters en boekjes.

In groep 3, 4 en 5 wijzen de volgende kenmerken mogelijk op dyslexie:
- prestaties bij lezen en spellen blijven achter bij de andere leerprestaties
- wanneer het rekeninzicht goed is: toch problemen met automatiseren en leren van de tafels
- moeite met het begrijpen van talige informatie en uitleg
- woordvindingsproblemen (niet op het juiste woord kunnen komen)
- problemen met zinsbouw
- moeite met auditieve analyse en synthese, moeite met onthouden van visueel woordbeeld.

In groep 6, 7 en 8 kunnen de volgende signalen wijzen op de aanwezigheid van een dyslectisch leerprobleem:
- moeite met schriftelijke informatieverwerking, vooral in het tempo
- technische leesvaardigheid blijft moeizaam
- spelling is zwak, kan wel spellingsregels leren, maar past ze niet goed toe (bijvoorbeeld de regel van de korte en lange klanken).

9.8.2 REKENPROBLEMEN EN DYSCALCULIE

| getalbegrip

| geheugenfunctie

Om goed te leren rekenen, heeft een kind een aantal basisvaardigheden nodig. Het moet begrip hebben van hoeveelheden en kunnen ordenen op grootte. Daarnaast is getalbegrip belangrijk. Om berekeningen te kunnen maken, moet het innerlijk een representatie maken van ons getallenstelsel. Het moet ook de rekenkundige bewerkingen kunnen begrijpen. Hiervoor is redeneervermogen nodig en inzicht in ruimte en hoeveelheden. Dan is nog de geheugenfunctie belangrijk voor rekenvaardigheid. Een kind moet de eenvoudige rekenbewerkingen kunnen onthouden en automatiseren om ingewikkelder sommen te kunnen uitrekenen. Bij een ingewikkelde opgave moet het de tussenstappen kunnen onthouden.
Een kind met rekenproblemen heeft een probleem met een van de genoemde basisvaardigheden of een combinatie ervan. Eerste stap bij rekenproblemen is onderzoeken waar het probleem vooral in zit. Met gerichte begeleiding kunnen we vervolgens de achterstand of het probleem op een bepaald gebied oplossen.

| dyscalculie

Sommige kinderen hebben ernstige problemen met rekenen die niet gemakkelijk te verhelpen zijn. Bij een normaal intelligent kind dat verder goed functioneert, kan er sprake zijn van een rekenstoornis: dyscalculie (letterlijk: niet goed kunnen rekenen). Voor deze kinderen is extra begeleiding op school mogelijk, en zijn er ook faciliteiten en maatregelen om ze te helpen of aan de problemen tegemoet te komen. Na gericht diagnostisch onderzoek kan een gekwalificeerde GZ-psycholoog een dyscalculieverklaring opstellen, waarin wordt aangegeven wat de belemmeringen zijn en welke faciliteiten of voorzieningen worden geadviseerd. In het voortgezet onderwijs is een dyscalculieverklaring belangrijk om te voorkomen dat een leerling niet op zijn eigen niveau verder kan door de rekenstoornis.

| dyscalculieverklaring

Wanneer leerlingen met dyscalculie er ondanks veel inspanning en hulp niet in slagen om de eenvoudige rekenbewerkingen te automatiseren is het aan te raden ze hulpmiddelen zoals een rekenmachine, tafeloverzicht of tafelliniaal te laten gebruiken. Hierdoor kunnen ze verder met het begripsmatige rekenen en verliezen ze niet te veel tijd en inspanning met de basisbewerkingen.

| hulpmiddelen

Bij een leerling die de rekenbewerkingen niet kan begrijpen, is de belangrijkste interventie om de rekensommen concreet te laten zien met behulp van materiaal. Hierdoor kan hij zich de rekensom, die eigenlijk een soort abstracte formule is, makkelijker voorstellen. Het is belangrijk om dan materiaal te kiezen dat de hoeveelheden goed weergeeft, zoals MAB-materiaal (blokjes, staafjes en kubussen) en andere concrete rekenmaterialen (zoals bijvoorbeeld het materiaal uit het montessorionderwijs).

9.8.3 Niet-verbale leerstoornissen en ruimtelijk-visuele problemen

Een niet-verbale leerstoornis is een leerprobleem dat zich juist niet voordoet bij taal en bij de talige ontwikkeling. Kinderen met een niet-verbale leerstoornis kunnen op het eerste gezicht heel sterk overkomen, omdat ze verbaal – dus met taal – heel goed zijn. Kinderen met dit leerprobleem hebben juist veel moeite met informatie die visueel of ruimtelijk wordt weergegeven. Ze kunnen tijd en ruimte moeilijk overzien. Zo leren ze bijvoorbeeld moeilijk klokkijken en krijgen ze moeilijk inzicht in hoeveelheden en getallen. Een niet-verbaal leerprobleem werd voorheen benoemd als NLD (Nonverbal Learning Disorder), maar wordt ook wel aangeduid als verbaal-performaal kloof. Hiermee wordt gerefereerd aan het intelligentieprofiel dat bij deze niet-verbale leerstoornissen wordt gezien, waarbij het verbaal begripsvermogen significant beter is ontwikkeld dan het performaal inzicht (handelend denken en visueel-ruimtelijk inzicht).

| NLD
| verbaal-performaal kloof

In hoofdstuk 3 hebben we gezien dat de ontwikkeling van de motoriek een voorwaarde is om ruimtelijk inzicht te ontwikkelen. We zien dan ook in de voorgeschiedenis van kinderen met ruimtelijk-visuele problemen vaak een afwijkende of vertraagd verlopende motorische ontwikkeling. Als baby begonnen ze laat met omrollen en heel laat met lopen. Kruipen hebben ze vaak helemaal niet gedaan, of op een afwijkende manier. Ook als kleuter en schoolkind hebben ze nog vaak een houterige motoriek. Kinderen met dit specifieke aanlegprofiel hebben vaak moeite met nieuwe dingen, maar wanneer hun ontwikkeling op gang is gekomen, kan deze uiteindelijk goed verlopen. Rekenen is vaak moeilijk, vanwege de problemen met ruimtelijk inzicht. Ze kunnen wel de routine van het cijferend rekenen leren, maar begrijpen vaak niet goed wat ze doen. Verder hebben deze kinderen moeite met overzicht en het integreren van informatie. Begrijpend lezen vinden ze meestal moeilijk, en ook het maken van werkstukken of het plannen van hun huiswerk.

| onzeker

Doordat ze minder gemakkelijk overzicht krijgen over nieuwe situaties zijn kinderen met dit cognitieve profiel vaak onzeker en vragen ze extreem vaak om bevestiging. Ze kunnen in hun gedrag claimend overkomen en veel aandacht van volwassenen vragen. In hun spraakgebruik komen deze kinderen vaak een beetje ouwelijk over. Ze lijken weinig kind te zijn. Ze hebben daardoor moeite met de omgang met leeftijdsgenoten. Ze voelen vaak niet goed aan hoe ze dit moeten aanpakken en wat sociaal adequaat gedrag is. Ook teamsporten en spel kunnen lastig zijn om snel te overzien en snappen.

| structureren

| stapsgewijs

Om kinderen met niet-verbale leerproblemen in de klas te helpen, is het belangrijk om veel duidelijkheid voor hen te scheppen en de leerstof en taken goed te structureren. Een leerkracht kan overmatig vragen voorkomen door met het kind af te spreken dat het na de klassikale uitleg nog even bij hem langskomt voor extra uitleg of herhaling als dat nodig is. Uitleg van iets nieuws moet altijd stapsgewijs gebeuren, en ondersteund door taal. De talige informatieverwerking is namelijk het sterkst. Dus ook wanneer iets van rekenen wordt uitgelegd, is het goed om alle stappen concreet te ondersteunen met materiaal en ook in taal uit te leggen.

Ook thuis is het belangrijk om taken en activiteiten overzichtelijk te maken. Ouders kunnen activiteiten weergeven in een overzichtje met plaatjes en tekst, bijvoorbeeld voor het aankleden en klaarmaken voor school. Ze kunnen zelf aankleden stimuleren door de kledingstukken in volgorde klaar te leggen. Wanneer er veranderingen of speciale evenementen zijn, is het goed om dit met het kind voor te bereiden. Het kind moet worden geholpen met ordenen en structureren.

9.8.4 Concentratieproblemen

Concentratieproblemen hebben voor een leerling gevolgen bij alles wat hij doet, zeker bij alle schoolvakken. De vakken waar hij aanleg voor heeft en waar hij weinig inspanningen voor hoeft te doen, zullen nog wel lukken. Onderdelen van de leerstof die hij moeilijk vindt, zullen extra problemen geven.

| selectieve aandacht

Wat heb je nodig voor een goede concentratie op een taak? Als eerste moet je je aandacht erop richten en niet op andere dingen. Dit heet selectieve aandacht. Een voorbeeld van bewuste selectieve aandacht biedt een drukke receptie, waar veel gesprekken tegelijkertijd worden gevoerd. Het kost in zo'n situatie moeite om je te richten op je gesprek en niet op andere dingen. Je moet je afsluiten voor de andere gesprekken. Een kind op school moet zich richten op de taak en niet op alles eromheen.

Om efficiënt te werken, is het ook belangrijk hoelang je die taakgerichtheid en selectieve aandacht volhoudt. Dit noemen we volgehouden aandacht of ook wel aandachtsspanne. Om langere tijd de aandacht te kunnen richten op een taak is het nodig om weerstand te bieden aan afleiders. Die kunnen uit de omgeving komen, bijvoorbeeld geluid van buiten. In een klas kunnen het andere kinderen zijn die door de klas lopen, spullen die op tafel liggen, of herrie van de gang. Dit noemen we externe afleiders.

| volgehouden aandacht

| externe afleiders

Eigen gedachten, invallen of associaties of iets wat hem bezighoudt, kan een kind ook afleiden. Het begint aan een bepaalde opgave, maar een woord in een zin doet hem aan iets anders denken. Daardoor gaan zijn gedachten totaal met hem op de loop. Dit noemen we interne afleiders. Wanneer zo'n leerling zelfstandig aan een taak moet werken, is er niets nodig om zijn gedachten af te leiden. Hierdoor is hij veel meer tijd aan zo'n taak kwijt en is de prestatie ook minder. Een kind dat op die manier associatief bezig is, kan ook heel moeilijk een vraag goed beantwoorden. Er zijn ook kinderen die wel weerstand kunnen bieden aan afleiders en zich korte tijd kunnen richten op een taak, maar van wie de aandachtsspanne te kort is vergeleken met leeftijdsgenoten.

| interne afleiders

| associatief

Wanneer de concentratiemoeilijkheden van een kind zodanig ernstig zijn dat deze het functioneren van het kind belemmeren, kan er sprake zijn van een aandachts- en concentratiestoornis, zoals ADHD (aandachtsdeficiëntie-/hyperactiviteitsstoornis). ADHD is een neurobiologische ontwikkelingsstoornis die in de loop van de ontwikkeling naar voren kan komen. Er zijn een aantal onderscheiden vormen van ADHD, naargelang de symptomen die op de voorgrond staan. Soms is er vooral sprake van symptomen op het gebied van aandachtsproblemen, soms vallen de symptomen op het gebied van hyperactiviteit en impulsiviteit het meest op, of er is een combinatie van deze symptomen (zie ook 7.4.2.). Kinderen met ADHD onderscheiden zich vaak al jong van andere kinderen. Soms kunnen ouders van een kind met ADHD zich herinneren dat het kind al tijdens de zwangerschap opvallend druk was. Dit zet zich voort in de peutertijd en in die periode hebben ouders van een kind met ADHD hun handen vol om het te behoeden voor allerlei problemen en ongelukjes.

| ADHD

Kinderen met ADHD hebben moeite met de executieve functies. Dit zijn regulatiefuncties die het plannen van gedrag, en het reguleren van gedachten en emoties mogelijk maken. Executieve functies zorgen ervoor dat een kind zich optimaal kan aanpassen aan de eisen die de omgeving stelt. Door inhibitie is iemand in staat om impulsen af te remmen of inadequaat gedrag te stoppen. Het vermogen tot schakelen zorgt ervoor dat kan worden geswitcht naar alternatief gedrag dat passender is bij de situatie, of om de aandacht te verleggen wanneer dat nodig is. Het werkgeheugen stelt iemand in staat om zijn acties te plannen en mentaal in te beelden zodat alternatieven kunnen worden overwogen.

| inhibitie

| schakelen

| werkgeheugen

Schoolgaan eist veel van een kind met ADHD. Dan valt op dat het echt niet langere tijd stil kan zitten en zijn impulsen kan beheersen. Dit geeft problemen, bijvoorbeeld bij het kringgesprek en bij het spelen op het plein.

Groep 3 stelt nog meer eisen, dan moet een kind langere tijd zelfstandig aan een taak kunnen werken. De moeilijkheden voor een kind met een concentratiestoornis zullen dan meestal duidelijk naar voren komen.

| structuur

Een kind met een concentratiestoornis is gebaat bij een duidelijke structuur en consequente, duidelijke afspraken. Een leerling met dit probleem zal zich beter kunnen handhaven in een klas wanneer er aandacht en begrip is voor zijn moeilijkheden. Het is handig om de taken voor zo'n leerling in delen op te splitsen en vaker feedback te geven. Ook kan het fijn zijn als het kind de mogelijkheid heeft even actief te zijn, bijvoorbeeld als het iets in een andere klas mag halen voor de leerkracht. Om de aandacht van het kind gericht te houden, is het vaak een goed idee om een rustig-werken-plek in de klas te maken, een plek waar weinig externe afleiders zijn. Hier kan het kind bij bepaalde zelfstandige taken gaan zitten. Voor groepsinstructie en groepsactiviteiten kan hij dan gewoon weer aan zijn eigen tafel zitten. Het is belangrijk om de rustig-werken-plek niet als straf, maar als hulpmiddel aan de leerling te presenteren.

| rustig-werken-plek

9.8.5 Gedragsproblemen

De school is een plaats waar gedragsproblemen vaak duidelijk naar voren komen. De reden daarvoor is dat er op school bepaalde eisen en regels aan een kind worden gesteld waaraan het zich moet aanpassen. We doen dus een beroep op het vermogen tot aanpassen en het beheersen van impulsen. De school is een plaats waar het kind moet omgaan met leerkrachten en andere kinderen. Daar hebben sommige kinderen veel moeite mee. Gedragsproblemen hebben als basis een breed scala aan sociaal-emotionele problemen. Een daarvan is dat de gedragsproblemen veroorzaakt worden door onderliggende leerproblemen. Wanneer een kind gefrustreerd is omdat het met leren niet goed kan meekomen en steeds slechte cijfers haalt, kan hij dat soms afreageren door problematisch gedrag. Bij een gedragsprobleem op school is dus – naast het inventariseren van andere sociaal-emotionele problematiek – altijd een aandachtspunt hoe het met het leren gaat. Wordt de leerling misschien overvraagd? Wanneer een leerling om een andere reden gedragsproblemen laat zien, geldt de beschrijving en aanpak zoals aangegeven in hoofdstuk 7.

| leerproblemen

9.9 Van theorie naar praktijk

Aan het begin van dit hoofdstuk hebben we twee kinderen gepresenteerd die ieder heel verschillend staan tegenover school en naar school gaan. Waar zouden deze verschillen in houding vandaan komen?
In dit hoofdstuk is een aantal belangrijke factoren naar voren gekomen die bepalend zijn voor het welzijn van een kind op school. We hebben gezien dat de school moet aansluiten op het ontwikkelingsniveau van het kind.

Dit is iets wat we kunnen nagaan. Hoe is de interactie tussen enerzijds datgene wat de school aanbiedt en van de leerling verwacht en anderzijds de leerlingkenmerken?
Ten tweede is er de factor van de school als sociaal milieu. Hoe verloopt dit voor deze kinderen? Hebben ze goede contacten in de klas of is er misschien sprake van aansluitingsproblemen of van pesten?
Ten derde kun je de verklaring zoeken in de kenmerken van de leerling zelf. Hoe is het met zijn ontwikkeling tot nu toe? Is zijn aanleg voldoende of heeft het misschien leerbelemmeringen? Hoe is het gesteld met zijn zelfvertrouwen?
Wanneer we al deze factoren nagaan, kunnen we in beeld brengen hoe we de verschillende attituden ten aanzien van school kunnen verklaren. Mogelijk heeft Joey in zijn ontwikkeling al op een andere manier faalangst ontwikkeld, denk daarbij aan de verschillende ontwikkelingscrises van Erikson. Of misschien sluit de school niet goed aan bij wat hij kan en loopt hij te veel op zijn tenen. Het kan ook zijn dat hij zich niet op zijn gemak voelt in de klas. Het is ook nog denkbaar dat Joey eigenlijk veel moeite heeft met alles wat hij van anderen moet doen en niet zelf mag kiezen. Dan is er meer sprake van een temperamentsprobleem of mogelijk een gedragsprobleem.
Met Anouk lijkt de ontwikkeling anders te zijn verlopen. Zij heeft geen motivatieprobleem voor school, en haar welbevinden daar en de omgang met klasgenootjes lijken prima in orde. Blijkbaar is de aansluiting tussen datgene wat de school kan bieden en wat Anouk nodig heeft om prettig te functioneren heel goed.

Verder lezen

Balans inforeeks: brochures over leerproblemen. Voor ouders en leerkrachten. Te bestellen via: www.balansdigitaal.nl.
Boekjes voor kinderen over leer- en gedragsproblemen op school:

- Carry Slee: *De smoezenkampioen*
- Marion van de Coolwijk: *Ik ben niet bom!*
- Jacques Vriens: *Ga jij maar op de gang!*

Hoofdstuk 10

Van kind naar puber

HOOFDSTUK 10

Van kind naar puber

Sheila (13) woont in een gezin met haar moeder, de nieuwe man van moeder en haar broer Serge (15). De nieuwe man van moeder woont al in het gezin sinds Sheila's derde jaar, voor haar is hij dus gewoon haar vader. Hij heeft haar leren fietsen, bracht haar naar zwemles en las haar elke avond voor. Haar biologische vader woont aan de andere kant van Nederland.
Het contact is vriendschappelijk, maar minimaal. Sheila heeft altijd veel gelezen. Ze heeft een rijke fantasie en leeft zich altijd helemaal in. Ze moppert de laatste jaren wel op het aanbod van boeken voor meiden van haar leeftijd. 'Het gaat altijd over ellende, scheidingen en geweld. Waarom zijn er geen vrolijke boeken voor mij?'
In de brugklas wordt bij Nederlands een thema rond echtscheidingen gepresenteerd. Ze beginnen met een kringgesprek. Sheila is onder de indruk van de verhalen van Tygo over zijn stiefvader met wie hij een slecht contact heeft. Thuis vertelt zij hier enthousiast over. Tygo had alle aandacht gekregen. Daarna hadden een paar andere leerlingen ook mogen vertellen over hun akelige stiefvader. Aan tafel kijkt Sheila peinzend naar haar vader. 'Jij bent eigenlijk ook een stiefvader', zegt ze. 'Ja,' beaamt hij, 'officieel heet dat zo, ja.' 'Doe niet zo belachelijk', zegt Serge, 'hij is toch gewoon onze vader.' Ze hebben het er verder niet meer over.
Na een paar maanden worden de ouders van Sheila verzocht op school te komen praten met haar mentor. 'Wij hebben gemerkt dat Sheila veel problemen heeft met haar stiefvader. Er zijn behoorlijk wat leerlingen die moeite hebben met co-ouderschap en nieuw-samengestelde gezinnen, dus ze is echt niet de enige. Maar volgens haar kan ze daar met niemand over praten, dus hebben wij de schoolmaatschappelijk werker ingeschakeld. Heeft u er zelf weleens aan gedacht om hulp te zoeken?'

10.1 INLEIDING

De leeftijdsgroep tussen kinderen en volwassenen noemen we jeugd, jongeren, pubers of adolescenten. Voor de termen 'puber' en 'adolescent' worden verschillende leeftijdsgrenzen gehanteerd. Het woord puberteit komt van het Latijnse woord *pubertas*, dat 'man worden' betekent. De puberteit hangt dus samen met geslachtsrijp worden. In ons dagelijks taalgebruik hanteren we inmiddels een bredere definitie van puberteit. Het moment van geslachtsrijpheid is bij elke jongere anders en we vragen niet naar geslachtsrijpheid voordat we een jongere tot puber bestempelen. In dit boek hanteren we de volgende leeftijdsgrenzen, die dus niet absoluut moeten worden genomen: jongeren tussen de 10 en de 12 jaar noemen we prepubers, jongeren tussen de 12 en de 16 jaar noemen we pubers en jongeren tussen de 16 en de 21 jaar noemen we adolescenten. Er zijn definities van adolescenten die de periode tussen de 12 en de 23 of zelfs 25 jaar omvatten. Wat daarmee meteen zichtbaar wordt, is dat de periode tussen kind zijn en volwassen zijn flink is opgerekt. In dit boek hanteren we de leeftijdsgrens van 21 jaar, omdat jongeren vanaf 21 jaar volledig zelf verantwoordelijk zijn voor hun handelen. Volgens de wet is iedereen vanaf zijn 18e volwassen. In berichten in de krant wordt dan ineens gesproken over 'een man van 18 die na joyriding met de auto in de sloot is beland'. Vermoedelijk zien zijn ouders hem nog lang niet als man. Zij gaan hun kind ophalen en spreken hem vermanend toe. Als je 18 bent, mag je met een rijbewijs alleen in een auto rijden; je mag zelf alcohol en tabak kopen; je mag stemmen en je hebt geen toestemming van je ouders meer nodig bij schoolkeuze, het bezoeken van artsen of het ondergaan van medische handelingen. De ouders blijven nog wel aansprakelijk voor hun kind tot zijn 21e, bijvoorbeeld voor kosten voor opleiding of als er schulden zijn gemaakt. Pas sinds de jaren zestig van de vorige eeuw kregen jongeren langer de tijd om volwassen te worden.

| prepuber
| puber
| adolescent

In dit hoofdstuk beschrijven we de biologische en cognitieve veranderingen. Daarna volgen paragrafen over sociale veranderingen op school en in het gezin. We sluiten af met diverse visies op puberteit en de ontwikkelingstaken voor jongeren. In dit hoofdstuk staat ontwikkelingstaak 1 Positie ten opzichte van de ouders centraal: minder afhankelijk worden van de ouders en het bepalen van een eigen plaats binnen de veranderende relaties in het gezin en de familie. Daar hoort ook ontwikkelingstaak 4 Eigen woonsituatie bij: het zorg dragen voor eigen kamer en spullen en het omgaan met je huisgenoten.

| positie ten opzichte van de ouders

| eigen woonsituatie

10.2 BIOLOGISCHE VERANDERINGEN

| Y-chromosoom

Als een zaadcel met een Y-chromosoom een eicel bevrucht, ontstaan er testikels. Die zorgen voor de aanmaak van mannelijke geslachtshormonen. Deze geslachtshormonen, waarvan de bekendste testosteron is, zetten de ontwikkeling van de primaire geslachtskenmerken in gang. Dit zijn: zaadleiders, prostaat, zaadblaasjes, penis en balzak. Een ander mannelijk geslachtshormoon, AMH, houdt intussen de ontwikkeling van een baarmoeder tegen. Wordt een eicel bevrucht door een zaadcel met een X-chromosoom, dan ontstaan eierstokken. Deze eierstokken maken geen mannelijke geslachtshormonen aan, zodat de vrouwelijke geslachtsorganen worden gevormd: baarmoeder, eileiders, eierstokken, vagina, clitoris en schaamlippen.

| X-chromosoom

Dezelfde geslachtshormonen zorgen in de puberteit voor de ontwikkeling van de secundaire geslachtskenmerken. Bij de jongens zijn dit groei van ballen en penis, okselbeharing en baardgroei, groei van adamsappel en stembanden,

| secundaire geslachtskenmerken

beharing rond geslachtsorganen, vergroting van de spiermassa en zaadlozingen. Jongens beginnen geslachtsrijp te worden tussen hun tiende en vijftiende jaar. De eerste zaadlozingen bevatten nog geen zaad. Gemiddeld zijn jongens rond hun zestiende vruchtbaar. Bij de meisjes zijn de secundaire geslachtskenmerken borsten, beharing van de schaamstreek, okselhaar, meer onderhuids vet, eisprong en menstruatie. Meisjes zijn bij de eerste menstruaties nog niet vruchtbaar. De ovulatie (eisprong) treedt pas later op. Meisjes zijn gemiddeld vruchtbaar als ze vijftien zijn.

In de puberteit vindt ook een versnelling van de groei plaats, de zogeheten 'groeispurt'. Bij jongens begint deze tussen de 10,5 en 16 jaar, met een gemiddelde van 12 jaar. Bij meisjes begint hij tussen de 7,5 en 13 jaar, met een gemiddelde van 10,5 jaar. Dit verklaart het grote lengteverschil tussen jongens en meisjes in groep 8 van de basisschool. Later halen de jongens de meiden in, omdat jongens dan sneller groeien en uiteindelijk langer worden.

| groeispurt

De bovengenoemde cijfers zijn gemiddelden. Het zal duidelijk zijn dat er grote verschillen bestaan in groei en ontwikkeling. Het ene meisje kan ongesteld zijn op haar negende en het andere meisje op haar achttiende. Dat betekent dat een 12-jarig meisje wel degelijk vruchtbaar zou kunnen zijn. Hoe eerder ze ongesteld is, des te eerder treden er ovulaties op. In de afgelopen honderd jaar is het gemiddelde tijdstip van de eerste menstruatie in de westerse landen vervroegd, maar de laatste jaren blijft het stabiel. De oorzaak van de vervroeging staat niet vast. Waarschijnlijk spelen zaken als verbeterde voeding, betere gezondheidszorg en hogere omgevingstemperaturen in huis een rol.

Kinderen willen niet graag opvallen tijdens de puberteit. Alle veranderingen brengen al genoeg onzekerheid met zich mee. Beduidend sneller of langzamer zijn dan leeftijdsgenoten kan deze onzekerheid doen toenemen. Het is voor meisjes niet leuk om als eerste ongesteld te worden op de basisschool en borsten te krijgen, maar ook niet om de laatste te zijn. Over het algemeen vinden meisjes het erger om vroeg rijp te zijn dan om laat rijp te zijn. Vroegrijpheid heeft voor hen nadelen; hun lichaam is verder dan hun sociaal-emotionele ontwikkeling, ze krijgen aandacht van oudere jongens en komen eerder in situaties terecht waar zij emotioneel en cognitief nog niet aan toe zijn. Jongens waarderen het krijgen van secundaire geslachtskenmerken meer dan meisjes. Een vroege rijping zorgt bij hen voor trots en een positief zelfbeeld. Bij hen is een late rijping vooral reden tot ongerustheid en onzekerheid.

| vroeg rijp
| laat rijp

10.3 Cognitieve veranderingen

De geslachtshormonen die zorgen voor de primaire en secundaire geslachtskenmerken bij jongens en meisjes zijn vermoedelijk ook verantwoordelijk voor verschillen in het centrale zenuwstelsel, dat bestaat uit hersenen en ruggenmerg. Uit onderzoek blijkt dat de geslachtshormonen ervoor zorgen dat het centrale zenuwstelsel van jongens en meisjes zich verschillend

geslachtsdifferentiatie

ontwikkelt. Ook daarin ontstaat een geslachtsdifferentiatie. Het reageert in de puberteit op de geslachtshormonen die worden geproduceerd en activeert meisjes en jongens tot het seksespecifieke seksuele gedrag. Er ontstaan niet alleen verschillen in de hersenstructuur, maar ook in de manier van informatieverwerking door de hersenen. In hoofdstuk 15 gaan we verder in op de seksuele ontwikkeling bij pubers.

cognitieve veranderingen

Ook in het denken en leren treden veranderingen op tijdens de puberteit. Deze cognitieve veranderingen verlopen geleidelijk. Het is natuurlijk niet zo dat een meisje dat ongesteld wordt ineens heel abstract gaat denken. Het denkvermogen van pubers wordt groter en werkt sneller. Een 12-jarige kan meer informatie tegelijk in zich opnemen dan een 10-jarige en hij verwerkt die informatie sneller en kan ook meer en moeilijker informatie aan. Ontwikkelingspsycholoog Kohnstamm noemt drie kwantitatieve veranderingen in het denken. Dat betekent dat de jongere al beschikt over deze cognitieve vermogens, maar dat ze in kwantiteit toenemen. Deze gelden algemeen, dus voor alle jongeren. Door onderlinge verschillen in persoonlijkheid en intelligentie zullen niet alle veranderingen bij een ieder even zichtbaar zijn:

kwantitatieve veranderingen

1. De aandacht en het concentratievermogen nemen toe. Pubers kunnen zich concentreren op hun huiswerk terwijl er harde muziek aan staat en zij kunnen bij gecompliceerde vraagstukken met diverse aspecten tegelijkertijd rekening houden.
2. De geheugencapaciteit neemt toe. Zowel het korte- als het langetermijngeheugen kan meer informatie vasthouden.
3. Pubers kunnen beter planmatig en systematisch te werk gaan dan schoolkinderen.

kwalitatieve veranderingen

De kwalitatieve veranderingen in het denken worden in de theorie van Piaget uiteengezet. Volgens hem verloopt de cognitieve ontwikkeling in een aantal fasen. Elke fase kent een denkstrategie waartoe kinderen op dat moment in staat zijn (zie ook hoofdstuk 6). Elke fase houdt een kwalitatieve verandering in; de kwaliteit van het denken verbetert dus. Basisschoolkinderen bevinden zich in de concreet-operationele fase (7-11 jaar). Piaget noemde deze fase concreet omdat deze kinderen alleen kunnen redeneren over concrete situaties. Het kind moet vóór zich zien waarover het praat. Dit is de belangrijkste tegenstelling met de volgende fase, de formeel-operationele fase (vanaf 12 jaar). In deze fase kunnen kinderen ook redeneren over abstracte en hypothetische zaken. De overgang tussen deze twee fasen bestrijkt verscheidene jaren. In de ene situatie zal een kind formeel kunnen redeneren, in de andere situatie nog niet. De genoemde leeftijden zijn van Piaget, anderen hebben er kritiek op geuit. Zo is uit onderzoek gebleken dat er grote onderlinge verschillen zijn en dat niet iedereen het formeel-operationele stadium bereikt. Dit hangt af van intelligentie en persoonlijkheid. De een kan het niveau cognitief niet halen en de ander ligt deze manier van denken niet zo. Het komt ook voor dat mensen op het ene gebied wel abstract kunnen redeneren en op het andere niet. Ze zijn bijvoorbeeld goed in wiskunde, maar blijven achter op het sociale gebied, zoals wat betreft sociale relaties.

formeel-operationele fase

Tijdens de puberteit ontwikkelt zich ook de metacognitie, het kunnen denken over de eigen denkwereld. Een kind denkt na, een jongere weet ook dat hij denkt en denkt daar vervolgens weer over na. Aanvankelijk past de jongere deze metacognitie beperkt toe, namelijk alleen op zichzelf. Dit egocentrisme neemt in de loop van de puberteit af. Tegelijkertijd is er een toenemend sociaal perspectief: de jongere kan zich steeds beter in een ander verplaatsen. Zowel de zelfkennis als de mensenkennis nemen toe.

| metacognitie

Intelligentie zoals we die meten, is een relatief begrip. We kunnen alleen testen hoe een kind scoort ten opzichte van zijn leeftijdsgenoten. Soms lijkt het alsof een kind in de puberteit minder intelligent wordt. Omdat de ontwikkeling per kind verschillend verloopt, kan het zijn dat een kind van 5 jaar beduidend hoger scoort dan zijn leeftijdsgenoten en dat het als het 12 jaar is, gemiddeld scoort. Het kind heeft tijdens zijn kleuterjaren kennelijk een spurt gemaakt op cognitief gebied. Ook speelt bij jonge kinderen de invloed van het gezin een grotere rol bij het testen van de intelligentie dan bij oudere kinderen. Een 5-jarig kind dat opgroeit in een gezin dat veel doet aan taalontwikkeling zal hoger scoren op een intelligentietest dan een kind uit een gezin waarin dit niet gebeurt. Als we de resultaten van 5-jarigen vergelijken met die van 12-jarigen kunnen we daar wel een verband tussen zien, maar dat verband is sterker als we de resultaten van 12-jarigen vergelijken met de resultaten als ze 18 zijn (zie ook hoofdstuk 6).

Met het verschijnen van boeken over het 'puberbrein' werd duidelijk dat de ontwikkelingsfase waarin het hersengebied dat verantwoordelijk is voor rationele afwegingen zich langzamer ontwikkelt dan andere hersengebieden. De hersenen zijn van het 10e tot het 25e levensjaar nog volop in ontwikkeling. De cortex beslaat ongeveer driekwart van de hersenen en is verdeeld in vier kwabben: de achterhoofdskwab, de pariëtaalkwab, de temporale kwab en de frontaalkwab. Deze laatste wordt ook wel de prefrontale cortex genoemd en is verantwoordelijk voor impulscontrole, beoordelingsvermogen, probleemoplossing, planning, sociaal gedrag, taal en geheugen. De hersenen groeien van achteren naar voren, dit betekent dat de frontaalkwab het laatste 'klaar' is. Het gevolg is dat jongeren in de leeftijdsfase tussen ongeveer 14 en 23 jaar moeite hebben tot weloverwogen keuzes te komen en daarbij de consequenties van hun keuzes te overzien. Ze vinden het moeilijk om goed te plannen en prioriteiten te stellen, abstracte denkprocessen uit te voeren en te anticiperen op wat gaat komen. Er worden vier verschijnselen genoemd die het puberbrein kenmerken:

| prefrontale cortex

| puberbrein

- geen helicopterview
- ratio op achterstand
- heftige emoties
- neiging tot kicks.

10.4 Veranderingen op school

10.4.1 Van basisschool naar voortgezet onderwijs

De overgang van de basisschool naar het voortgezet onderwijs is groot. Het tijdstip waarop deze overgang plaatsvindt – zo rond de 12 jaar – valt samen met biologische en cognitieve veranderingen. Elk kind reageert op zijn eigen wijze op deze veranderingen. Het ene kind is trots dat het eindelijk op het voortgezet onderwijs zit, het andere mist de vertrouwde meester of juf van groep 7 en 8. In elk geval kosten alle veranderingen energie.

Veel ouders brengen hun kinderen nog tot het eind van de basisschool naar school. Daar kun je bij het voortgezet onderwijs echt niet mee aankomen, dan gaat het kind zelfstandig naar school. Het schoolgebouw is beduidend groter dan de basisschool. Er zijn ook meer leerlingen. Een basisschool heeft gemiddeld 240 leerlingen, een scholengemeenschap voor voortgezet onderwijs wel 2000. De brugklasleerling krijgt een rooster vol afkortingen voor de vakken, de docenten en de lokalen. Elke dag moet hij bedenken welke boeken hij moet meenemen, hij moet het huiswerk op de juiste plek in de agenda noteren en na schooltijd wacht veel maak- en leerwerk dat een planmatige aanpak vraagt. Het kind zit in een klas met een aantal bekenden van de basisschool, maar verder met nieuwe gezichten. De plek in de groep die een jongere op de basisschool had, krijgt hij niet vanzelfsprekend in de nieuwe klas. Het meisje dat zo populair was in groep 8 zit ineens met veel vlottere meiden in de nieuwe klas. De wat aparte jongen die op het kleine dorpsbasisschooltje nog met rust werd gelaten, krijgt nu misschien wél commentaar. Het eerste halfjaar doen kinderen erg hun best op de nieuwe school. Ze werken allemaal hard, willen het graag goed doen en ze kijken op tegen de docenten.

| groot gebouw

| rooster

| nieuwe gezichten

| hard werken

Veel kinderen houden deze houding het hele eerste jaar vol, maar er zijn er ook die na de kerstvakantie beduidend losser worden. Zij hebben intussen ingeschat welke docenten wel en welke geen ruimte voor een geintje hebben. Uit onderzoek blijkt dat het merendeel van de leerlingen het eerste jaar in het voortgezet onderwijs hoger scoort dan de volgende jaren. Gaandeweg de jaren stappen veel meer leerlingen uit het voortgezet onderwijs over naar een lager niveau dan andersom. Halverwege of aan het eind van de brugklas wordt bekeken of een leerling op het juiste niveau zit. Aangezien de resultaten dan juist hoger liggen dan wat zo'n leerling verder zal laten zien, denken veel ouders te snel dat hun kind wel een niveau hoger aankan. De puberteit is nog maar net begonnen, het is lastig om in te schatten hoe een brugklasser zich zal ontwikkelen wat betreft motivatie en discipline. Deze zaken zijn belangrijke indicatoren voor het slagen voor een bepaalde opleiding, samen met cognitieve capaciteiten, interesses, vrijetijdsbesteding en vriendengroep.

10.4.2 SCHOOLKEUZE VOORTGEZET ONDERWIJS

Na de basisschool gaan jongeren naar het voortgezet onderwijs. Allereerst maken ze een keuze naar niveau. Dat wordt op de meeste basisscholen bepaald door de uitkomst van de eindtoets groep 8 en het advies van de leerkracht. Deze eindtoets groep 8 staat bekend als Cito-toets. Als de citoscore aangeeft dat het kind vmbo-t/havoniveau heeft en de leerkracht van groep 8 het advies vmbo-t/havo geeft, dan mogen kind en ouders kiezen voor havo of vmbo-t. Als de score en het advies alleen vmbo-t aangeven, mag het kind niet naar de havo. Alle scholen voor het voortgezet onderwijs in Nederland hebben hier afspraken over gemaakt, al weegt de stem van de leerkracht van groep 8 sinds 2016 zwaarder dan de score op de Cito-toets. Dit omdat blijkt dat de voorspelling van de leerkracht vaker overeenkomt met het niveau dat het kind uiteindelijk aan blijkt te kunnen dan de voorspelling op grond van de Cito-toets. Wel is het zo dat onderzoek heeft uitgewezen dat leerkrachten bij allochtone leerlingen (leerlingen van wie minstens een van de ouders afkomstig is uit een ander land dan Nederland), eerder geneigd zijn een lager schoolniveau te adviseren dan bij autochtone kinderen. Leerkrachten geven aan dat dit onder meer te maken kan hebben met de aanwezige hulp in het gezin waar het schoolzaken betreft.

Zodra het niveau duidelijk is, kiezen ouders en kind vervolgens een bepaalde school. Deze schoolkeuze is afhankelijk van levensbeschouwing (openbaar, christelijk of islamitisch onderwijs), kwaliteit van de scholen, keuze van vrienden en de afstand tussen school en woning.

Wet passend onderwijs

Sinds januari 2014 is de Wet passend onderwijs van kracht. Dit betekent dat voor elk kind met een bepaalde zorgvraag een passende plek op een school gevonden dient te worden. De school waar de leerling wordt aangemeld heeft de zorgplicht. Dat betekent dat de school verantwoordelijk is voor het bieden van een passende plek voor de leerling. De school beoordeelt eerst of zij de leerling zelf de benodigde ondersteuning kan bieden. Als dat niet het geval is, gaan ouders en school in gesprek over een plek op een andere school die de leerling wel een passend aanbod kan bieden. Omdat niet kan worden verwacht dat reguliere scholen alle kinderen die worden aangemeld een passend aanbod kunnen bieden, werken scholen regionaal samen.

samenwerkingsverbanden

Daarvoor zijn samenwerkingsverbanden passend onderwijs (swv's) voor pro (praktijkonderwijs, zie hierna) en voor vo (voortgezet onderwijs) ingericht. Naast reguliere scholen sluiten ook scholen voor vso, voortgezet speciaal onderwijs (cluster 3 en 4) aan. Cluster 3 is het onderwijs aan kinderen met een verstandelijke, lichamelijke of meervoudige handicap en voor langdurig zieke kinderen. Cluster 4 is onderwijs voor kinderen met ernstige gedrags- of psychiatrische stoornissen. Voordat een leerling bij een van de scholen voor voortgezet speciaal onderwijs aangenomen kan worden, moet er een toelaatbaarheidsverklaring worden aangevraagd. Dat doet de school bij het samenwerkingsverband passend onderwijs waar de leerling woont.

SCHOOLTYPEN VOORTGEZET ONDERWIJS

Vso: dit is de afkorting voor het Voortgezet Speciaal Onderwijs. Leerlingen met leer- en/of gedragsproblemen komen in aanmerking voor het vso. Ze dienen hiervoor bij een regionale intakecommissie een indicatie te hebben gekregen.

Pro: is de afkorting voor Praktijkonderwijs. Na het pro kunnen leerlingen doorstromen naar niveau 1-opleidingen van het mbo. Ze mogen alleen worden toegelaten als een regionale intakecommissie daar een indicatie voor heeft afgegeven. Dit schooltype met kleinere klassen, meer individuele aandacht en specifieke hulp is bestemd voor leerlingen met bepaalde leerachterstanden, leerproblemen en een lager IQ. Met een IQ van 70 of lager is de leerling aangewezen op het praktijkonderwijs.

Lwoo: is de afkorting voor LeerWegOndersteunend Onderwijs. Dit type onderwijs wordt meestal aangeboden bij een school waar in elk geval vmbo (zie hierna) wordt gegeven en is bedoeld voor leerlingen voor wie vmbo-b net iets te moeilijk is. Het lwoo heeft kleinere klassen met meer aandacht voor de individuele leerling. Iedere leerling volgt een individueel traject, het lwoo kent geen diploma.

Vmbo: is het Voorbereidend Middelbaar BeroepsOnderwijs. Na twee jaar basisvorming met door de overheid vastgestelde vakken maken leerlingen een keuze uit de vier sectoren Economie, Zorg en Welzijn, Techniek en Landbouw. Niet elke school biedt alle sectoren aan. Binnen het vmbo zijn er de volgende leerwegen:

Vmbo-b: is vmbo basisberoepsgericht. Deze leerlingen krijgen voornamelijk praktijkgerichte vakken. Na het vmbo-b kunnen ze doorstromen naar niveau 2-opleidingen in het middelbaar beroepsonderwijs (mbo), vaak gegeven aan de ROC's (Regionale OpleidingsCentra). In 2017 is een wetsvoorstel ingediend om vmbo-b- en vmbo-k-leerlingen rechtstreeks door te laten stromen naar een mbo-opleiding van hun keuze, waardoor ze geen diploma voor het vmbo meer hoeven te behalen en een jaar korter over het traject vmbo + mbo doen.

Vmbo-k: is vmbo kaderberoepsgericht. Deze leerlingen krijgen ook voornamelijk praktijkgerichte vakken, maar de theorievakken volgen zij op een iets hoger niveau dan bij de basisberoepsgerichte leerweg. Ze kunnen uitstromen naar een niveau 3- of soms zelfs niveau 4-mbo-opleiding.

Vmbo-g: is de gemengde leerweg. Leerlingen krijgen zowel praktijkgerichte vakken als theorievakken. Leerlingen stromen uit naar niveau 3 of 4 op het mbo.

Vmbo-t: is de theoretische leerweg, vergelijkbaar met de vroegere mavo. Vanwege de negatieve klank die het vmbo heeft gekregen, kiezen sommige scholen ervoor om de naam mavo weer aan te nemen. Leerlingen stromen uit naar niveau 3- of 4-opleidingen van het mbo. De uitstroom naar de havo is door de nieuwe structuur lastiger geworden. Wie dat wil, moet in klas 3 al extra vakken volgen, omdat op de havo in meer vakken examen wordt gedaan dan op het vmbo-t.

Havo: is het Hoger Algemeen Voortgezet Onderwijs. Deze opleiding duurt vijf jaar. Na drie jaar kiezen de leerlingen een profiel: Cultuur en Maatschappij, Economie en Maatschappij, Natuur en Gezondheid of Natuur en Techniek. Leerlingen van de havo kunnen doorstromen naar het Hoger BeroepsOnderwijs (hbo). Na het behalen van een hbo-diploma (dit heet een bachelor) kunnen ze in twee jaar een master halen van een vergelijkbare studie aan een universiteit, hoewel de meeste universiteiten een pre-master traject aanbieden omdat blijkt dat veel studenten met een hbo-diploma niet in twee jaar hun master kunnen halen. Het is ook mogelijk om na het behalen van het eerste jaar (de propedeuse) al door te stromen naar een universitaire studie.

Vwo: is het Voorbereidend Wetenschappelijk Onderwijs. Deze opleiding duurt zes jaar. Na drie jaar maken leerlingen een keuze uit dezelfde profielen als die van de havo. Ze kunnen doorstromen naar het hoger beroepsonderwijs en naar de universiteit. Binnen het vwo maken we onderscheid tussen atheneum en gymnasium. Op het laatste type school is er ook les in Latijn en Grieks.

In totaal zit ongeveer 55 procent van alle leerlingen op het vmbo en 45 procent op havo/vwo. Het vmbo is nog steeds het grootste schooltype van Nederland, maar de laatste jaren wordt het percentage steeds lager. Dit komt omdat de meeste ouders hun kind liever naar de havo laten gaan dan naar het vmbo. Jongeren moeten vrij snel een sector of profiel kiezen. De keuze voor opleiding en beroep is daarmee vervroegd. Sommige jongeren weten al vroeg wat ze willen worden, maar de meerderheid heeft nog geen idee of switcht tussen uiteenlopende keuzes. Leerlingen uit lagere sociale milieus hebben eerder een concrete beroepswens dan die uit midden en hogere sociale milieus. De laatste groep kiest ervoor om een zo hoog mogelijk onderwijsniveau te halen, dat hun keuzemogelijkheden op de arbeidsmarkt straks ruimer maakt.

sector of profiel kiezen

10.4.3 ROL VAN DE OUDERS

In de leeftijdsfase tussen kind en puber zijn ouders van groot belang voor hun kind. Dat heeft juist in een periode waarin het wat meer afstand van hen gaat nemen en de vanzelfsprekendheden van het gezin ter discussie stelt, behoefte aan hun steun, al lijkt het in tegenspraak met de onverschillige houding die sommige kinderen aannemen. In deze leeftijdsfase zijn kinderen zich meer dan ooit bewust van zichzelf. Ze weten zich daardoor vaak geen raad met hun houding en vinden veel gek en stom. Blij en enthousiast zijn kunnen anderen kinderlijk vinden. Gevoelens van schaamte nemen toe, ook al is daar volgens volwassenen geen enkele reden toe. Kinderen van deze leeftijd kunnen zich schamen voor zichzelf, hun ouders, hun huis en hun kleding. Niet alle kinderen voelen zich zo. Er zijn ook kinderen die tamelijk geruisloos door deze periode heen komen. Aan hen zien we nauwelijks veranderingen in gedrag en houding.

| steun

| schaamte

Ouders en verzorgers doen er in elk geval goed aan extra tijd en aandacht aan hun kind te besteden in het eerste halfjaar van de brugklas. Zij kunnen hen helpen bij het plannen van het huiswerk en checken of ze de juiste boeken hebben ingepakt. Ook het overhoren van Engelse woordjes is handig, net als leerstrategieën helpen aanleren. Docenten waarschuwen ouders hun kind niet te veel te helpen. Zij zeggen dat een te veel geholpen kind vanaf de derde klas zal stranden, omdat de school dan steeds meer van de zelfwerkzaamheid van de leerling verwacht, die dan ook in groepjes op school het werk moet kunnen doen. De begeleiding geleidelijk aan verminderen gedurende het eerste jaar lijkt een goede strategie. Ouders kunnen de jongeren helpen hoe ze moeten leren, maar ze moeten niet complete werkstukken in elkaar zetten. Behalve hulp bij het leren is het ook belangrijk dat ouders dagelijks tijd vrij maken om aan te horen wat de jongere heeft meegemaakt op school. Vooral de eerste maanden komen elke dag veel indrukken op de jongere af. Het is goed als hij zijn mening daarover kan toetsen aan zijn ouders. Zo weten zij in een vroeg stadium of er reden is tot zorg, zowel op cognitief gebied als op sociaal gebied: kan de jongere het niveau aan, voelt hij zich lekker in de groep, kan hij overweg met de docenten.

| mening toetsen

10.5 VERANDERINGEN IN HET GEZIN

10.5.1 PLAATS IN DE KINDERRIJ

De overgang van kind naar puber brengt ook veranderingen met zich mee. De verhoudingen in het gezin tussen kind en ouders en tussen broertjes en zusjes komen anders te liggen. Deze veranderingen hangen af van de plaats van de puber in de kinderrij. Is hij het oudste kind, dan wordt hij al langere tijd als groot gezien. Ouders ervaren de overgang naar het voortgezet onderwijs als

| oudste kind

bijzonder en jongere broertjes en zusjes kijken op naar het oudste kind. Zij zitten nog op de basisschool en de puber vertrekt met een grote rugtas naar een onbekende school. Hij vertelt wonderlijke verhalen, is op rare tijden thuis en heeft nieuwe vrienden. Ouders zijn trots op hun oudste en volgen alle nieuwe ontwikkelingen als het goed is met zorg en interesse. Voor een jongste kind is dit heel anders. Alleen voor het jongste kind zelf is alles nieuw en spannend, voor ouders, oudere broers en zussen is het bekend en minder boeiend. Een jongste kind zal minder aandacht krijgen voor alle veranderingen die het meemaakt bij de overgang naar het voortgezet onderwijs.

| jongste kind

Een oudste kind is de eerste puber in het gezin. Hij gaat als eerste discussies aan met de ouders over bedtijd, de hoogte van het zakgeld, uitgaan en thuiskomtijden. Voor een belangrijk deel baant zo'n oudste kind het pad voor zijn jongere broers en zussen. Ouders raken gewend aan het verschijnsel puber, met alle mogelijke situaties die daarbij kunnen horen. In het algemeen zullen ze bij de volgende kinderen wat makkelijker omgaan met huisregels.

10.5.2 Ontwikkelingstaak voor ouders

Zoals eerder beschreven vallen de biologische en cognitieve veranderingen samen met de overgang naar het voortgezet onderwijs, dus met sociale veranderingen. Geleidelijk aan zal de jongere minder delen met zijn ouders. Ouders hebben ook minder grip op zijn tijdsbesteding. Een kind op de basisschool heeft vaste schooltijden en een vaste leerkracht. De ouders weten zeker dat hun kind tot half vier op school zit en als er iets is, worden ze gebeld. Een leerling op het voortgezet onderwijs heeft een rooster dat elke dag anders is en ook ineens wijzigingen kan hebben. Het heeft tussenuren die het vrij invult. Op de basisschool hebben ouders verschillende keren per jaar contact met een vaste groepsleerkracht. Ouders weten hoe het kind zich daar gedraagt. Op het voortgezet onderwijs heeft een leerling wel veertien verschillende docenten, met wie ouders niet allemaal contact onderhouden. Twee keer per jaar is er een ouderavond, waarop ze vijf tot tien minuten kunnen spreken met docenten van hun keuze. Ze spreken ze dus niet allemaal. Tot hun schrik kan op zo'n avond blijken dat hun kind heel brutaal is tegen een bepaalde docent.

In de basisschooltijd is nog duidelijk met wie het kind speelt. Op het schoolplein maak je afspraken en de wederzijdse ouders kennen elkaar. Namen, adressen en telefoonnummers staan in een schoolgids. Een leerling van het voortgezet onderwijs echter heeft het over jongens en meisjes die de ouders nog nooit hebben gezien. Ze weten niet waar ze wonen, vaak ook niet hoe ze volledig heten. Pubers spreken vaker buitenshuis af. Voor de jongeren en zijn ouders zijn deze veranderingen spannend en nieuw. De jongeren maken het allemaal zelf mee, zij gaan helemaal op in hun nieuwe leventje. Voor ouders is het vaak lastiger. Zij zien hoe hun kind zich losmaakt van thuis. Zij staan eigenlijk ook voor een belangrijke ontwikkelingstaak: het geleidelijk loslaten van hun kind. Voor hen is het de kunst om het kind te volgen

| buitenshuis afspreken

en betrokken te blijven zonder het tegen te houden in zijn ontwikkeling. Als ouders open blijven staan voor al het nieuwe dat de jongere tegenkomt, zal hij blijven vertellen wat hem bezighoudt. Als ouders weet je dan ook of er reden tot zorg is en extra begeleiding nodig is. Staan ouders niet genoeg open voor de nieuwe wereld van hun kind, dan zal het steeds minder vertellen. Ouders zullen dan ook geen signalen opvangen als het op een bepaald gebied minder goed gaat. Een kenmerk van de puberteit is het wisselende karakter. De stemming van een puber kan vaak veranderen, net als zijn meningen, interesses en vriendengroepen. Ouders kunnen dus niet één juiste aanpak en houding vinden waarmee ze de hele puberteit kunnen doorkomen. Een puber zoekt zijn weg en probeert allerlei gedragingen en houdingen uit. Ouders zullen ook moeten zoeken naar de aanpak die het beste bij hen en hun kind past. Soms zullen ouders hun kind te weinig loslaten, soms te veel. Zij mogen hierin fouten maken en kunnen hun aanpak elk moment bijstellen, al dan niet met hulp van hulpverleners en docenten.
De laatste jaren is er meer aandacht voor ouders van pubers. Ze krijgen cursussen over hoe om te gaan met een puberzoon of -dochter, er zijn vele boeken en sinds 2004 is er zelfs een tijdschrift voor ouders van pubers, *Pubers J/M*. Deze voorzien in een groeiende behoefte van ouders aan handreikingen in het omgaan met pubers. Met kleine kinderen heb je alle hulp voorhanden. Er zijn contacten met wijkverpleging en consultatiebureau en met peuterspeelzaalleidsters en basisschoolleerkrachten. Via de schoolpleinen hebben ouders onderling contact, ze kunnen ervaringen uitwisselen. Zodra een kind op het voortgezet onderwijs zit, verandert dat allemaal.
Wat ook een rol speelt, is dat bijna alle ouders werken. In Nederland zijn het vaak de moeders (en minder de vaders) van jonge kinderen die parttime werken. Zij breiden hun dienstverband uit zodra de kinderen een jaar of 12 zijn en in de puberteit komen. Dit valt vaak samen met het moment waarop het kind naar het voortgezet onderwijs gaat, en dit kan lastig zijn. De overgang van een kind naar de puberteit verloopt gemakkelijker wanneer vaders en moeders vanaf de geboorte zorgtaken en buitenshuis werken gelijker verdelen. Besluit een van de ouders om meer te gaan werken, dan kan deze dat beter niet aan het begin van de puberteit doen. Een 8-jarig kind kan makkelijker omgaan met een andere dagindeling dan een van 12. Er wordt vaak ten onrechte gedacht dat een puber wel helemaal zonder opvang kan, maar het is juist tijdens de puberteit van belang dat een ouder de jongere kan volgen en hem ook zo nu en dan uit school ziet komen.

10.5.3 Van bevels- naar onderhandelingshuishouden

Zowel ouders als kinderen maken tijdens de puberteit een verandering door die we kunnen omschrijven met de woorden 'van bevels- naar onderhandelingshuishouden'. In een gezin met jonge kinderen is de relatie tussen ouders en kinderen verticaal. De ouders bepalen wat er gebeurt en de kinderen doen wat de ouders zeggen. Dit wordt wel een bevels-huishouding genoemd. In een gezin met oudere kinderen werkt dit niet meer. Daarin zal de relatie tussen ouders en kinderen meer horizontaal worden. Pubers zijn mondiger dan jongere kinderen. Zij stellen de regels van het huis ter discussie. 'Waarom mogen we eigenlijk niet bij de televisie eten? Kunnen we trouwens niet wat later eten? Iedereen mag tot twee uur 's nachts uit, dus dat wil ik ook.' Ouders en pubers zullen meer gaan onderhandelen over regels en afspraken, vandaar de term onderhandelingshuishouding.

| onderhandelingshuishouding

Over sommige zaken zullen de ouders blijven beslissen, maar over steeds meer regels zal worden onderhandeld. Hoe laat er wordt gegeten en hoeveel, bed- en thuiskomtijden, omgaan met (spel)computers, de hoogte van zak- en kleedgeld: voor ouders lijkt er geen eind te komen aan de discussies. Hoe ze hiermee omgaan, is onder andere afhankelijk van hun opvoedingsstijl.
In hoofdstuk 8 hebben we de vier stijlen uiteengezet: de autoritaire stijl, de toegeeflijke (verwennende) stijl, de laisser-faire (verwaarlozende) -stijl en de autoritatieve (structurerende) stijl. Letterlijk betekent autoritatief: op het gezag berustend.

| autoritatieve opvoedingsstijl

Met de autoritatieve opvoedingsstijl geven ouders wel kaders aan, maar daarbinnen mogen jongeren onderhandelen en zelf experimenteren. Ouders zijn betrokken, maar verwennen de kinderen niet. Deze stijl combineert het goede van de drie voorgaande. Hij geldt op dit moment als de meest ideale in Nederland, omdat gezinnen met een autoritatieve opvoedingsstijl het hoogst scoren op welbevinden. Hier krijgen jongeren de meeste kans op een positieve ontwikkeling. Het verschil met een autoritaire stijl is dat bij een autoritatieve stijl natuurlijk gezag ligt bij de ouders. Dat gezag is mede op basis van respect tot stand gekomen. Bij een autoritaire stijl gebruiken ze macht om het gezag te houden. Een autoritatieve stijl is democratischer dan een autoritaire stijl en daardoor zeker meer geschikt voor pubers.

| natuurlijk gezag

10.5.4 Pubers in nieuw-samengestelde gezinnen

| nieuw-samengestelde gezinnen

| co-ouderschap

| kerngezin

Een groot deel van de pubers groeit op in nieuw-samengestelde gezinnen. Dit is in de meeste gevallen een gezin dat bestaat uit moeder, nieuwe partner van moeder en kinderen. Daarin kunnen kinderen uit de eerste en uit de tweede relatie van moeder wonen. Ouders kiezen steeds vaker voor co-ouderschap. Kinderen wonen dan bijvoorbeeld een deel van de week bij vader en het andere deel bij moeder. Er zijn scholen voor voortgezet onderwijs die hiervoor speciaal dubbele boekenpakketten aanbieden, omdat jongeren steeds heen en weer reizen tussen de ouders en ondertussen aan boeken en gymkleding moeten denken. Aan deze nieuw-samengestelde gezinnen schrijven we risicofactoren toe die het zogeheten kerngezin of standaardgezin (biologische vader, biologische moeder met een of meer kinderen) niet heeft. Iets meer kinderen uit eenouder- en nieuw-samengestelde gezinnen ervaren emotionele, psychische of schoolproblemen dan kinderen uit standaardgezinnen.

Er zijn dus niet altijd problemen. Het mag duidelijk zijn dat kinderen het beste af zijn in een gezin met voldoende geld en een woning in goede staat in een fijne wijk, waar beide ouders wonen en gelukkig zijn met zichzelf, elkaar en de kinderen. De meeste gezinnen wijken echter tijdelijk of voortdurend af van dit ideaal. Het gezin kan financiële problemen hebben, tot een lager sociaal milieu behoren of er kan sprake zijn van ziekte, ruzies, vechtpartijen of seksueel misbruik. Onder eenoudergezinnen bevinden zich relatief meer gezinnen met financiële problemen, omdat slechts één ouder voor het inkomen zorgt.

Nieuw-samengestelde gezinnen hebben te maken met meer dan één kerngezin. Het is al moeilijk genoeg om alle sociale interacties binnen een gezin goed te laten verlopen, laat staan als je met vier gezinnen te maken hebt. In een nieuw-samengesteld gezin woont een moeder bijvoorbeeld samen met haar twee kinderen en haar nieuwe man. Deze man heeft ook twee kinderen, die door de week bij zijn ex-vrouw wonen en in het weekend bij hem. Als deze ex-vrouw ook een nieuwe relatie heeft, is daar dus ook weer een man met eventueel kinderen bij betrokken. Als de biologische moeder of vader ook nog eens een kind krijgt met een nieuwe partner, komen daar nog eens halfbroertjes of -zusjes bij. Het is een hele uitdaging om voor iedereen acceptabele afspraken te maken over logeer- en bezoektijden tijdens vakanties en verjaardagen. Dat daarbij ruzies, wrijvingen of wrok voorkomen, spreekt voor zich. Maar liefst 60 procent van de nieuw-samengestelde gezinnen wordt voortijdig verbroken. Dat komt voor een deel door bovenstaande problemen. Voor een ander deel komt dit omdat mensen bij een tweede relatie minder lang wachten met uit elkaar gaan. Bij een eerste relatie met kinderen wachten mensen vaak lang met een daadwerkelijke scheiding, ook al is die relatie al jarenlang slecht.

In hoofdstuk 8 schrijven we dat kinderen eigenlijk altijd willen dat hun ouders bij elkaar blijven, ook al is de relatie slecht en hebben ze veel ruzies. Bij oudere kinderen ligt dat iets genuanceerder. Pubers zijn voornamelijk met zichzelf bezig. Ze hebben het druk met school, vriendschappen, het ontwikkelen van een eigen identiteit en alles wat daarbij hoort. Ook zij zien het liefst dat thuis alles blijft zoals het is. Een scheiding brengt veranderingen en verwarring met zich mee en de puberteit zelf is al verwarrend genoeg. Toch kunnen jongeren zich eerder dan jonge kinderen voorstellen dat je beter alleen kunt leven dan in een slechte relatie. Zij hebben inmiddels misschien zelf ervaring met intieme relaties en zij kunnen zich beter in anderen inleven dan jonge kinderen. Voor jonge kinderen zijn ouders alleen vader en moeder. Pubers weten dat ouders ook mensen zijn met een eigen leven, liefde en verwachtingen. Pubers kunnen wel heftig partij trekken voor een van de ouders. Waar jonge kinderen loyaal zijn aan beide ouders kan een puber woedend zijn op een vertrokken vader of moeder die de andere ouder heeft 'weggejaagd' of 'ingeruild'.

| partij trekken

Ook een nieuwe relatie van een van de ouders kan meer problemen geven bij pubers dan bij kleine kinderen. Jonge kinderen zijn afhankelijker van de aandacht en verzorging van hun ouders. Een nieuwe partner zal een deel van deze verzorging op zich nemen, waardoor een relatie kan ontstaan tussen het kind en de nieuwe partner. Pubers hebben die verzorging niet meer nodig. Bij hen zal een nieuwe partner meer moeite moeten doen om een relatie op te bouwen. Een puber zit daar vaak niet op te wachten. Hij heeft zijn eigen leven waarin leeftijdsgenoten belangrijker worden dan de contacten met zijn ouders. Pubers stellen met name de autoriteit van een nieuwe partner ter discussie. Nieuwe partners doen er verstandig aan niet te veel verwachtingen te hebben van het contact met hun stiefkinderen. Als het klikt, heeft een nieuwe partner een duidelijke meerwaarde voor de jongere. Hij heeft een volwassene in de buurt die betrokken is en toch enige afstand kan bewaren. Hij kan bepaalde zaken dan makkelijker bespreken. Een meisje zal haar seksuele relatie eerder bespreken met de vriendin van haar vader dan met haar moeder. Een nieuwe partner kan beter niet krampachtig proberen toch contact te maken als het niet klikt of de jongere niet wil dat het klikt. Respectvol omgaan met een stiefkind betekent ook een afwijzing accepteren. We kunnen in de verschillende typen gezinnen enkele algemeenheden constateren over de puberteitsontwikkeling. In een eenoudergezin vertonen jongeren in het algemeen *minder* puberteitskenmerken. Het is lastig om je tegen één ouder af te zetten, zeker als die verdrietig is om het verlies of vertrek van de partner. Jongeren voelen zich meer verantwoordelijk in een eenoudergezin en de relaties zijn horizontaler dan in een kerngezin. In een nieuw-samengesteld gezin vertonen jongeren juist *meer* puberteitskenmerken. De komst van een nieuwe partner met eventueel nieuwe broertjes en zusjes geeft een impuls aan recalcitrant gedrag. De houding van de nieuwe partner is hierbij van groot belang. Pubers accepteren nieuwe vaders slechter dan nieuwe moeders. Als die vaders hun autoriteit laten gelden, is dit vragen om moeilijkheden. 'Je bent toch zeker mijn vader niet', krijgen ze dan te horen. Nieuwe vaders geven aanzienlijk minder conflicten wanneer ze rustig en voorzichtig hun plek in het gezin zoeken. Toch geeft ook de meest tactische aanpak van de nieuwe partner geen garantie op een rustige puberteit. Jongeren die al tien jaar de nieuwe partner als vader hebben gezien, kunnen tijdens de puberteit de positie van deze man ineens ter discussie stellen. Bijvoorbeeld omdat de buitenwereld stereotiep denkt over stiefvaders en -moeders, zoals in het praktijkvoorbeeld aan het begin van dit hoofdstuk. Naast eenoudergezinnen en nieuw-samengestelde gezinnen zijn er gezinnen die bestaan uit twee vaders of twee moeders. Doordat er ook verscheidenheid is ontstaan in de herkomst van ouders (zogenoemde allochtone ouders) of gezinnen, is er steeds minder sprake van een standaardgezin maar zijn er vele variaties op dit standaardgezin ontstaan waarin een kind kan opgroeien.

10.6 Visies op puberteit

10.6.1 Puberteit als westers verschijnsel

westers verschijnsel

lange puberteit

Biologisch gezien komt elk kind in de puberteit, of het nu in Nederland woont of in Senegal, of het opgroeit in een achterstandsbuurt of in een villawijk. Dat het daarmee ook psychisch en sociologisch in een roerige periode vol veranderingen komt, hoeft niet. De lange puberteit in Nederland is een typisch westers verschijnsel, dat samenhangt met de welvaart waarin wij leven. Kinderen uit arbeidersgezinnen werkten in het begin van de vorige eeuw al vanaf hun twaalfde jaar volop mee in de fabriek of op het land. Zij hadden tijd noch gelegenheid om verveeld op de bank te liggen en onder het mom van wisselende stemmingen eens flink uit te varen tegen hun ouders. Het kwam ook niet in ze op. Pas na de Tweede Wereldoorlog, toen kinderen geleidelijk aan langere tijd op school door gingen brengen, gingen ze puberen. In veel niet-westerse landen bestaat nog steeds geen lange puberteit. Bij ons in Nederland duurt de puberteit of adolescentie langer dan ooit. Kinderen worden eerder lichamelijk rijp en blijven langer op school. Ze stellen trouwen en een gezin beginnen uit. De gemiddelde leeftijd waarop een Nederlandse vrouw haar eerste kind krijgt, is bijna dertig jaar. Veel jongeren blijven langer thuis wonen, waardoor ze de verantwoordelijkheid over hun leven deels bij de ouders laten. Op een kamer bij je ouders thuis blijf je altijd een kind, hoeveel vrijheid je verder ook hebt. Het is typerend dat de adolescentie in veel levensloopboeken tot en met 24 jaar duurt. Zo zijn kinderen van hun 10e tot hun 25e 'jongere'.

10.6.2 Puberteit als roerige periode

afzetten

Jongeren kregen vanaf halverwege de vorige eeuw een langere puberteitsperiode en daar kwam gaandeweg een invulling voor. Voor basisschoolkinderen is de wereld nog redelijk overzichtelijk. Hun dagen hebben een vaste indeling. Zij nemen normen en waarden van de ouders gedachteloos over, kortom: zoals het in het gezin gaat, hoort het en is het goed. Het is de bedoeling dat deze kinderen als volwassenen een eigen identiteit hebben verworven, met eigen normen, waarden en gedragingen. Hoe kun je nu weten wie je bent en wat je vindt als je automatisch overneemt wat je ouders doen en vinden? Jongeren hebben sinds halverwege de vorige eeuw tijd om daarover na te denken. Die tijd valt samen met een lange periode van schoolgaan en nog niet volwassen hoeven zijn. Een manier om te weten te komen wat je zelf vindt, is je afzetten tegen wat je gewend bent. Een stroming in de ontwikkelingspsychologie gaat ervan uit dat het goed – of zelfs noodzakelijk – is om je als jongere tegen je ouders af te zetten en te proberen met veel turbulentie een eigen identiteit te verwerven. Volgens aanhangers van

deze stroming krijgt een jongere er later last van als hij zich niet afzet tijdens de puberteit. Voor een groot deel van de jongeren verloopt de puberteit inderdaad zo. Ze krijgen conflicten met ouders en docenten en kunnen in aanraking komen met de politie. Zulke jongeren krijgen veel meer aandacht in de media dan jongeren die kalmpjes door de puberteit heen wandelen.
Uit onderzoeken blijkt steeds weer dat het met 80 procent van de jongeren 'goed' gaat. Daarbij is 'goed' gedefinieerd als: zonder al te grote problemen de volwassenheid bereiken en een school afmaken. Voor 20 procent is dit niet het geval. Hun puberteit verloopt minder makkelijk. Ongeveer 15 procent van deze jongeren komt met wat conflicten en enige hulpverlening uiteindelijk goed door de puberteit heen. Slechts met ongeveer 5 procent van de jongeren kan het echt misgaan, waarmee wordt bedoeld dat ze in de criminaliteit terechtkomen of uit huis geplaatst moeten worden.

10.6.3 'De' puberteit bestaat niet

Elke jongere komt biologisch gezien in de puberteit. Gezien de cognitieve, psychologische en sociale veranderingen die samenvallen met deze biologische puberteit is het voor jongeren in Nederland normaal om een aantal roerige jaren mee te maken waarin ze met experimenteren en in conflicten ontdekken wie zij zijn en wat hun normen en waarden zijn. Een aantal jongeren doet dit niet. Zij nemen zonder conflicten de normen en waarden over van hun ouders of stellen het krijgen van eigen normen en waarden nog even uit. In hoofdstuk 11 beschrijven we het identiteitstatussenmodel van Marcia. Dat onderscheidt vier manieren voor jongeren om een identiteit te verwerven. Bij de ene manier komen ze na veel conflicten tot een eigen identiteit, bij een andere manier nemen ze zonder discussie de normen en waarden van hun ouders over (zie paragraaf 11.4.2). Beide hoeven niet problematisch te zijn. Jongeren kunnen een heftige puberteit doormaken met problemen die nog langere tijd een negatieve invloed hebben, zoals tienerzwangerschap, verslavingen en criminaliteit. Hun puberteit kan ook kalm zijn en de indruk wekken dat ze geen eigen identiteit hebben verworven. Sommige van deze jongeren maken op latere leeftijd alsnog een periode door waarin ze zich afvragen wie zij zelf zijn en waarom ze al die tijd braaf en kritiekloos hebben gedaan wat hun ouders zeiden. Anderen verwerven op een rustige manier een eigen identiteit en zijn daar tevreden mee. Er is geen wetmatigheid in te ontdekken, alle variaties kunnen voorkomen.

beeldvorming
stereotypen

Bij de beeldvorming over jongeren wordt gebruikgemaakt van stereotypen. Die zijn in de media veelal negatief. Het meest voorkomende stereotype is dat jongeren materialistisch, nihilistisch en hedonistisch (uit op plezier en genot) zijn. Het volgende is dat van de criminele jongere. Een positief stereotype is dat van de altijd vrolijke, actieve, succesvolle jongere.
Het gemopper op de jeugd is van alle tijden. Van de middeleeuwen tot nu: altijd zijn er publicaties geweest waarin zorg over de ontketende jeugd werd uitgesproken. Daarin is het altijd 'erger dan ooit' met de jeugd. Als dat zo

zou zijn, zou het met alle volwassenen van nu slecht moeten gaan. Zij zijn immers ook jongeren geweest waarover bezorgde publicaties verschenen. Als onze jongeren steeds dommer, oppervlakkiger en crimineler zouden zijn, moet dat toch consequenties hebben voor de volwassenen van later? Nederlandse volwassenen van nu zijn niet vaker depressief, werkloos of crimineel. Het komt dus kennelijk wel goed of… het valt kennelijk wel mee met die ontspoorde jeugd. Uit onderzoeken blijkt dat jongeren van nu niet crimineler zijn dan die van twintig of vijftig jaar terug. Wel zien we veranderingen die een afspiegeling vormen van de samenleving waarin we leven. De Nederlandse politiek is versnipperd (aan de Tweede Kamerverkiezingen in 2017 deden 28 partijen mee) en misschien mede daardoor zijn er minder jongeren die zich bezighouden met politiek. Door internet is de wereld veranderd en jongeren zijn de eersten die volop gebruikmaken van alle nieuwe ontwikkelingen. Het aantal criminele jongeren neemt niet toe, maar criminele jongeren van nu gebruiken meer wapens en drugs dan vroeger, omdat die nu beschikbaar zijn en vroeger niet.
Nieuwe problemen vragen om nieuwe aanpakken. Volwassenen blijven mopperen op de jeugd. Net zoals middelbare scholieren vinden dat de brugklassers elk jaar kleiner worden, vinden volwassenen dat jongeren elk jaar brutaler en oppervlakkiger zijn. Het hangt allemaal af van het perspectief dat we hanteren. Opvoeders en hulpverleners die met jongeren werken, doen er goed aan te focussen op de sterke kanten van jongeren. Het boeiende van jongeren is dat zij in korte tijd grote veranderingen doormaken in hun leven. Kijken hoe zij dat individueel en groepsgewijs aanpakken, is buitengewoon interessant. Jongeren zijn creatief en vernieuwend. Zij leveren niet alleen nieuwe problemen, maar ook nieuwe oplossingen. Over kinderen hebben volwassenen nog veel te zeggen, maar jongeren zijn voornamelijk van zichzelf.

10.7 Ontwikkelingstaken voor jongeren

| Competentiemodel voor Jongeren
| taakvaardigheidsmodel

Er zijn verschillende lijsten met ontwikkelingstaken voor jongeren in omloop, die min of meer op hetzelfde neerkomen. In het jeugdwelzijnswerk wordt het Competentiemodel voor Jongeren veelvuldig toegepast. Het is gericht op het leren van vaardigheden en het vergroten van mogelijkheden en sterke punten van de jongeren. Daarom heet het ook wel het taakvaardigheidsmodel. Het grijpt terug op de leertheorieën, die ervan uitgaan dat elk gedrag wordt aangeleerd en dus ook weer kan worden afgeleerd. Hiermee kunnen we jongeren nieuw, gewenst gedrag aanleren en ongewenst gedrag afleren.

| competent

We noemen jongeren competent wanneer ze over voldoende vaardigheden beschikken om de ontwikkelingstaken waarmee zij in het dagelijks leven te maken krijgen op adequate wijze te kunnen vervullen. Taken en vaardigheden zijn dan in balans. Beschikt een jongere over te zware taken of over te weinig vaardigheden, dan is er een disbalans. Hij kan dan vaardigheden aanleren of we kunnen de taken (tijdelijk) minder zwaar maken. Het model gaat ervan

uit dat ouders en docenten te vaak denken dat een jongere bepaalde taken niet wil uitvoeren. Vaker komt echter voor dat die jongere niet weet hóé hij iets moet doen. Jongeren kunnen volwassenen door hun stoere, nonchalante houding doen vergeten dat ze nog steeds kinderen zijn. Een jongere mag dan wel zo'n onverschillige houding hebben, het is aan volwassenen om na te gaan of de jongere wel over de benodigde vaardigheden beschikt.
De ontwikkelingstaken worden bepaald door veranderingen op biologisch, psychisch en sociaal gebied. In Nederland staan jongeren voor andere taken dan in een niet-westers land. Het bijgestelde Competentiemodel voor Jongeren (van Spanjaard en Slot) noemt de volgende ontwikkelingstaken voor jongeren tussen de 12 en de 18 jaar:

1. *Positie ten opzichte van de ouders*: minder afhankelijk worden van de ouders en het bepalen van een eigen plaats binnen de veranderende relaties in het gezin en de familie.
2. *Onderwijs of werk*: kennis en vaardigheden opdoen om later een beroep te kunnen uitoefenen en een keuze te maken ten aanzien van werk.
3. *Vrije tijd:* ondernemen van activiteiten in de vrije tijd en het zinvol doorbrengen van de tijd waarin er geen verplichtingen zijn.
4. *Eigen woonsituatie*: zorg dragen voor eigen kamer en spullen, omgaan met je huisgenoten.
5. *Autoriteit en instanties*: accepteren dat er instanties en personen boven je gesteld zijn, binnen geldende regels en codes opkomen voor eigen belang.
6. *Gezondheid en uiterlijk*: zorgen voor goede voeding en een goede lichamelijke conditie, een uiterlijk waar je je prettig bij voelt en het inschatten en vermijden van risico's.
7. *Sociale contacten en vriendschappen*: contacten leggen en onderhouden, oog hebben voor wat contacten met anderen kunnen opleveren, je openstellen voor vriendschap, vertrouwen geven en nemen, wederzijdse acceptatie.
8. *Social media en internet*: smartphone en computer gebruiken, informatie vinden en delen, informatie en berichten wegen, onderscheid tussen de virtuele en de reële werkelijkheid maken, gevaren onderkennen.
9. *Intimiteit en seksualiteit*: seksualiteit integreren in je persoonlijkheid, ontdekken wat mogelijkheden, wensen en grenzen zijn in intieme en seksuele relaties bij jezelf en bij anderen.
10. *Bij cultuurverschillen*: normen van verschillende culturen kennen, inschatten welke vaardigheden in welke culturele context passend zijn.

Erikson

Een andere theorie is de ontwikkelingstheorie van Erikson (zie hoofdstuk 2 en hoofdstuk 11). Erikson benoemt in zijn theorie een grote ontwikkelingstaak voor jongeren: het verkrijgen van een eigen identiteit. Het Competentiemodel noemt deze ontwikkelingstaak niet. De tien ontwikkelingstaken die het noemt, zorgen samen voor een identiteitsontwikkeling. In dit boek komen de ontwikkelingstaken zoals het Competentiemodel ze beschrijft aan de orde, met een grote aandacht voor de ontwikkeling van een eigen identiteit. We hebben gekozen voor de taken uit het Competentiemodel vanwege de duidelijke en concrete uitwerking van ontwikkelingstaken van jongeren en omdat het model veelvuldig in de jeugdhulpverlening wordt toegepast. In dit hoofdstuk is de eerste ontwikkelingstaak aan bod gekomen; het minder afhankelijk worden van de ouders en het bepalen van een eigen plaats binnen de veranderende relaties in het gezin en de familie. Dit is niet alleen een taak voor de jongeren, maar zeker ook voor de ouders.

10.8 Soms gaat het anders

Tijdens de puberteit beleven jongeren gevoelens en emoties heftiger dan daarvoor. Voor veel pubers is het een verwarrende periode waarin grote veranderingen plaatsvinden maar waarin ze ook buitengewoon veel meemaken en plezier beleven. Ze krijgen andere vrienden, ontwikkelen een eigen kledingstijl, gaan voor het eerst uit en doen ervaring op met intieme relaties. Niet alle jongeren ervaren de leuke kanten van de puberteit. Voor jongeren met bepaalde problemen of beperkingen is de puberteit juist een extra moeilijke tijd.

Pubers willen niet graag opvallen en niet graag anders zijn. Ze vinden het belangrijk om te zijn zoals de anderen en goed mee te kunnen in de groep. Zelfs relatief lichte problemen en belemmeringen zoals leerproblemen of lichte medische problemen kunnen heel vervelend zijn voor een kind in de puberleeftijd. Kinderen met een lichamelijke of verstandelijke beperking worden zich hier tijdens de puberteit extra van bewust en zien soms voor het eerst welke belemmeringen dit allemaal met zich meebrengt.

In de puberteit zijn vriendschappen heel belangrijk. Kinderen met een stoornis die sociale problemen met zich meebrengt, ervaren moeilijkheden in hun puberteit. De sociale wereld van een puber is al ingewikkelder dan die van een kind. En voor een puber met weinig sociaal inzicht of met contactproblemen (zoals autismespectrumstoornissen, zie hoofdstuk 5) is het helemaal moeilijk om overzicht te krijgen en er een weg in te vinden.

Bepaalde kinderen hebben moeite om zich aan te passen aan hun lichamelijke veranderingen. Dit geldt vooral voor kinderen met een licht verstandelijke beperking en voor kinderen met stoornissen in het autistisch spectrum, die al veel moeite hebben met veranderingen en zich aanpassen. Ineens verandert niet alleen hun wereld, maar ook hun eigen lichaam. Dit vinden ze heel bevreemdend en beangstigend. Zij behoeven extra zorg en aandacht. De meeste jongeren pikken informatie op uit de omgang met leeftijdsgenoten. Autistische jongeren hebben minder contacten en in de contacten die ze hebben, bespreken ze minder persoonlijke zaken. Het is belangrijk hen door een goede voorlichting, passend bij hun ontwikkelings- en aanspreekniveau (dus heel concreet), voor te bereiden op alles wat hun te wachten staat. Die voorlichting is bij licht verstandelijk beperkte jongeren en autistische jongeren nog belangrijker dan bij andere jongeren.

De puberteit brengt zowel mogelijkheden als risico's met zich mee. Mogelijkheden qua groei en een eigen ontwikkeling, risico's op problemen in de omgang met anderen, het omgaan met het verkennen van grenzen en het omgaan met wisselende stemmingen. In de volgende hoofdstukken zullen zowel de mogelijkheden als de moeilijkheden beschreven worden.

10.9 Van theorie naar praktijk

In het praktijkfragment aan het begin van dit hoofdstuk hebben we beschreven hoe de ouders van de 13-jarige Sheila via school worden geconfronteerd met de mededeling dat ze veel moeite met haar stiefvader heeft. De ouders hebben hier nooit iets van gemerkt. Het kan zijn dat Sheila de stiefvader gebruikt om aandacht te krijgen. Klasgenoot Tygo kreeg aandacht met zijn verhalen over zijn akelige stiefvader, misschien dat Sheila daardoor op het idee kwam. Tot dat moment had zij niet over haar vader als stiefvader gesproken, voor haar was hij gewoon haar vader.
Het kan echter ook zijn dat Sheila wel degelijk problemen met haar stiefvader ervaart, die zij tot dan toe nooit durfde uitspreken. Doordat Tygo openlijk over zijn problemen sprak, durfde zij die stap ook te zetten. Hulpverleners en docenten moeten bedacht zijn op beide mogelijkheden: een roep om aandacht van de jongere die de stiefvader in het gezin 'gebruikt' om aandacht te krijgen of daadwerkelijke problemen tussen kind en (stief)ouder. Een jongere vraagt niet voor niets aandacht; achter het verzonnen of aangedikte probleem gaat altijd een ander probleem schuil. De overgang van basisschool naar voortgezet onderwijs vraagt veel van kinderen. Ze komen biologisch, sociologisch en psychologisch in een andere fase terecht. Gevoelens van onzekerheid en faalangst doen zich vaker voor in deze periode van hun leven dan in andere perioden. Ze kunnen vage gevoelens van onmacht en onzekerheid moeilijker verwoorden en vinden het soms makkelijker om met iets concreets te komen. Voor mishandeling, seksueel misbruik, eetproblemen of ruzie met ouders zal zeker aandacht zijn.
Steeds meer kinderen groeien op in eenoudergezinnen en nieuw-samengestelde gezinnen. De term kerngezin is toe aan een uitbreiding. We kunnen leerproblemen en emotionele en psychische stoornissen niet zonder meer toeschrijven aan het soort gezin waarin de jongere leeft. In elke situatie zal de docent of hulpverlener moeten nagaan welke factoren een rol kunnen spelen. Hierbij gaat het om de sociaaleconomische status van het gezin, de woning, de wijk, de aanwezigheid van broertjes en zusjes en de relaties onderling, de relatie tussen de ouders, de ouder-kindrelaties, de gezondheid, de sociale contacten van het gezin in de wijk en in de familie. Als er een ouder is gestorven of vertrokken, is het van belang hoe deze gebeurtenis is verlopen en hoe de jongere die heeft verwerkt. Elk gezin kent kansen en bedreigingen. Kinderen zijn niet standaard beter af in een gezin met beide biologische ouders als deze al negen jaar tandenknarsend bij elkaar blijven 'vanwege de kinderen'.

Hoofdstuk 11

Een eigen persoonlijkheid

HOOFDSTUK 11

Een eigen persoonlijkheid

Shahira is een 16-jarig meisje dat bij haar ouders en jongere broertje woont. Haar moeder maakt zich de laatste tijd zorgen over haar ontwikkeling. Shahira is in een jaar tijd veranderd van een aanhankelijk, lief meisje dat graag met haar moeder ging winkelen of scrabbelen in een 'gothic' meisje met zwart geverfd haar dat gekleed gaat in lange, zwarte jurken. 'Ik weet wel dat ze in de puberteit een eigen identiteit moet vinden, maar nu heeft ze zich aangesloten bij een groepje gothics en van de ene op de andere dag herken ik mijn eigen kind niet meer.' Moeder maakt zich vooral zorgen omdat ze geen contact meer heeft met Shahira. 'Uit school gaat ze meteen naar de hangplek van de gothics,'s avonds sluit ze zich op in haar kamer en ze draait dan heel enge, rare muziek. Haar kamer ziet er ook vreselijk uit. 't Is zonde van dat lieve roze meisjeskamertje. Het is nu helemaal donker met akelige posters en skeletten en zo. Het kan toch niet gezond zijn dat een meisje van die leeftijd zich zo met geesten en de dood bezighoudt? Pas vertelde ze me dat ze regelmatig de begraafplaats bezoekt. Ik ben bang dat ze straks zelfmoord pleegt.'

11.1 INLEIDING

Een van de belangrijkste ontwikkelingstaken voor jongeren is een eigen persoonlijkheid ontwikkelen. Deze taak gaat gelijk op met het zich losmaken van thuis. In dit hoofdstuk bespreken we achtereenvolgens de emotionele ontwikkeling (11.2), de morele ontwikkeling (11.3) en identiteitsontwikkeling (11.4). We sluiten af met een paragraaf over stoornissen in de emotionele ontwikkeling: stemmingsstoornissen, suïcidaliteit, zelfbeschadiging, psychosomatische stoornissen, posttraumatische stressstoornis, angststoornissen en fobieën. Eetstoornissen vallen ook onder deze paragraaf, maar omdat deze tevens samenhangen met gezondheid worden ze in hoofdstuk 12 besproken.

11.2 EMOTIONELE ONTWIKKELING

De basisemoties blijdschap, boosheid, angst, walging, verbazing en verdriet zijn al aanwezig in het eerste levensjaar. Deze lijken aangeboren te zijn aangezien alle baby's over de hele wereld deze zes basisemoties herkennen. Tijdens de kleuterjaren worden complexere emoties als schuld, afgunst,

schaamte en trots zichtbaar. Een kind van 2 jaar bloost nog niet van schaamte, een kind van 5 jaar wel. Tijdens de puberteit komen er geen nieuwe emoties bij. De emotionele ontwikkeling van een puber verschilt van die van een kind op drie punten: de afwisseling in ervaren emoties, het redeneren over emoties en het reguleren ervan.
Tijdens de puberteit treden biologische, cognitieve, psychologische en sociale veranderingen op in het leven van de jongere. Dit brengt met zich mee dat hij kort achter elkaar sterk wisselende emoties kan ervaren. Die lijken tijdens de puberteit veel heftiger en intenser te zijn. Dit komt ook omdat het perspectief van een jongere anders is dan dat van een volwassene. Een volwassene weet dat heftig verdriet om een beëindigde relatie met de tijd zal slijten. Hij weet door ervaring dat op den duur een andere relatie zal komen, misschien met nog meer blijdschap en verdriet dan bij deze. Een jongere leeft veel meer bij de dag. Verdriet nu is verdriet voor eeuwig. Een opleiding waar hij niet voor in aanmerking komt, betekent voorgoed stom werk. Een meningsverschil met een vriend is het einde van de vriendschap.
Wanneer jongeren weten dat emoties ook een rationele kant hebben, kunnen ze die emoties leren reguleren. 'Denk maar aan iets leuks', zeggen ouders tegen hun kleine kinderen als die niet kunnen slapen. Jongeren kunnen aan iets anders denken zodra bepaalde gedachten hen verdrietig maken. De een is daar beter toe in staat dan de ander. Dit heeft met persoonlijkheid te maken. De ene jongere twijfelt en tobt meer dan de andere. Een jongere die van school wordt gestuurd, kan besluiten aan iets anders te denken en lekker naar het strand te gaan. Een ander zal thuis angstig bedenken wat deze schorsing allemaal voor akelige gevolgen zal hebben.
Emoties leren reguleren kunnen jongeren beter naarmate ze ouder worden. Het gebied in de hersenen waar de emotieregulering plaatsvindt, is tijdens de puberteit nog volop in ontwikkeling (zie hoofdstuk 3 en hoofdstuk 10). Daarom ook worden jongeren onder de 18 nog niet berecht volgens het strafrecht voor volwassenen. Jongeren van die leeftijd zijn nog niet in staat om emoties adequaat te reguleren en de gevolgen van handelingen uit emoties ook op langere termijn te overzien.

11.3 MORELE ONTWIKKELING

| morele ontwikkeling

Bij de morele ontwikkeling gaat het om moreel gedrag, morele gevoelens en moreel denken. We definiëren moreel gedrag als het goede of het slechte doen. Over wat goed en slecht is, verschillen de meningen per cultuur, groep en tijd. De morele ontwikkeling gaat over de toenemende neiging om 'goed' te doen. 'Goed' vatten we hier op als datgene wat in de tijd, cultuur en plaats waarin we leven als goed wordt gedefinieerd. De bekendste theorie over de morele ontwikkeling is van Kohlberg. Deze theorie gaat over de ontwikkeling van het moreel denken. Moreel gedrag en morele gevoelens blijven buiten beschouwing, het gaat hier alleen om het redeneren. Kohlberg heeft stadia in de ontwikkeling van het moreel denken geformuleerd. In zijn theorie maakt

| Kohlberg

hij onderscheid tussen drie niveaus van moreel denken: preconventioneel, conventioneel en postconventioneel. We kunnen de term conventioneel in dit verband omschrijven als stilzwijgend aanvaarde opvattingen over wat gepast en gebruikelijk is. In het conventionele stadium oordelen we zoals dat het meest gangbaar en aanvaard is. Dat hangt af van de normen en waarden die op dat moment en op die plaats gelden. In het preconventionele stadium oordelen we nog niet zoals dat gangbaar, gebruikelijk en algemeen aanvaard is. In het postconventionele stadium oordelen we op een hoger niveau, overstijgend aan wat gangbaar en algemeen aanvaard is. Elk niveau is weer onderverdeeld in twee stadia, zodat er zes stadia zijn. Kohlberg heeft zijn theorie getoetst aan de hand van morele dilemma's. Het bekendste is het dilemma over Heinz en zijn ernstig zieke vrouw.

Moreel dilemma van Kohlberg

Een vrouw in Europa dreigde dood te gaan aan een zeldzame vorm van kanker. Er was maar één middel dat haar kon redden, een soort radium dat een apotheker uit dezelfde stad kort tevoren had ontdekt. Het medicijn was duur om te maken en de apotheker vroeg het tienvoudige van dat bedrag. Heinz, de man van de ernstig zieke vrouw, ging bij iedereen die hij kende langs om geld te lenen. Hij kon 1000 dollar bij elkaar krijgen, de helft van wat het medicijn kostte. Hij vertelde de apotheker dat zijn vrouw stervende was en vroeg hem het medicijn voor minder geld te geven of hem het resterende bedrag later te laten betalen. Maar de apotheker zei: 'Nee, dat kan niet. Ik heb het medicijn ontdekt en wil daar veel geld mee verdienen.' Heinz werd zo wanhopig dat hij besloot in te breken in de apotheek om het medicijn voor zijn vrouw te stelen.

Naar aanleiding van dit morele dilemma vragen we de jongere om een moreel oordeel. Mocht Heinz het medicijn stelen? Mogelijke antwoorden daarop geven aan in welk stadium van moreel denken de jongere zit. Het gaat er dus niet om of de jongere ja of nee zegt, het gaat om de verantwoording van de keuze.

Stadium 1: voorkomen van straf

In dit stadium maakt het kind geen onderscheid tussen zijn eigen behoeften en die van een ander. Goed gedrag vervult de eigen behoeften, slecht gedrag levert straf op. Iets is dus pas slecht als je er straf voor krijgt. In het voorbeeld van Heinz: je mag niet stelen, want dan kom je in de gevangenis.

Stadium 2: verkrijgen van beloning
In dit stadium blijft het uitgangspunt het nastreven van eigen belangen, maar nu gaat het niet om het voorkomen van straf maar om het verkrijgen van een beloning. In het voorbeeld van Heinz: als hij steelt, is zijn beloning dat zijn vrouw niet sterft.

Stadium 3: goedkeuring van de groep
In dit stadium bekijken we een dilemma vanuit sociaal-relationeel perspectief. Het gaat om interpersoonlijke relaties en de goedkeuring van de sociale groep waartoe je behoort. In het voorbeeld van Heinz: hij mag stelen, want dan vinden zijn vrienden en familie hem een goede echtgenoot. Of: hij mag niet stelen want dan krijgt hij afkeuring van de apotheker.

Stadium 4: afspraken en regels
Nu gaat het niet meer om de interpersoonlijke relaties, maar om de afspraken en regels binnen de maatschappij. Het gaat om het handhaven van de orde. In het voorbeeld van Heinz: hij mag niet stelen, want diefstal is bij de wet verboden. Of: hij mag stelen, want in een huwelijk ben je verplicht je tot het uiterste in te zetten voor het welzijn van de ander.

Stadium 5: afwijken van de wet als sociaal contract dit verantwoordt
Dit stadium overstijgt het vorige stadium doordat het hier gaat om rechtvaardige wetten, normen en waarden, afgezien van de wetten die in een samenleving gelden. Dit kan betekenen dat je iets doet wat tegen de geldende wetten ingaat, omdat een sociaal contract binnen je groep dit verantwoordt. In het voorbeeld van Heinz: hij mag stelen, omdat de geldende wet het hem onmogelijk maakt om zijn morele verplichting na te komen, het zorgen voor zijn vrouw. Of: hij mag niet stelen, omdat je in een vreedzame samenleving niet mag stelen.

Stadium 6: persoonlijke afweging, universele principes
Hier gaat het om abstracte ethische principes. In stadium 5 moeten we over deze principes nog consensus bereiken binnen een groep, in stadium 6 mag iemand een persoonlijke afweging maken op basis van universele ethische principes. In het voorbeeld van Heinz: hij mag stelen om te laten zien dat het recht op leven zo fundamenteel is dat dit voorrang krijgt boven het recht om geld te verdienen. Of: hij mag niet stelen, want het recht van de een mag nooit boven dat van de ander staan.

Je zou kunnen zeggen dat het individu bij de morele ontwikkeling in zijn oordeel een steeds groter deel van de werkelijkheid laat meewegen. Eerst oordeelt een kind alleen vanuit zichzelf. Daarna weegt de sociale omgeving mee, vervolgens de hele maatschappij, daarna universele principes en ten slotte het durven afwijken daarvan door een eigen persoonlijke ethische

overweging. Heel weinig mensen bereiken overigens de laatste twee stadia van moreel denken. Tijdens de puberteit ontwikkelen jongeren zich meestal van stadium 2 tot en met stadium 4. Zowel opleiding als opvoeding hebben invloed op het niveau van moreel denken.
Sommige hoogopgeleide jongeren bereiken de laatste twee stadia. Dat een jongere een niveau van moreel denken bereikt, wil niet zeggen dat hij er ook naar handelt. Zoals gezegd heeft de theorie van Kohlberg betrekking op het denken over moreel gedrag. Weten dat bepaald gedrag niet goed is, wil nog niet zeggen dat de jongere zich daarnaar gedraagt. Of hij bepaald gedrag vertoont dat immoreel is, hangt onder andere af van zijn impulscontrole (zie hoofdstuk 7). Jongeren met bepaalde stoornissen zullen geen hoog stadium in moreel denken bereiken, daartoe zijn zij door hun beperking niet in staat. Jongeren met een stoornis in het autistisch spectrum kunnen zich bijvoorbeeld moeilijk in een ander verplaatsen (zie hoofdstuk 5).

moreel handelen

We spreken van een verstoorde morele ontwikkeling wanneer jongeren blijven redeneren op preconventioneel niveau, dus volgens stadia 1 en 2. Zo'n gestagneerde morele ontwikkeling vinden we bij jongeren met een gedragsstoornis. In behandeltehuizen blijkt dat het lastig is om een verstoorde morele ontwikkeling om te buigen. Om in stadium 3 te komen, zal de jongere de belangen van de ander moeten erkennen en respecteren. Als hij wel weet dat de ander andere belangen heeft, maar hem dat niets interesseert, houdt hij er geen rekening mee. Jongeren met geweldsdelicten proberen we de situatie vanuit het standpunt van het slachtoffer te laten bekijken. 'Hoe zou het voor jou zijn als je een gebroken neus wordt geslagen?', vragen hulpverleners dan. Dat levert bij jongeren met een verstoorde of gestagneerde morele ontwikkeling weinig op. 'Interesseert mij niks' of 'had hij maar niet moeten uitdagen' zijn hun antwoorden. Bij een kleine minderheid is de morele ontwikkeling definitief verstoord. Er zijn zelfs jongeren voor wie stadium 1 (het voorkomen van straf) geen reden is iets niet te doen. Zelfs de straf nemen ze op de koop toe. Bij anderen kunnen met langdurige intensieve behandeltrajecten goede resultaten worden bereikt.

11.4 Identiteitsontwikkeling

11.4.1 Inleiding

In hoofdstuk 4 hebben we besproken hoe het ontwikkelen van een eigen identiteit in de peuterjaren zichtbaar wordt in een proces dat we het eerste separatie-individuatieproces noemen. Tijdens de puberteit vindt een tweede separatie-individuatieproces plaats. Nu moet de jongere zich losmaken van de ouders, zodat er ruimte komt voor een verdieping van vriendschappen en intieme relaties met leeftijdsgenoten. De identiteitsontwikkeling gaat het hele leven door, maar er zijn bepaalde perioden waarin zij centraal staat, een impuls krijgt en een spurt maakt. Deze perioden vallen in de peutertijd en de puberteit. We bepalen de begrippen identiteit en persoonlijkheid en we beschrijven vervolgens de belangrijkste theorieën over identiteitsontwikkeling.

11.4.2 Identiteit en persoonlijkheid

In de puberteit krijgt de identiteitsvorming een nieuwe impuls. Jongeren zijn zich meer dan ooit bewust van zichzelf. Biologische veranderingen maken dat ze zich bewust worden van hun seksuele identiteit en van het lichaam waarmee ze het de rest van hun leven moeten doen. Sociologische veranderingen maken dat ze keuzes moeten maken in vriendschappen maar ook in opleiding en werk. Psychologische veranderingen maken dat ze nadenken over zichzelf en hun presentatie aan anderen. Wie ben ik, wat voel ik, wat denk ik? Wat verwachten anderen van mij? En in hoeverre kom ik tegemoet aan deze verwachtingen? Hoe kan ik aan uiteenlopende verwachtingen van ouders, docenten en vrienden voldoen zonder mezelf te verliezen? Hoe kan ik in verschillende situaties mezelf zijn terwijl ik toch andere kanten van dat zelf laat zien? Gaandeweg de puberteit vormen jongeren een beeld van zichzelf. Dat is niet klaar aan het eind ervan. Identiteitsvorming gaat een leven lang door en bijstellingen kunnen altijd plaatsvinden.
In psychologische theorieën over identiteitsontwikkeling wordt verschillend gedacht over het ontstaan van een eigen identiteit. Ook geven ze de begrippen identiteit en persoonlijkheid ieder een net iets andere invulling. De Nederlandse taal legt deze begrippen als volgt uit:

| identiteit

- Een identiteit is een eigen karakter, met individuele kenmerken die iemands persoonlijkheid kleuren.

| persoonlijkheid

- Een persoonlijkheid is de som van eigenschappen en karaktertrekken die iemand tot een individu maken.

| Big Five

Een persoonlijkheid is deels aangeboren, net als iedereen een aangeboren temperament en aangeboren karaktereigenschappen heeft. Daarnaast vormen omgevingsfactoren en gebeurtenissen de persoonlijkheid. Een jongere met een aangeboren optimistisch karakter kan door een opeenstapeling van teleurstellingen en vervelende ervaringen een persoonlijkheid ontwikkelen die heel wat pessimistischer is. De psychologie maakt gebruik van persoonlijkheidsdimensies om iemands persoonlijkheid te omschrijven. De Big Five zijn persoonlijkheidsdimensies die uit vijf tegenstellingsparen bestaan. We omschrijven een persoonlijkheid door de plaatsen die een persoon inneemt op deze dimensies. Dit zijn:

| extraversie

- *Extraversie*: de mate waarin de jongere actief is en intense ervaringen opzoekt of juist ervaringen en activiteiten met anderen vermijdt.

| aangenaamheid

- *Aangenaamheid*: is de jongere warm en geneigd tot samenwerking met anderen of is hij killer en geneigd tot tegenwerking?

| zorgvuldigheid

- *Zorgvuldigheid*: hoe georganiseerd, zorgvuldig en doelgericht is de jongere; is hij precies en consciëntieus of is hij wat chaotischer?

- *Emotionele stabiliteit*: is de jongere emotioneel stabiel en kan hij zijn emoties goed reguleren of is hij sneller overstuur?
- *Openheid*: in hoeverre staat de jongere open voor nieuwe ervaringen, is hij tolerant en bereid tot het ontdekken van nieuwe ideeën en in hoeverre wil hij alles liever hetzelfde houden?

emotionele stabiliteit

openheid

De bijbehorende tegenstellingsparen zijn dan:
introvert – extravert
aardig – onaangenaam
zorgvuldig – onzorgvuldig
labiel – stabiel
ideeënrijk – ideeënarm

In het algemeen scoren adolescenten hoger op extraversie en lager op emotionele stabiliteit, aangenaamheid en zorgvuldigheid dan volwassenen. Tussen de 12 en 18 jaar neemt openheid toe bij zowel meisjes als jongens. Emotionele stabiliteit neemt tijdens de puberteit meer af bij meisjes dan bij jongens.
In de psychologie heersen verschillende opvattingen over de invulling van het begrip identiteit. Er zijn grofweg twee soorten theorieën: de ontwikkelingstheorieën aan de ene kant en de sociaal-cognitieve theorieën aan de andere kant. De ontwikkelingstheorieën verdelen de ontwikkeling of levensloop in een aantal fasen. In elke fase staat een kenmerk of conflict centraal. De fasen bouwen op elkaar voort en deze voortgang in fasen houdt vooruitgang in. Elke fase kent duidelijke leeftijdsgrenzen. We bespreken die van Erikson en Loevinger.
Bij de sociaal-cognitieve theorieën ligt de nadruk op het ontstaan van een zelfbeeld en zelfevaluatie in de interactie met de omgeving. Je zou de term sociale cognitie letterlijk kunnen vertalen als sociaal leren of als leren in een sociale context. Volgens deze theorieën ontwikkelt de identiteit zich in interactie met de omgeving. Ieder mens bevindt zich in diverse omgevingen. Een identiteit behoort continuïteit te hebben, dat wil zeggen dat je dezelfde persoon bent in verschillende situaties. Toch zal je identiteit in elke omgeving een net iets andere vorm en inhoud hebben. Ieder mens heeft daardoor meer 'zelven'. In elke omgeving en situatie ben je wel jezelf, maar laat je net een iets andere kant van dat zelf zien of benadrukken. We gaan in op de attributietheorie van Weiner en de zelfcategoriseringstheorie van Turner.

11.4.3 De ontwikkelingstheorie van Erikson

De belangrijkste en meest invloedrijke theorie over identiteitsontwikkeling in de puberteit is die van Erikson (zie ook hoofdstuk 2). In zijn theorie over de persoonlijkheidsontwikkeling van de mens benoemt Erikson acht fasen. In elke fase staat een conflict centraal tussen eigen belangen en verwachtingen van anderen. De uitkomst van zo'n conflict of crisis beïnvloedt de verdere ontwikkeling.

De vijfde fase uit de theorie van Erikson beslaat de identiteitsontwikkeling in de puberteit. Hierin staat het conflict tussen identiteit en identiteitsverwarring centraal. Erikson benoemt identiteit als 'het besef van eigen eenheid en continuïteit in tijd en ruimte én van het feit dat anderen deze eenheid en continuïteit erkennen'. Volgens hem is iemands identiteit de uitkomst van de vragen 'wie ben ik' en 'wie wil ik zijn'. In de puberteit zijn jongeren onzeker over zichzelf en over hun toekomst, omdat zij daar nog geen duidelijk beeld van hebben. In de puberteit – ook volgens Erikson een westers verschijnsel – kunnen ze experimenteren met gedrag, meningen, toekomstbeelden, uiterlijk, vriendschappen en relaties. Omdat ze nog niet de verplichtingen van volwassenen hebben, is daar speelruimte voor. Erikson noemt dit het psychosociaal moratorium. Die term kunnen we letterlijk vertalen in 'uitstel, tijdelijke opschorting'. De jongere die zich in het psychosociaal moratorium bevindt, stelt zijn definitieve identiteitsvorming nog even uit. Hij experimenteert met allerlei gedragingen en meningen en schort een eindmening en 'eindpresentatie' nog even op. In het moratorium weet je nog niet wie je zelf bent. Het ontwikkelen van een eigen identiteit is een zware opgave. De jongere moet omgaan met veranderingen op biologisch, psychologisch, sociaal en maatschappelijk gebied. Hij moet zich leren prettig te voelen in zijn veranderde lichaam, weten wie hij zelf is en hoe hij zich als zodanig moet presenteren aan anderen. Ook moet hij weten welke opleiding en beroepskeuze bij hem past en wat hij met zijn leven wil doen.

| psychosociaal moratorium

De theorie van Erikson is gestoeld op zijn eigen waarnemingen en analyses. De theorie is niet empirisch (in de werkelijkheid, door middel van vragenlijsten of interviews) onderzocht. De belangrijkste kritiek op de theorie van Erikson is gericht op zijn vaste, opeenvolgende fasen. Erikson gaat ervan uit dat ieder mens alle fasen in een vaste volgorde en op afgegrensde leeftijden doorloopt. Anderen zijn van mening dat hier een grotere variatie in optreedt. Zo kunnen er grote verschillen zijn in de identiteitsontwikkeling tussen jongens en meisjes en tussen mensen van verschillende culturen. Volgens Erikson moet je elke fase goed doorlopen, omdat de ontwikkeling anders stagneert. Anderen vinden dit niet noodzakelijk.

Als een jongere de ontwikkeling van de identiteit succesvol heeft doorlopen, heeft hij meningen en standpunten ontwikkeld. Ook heeft hij keuzes gemaakt in vriendschappen, vrijetijdsbesteding en opleiding of beroep. Dit noemen we bindingen. Het identiteitstatussenmodel van Marcia sluit aan bij de theorie van Erikson. Marcia onderscheidt vier identiteitstatussen. Het gaat daarbij niet alleen om de keuzes, standpunten en bindingen van de jongere, maar ook om hoe hij daaraan is gekomen.

| identiteitstatussenmodel van Marcia
| identiteitstatussen

- Identiteitstatus 1: *identity achievement* (zelf verworven identiteit). De jongere heeft sterke bindingen die na een periode van experimenteren tot stand zijn gekomen.
- Identiteitstatus 2: *foreclosure* (voortijdig afgesloten identiteitsvorming). De jongere heeft sterke bindingen die echter zonder exploratie zijn ontstaan. De jongere heeft zich zonder discussie geconformeerd aan de waarden en normen van zijn ouders.

- Identiteitstatus 3: *moratorium* (uitstel van identiteit). De jongere zit nog in een experimenteerperiode en is nog geen definitieve bindingen aangegaan. Hij kan nog geen keuzes maken ten aanzien van zijn identiteit en ervaart wisselende stemmingen.
- Identiteitstatus 4: *identity diffusion* (identiteitsverwarring). De jongere heeft nog geen bindingen en is ook niet bezig met experimenteren. Er is sprake van identiteitsverwarring.

Dit identiteitstatussenmodel geeft een indicatie waar een jongere zich bevindt ten aanzien van het ontwikkelen van een eigen identiteit, maar het heeft ook beperkingen. Het voornaamste bezwaar ertegen is dat jongeren niet in één keer alle keuzes en bindingen maken. Ze kiezen in het begin van de puberteit voor een bepaalde stijl en vriendengroep. Later kiezen ze voor een opleiding of beroep. En tussendoor bepalen ze wat de eigen waarden en normen worden. Het aangaan van bindingen houdt ook niet op met het bereiken van de volwassen leeftijd. Op elke leeftijd maken we nieuwe keuzes en gaan we nieuwe bindingen aan.

11.4.4 De ontwikkelingstheorie van Loevinger

In de theorie van Loevinger wordt de identiteit 'ego' genoemd. Dit ego ontwikkelt zich in een aantal opeenvolgende stadia, de egostadia. Deze geven veranderingen weer in de manieren waarop het ego probeert zich aan te passen aan de omgeving. Op het laagste niveau houdt het ego bijvoorbeeld alleen rekening met de eigen verlangens.

egostadia

De theorie van Loevinger is een combinatie van de theorie van Erikson en die van Kohlberg. Ze onderscheidt de volgende stadia in de ego-ontwikkeling. De theorie geeft geen leeftijdsgrenzen aan, maar de stadia die kunnen voorkomen in de puberteit zijn:

- *Het impulsieve stadium*: dit stadium hoort eigenlijk bij de fase vóór de puberteit. Het kind stelt zijn eigen behoeften centraal en is gericht op directe behoeftebevrediging. Zo'n kind is niet gevoelig voor consequenties op de langere termijn, maar alleen voor concrete en duidelijke regels in het hier-en-nu. De manier van redeneren is nog zwart-wit en het kind reageert nog vaak impulsief. Het is nog sterk afhankelijk van structurering van buitenaf.
- *Het zelfbeschermende stadium*: het eigenbelang staat nog voorop. Het kind houdt zich aan de regels om straf te vermijden. Als er iets misgaat, heeft de ander of de omstandigheid schuld, het kind voelt zich niet zelf verantwoordelijk. Bij de overgang van kind naar puber bevindt het ego zich vaak in dit stadium.
- *Het conformistische stadium*: nu zijn zowel het eigenbelang als het belang van de groep belangrijk. De jongere conformeert zich aan de regels van de groep, maar nog niet op basis van eigen normen en waarden. In de vroege

puberteit bevindt het ego zich vaak in dit stadium, bij sommige jongeren groeit het niet verder door.

- *Het zelfbewuste stadium*: behalve zich te conformeren aan de groep begint de jongere zich ook bewust te worden van eigen normen en waarden, die soms in conflict met die van de groep kunnen zijn. In dat geval conformeert de jongere zich doorgaans nog aan de groep.
- *Het verantwoordelijke stadium*: jongeren in dit stadium voelen zich verantwoordelijk voor hun leven en de keuzes die ze maken. Er is sprake van kritisch zelfinzicht en een sterk verantwoordelijkheidsgevoel. Slechts enkele jongeren bereiken dit stadium.

Voor het bepalen van het niveau van de ego-ontwikkeling bestaat ook een meetinstrument. Wanneer we weten in welk stadium van ego-ontwikkeling een jongere zich bevindt, kan dit veel aanknopingspunten bieden voor begeleiding en behandeling. We kunnen een jongere van 16 jaar met gedragsproblemen beter begrijpen, wanneer blijkt dat hij zich nog in het impulsieve ego-ontwikkelingsstadium bevindt. Zo iemand overziet de gevolgen van zijn gedrag nog niet en kan zijn eigen gedrag moeilijk reguleren. Hij handelt vanuit zijn eigen impulsen en kan geen uitstel van directe behoeftebevrediging hanteren. Dit kan leiden tot veel problematisch en onaangepast gedrag. Ook bij het begeleiden is het belangrijk te weten dat deze jongere ongevoelig is voor consequenties op de langere termijn en wel voor directe, concrete gevolgen. Het heeft dus geen zin om deze jongere aan te spreken op effecten voor zijn latere carrière of latere gezondheid, omdat dit te ver weg is.

11.4.5 De attributietheorie van Weiner

| het zelf

| zelfbeeld

Het centrale begrip in deze theorieën is het zelf. Het zelf wordt opgevat als een dynamisch schema, waarbij het individu steeds bezig is aan bijschaving en bijstelling onder invloed van de sociale omgeving. Er is een zelfbeeld (wie ben ik?) en een zelfwaardering (wat vind ik van mijzelf?). Een andere indeling is die in een zelfbeeld (wie ben ik?) en een ideaalbeeld (hoe zou ik willen zijn?). Hoe meer het zelfbeeld en het ideaalbeeld samenvallen, des te stabieler en gelukkiger de persoon zich zal voelen.

| attributietheorie van Weiner

De attributietheorie van Weiner gaat over het toeschrijven van oorzaken aan de situatie waarin een persoon zich bevindt. Attributie betekent ook letterlijk: toekennen, toeschrijven. Deze theorie geeft inzicht in de manier waarop jongeren op situaties reageren. Waarom reageert de ene jongere boos op een slecht cijfer en een andere gelaten? Waarom is de een trots na het behalen van een goed cijfer en een ander onverschillig? De theorie geeft behalve inzicht in gedrag van jongeren ook inzicht in hun gevoelens. Het geeft de hulpverlener of docent aanknopingspunten tot handelen.
Een centraal begrip in de attributietheorie van Weiner is 'locus of control'. Er is verschil in de manier waarop mensen hun eigen gedrag en gebeurtenissen in hun leven benaderen. Sommigen gaan ervan uit dat zij weinig controle

hebben over hun leven. Zij schrijven de oorzaken van voorspoed of pech toe aan externe factoren die zij niet kunnen beïnvloeden. Deze mensen hebben een externe locus of control; ze leggen de controlemogelijkheden buiten zichzelf. Mensen met een interne locus of control hebben juist het idee hun leven zelf in de hand te hebben. Zij schrijven geluk of pech aan zichzelf toe, ze voelen zich daar zelf verantwoordelijk voor en handelen daarnaar. Een jongere met een externe locus of control die een slecht rapport haalt, gaat ervan uit dat dit komt omdat de docenten een hekel aan hem hebben. Hij heeft niet het gevoel er zelf iets aan te kunnen doen. Een jongere met een interne locus of control schrijft de slechte resultaten toe aan zichzelf. Hij ziet met harder werken en meer leren mogelijkheden om het slechte rapport om te zetten in een goed rapport.

| externe locus of control
| interne locus of control

Attributie gaat dus over het toeschrijven van oorzaken. Samen met interne en externe toeschrijving geven onveranderlijkheid en controleerbaarheid een bepaalde stijl van toeschrijven aan:

| onveranderlijkheid
| controleerbaarheid

- Schrijf je de omstandigheden waarin je zit toe aan interne of externe factoren?
- Zie je de oorzaken van de omstandigheden waarin je zit als veranderlijk of onveranderlijk (stabiel of instabiel)?
- Zie je de oorzaken van de omstandigheden waarin je zit als controleerbaar of oncontroleerbaar?

Voorbeelden van deze toeschrijvingen:
Bij een interne locus of control schrijf je prestaties toe aan jezelf, bij een externe locus of control aan anderen of aan omstandigheden buiten jouzelf. Veranderlijke oorzaken zijn stemmingen van jezelf of van anderen, geluk of pech. We noemen ze ook wel instabiele oorzaken. Onveranderlijke oorzaken zijn karaktertrekken, intelligentie, de moeilijkheidsgraad van bepaalde vakken of opdrachten. Die noemen we stabiele oorzaken. Op controleerbare oorzaken kun je zelf invloed uitoefenen, bijvoorbeeld op de inspanning die je doet. Op oncontroleerbare oorzaken als de moeilijkheid van een taak en geluk heb je geen invloed. Zo ontstaat een pessimistische of een optimistische attributiestijl. Bij een pessimistische attributiestijl wijten we tegenslagen (zoals een slecht rapport) aan onveranderlijke, oncontroleerbare interne oorzaken zoals aanleg of persoonlijkheidskenmerken. De gevolgen hiervan zijn gevoelens van hulpeloosheid, want aan onveranderlijke oncontroleerbare oorzaken kun je immers niets doen. Als je al een onverwacht succes boekt, dan schrijf je dit toe aan externe oncontroleerbare factoren zoals geluk. Bij een optimistische attributiestijl schrijf je successen toe aan jezelf. Successen komen door controleerbare, onveranderlijke, interne oorzaken zoals daadkracht en motivatie.

Attributiefouten

Er treden een aantal fouten op in de toeschrijving van oorzaken aan gebeurtenissen. Zo hebben wij – en dus ook jongeren – de neiging om verklaringen voor eigen wonderlijk gedrag toe te schrijven aan externe factoren. Als wij zelf bijvoorbeeld een keer kortaf tegen een klant zijn, komt dat door de omstandigheden. Normaal gesproken zijn wij natuurlijk heel vriendelijke verkopers, maar het was een erg drukke dag vol lastige klanten. Als een ander echter op zo'n zelfde kortaffe manier reageert, schrijven we dat meestal direct toe aan persoonskenmerken: 'dat is gewoon een chagrijnige vrouw'. Ook hebben de meeste mensen de neiging om successen toe te schrijven aan stabiele factoren in zichzelf en mislukkingen aan externe variabele factoren. Als een tennisser de finale van Wimbledon wint, komt dat door zijn formidabele spel. Verliest hij, dan komt dat doordat de zon in zijn ogen scheen, door een slecht racket of een blessure. Als een jongere een goed cijfer voor een proefwerk techniek haalt, is hij gewoon waanzinnig technisch. Als hij een onvoldoende haalt, zijn er heel rare vragen gesteld of heeft de docent heel partijdig nagekeken.

11.4.6 De zelfcategoriseringstheorie van Turner

De sociale cognitietheorieën gaan uit van schema's. Een schema is een cognitieve structuur die georganiseerde kennis over een begrip representeert. Iemands zelfbeeld is ook een schema, een cognitieve structuur met georganiseerde kennis over de eigen identiteit. Bij nieuwe informatie of veranderingen pas je het schema aan. Een jongere kan van zichzelf vinden dat hij een vlotte prater is. Als hij zich in de loop der jaren steeds vaker in gezelschap bevindt van jongeren die veel meer praten dan hijzelf of hij steeds vaker te horen krijgt dat anderen hem stil vinden, kan hij zijn schema bijstellen. Het zelfbeeld heeft een persoonlijke en een sociale component. De persoonlijke component wordt gevormd door de persoonskenmerken, karaktertrekken en eigenschappen. De sociale component wordt gevormd door de lidmaatschappen van verschillende sociale groepen zoals jongens, vmbo'ers, voetballers, Limburgers, skaters.

| zelfbeeld

Een zelfbeeld is iets anders dan een zelfwaardering. Als ouders en leerkrachten regelmatig tegen een meisje zeggen dat ze zich zo goed aan de regels houdt, zal dit in haar zelfconcept zitten. 'Ik ben een meisje dat zich goed aan de regels houdt.' Hoe ze dit vervolgens waardeert, hangt af van haar zelfwaardering of zelfevaluatie. Hier komen normen en waarden bij. Wat wordt positief gewaardeerd en wat negatief? Misschien vindt het meisje het vreselijk dat ze zich zo goed aan de regels houdt en ziet ze dit als slap en geen eigen mening hebben. Haar zelfwaardering zal dan laag zijn op dit punt. Maar misschien vindt ze dat iedereen zich goed aan de regels moet houden en waardeert ze het feit dat zij dit doet als zeer positief. Haar zelfwaardering is dan hoger op dit punt.

| zelfwaardering

Anderen spelen een belangrijke rol bij de ontwikkeling van het zelfconcept en de zelfwaardering. Bij het beoordelen van zichzelf beziet een jongere zichzelf ook vanuit het oogpunt van anderen. Bij het waarderen van het zelf vergelijken jongeren zich voornamelijk met leeftijdsgenoten. Zijn zij sportiever

of mooier? Hebben zij meer vrienden? Hebben zij een beter contact met docenten? Hoe gaan zij om met hun ouders?
Het zelfconcept wordt in de loop van de jaren uitgebreid. Een jong kind heeft een beperkt beeld van zichzelf. 'Ik ben Tom' of 'ik ben 8'. Een jongere heeft een veel uitgebreider zelfconcept. Hij beziet zichzelf ook meer in relatie tot anderen. De zelfwaardering van een jong kind is hoger dan die van een jongere die net in de puberteit zit. Meer nadenken over jezelf en jezelf meer vergelijken met anderen geeft twijfel. Pas als een jongere een jaar of 15 is, neemt zijn zelfwaardering weer toe. Dat jongeren een laag zelfbeeld hebben, is dus voor een groot deel fase-gebonden (passend bij de leeftijd). Dit komt doordat het een periode vol onzekerheid is. De jongere ontwikkelt zijn zelfbeeld nog volop en door twijfels valt de zelfevaluatie negatiever uit dan tijdens de volwassenheid. Dit geldt vooral voor meisjes en minder voor jongens. Jongens hebben een positiever zelfconcept dan meisjes en waarderen zichzelf positiever dan meisjes. Jongens leggen de lat lager en zien zichzelf positiever. Meisjes leggen de lat hoger en bezien zichzelf negatiever. Hierdoor lopen meisjes veel meer risico dan jongens op stoornissen die voortkomen uit een negatief zelfbeeld. We noemen ze internaliserende stoornissen, omdat we deze stoornissen vooral binnen het individu uiten. Ze staan tegenover externaliserende stoornissen, die vooral naar buiten gericht zijn en vaker bij jongens voorkomen. In de volgende paragraaf bespreken we mogelijke stoornissen in de sociaal-emotionele ontwikkeling van jongeren.

zelfcategoriseringstheorie

In de zelfcategoriseringstheorie van Turner (*Social Categorization Theory*) omvat het zelfbeeld verschillende zelfconcepten. Zo vormen de categorieën van karaktertrekken en eigenschappen de persoonlijke identiteit. De sociale identiteit wordt gevormd door de zelfcategorisering waarbij iemand zich in sociale categorieën plaatst. Een meisje van 16 jaar kan zich in de volgende categorieën plaatsen: meisje, havist, Amsterdamse, hockeyster, kakker. De zelfcategoriseringstheorie geeft een centrale rol aan het proces van categorisering. Ieder mens streeft naar een positief zelfbeeld. De sociale kant van een identiteit wordt verkregen door het lidmaatschap van diverse sociale groepen. Door evaluatieve vergelijkingen tussen de eigen groepen en andere groepen, ontwikkel je een sociale identiteit. Wanneer deze vergelijkingen gunstig uitvallen voor jouw groepen, dan ontwikkel je een positieve sociale identiteit, waarmee tegelijkertijd je zelfbeeld positiever wordt. Daarom zijn we allemaal gemotiveerd tot het negatiever beoordelen van aspecten van andere groepen en het positiever beoordelen van aspecten van de eigen groepen. In elke klas ontstaan groepen, duo's en eenlingen. Als je een jongere vraagt de eigen groep te omschrijven, zal hij meestal positieve kenmerken noemen zoals 'wij hebben humor, we zijn relaxt en we nemen het schoolwerk niet al te serieus maar halen wel voldoendes'. De andere groepen zal de jongere negatieve kenmerken toedichten zoals 'zij zijn saai, kinderachtig en ze roddelen over anderen'. Deze neiging om de eigen groep positiever te beoordelen dan andere groepen wordt de ingroup-bias genoemd. Daarnaast zullen groepsleden de overeenkomsten binnen de eigen groep en de verschillen met andere groepen accentueren, zo ontstaan stereotyperingen van de eigen groep en de andere

ingroup-bias

groepen. Stereotyperingen van de andere groepen kunnen bijna scheldwoorden worden zoals nerds, tutjes, meelopers, buitenlanders en sletjes. Stereotyperingen kunnen leiden tot discriminatie.
De eigen groep wordt meestal getypeerd als 'normaal'. Omdat tijdens de puberteit het ontwikkelen van een (sociale) identiteit centraal staat, is het proces van categoriseren goed te onderzoeken in deze leeftijdsgroep. Veel onderzoeken richten zich daarbij op de constructie van identiteiten in taalgebruik. In de puberteit liggen identiteiten niet vast, ze worden continu geconstrueerd en bijgesteld in taalgebruik.

11.5 Stoornissen in de emotionele ontwikkeling

11.5.1 Inleiding

In de puberteit wisselen verschillende emoties elkaar snel af en worden emoties heftiger. Een jongere die met deuren slaat, zich opsluit in zijn kamer, harde muziek draait en sombere songteksten op zijn telefoon zet; het is allemaal normaal. Donkere kleren dragen, over begraafplaatsen lopen, op Facebook schrijven 'was ik maar dood', weglopen en bij een vriendje opduiken; het hoeft allemaal niet zorgwekkend te zijn. Tegelijkertijd maakt dit het lastig om op tijd werkelijk zorgelijke ontwikkelingen te signaleren. Wanneer moet je de fixatie op het gewicht van een meisje negeren of accepteren dat ze haast niets wil eten? Wanneer moet je ingrijpen omdat het eetprobleem een eetstoornis dreigt te worden? Hoelang laat je een jongere zich opsluiten in de eigen kamer? Wisselende stemmingen horen bij de puberteit. Het is echter ook de levensperiode met vergrote kans op depressies, eetstoornissen en suïcide. Om beter onderscheid te kunnen maken tussen wat nog normaal gedrag is (hoe ongebruikelijk ook in de ogen van een ouder of docent) en wat echte stoornissen zijn, behandelen we de meest voorkomende sociaal-emotionele stoornissen tijdens de puberteit. De eetstoornissen komen in hoofdstuk 12 (over gezondheid) aan bod. Bij het overzicht van stoornissen gaan we uit van het classificatiesysteem DSM-5.

11.5.2 Stemmingsstoornissen

Het is moeilijk in de puberteit onderscheid te maken tussen fase-gebonden stemmingsproblemen en stemmingsstoornissen. Fase-gebonden stemmingsproblemen komen vaak voor in een bepaalde levensfase, hier de puberteit.

| depressieve stoornis

De twee hoofdkenmerken van een depressieve stoornis zijn een sombere stemming en verlies van interesse en plezier. De jongere voelt zich het grootste deel van de dag somber, leeg of verdrietig. Hij heeft moeite om aan een activiteit te beginnen of deze af te maken. Hij is moe en prikkelbaar, voelt zich waardeloos of schuldig en denkt regelmatig aan de dood. Er is vaak sprake van slaapproblemen en er kan een aanzienlijke gewichtsvermindering of juist vermeerdering plaatsvinden. Als een jongere depressieve perioden afwisselt met perioden van uitgelaten vrolijkheid kan er sprake zijn van een bipolaire stoornis. De term bipolair verwijst naar de aanwezigheid van twee polen in stemming: depressief en manisch. In de perioden van manie is de jongere extreem uitgelaten. Hij heeft grootse plannen en een sterk gevoel van overschatting van zijn mogelijkheden. Een bipolaire stoornis komt minder vaak voor dan een depressieve, zeker bij jongeren. De helft van de jongeren met een depressieve stoornis heeft eveneens een angststoornis. Stemmingsstoornissen zijn met angststoornissen de meest voorkomende stoornissen tijdens de adolescentie. Meer meisjes dan jongens lijden aan deze stoornissen. Stemmingsstoornissen bij adolescenten zijn het best te behandelen met cognitieve gedragstherapie (CGT). De meeste adolescenten zijn in staat te redeneren en de eigen gedachten en gedragingen te benoemen en onder begeleiding te veranderen. Medicatie wordt afgeraden bij stemmingsstoornissen, omdat antidepressiva niet bewezen effectief zijn bij adolescenten en ernstige bijwerkingen kunnen hebben omdat het brein nog in ontwikkeling is.

| bipolaire stoornis

11.5.3 Suïcidaal en zelfbeschadigend gedrag

Jongeren met een stemmingsstoornis lopen een groter risico op suïcide dan jongeren zonder deze stoornis. In 2015 waren er 130 jongeren tussen de 10 en de 25 jaar die suïcide hebben gepleegd: 7 onder 10- tot 15-jarigen; 41 onder 15- tot 20-jarigen; 82 onder 20- tot 25-jarigen. Er worden 20 keer meer pogingen tot suïcide gegaan dan 'geslaagde' suïcides. Meer meisjes doen een suïcidepoging, maar bij meer jongens 'lukt het'. Bij meisjes zal de suïcidepoging vaker een signaal zijn, een schreeuw om hulp of een schreeuw van pijn. Factoren die het risico op suïcide bij jongeren verhogen, zijn behalve stemmingsstoornissen ook angststoornissen, alcohol- of drugsmisbruik, onzekerheid over seksuele geaardheid, seksueel misbruik, conflicten met ouders, slechte schoolresultaten en het verbreken van een liefdesrelatie. Ouders, hulpverleners en docenten dienen bij deze risicofactoren extra alert te zijn. Om het risico op suïcide in te schatten, kunnen de volgende vragen helpen:

| suïcide

| suïcidepoging

- Welke risicofactoren zijn aanwezig?
- Welke hulpbronnen heeft de jongere; met wie kan hij praten?
- Denkt de jongere aan suïcide?
- Beschikt de jongere over mogelijkheden tot suïcide? (plaats, gelegenheid, materiaal)
- Is de jongere anders dan anders?

Bij de inschatting van het risico op suïcide kan de suïcidepiramide helpen:

| suïcidepiramide

Figuur 1

zelfbeschadiging

Suïcide is niet altijd te voorkomen, maar juist bij jongeren dienen volwassenen alles te doen om suïcidaal gedrag te herkennen en hulp te bieden. Een jongere heeft immers nog niet eenzelfde perspectief als volwassenen en is biologisch, neurologisch en psychologisch nog niet volgroeid. In de puberteit zijn emoties heftig en intens. Perspectief op betere tijden ontbreekt. Tijdens zo'n gevoelige periode moeten we voorkomen dat de jongere de uitzichtloze situatie die hij ervaart met suïcide beëindigt, omdat hij nog niet in evenwicht is en het brein nog niet volgroeid is. Suïcidaliteit is niet opgenomen in de DSM-5 als psychische stoornis, zelfbeschadigend gedrag zonder doodswens wel. Bij zelfbeschadiging (automutilatie) gaat het niet om het krassen of snijden zelf, het gaat om het even verminderen van andere pijn. Zowel suïcidaal gedrag als zelfbeschadigend gedrag kan opgevat worden als 'cry of pain' of 'cry for help'. Bij suïcidaal gedrag spelen altijd meerdere factoren een rol; zowel persoonlijkheid, erfelijke gevoeligheid als omstandigheden. Het is te simpel en ongewenst om te denken dat een jongere alleen omdat hij gepest werd of omdat er een naaktfoto online is gezet, tot suïcide besluit.

11.5.4 Psychosomatische klachten

We drukken psychische problemen uit in lichamelijke (somatische) klachten. Een kind krijgt buikpijn van heimwee als het logeert, een jongere krijgt hoofdpijn voor een proefwerk op school en een volwassene is benauwd sinds hij een nieuwe functie heeft. Psychische spanningen kunnen bij alle leeftijden worden geuit in de vorm van een lichamelijke klacht. Deze klacht is reëel; er is echt buikpijn, hoofdpijn of benauwdheid. Er is alleen geen lichamelijke oorzaak voor te vinden. Wanneer dit soort klachten zo vaak en langdurig

optreden dat zij het functioneren van de jongere ernstig belemmeren, spreekt de DSM-5 van een somatisch-symptoomstoornis. Naast de lichamelijke klacht(en) zijn er excessieve gedachten, gevoelens of gedragingen samenhangend met de lichamelijke klachten. Meer meisjes dan jongens lijden hieraan. Het somatiseren, het lichamelijk uiten van psychische klachten zonder dat er van een somatische ziekte sprake is, komt vaak voor in de puberteit bij meisjes. Zij uiten de twijfels en onzekerheden die zij ervaren door middel van lichamelijke klachten. Angst om te presteren tijdens de gymles zorgt er bijvoorbeeld voor dat veel meiden met klachten aan de kant zitten.
Het is lastig hier adequaat mee om te gaan. Negeren kan het gedrag verergeren. Het meisje kan vinden dat je haar niet serieus neemt en zal haar verhaal elders doen. Meiden onder elkaar belonen somatisatiegedrag door er veel aandacht aan te besteden. Daarmee houden ze dit gedrag samen in stand. Ouders, docenten en hulpverleners moeten een evenwicht vinden tussen het serieus nemen van de klachten enerzijds en zorgen voor versterking van positieve uitingsvormen van het meisje anderzijds. Dan krijgt ze aandacht voor haar sterke kanten in plaats van voor haar lichamelijke klachten.
Somatiseren valt onder de internaliserende problemen, die verinnerlijken het probleem. Zo krijgen problemen van binnen plek in de vorm van piekeren, hoofdpijn en andere klachten. Je zou kunnen zeggen dat de problemen op de jongere zelf worden afgereageerd. Dit in tegenstelling tot externaliserende problemen, die vooral op de buitenwereld afgereageerd worden. Hieronder vallen agressie, recalcitrant gedrag en criminaliteit (zie de hoofdstukken 13 over criminaliteit en 17 over gedragsstoornissen). Het komt natuurlijk ook voor dat van een psychosomatische klacht later alsnog een 'echte' (dus lichamelijke) oorzaak gevonden wordt. Pas als onderzoeken uitwijzen dat er geen lichamelijke oorzaak is te vinden voor een bepaalde klacht, mag aan een somatisch-symptoomstoornis gedacht worden.

| internaliserende problemen

| externaliserende problemen

11.5.5 Angststoornissen

Onder angststoornissen vallen de paniekstoornis, sociale-angststoornis, fobieën en de gegeneraliseerde angststoornis. Elke stoornis apart komt ongeveer bij 3 tot 5 procent van de jongeren voor, vaker bij meisjes. Samen met stemmingsstoornissen zijn het de meest voorkomende stoornissen onder adolescenten. Angst is een normale reactie op dreiging. Het is een nuttige emotie. De lichamelijke veranderingen die optreden tijdens angst zoals verhoogde hartslag, bloeddruk en transpiratie bereiden het individu voor op actie. Dit wordt de *fight- or flight-respons* genoemd. Iemand ervaart angst en kan daar op twee manieren op reageren: vluchten of vechten. Angst wordt een probleem als deze vrijwel permanent aanwezig is, er geen reden voor is en er absurd op wordt gereageerd. We spreken pas van een angststoornis als de angst irreëel is, de reactie extreem en de angst de jongere ernstig hindert in het normale functioneren.

| fight- or flight-respons

| angststoornis

| paniekaanval

Een paniekaanval is een korte periode van hevige subjectieve angst die samen gaat met symptomen als hartkloppingen, transpiratie, trillen of beven, ademnood, pijn op de borst, misselijkheid, duizeligheid en opvliegers of koude rillingen. Als de paniekaanval eenmalig is en als reactie op een angst gevende prikkel is opgetreden, spreken we niet van een paniekstoornis. Dat doen we pas als er verscheidene, onverwachte paniekaanvallen achter elkaar plaatsvinden, zonder duidelijke aanleiding. Paniekaanvallen komen voor tijdens de puberteit, paniekstoornissen zelden.

| fobie

Een fobie is een grote angst of vrees voor een situatie of voorwerp. Een specifieke fobie geeft een paniekreactie bij blootstelling aan een specifiek voorwerp of situatie. De gedachte aan het voorwerp of de situatie alleen al kan deze paniekreactie oproepen. De DSM-5 noemt nog maar twee soorten fobieën:

- specifieke fobie (zoals voor vliegen, hoogtes, dieren, injecties, bloed of kleine ruimtes)
- agorafobie (voor gebruikmaken van openbaar vervoer, zich bevinden in een open ruimte of in een afgesloten ruimte, in de rij staan of zich in een menigte bevinden)

| sociale fobie
| sociale-angststoornis

Wie een sociale fobie heeft, is bang voor sociale situaties. In de DSM-5 wordt dit een sociale-angststoornis genoemd. Diegene is bang dat anderen hem kritisch beoordelen of afwijzen en heeft angst voor onbekenden. We spreken van een stoornis wanneer sociale situaties worden vermeden en wanneer de angst significante lijdensdruk of beperkingen in het sociale functioneren veroorzaakt. Onder jongeren komt dit regelmatig voor. In de puberteit is de jongere zich meer dan ooit bewust van zijn eigen voorkomen en tegelijkertijd meer dan ooit onzeker daarover. Jongeren zijn bang voor spreekbeurten en andere situaties waarin ze voor een groep leeftijdsgenoten staan. Als ze door deze angst gaan blozen en stotteren, zal de angst toenemen. De jongere belandt dan in een vicieuze cirkel. Sommige scholen bieden trainingen aan die voor de meeste jongeren helpend zijn. Een sociale fobie begint meestal in de puberteit.

Angststoornissen zijn de meest voorkomende stoornissen bij kinderen en jongeren en komen twee keer zo vaak voor bij meisjes als bij jongens. Bij fobieën is gedragstherapie aan te raden en dan met name de exposure-techniek, waarbij de jongere stapsgewijs wordt blootgesteld aan waar hij angstig voor is. Bij angst voor spinnen wordt dan bijvoorbeeld begonnen met het kijken naar een spin in een afgesloten bak, dan wordt de bak opengedaan en weer een stap verder wordt de spin uit de bak gehaald. Het doel is dat de jongere de spin over zijn hand heen kan laten lopen zonder angst te krijgen. Cognitieve gedragstherapie is bij andere angststoornissen het meest effectief gebleken.

| exposure-techniek

11.5.6 Posttraumatische stressstoornis

De posttraumatische stressstoornis (*PTSS*) is een ernstige stoornis die optreedt na een ingrijpende gebeurtenis waarbij er sprake was van een levensbedreigende situatie voor de persoon zelf of voor anderen. Kenmerkend is dat de persoon tijdens deze gebeurtenis gevoelens van intense angst en hulpeloosheid heeft ervaren. PTSS kan optreden na traumatische ervaringen als seksueel misbruik met dreiging, oorlogssituaties, het zien van een ernstig auto-ongeluk of getuige zijn van een moord of zelfmoord. De diagnose PTSS wordt alleen gesteld als iemand na de traumatische gebeurtenissen verschijnselen vertoont van herbeleving, vermijding of afstomping. Herbeleving is het keer op keer opnieuw beleven van de traumatische gebeurtenis. Dit kan in de vorm van nachtmerries zijn, maar het kan zich ook voordoen zodra iets in het dagelijkse leven doet denken aan het trauma. Een jongere die op weg naar school een ernstig auto-ongeluk heeft meegemaakt, kan dat ongeluk bij het passeren van de plaats ervan opnieuw beleven. Er is sprake van vermijding als deze jongere vervolgens de plaats van het ongeluk vermijdt en elke dag een heel stuk omrijdt. Bij afstomping lijkt de jongere totaal onaangedaan en gevoelloos. Elke dag passeert hij uitdrukkingsloos de plek van het ongeluk. Als de symptomen drie dagen tot één maand na blootstelling aan het trauma duren, dan spreken we van acute PTSS. Duren ze langer, dan spreken we van chronische PTSS. Als er minstens een halfjaar zit tussen de traumatische gebeurtenis en de eerste verschijnselen van PTSS heet het uitgestelde PTSS. Bij minderjarige asielzoekers wordt relatief vaak de diagnose PTSS gesteld, bijvoorbeeld als zij in het land van herkomst oorlogen hebben meegemaakt of erbij waren toen familieleden zijn vermoord of verkracht. Met het meer bekend worden van deze stoornis kwam er ook een over diagnostisering. Voor heftige reacties op allerlei situaties is de term PTSS gebruikt, zonder dat het levensbedreigende aspect aanwezig was. Angstreacties op een uithuisplaatsing, een echtscheiding van ouders of een exitgesprek op school kunnen heftig zijn en een paniekaanval veroorzaken, maar het is niet juist om de term PTSS hierbij te gebruiken. Naar schatting heeft 1 tot 2 procent van de jongeren de diagnose PTSS, meer meisjes dan jongens. Meestal wordt psychotherapie aangeraden, soms kan ook EMDR (*Eye Movement Desensitization and Reprocessing*) goede resultaten opleveren.

11.6 Van theorie naar praktijk

Als we de theorie uit dit hoofdstuk toepassen op de praktijksituatie aan het begin van het hoofdstuk is het duidelijk dat Shahira naar een eigen identiteit zoekt. Zij bevindt zich in het psychosociaal moratorium en experimenteert met gedrag, uiterlijk en vriendschappen. Die zijn op dit moment belangrijker dan het contact met haar moeder. Als we kijken naar de egostadia uit de theorie van Loevinger, dan bevindt Shahira zich in het conformistische stadium: het eigenbelang en het groepsbelang zijn belangrijk. Ze conformeert zich aan de regels van de groep. Haar moeder heeft duidelijk moeite met de overgang naar dit stadium. Shahira zat hiervóór nog in het zelfbeschermende stadium, ze hield zich aan de regels en smaakvoorkeuren van thuis. De angst van moeder voor een zelfmoordpoging van Shahira lijkt in dit voorbeeld ongegrond. De muziek, de posters en het bezoek aan de begraafplaats zijn uitingsvormen van de groep jongeren waarbij Shahira zich heeft aangesloten.

Hoofdstuk 12

Gezondheid en uiterlijk

hoofdstuk 12

Gezondheid en uiterlijk

Alina is een 13-jarig meisje dat opgroeit in een gezin met een vader, een moeder en een jonger zusje. Als kind was Alina een stoere meid die veel van buiten spelen en sporten hield. Ze zat op wedstrijdzwemmen, hockey en tennis. Haar gedrag veranderde aan het eind van groep 8. Alina werd minder vrolijk en uitbundig en ze trok zich terug van het buiten spelen in de wijk. Haar beste vriendin Cayleigh liep wat verder voor in de ontwikkeling. Bij haar groeiden de borsten al, ze droeg trendy meisjeskleren en zocht de aandacht van de jongens. Alina hield zich daar helemaal nog niet mee bezig. Cayleigh begon steeds vaker met andere meisjes af te spreken. Daardoor kwam Alina wat alleen te staan. Soms ging ze mee met Cayleigh en haar nieuwe vriendinnen, maar daar voelde ze zich niet prettig bij. Cayleigh en haar vriendinnen spraken steeds over kleren, make-up en jongens. Ook hadden ze het steeds over hun gewicht en over lijnen.
In de zomervakantie voor de brugklas vroeg Alina om een weegschaal. Ze was benieuwd hoeveel zij woog. Ze bleek minder te wegen dan de andere meiden. Sindsdien weegt ze zich elke dag. Ze heeft zichzelf een strikt regiem opgelegd waarbij ze nooit meer een tussendoortje eet. Ze belegt haar brood zuinig en gaat na elke maaltijd een uur sporten. Van een stoere meid met een normaal postuur verandert Alina in een dun, schrikachtig meisje. Ze weegt steeds minder, maar ze blijft zichzelf niet dun genoeg vinden.
Een docent op school stuurt haar naar de schoolmaatschappelijk werkster. Die praat een paar keer met Alina en raadt haar aan om naar de huisarts te gaan. De ouders van Alina begrijpen helemaal niets van het gedrag van hun dochter. In hun gezin zijn ze allemaal sportief en nuchter. Haar vader vindt het allemaal maar aanstellerij. Haar moeder maakt zich wel zorgen, maar denkt dat het allemaal wel meevalt; ze zijn immers allemaal best mager. Van de diagnose anorexia nervosa wil ze dan ook niets weten. Alina heeft inmiddels over het hele lijf donsachtige beharing gekregen. Ze heeft het voortdurend koud en de doorbloeding in haar handen en voeten is zo minimaal dat ze steeds blauw zijn.

12.1 Inleiding

Dit hoofdstuk gaat over ontwikkelingstaak 6 rond gezondheid en uiterlijk: zorgen voor een goede lichamelijke conditie, een uiterlijk waar je je prettig bij voelt, zorgen voor goede voeding en het vermijden van overmatige risico's.
In de puberteit wordt het uiterlijk ineens heel belangrijk. De biologische veranderingen en groei maken jongeren onzeker over hoe ze eruitzien. Vooral afwijkingen van het gemiddelde zijn reden tot zorg: pubers willen graag normaal zijn. Bij de eerste verliefdheden is het uiterlijk ook van belang. 'Vindt hij me wel aantrekkelijk genoeg?' of 'vindt ze me niet een iel, ongetraind mannetje?' zijn gedachten die bij jongeren kunnen opkomen. Ook de media presenteren hoge lichaamsidealen waaraan jongeren moeten voldoen.
We bespreken in dit hoofdstuk eerst de lichamelijke conditie (12.2) en daarna obesitas (12.3) gevolgd door eetstoornissen (12.4). Waar ouders bepalen wat jonge kinderen eten en drinken, gebruiken jongeren eet- en drinkwaren buitenshuis. Ze zullen zelf moeten leren omgaan met aangeboden snacks, alcohol, sigaretten en (soft)drugs. In paragraaf 12.5 gaat het over middelengebruik gevolgd door een paragraaf over middelenmisbruik (12.6). We sluiten af met een paragraaf over beïnvloeding van gezond gedrag.

12.2 Lichamelijke conditie

lichamelijke conditie

Met de leeftijd daalt het aantal dagen dat jongeren minimaal een uur bewegen. Voor een 12-jarige is dat gemiddeld 4,5 dag per week en voor een 16-jarige is dat gemiddeld 3,6 dag. Meisjes bewegen minder dan jongens. Het aantal 6- tot 12-jarigen dat lid is van een sportclub is 73 procent. Voor 12- tot 20-jarigen is dit 57 procent. Nederlandse jongeren antwoorden positief over hun lichamelijke conditie in vergelijking met jongeren uit andere landen. Zij scoren gunstig met goede eetgewoonten zoals dagelijks ontbijten en ze scoren gemiddeld als het gaat om het eten van groente en fruit. Ze nuttigen echter meer snacks en frisdrank, hebben vaker overgewicht en veel meer middelengebruik.
Net zoals er een verschil is tussen het aantal jongeren dat daadwerkelijk te dik is en het aantal jongeren dat zichzelf te dik vindt (zie volgende paragrafen), is er een verschil in hoe het lichaam van de jongeren er daadwerkelijk uitziet en hoe de jongere zijn lichaamsbeeld *ervaart.* Jongens bezien hun lichaam positiever dan meisjes. Dit komt omdat meisjes sowieso een lager zelfbeeld hebben dan jongens en zichzelf negatiever bezien dan jongens.
De laatste jaren is er wel een fitheidstrend waar te nemen onder jongeren. Vooral de wat oudere adolescenten zijn bezig met gezonde voeding en een gezonde bewegingsstijl. Het is niet voor niets dat twee nieuwe benamingen voor jeugdstijlen 'foodie' en 'fitgirl' zijn.

12.3 Obesitas

Bij 12,3 procent van de 12- tot 16-jarige jongeren is overgewicht geconstateerd, bij iets meer jongens dan meisjes. Het hangt af van de definitie daarvan of het percentage hoger of lager uitvalt. De definitie van overgewicht gaat uit van het BMI van een jongere, de Body Mass Index. Daarbij wordt het gewicht gedeeld door de lichaamslengte in het kwadraat. Voor volwassenen ligt een gezonde BMI-waarde tussen de 20 en de 25, voor jongeren verschilt dit per leeftijd. Bij een bepaalde hoogte van deze BMI wordt gesproken van obesitas; dit is overgewicht waarbij gezondheidsrisico's optreden. Bij jongens van 15 jaar is er sprake van overgewicht bij een BMI van 28,3 of hoger, bij meisjes van 15 jaar bij een BMI van 29,1 of hoger. Bij jongens én meisjes van 18 jaar is er sprake van obesitas bij een BMI van 30,0 of hoger. De laatste jaren is het aantal jongeren met overgewicht stabiel. Er zijn echter veel meer jongeren die zichzelf te dik *vinden* dan er daadwerkelijk te dik *zijn*. Maar liefst 48 procent van de meisjes vindt zichzelf te dik tegenover 26 procent van de jongens.

| Body Mass Index

| obesitas

Jongeren met overgewicht hebben een verhoogd risico op diabetes mellitus type 2 (suikerziekte). Daarnaast lopen zij een verhoogd risico op hart- en vaatziekten, te hoge bloeddruk, gewrichtsproblemen, kanker en te vroeg overlijden. Jongeren met obesitas kunnen onzeker zijn en zich minderwaardig of schuldig voelen. Ze worden vaker gepest en hebben minder vrienden. Obesitas is bij kinderen veel beter te behandelen dan bij jongeren, omdat kinderen nog in de lengte groeien en omdat hun eetgewoonten nog veranderbaar zijn.

Kinderen met overgewicht worden vaak volwassenen met overgewicht. Tijdens de kinderjaren ontstane vetcellen kunnen met diëten hooguit lege vetcellen worden. Eenmaal ontstane vetcellen verdwijnen niet meer. Hierdoor zullen kinderen met overgewicht volwassenen worden die sneller te dik worden. Het eetgedrag van ouders is van groot belang. Toch kunnen ook kinderen van ouders die altijd gezond eten neerzetten in de puberteit dik worden. Dan eten jongeren immers vaker buiten het zicht van ouders. Meegebrachte verantwoorde boterhammen belanden op school in de prullenbak. In plaats daarvan kopen de jongeren gevulde koeken en cola in de schoolkantine. Jongeren snacken steeds vaker op school en daarbuiten. Er zijn scholen waar de snacks zijn vervangen door melk en appels, maar dit heeft nauwelijks invloed op het eetpatroon van de leerlingen. Als de school alleen gezonde eetwaren verkoopt, trekken jongeren er in de pauzes op uit en kopen zij eten en drinken in supermarkten en bij frietkramen. Ze hebben er steeds meer geld voor. In de brugklas hebben jongeren gemiddeld 60 euro per maand vrij te besteden, in de jaren daarna loopt dit op tot gemiddeld 150 euro per maand. Vooral jongens besteden een groot deel hiervan aan snacks.

De makkelijk verkrijgbare energiedrankjes worden door 60 procent van de jongeren gebruikt. Door de grote hoeveelheden cafeïne en suiker is dit drankje wel degelijk verslavingsgevoelig. Jongeren kunnen er hyper van worden en het tast het glazuur van tanden en kiezen aan.

12.4 EETSTOORNISSEN

12.4.1 INLEIDING

In het eerste hoofdstuk van dit boek hebben we aangegeven wat we onder normaal en abnormaal gedrag verstaan. Normaal gedrag komt bij de meerderheid van de mensen voor, abnormaal gedrag bij een (kleine) minderheid. Het nadeel van de woorden normaal en abnormaal is dat zij een waardeoordeel lijken in te houden. Wat normaal is, is goed. Wat abnormaal is, is niet goed. Dat klopt natuurlijk niet. We willen hier nogmaals benadrukken dat wat abnormaal is alleen afwijkt van de norm, van de meerderheid. Gedrag van een minderheid is afwijkend van de norm, maar niet altijd slecht. Afwijkend gedrag kan zowel positief als negatief zijn. Afwijkend gedrag kan een geaccepteerde variatie in gedrag zijn. Een klein percentage van de jongeren geeft aan homoseksueel te zijn. Dit is een seksuele geaardheid die afwijkt van de norm, maar die we vanzelfsprekend niet afwijzen. Inmiddels is homoseksualiteit bij de meeste mensen geaccepteerd als 'ook normaal'.

eetproblemen

Als het gaat om eetproblemen bij meisjes is het interessant om daarbij gegevens uit onderzoeken naar eetproblemen bij vrouwen te betrekken. Meer dan de helft van de vrouwen vindt zichzelf te dik en zegt altijd op dieet te zijn. Maar liefst 90 procent doet soms aan de lijn. De definitie van 'normaal' in gedachten nemend moeten we concluderen dat lijnen normaal is onder vrouwen en dat vrouwen die nooit lijnen abnormaal zijn! Onder al deze lijnende vrouwen zitten dus ook de moeders van opgroeiende dochters. Veel meiden groeien daardoor op in een gezin met een moeder die zo nu en dan of vaak aan de lijn doet. Ze zullen over lijnen horen van tantes, oma's, buurvrouwen en docenten. Via de media worden ze geconfronteerd met diëten, programma's over afvallen en natuurlijk foto's van superslanke modellen. Geen enkel meisje in Nederland ontkomt eraan; vrouwen doen aan de lijn en willen slank zijn. Hierdoor is het niet vreemd dat ook tijdschriften voor meiden aandacht besteden aan gewicht en lijnen.

Veel meiden vanaf 12 jaar zijn zich bewust van het heersende ideaal van slanke vrouwen. In het voortgezet onderwijs beginnen meiden zo nu en dan de frietjes en de chocoladerepen te mijden, omdat ze vinden dat ze te dik worden. Meiden van deze leeftijd lijken wat uit te dijen. Dit komt omdat zowel de groeispurt als de hormonale veranderingen bij meisjes eerder beginnen dan bij jongens. De lange, sprieterige meisjes van groep 8 groeien in de jaren daarna minder in de lengte en krijgen een andere vetverdeling in het lichaam. Daardoor worden hun buiken, billen en heupen inderdaad dikker.

Eetproblemen beginnen geleidelijk aan. Een meisje lijnt bijvoorbeeld samen met haar moeder of besluit samen met haar vriendin niet meer te snoepen en vaker te sporten. Veelvuldig lijnen geeft een risico op het ontstaan van eetproblemen, een moeder die lijnt ook.

eetstoornissen

Eetproblemen zijn iets anders dan eetstoornissen. Een eetprobleem geeft geen ernstige beperkingen in het dagelijks functioneren, een eetstoornis wel. Bij een eetprobleem heeft het gedrag nog een functie, namelijk afvallen. Bij een eetstoornis is de oorspronkelijke functie op de achtergrond komen te staan. Bij een eetprobleem heeft het meisje meestal nog een reëel lichaamsbeeld. Bij een eetstoornis is sprake van een verstoorde lichaamsperceptie. Een graatmager meisje ziet zichzelf als dik, wat anderen ook zeggen. De twee belangrijkste eetstoornissen zijn anorexia nervosa en boulimia nervosa. Omdat 90 tot 95 procent van de jongeren met een eetstoornis een meisje is, gaan we bij de onderstaande beschrijvingen uit van meisjes.

12.4.2 Anorexia nervosa

Meisjes die lijden aan anorexia nervosa leven voortdurend in de veronderstelling dat ze te dik zijn. Zij verliezen gewicht door heel weinig en caloriearm te eten en door zich lichamelijk uit te putten. Ondanks hun voortdurend gewichtsverlies groeit hun angst om dik te worden juist. Hun zelfwaardering hangt af van het gewichtsverlies. Als zij zich houden aan het strikte regime van nauwelijks eten en veel bewegen, voelen zij zich tevreden over zichzelf. Houden zij zich hier even niet aan, dan voelen zij zich hier buitensporig schuldig en waardeloos door. De DSM-5 maakt onderscheid tussen het restrictieve type en het eetbuien-/purgerende type. Het restrictieve type beperkt zich voortdurend in het nemen van voedsel; zij lijnt, vast en sport overmatig. Zij heeft geen eetbui en zal niet braken of laxeermiddelen nemen. Het eetbuien-/purgerende type heeft eetbuien gevolgd door purgeergedrag. De jongere eet eerst heel veel en laat dit eten daarna zo snel mogelijk uit het lichaam verdwijnen door te braken of door laxeermiddelen te nemen. Braken en het nemen van laxeermiddelen wordt purgeren genoemd.

| restrictieve type
| eetbuien-/purgerende type
| purgeren

Bij anorexia nervosa-patiënten raakt de menstruatie verstoord of blijft deze helemaal weg. De lichaamstemperatuur, hartslag en bloeddruk zijn verlaagd, waardoor blauwe vingers en tenen ontstaan en een donsachtige beharing over het hele lichaam kan verschijnen. Het hoofdhaar kan uitvallen. Er treedt botontkalking op en een verlaagde suikerspiegel. Er is sprake van spierafbraak, en omdat het hart ook een spier is kunnen er hartklachten ontstaan die tot een hartstilstand kunnen leiden.
Anorexia nervosa treedt meestal op tussen het 14e en 18e levensjaar, voornamelijk bij meisjes. Het is onbekend hoeveel meisjes aan deze ziekte lijden, omdat de meeste patiënten ontkennen anorexia te hebben. Sommige meiden hebben één periode van anorexia, bij anderen zullen deze perioden gedurende het hele leven zo nu en dan terugkomen en bij een kleine groep is de aandoening chronisch. Voor deze laatste groep is de prognose somber. De ziekte kan overlijden tot gevolg hebben. Er zijn belangrijke verschillen tussen meisjes die lijnen en meisjes die anorexia hebben:

1 Bij anorexia-patiënten is heel het handelen, denken en voelen doordrenkt met de onstuitbare wil om af te vallen.
2 Een belangrijk criterium is het gewicht; iemand die te dik is en 15 procent in gewicht afvalt heeft géén anorexia; iemand die 15 procent of meer onder het normale gewicht zit, voldoet wél aan een criterium van anorexia.
3 Afvallen bij anorexia stopt niet, gewone lijners hebben een streefgewicht.

pro-ana sites

Anorexia-patiënten kunnen soms openlijk en trots gedrag vertonen. Zij zijn niet trots op de eigen persoonlijkheid of op wat ze kunnen, maar wel op het lijnen. 'Ik ben mijn lichaam de baas, dit is het enige waar ik goed in ben.' Op zogeheten pro-ana sites (internetsites waarop anorexia verheerlijkt wordt) delen meisjes dit trotse gevoel. Zij posten foto's van zichzelf en wat door anderen als graatmager, lelijk en eng wordt gezien, wordt door anorexia-patiënten als mooi gezien.

12.4.3 Boulimia nervosa

Boulimia nervosa-patiënten wisselen perioden van lijnen af met eetbuien. Daarbij nemen ze in korte tijd (bijvoorbeeld twee uur) een aanzienlijke hoeveelheid calorierijk voedsel in. Deze eetstoornis onderscheidt zich van een eetprobleem door het gevoel van controleverlies dat tijdens zo'n eetbui optreedt. Patiënten hebben het gevoel niet meer te kunnen stoppen. Ze beleven de eetbui in een roes en kunnen daarna niet opnoemen wat ze allemaal hebben gegeten. Een eetbui wordt gevolgd door extreem lijnen en sporten (niet-purgerende type) of door braken en laxeren (purgerende type). In tegenstelling tot anorexia-patiënten hebben patiënten met boulimia vaak een normaal gewicht en een normale menstruatie. Boulimia-patiënten vallen daardoor niet op. Deze stoornis komt vijf keer vaker voor dan anorexia. Boulimia nervosa begint vaak rond het 18e jaar. Hoewel ook aan deze aandoening aanzienlijk meer meisjes dan jongens lijden, is het percentage jongens bij boulimia hoger dan bij anorexia.

eetbuienstoornis

Naast anorexia en boulimia is in de DSM-5 de eetbuienstoornis toegevoegd. Tijdens een eetbui wordt er net als bij boulimia in korte tijd een aanzienlijke hoeveelheid voedsel ingenomen, maar er treedt daarna geen compensatiegedrag zoals lijnen, sporten, braken of laxeren op. De eetbuienstoornis komt zowel bij meisjes als bij jongens voor en kan leiden tot obesitas. Hoewel obesitas een serieuze risicofactor voor de gezondheid van jongeren is, wordt deze niet in de DSM-5 genoemd als eetstoornis. Er zijn patiënten die na anorexia de eetstoornis boulimia ontwikkelen. Ook zijn er patiënten met varianten op deze eetstoornissen. Dit wordt in de DSM-5 een ongespecificeerde voedings- of eetstoornis genoemd. Hieronder vallen patiënten die niet volledig voldoen aan de criteria voor een van de stoornissen.
Hoewel anorexia en boulimia meestal naast elkaar gebruikt worden, zijn er aanzienlijke verschillen tussen deze twee stoornissen. Meisjes met anorexia kunnen trots zijn op het gewichtsverlies en beleven het niet als ziekte. Zij

kiezen er bewust voor om extreem te lijnen en te sporten. Meisjes met boulimia schamen zich meestal voor de eetbuien, zij kiezen er niet voor en het overkomt ze. Er bestaan pro-ana sites, maar geen pro-bouli sites. De persoonskenmerken tussen beide groepen patiënten zijn ook totaal verschillend. Anorexia-patiënten zijn vaak perfectionistisch, boulimia-patiënten zijn vaak impulsief. Anorexia heeft eigenlijk niets met eten te maken, maar alles met controledrang. Boulimia heeft wel met eten te maken; impulsief wordt er te veel gegeten waarna spijt volgt. Meisjes met anorexia haten eten, meisjes met boulimia houden van eten. Bijna de helft van de patiënten met eetstoornissen vertoont symptomen van depressie en angst. Deze symptomen verdwijnen meestal met het verdwijnen van de eetstoornis. De prognose voor patiënten met anorexia is aanzienlijk slechter dan die voor boulimia.

12.4.4 MOGELIJKE OORZAKEN

Vaak wordt het heersende slankheidsideaal als belangrijkste oorzaak voor het ontstaan van eetstoornissen genoemd. Naar schatting 3 tot 5 procent van de meisjes en vrouwen lijdt aan een vorm van een eetstoornis. Die andere 95 tot 97 procent groeit op met hetzelfde slankheidsideaal en ontwikkelt toch geen eetstoornis. Wanneer ze eenmaal zijn ontstaan, houden eetstoornissen zichzelf in elk geval in stand door allerlei biologische en cognitieve factoren. Zo bepaalt de neurotransmitter serotonine de stemming. Relatief veel koolhydraten eten (bijvoorbeeld tijdens een eetbui) stimuleert de aanmaak van serotonine. Dit geeft een verbetering van de stemming. Komen er vervolgens ineens weinig koolhydraten binnen, dan wordt er minder serotonine aangemaakt en verslechtert de stemming. De trek in koolhydraten neemt toe en lokt een nieuwe eetbui uit. Deze biologische factor houdt de eetstoornis in stand. Een cognitieve factor is het denkpatroon van meisjes die aan een eetstoornis lijden. Hun denken over eten is verstoord. Als een meisje dat aan boulimia lijdt een koekje eet, zal ze denken dat alles hiermee verloren is en dat ze daarom net zo goed alle koekjes kan opeten die maar in huis zijn. Een eetbui is het gevolg. Meisjes zonder eetstoornis zullen na het eten van een koekje niet denken dat ze direct kilo's zullen aankomen.

Aanhangers van het multicausaliteitsmodel zijn van mening dat eetstoornissen niet door één specifieke factor worden bepaald, maar het gevolg zijn van biologische, psychologische en sociaal-culturele factoren. Dit model spreekt van voorbeschikkende factoren in de persoon zelf. Dit zijn eigenschappen die het ontstaan van eetstoornissen kunnen bevorderen, zoals onzekerheid, faalangst, perfectionisme of impulsiviteit. Daarnaast zijn er omgevingsfactoren, zoals een moeder die vaak lijnt. Jonge meisjes die opzien tegen het vrouw worden, lopen ook risico. Het afnemen in gewicht brengt met zich mee dat ze geen borsten ontwikkelen of dat deze verdwijnen en dat de menstruatie uitblijft. Vervolgens zijn er uitlokkende factoren, zoals de bewondering die een meisje van haar klasgenoten krijgt nadat ze vier kilo is afgevallen. Ten slotte zijn er in stand houdende factoren zoals een

| multicausaliteitsmodel

verstoorde lichaamsbeleving of het verdwijnende hongergevoel. Voor meisjes met anorexia heeft de stoornis positieve gevolgen. Zij hebben het gevoel controle over hun lichaam en leven te hebben. Deze controle kan euforische vormen aannemen. Dat motiveert het meisje tot nóg extremer lijnen, sporten of purgeren. Doordat ze een verstoord lichaamsbeeld heeft, ziet zij zichzelf niet als extreem mager. Ook zal zij het risico op overlijden niet inzien. Anorexia neemt de vorm aan van een dwangstoornis, waardoor we het lijnen en purgeren nauwelijks kunnen doorbreken. Behandelingen die alleen aandringen op meer eten, hebben geen zin. Zodra de patiënt buiten het ziekenhuis of de kliniek is, zal ze zich extra uithongeren. Intensieve behandelingen in speciale eetklinieken hebben meer effect. De meeste behandelingen van anorexia nervosa zijn gericht op gewichtstoename in combinatie met acceptatie van het uiterlijk, toename van de zelfwaardering en een verbetering van sociale vaardigheden zoals onder andere het uiten van emoties.
Bij boulimia nervosa-patiënten blijkt cognitieve gedragstherapie het meest succesvol. De meiden leren een normaler eetpatroon aan en vervangen irrationele denkpatronen door rationelere denkpatronen.

12.5 MIDDELENGEBRUIK

12.5.1 INLEIDING

thrill seeking

De puberteit is een periode van experimenteren met gedrag. Riskant gedrag bereikt een hoogtepunt rond de 15, 16 jaar, daarna neemt het af. Er zijn verschillende vormen van riskant gedrag: roken, alcohol- en drugsgebruik, gokken, seks hebben zonder voorbehoedmiddelen en roekeloos rijden, skaten, snowboarden en dergelijke. We noemen de behoefte aan riskant gedrag *thrill seeking*. Er zijn natuurlijk aangeboren persoonlijkheidsverschillen. De een heeft meer behoefte aan nieuwe intense avonturen dan de ander.
Omdat tijdens de puberteit het deel van de hersenen dat te maken heeft met het reguleren van gedrag en de impulscontrole nog in ontwikkeling is, blijven jongeren steken in kortetermijndenken. Daardoor zijn zij impulsiever dan volwassenen. Daarnaast hebben jongeren een illusie van onkwetsbaarheid. Ze hebben de neiging positief over hun mogelijkheden te oordelen en vinden dat ongelukken alleen anderen overkomen. Ook zijn er jongeren die iets uitproberen om niet achter te blijven en om bij de groep te horen. Veel riskant gedrag is dus fasegebonden. Het hoort bij de puberteit en gaat vanzelf weer over. Riskant gedrag dat ook na het 18e jaar blijft bestaan of dat vanuit negatieve motieven wordt ondernomen, geeft meer reden tot zorg. Als een 15-jarige jongen een joint rookt uit nieuwsgierigheid of om bij de groep te horen, kan dit weinig kwaad. Als hij echter aan de softdrugs gaat omdat hij in zichzelf, het gezin, de school en de hele wereld is teleurgesteld, geeft dit meer risico. Veel softdrugs versterken het bestaande gevoel. Een jongere die zich vrolijk en relaxt voelt, zal zich na het roken van een joint nog veel vrolijker

en relaxt voelen. Een jongere die zich boos en verongelijkt voelt, kan na het roken van een joint een woede-uitbarsting krijgen.

12.5.2 Drugs

rokers

Van 2011 tot 2015 is het aantal 12- tot 16-jarige rokers gehalveerd tot 23 procent. Er zijn geen verschillen tussen jongens en meisjes. Lager opgeleide jongeren roken vaker dan hoger opgeleide. Steeds minder jongeren vinden roken stoer, dus wellicht hebben de campagnes over de negatieve effecten van het roken effect gehad.

cannabis

In 2015 gaf 10 procent van de 12- tot 16-jarigen aan ooit cannabis te hebben gebruikt. Het aantal gebruikers is de laatste jaren gehalveerd, maar het aantal jongeren dat hulp zoekt in verband met cannabisgebruik is sterk gestegen. Dit wordt toegeschreven aan de verhoogde hoeveelheid van de werkzame stof THC in de huidige cannabis. Het THC-gehalte is sinds 1990 gestegen van 8 procent naar 20 procent. Dit roept de vraag op of wiet nog wel als softdrug gezien kan worden.

In 2015 zei 3 procent van de 12- tot 16-jarigen weleens harddrugs te hebben gebruikt (XTC, amfetamine, cocaïne, heroïne, crack, LSD of GHB). Het vaakst komt XTC (ecstasy) voor.

thrill-seeking gedrag

lachgas

Naast de al langer bestaande middelen als heroïne, cocaïne, XTC en cannabis raken er steeds nieuwe genotsmiddelen in opkomst. Ook dit hangt samen met het *thrill-seeking* gedrag van jongeren; als de ene kick is uitgewerkt wordt de volgende gezocht. Een tijdje waren paddo's en poppers (een brandbare vloeistof die snel verdampt) in; daarna kwamen de ecodrugs en smartdrugs; het nieuwste middel is lachgas. Dit is distikstofmonoxide en wordt gebruikt als verdoving bij operaties. Sinds 2016 valt het middel niet meer onder de geneesmiddelenwet maar onder de warenwet en is het legaal verkrijgbaar. Daardoor is lachgas weer in opkomst en wordt het door 8 procent van de jongeren gebruikt.

12.5.3 Alcohol

bingedrinken

Bijna alle adolescenten experimenteren met alcohol, waardoor alcohol het populairste verslavende middel is onder adolescenten. Volgens recente cijfers van het Trimbos-instituut heeft 76 procent van de 16-jarigen ooit alcohol gedronken, er zijn geen verschillen tussen jongens en meisjes op deze leeftijd. Het percentage 16-jarigen dat de afgelopen maand aan bingedrinken heeft gedaan (meer dan 5 glazen alcohol drinken in korte tijd) is 48 procent voor de jongens en 40 procent voor de meisjes.

Sinds 1 januari 2014 mogen jongeren onder de 18 jaar geen alcohol meer kopen of in een horecagelegenheid drinken. Jongeren kunnen nog steeds alcohol drinken in zogenoemde 'drankketen'. Hier komen veel van de jongeren aan drank. Volgens het Nederlands Jeugd Instituut is het alcoholgebruik onder jongeren sinds 2014 wat afgenomen. Het aantal jongeren dat in ziekenhuizen werd opgenomen en behandeld als gevolg van een alcoholintoxicatie ('comazuipen') is echter gestegen van 783 jongeren in 2014 naar 931 jongeren in 2015.

| comazuipen

Alcohol kan schadelijk zijn voor de ontwikkeling van de hersenen van jongeren en kan leiden tot slechtere schoolprestaties. Veel jongeren drinken nog steeds te vroeg, te veel en te vaak alcohol. Dit kan leiden tot ongelukken, overlast, overschrijden van (seksuele) grenzen en alcoholvergiftiging. Daarom is het beter dat jongeren zeker tot 18 jaar geen alcohol drinken. De verhoging van de leeftijdsgrens voor het mogen kopen en drinken van alcohol heeft ervoor gezorgd dat jongeren later beginnen aan het drinken van alcohol en dat er ook minder jongeren alcohol drinken.

12.6 MIDDELENMISBRUIK

| middelgerelateerde en verslavingsstoornissen
| vier-fasen-model

De DSM-5 noemt vele middelgerelateerde en verslavingsstoornissen en verdeelt deze steeds onder in stoornissen in het gebruik, stoornissen in de onttrekking (onthoudingsverschijnselen) en intoxicatie (vergiftiging). In de hulpverlening wordt gebruikgemaakt van het vier-fasen-model om na te gaan hoe ernstig het gebruik van een middel is:

1 experimenteel gebruik
2 veelvuldig gecontroleerd recreatief gebruik
3 misbruik
4 verslaving: afhankelijkheid en dwangmatig gebruik.

In fase 1 is de jongere aan het experimenteren, dit is normaal fase-gebonden gedrag dat past bij de puberteit en adolescentie. In fase 2 gebruikt de jongere regelmatig, bijvoorbeeld elk weekend, maar heeft hij het gebruik onder controle. In fase 3 kan de jongere niet meer voldoen aan verplichtingen op school en thuis. Hij komt in gevaarlijke situaties terecht of hij komt in aanraking met justitie. Jongeren die een middel misbruiken, zijn er niet altijd afhankelijk van. We spreken van afhankelijkheid van een middel wanneer steeds meer van het middel nodig is om de gewenste werking te bereiken. Dit is fase 4 uit het vier-fasen-model. De jongere besteedt dan een groot deel van zijn tijd om aan het middel te komen. Hij laat school en sociale bezigheden achterwege en er treden onthoudingsverschijnselen op.

| cross-sensitisatie
| stepping stone'-theorie

Bij langdurig gebruik worden hersenen gevoelig (sensitief) voor het middel. Er is dan steeds meer nodig om eenzelfde gevoel te bereiken en er ontstaat cross-sensitisatie. Dit betekent dat de gevoeligheid voor het ene middel het aankweken van gevoeligheid voor een ander middel makkelijker maakt. Zo bestaat er cross-sensitisatie tussen gokken en middelengebruik. De 'stepping stone'-theorie gaat ervan uit dat elk gebruik van een verslavend middel op jonge leeftijd een verslaving op oudere leeftijd bevordert. Als een jongere rookt, is de kans groter dat hij wiet gaat roken dan bij een niet-roker. Wietgebruik vergroot vervolgens de kans op harddruggebruik op oudere leeftijd. Dit

risico is 2 tot 5 keer zo groot als bij niet-gebruikers. Inmiddels is duidelijk dat wietgebruik een uitlokkende factor voor het krijgen van een psychose is. De psychose is heftiger en duurt langer dan bij een niet-wietgebruiker. De kans op schizofrenie is onder wietgebruikers twee keer zo groot als onder niet-wietgebruikers.
Bij verslavingen wordt meestal direct gedacht aan alcohol- en drugsverslavingen. Toch zijn er meer verslavingen onder jongeren in opkomst; zoals gokken, gameverslaving en pornoverslaving. Daarnaast is er een geheel nieuwe verslaving ontstaan: de internetverslaving of cyberfrenie. Ook hier helpt het vier-fasen-model om een inschatting te maken in hoeverre er sprake is van gebruik, misbruik of verslaving. Er zijn steeds meer jongeren die niet meer aan hun verplichtingen thuis en op school kunnen voldoen doordat ze voortdurend online zijn. Dit wordt ook wel chatverslaving en socialmediaverslaving genoemd. De effecten van deze verslavingen kunnen hetzelfde zijn als verslavingen aan alcohol of drugs. Het grote verschil met deze laatste verslavingen is dat deze stoffen in het lichaam terechtkomen. Dit worden ook wel genotsmiddelen genoemd.

| cyberfrenie

| chatverslaving
| socialmediaverslaving

| genotsmiddelen

GENOTSMIDDELEN

Er zijn drie soorten genotsmiddelen: verdovende, stimulerende en bewustzijnsveranderende middelen. Onder de verdovende middelen vallen alcohol, opiaten (morfine en heroïne), kalmerings- en slaaptabletten. Ze hebben een sterk pijndempend effect en remmen de werking van het centrale zenuwstelsel. De jongere wordt suf en slaperig. Bij een te hoge dosis kan hij bewusteloos raken.
Onder de stimulerende middelen vallen amfetaminen, cocaïne, cafeïne, energiedrankjes en nicotine. Deze middelen hebben een stimulerend effect op het centrale zenuwstelsel. De jongere wordt vrolijk en enthousiast, denkt en praat veel. Bij een te hoge dosis worden de jongeren juist angstig, prikkelbaar en achterdochtig.
Tot de bewustzijnsveranderende middelen rekenen we cannabis, LSD, paddo's en vluchtige stoffen (benzine en lijm bijvoorbeeld). Het gebruik ervan verandert zintuiglijke waarnemingen. De wereld ziet er anders uit en kleuren en klanken worden intenser beleefd. Bij een te hoge dosering kunnen stoornissen in het denkvermogen en paniek ontstaan. Jongeren 'flippen' dan. Er treedt nauwelijks tolerantie voor cannabis op. Daardoor leidt het stoppen van het gebruik ook niet tot onthoudingsverschijnselen. Wel is er sprake van psychische afhankelijkheid. Andere benamingen voor cannabis zijn marihuana, wiet en hasj.

Ecstasy (XTC) valt niet onder te brengen in bovenstaande soorten, omdat het een amfetamineachtig middel is met zowel een bewustzijnsveranderende als een stimulerende werking.

Gebruik genotsmiddelen onder 12- tot 16-jarige jongeren:
- Tabak (23%)
- Alcohol (45%)
- Cannabis (10%)
- Harddrugs (3%)
- Lachgas (8%)
- Energiedrankjes (60%)

12.7 BEVORDEREN VAN GEZOND GEDRAG

We overladen jongeren met voorlichtingsprogramma's die gezond gedrag willen bevorderen. Uit effectmetingen blijkt dat deze voorlichtingen nauwelijks effect hebben. Het doel van deze voorlichtingsprogramma's is dat jongeren zich gezonder gaan gedragen. Dat ze minder zout en suiker eten, minder vet eten, minder roken en drinken, meer bewegen, verantwoord omgaan met softdrugs en condooms gebruiken ter voorkoming van soa's.
Het bereiken van gedragsverandering is moeilijk. Jongeren gedragen zich niet voor niets op een bepaalde manier, het zal hun iets opleveren. Voorlichtingsprogramma's hebben een lange tijd nodig voordat er effecten te zien zijn. Een voorbeeld is de antirookcampagne. Na vele campagnes is er nu toch bereikt dat het aantal jongeren dat rookt gehalveerd is. Een ander voorbeeld is de alcoholcampagne. Na jaren is de bekendheid van campagnes als BOB en NIX18 onder jongeren groot en ook bij alcohol is er voor het eerst een daling in het aantal jongeren dat alcohol drinkt en een daling van de startleeftijd. Wel blijkt dat wetten (zoals de wet dat een jongere pas vanaf 18 jaar zelf sigaretten en alcohol mag kopen) meer effect hebben dan campagnes. Jongeren blijven wel graag iets doen wat niet mag. Toen de leeftijdsgrens voor het drinken en kopen van alcohol op 16 jaar lag, zag je veel 14- en 15-jarigen alcohol gebruiken. Nu die grens op 18 jaar ligt, is de leeftijd waarop jongeren beginnen met alcohol verhoogd, ook al gebruiken ze het wel eerder dan op hun 18e. Ouders denken vaak dat hun kinderen niet naar hen luisteren, maar het blijkt wel degelijk van invloed te zijn of ouders zelf roken of alcohol gebruiken en of ze regels stellen.
Er zijn verschillende theorieën over het verklaren van gedragsverandering. Een model dat vaak gebruikt wordt bij gezondheidsbevordering en gedragsverandering is het ASE-model. Dit model onderscheidt drie componenten bij

ASE-model

de redenen die jongeren geven voor hun gedrag of hun intentie om bepaald gedrag te vertonen:

1 A = attitude: hoe denkt de jongere over bepaald gedrag
2 S = sociale invloed: hoe denken belangrijke anderen uit zijn omgeving daarover
3 E = eigen effectiviteit: of de jongere inschat dat hij het gedrag kan uitvoeren.

Deze drie componenten bepalen de gedragsintentie van de jongere. Vervolgens heeft hij vaardigheden nodig om het gedrag te kunnen vertonen en zijn er barrières die maken dat hij het gedrag toch niet kan vertonen. Ondanks alle voorlichting over de preventie van aids en soa's blijken veel jongeren zonder condoom te vrijen. Het ASE-schema kan in kaart brengen hoe de gedragsintentie van jongeren tot stand komt.

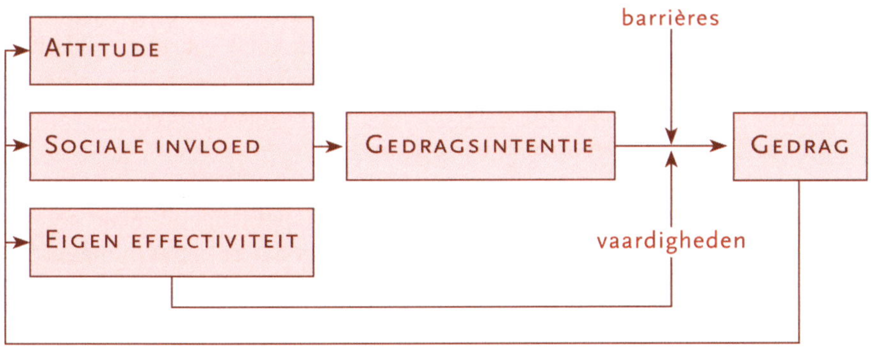

Figuur 2
ASE-model

A: Hoe staat de jongere tegenover het gebruik van condooms ter voorkoming van aids en soa's? Vindt hij dit noodzakelijk of denkt hij dat het risico wel meevalt? Hoe staat hij tegenover het gebruik van condooms? Maakt het hem niet zoveel uit of vindt hij het vreselijk om met een condoom te vrijen?
S: Hoe staan vrienden en familie tegenover het gebruik van condooms? Als vrienden zeggen dat het onzin is om condooms te gebruiken, omdat aids nauwelijks meer voorkomt en toch niet meer dodelijk is, zal dit de intentie om condooms te gebruiken doen afnemen.
E: Is de jongere in staat om condooms te kopen, ze om te doen en zo op een juiste manier te gebruiken? Denkt hij dat het hem zal lukken of is hij bang dat hij enorm zal gaan schutteren met zo'n ding?

Uit onderzoek blijkt dat jongeren wel inzien dat ze beter condooms kunnen gebruiken, beter kunnen stoppen met roken en beter niet te veel alcohol

gedragsintentie
daadwerkelijk gedrag

kunnen gebruiken. Die gedragsintentie is vaak in strijd met hun daadwerkelijk gedrag. Er zijn dus veel barrières en er ontbreken relatief vaak vaardigheden bij jongeren. Verder is gebleken dat vooral eigen effectiviteit het getoonde gedrag verklaart. Ook al vindt een jongere dat hij condooms moet gebruiken, en vinden zijn vrienden dat ook, dan nog zal de inschatting van de jongere in hoeverre hij in staat is een condoom te gebruiken doorslaggevend zijn.

12.8 Van theorie naar praktijk

Alina (13) uit het praktijkvoorbeeld groeit op in een sportief gezin. Ze bewegen allemaal veel, eten sober, ze zijn geen van allen dik. In dit gezin valt het niet op dat Alina steeds vaker gaat sporten en steeds minder weegt. Bewegen en mager zijn is goed.
Op school valt haar gedrag wél op. Ze is extreem mager vergeleken met andere meisjes, ze eet nooit tussendoortjes en heeft voortdurend koude handen. Docenten op school hebben dit signaal doorgegeven aan het Zorg Advies Team. De schoolmaatschappelijk werker heeft met Alina gesproken en heeft haar doorverwezen naar de huisarts.
Alina voldoet aan de criteria voor anorexia nervosa. Ze heeft te veel gewicht verloren, eet caloriearm en put zich lichamelijk uit. Haar zelfbeeld is ernstig verstoord. Hoewel iedereen kan zien dat ze extreem mager is, blijft zij zichzelf te dik vinden. Alina valt onder het restrictieve type. Ze heeft geen eetbuien, spuugt geen eten uit en gebruikt geen laxeermiddelen. Ze beperkt zichzelf voortdurend in wat ze mag eten. Het feit dat ze donsachtige beharing heeft gekregen, geeft aan dat de anorexia bij Alina in een vergevorderd stadium is.
Een van de oorzaken kan liggen in het feit dat de puberteit bij haar vriendinnen eerder is begonnen. Daardoor kwam Alina wat alleen te staan.
In een poging er toch bij te horen, sloot zij zich aan bij de verhalen over lijnen en besloot zij zichzelf te wegen. Tijdens deze gevoelige periode is zij doorgeslagen in het wegen, lijnen en bewegen. Er zullen meer oorzaken een rol spelen, maar daar geeft de situatieschets van dit voorbeeld niet genoeg informatie over. In gesprekken met Alina zal de maatschappelijk werker moeten nagaan hoe de relaties in het gezin zijn. Heeft Alina moeite om voor zichzelf op te komen en moeite met het formuleren van een eigen mening? Mag iemand in dit gezin anders denken over eten en bewegen? Is zij onzeker, faalangstig of perfectionistisch? Is er in het gezin altijd negatief gesproken over mensen die dik zijn? De ouders willen niets weten van de diagnose anorexia. Waarom hebben ze daar zo'n weerstand tegen? Mag iemand uit het gezin wel zwak of ziek zijn? De behandeling dient zich behalve op Alina zelf ook op het gezin te richten.

Hoofdstuk 13

Het invullen van vrije tijd

HOOFDSTUK 13

Het invullen van vrije tijd

Roderick is 15 en zit in de derde klas van het vmbo. Van zijn 6e tot zijn 12e jaar was hij lid van een voetbalclub. Daarna heeft hij een halfjaartje aan taekwondo gedaan en een paar maanden aan karate. Hij is ook een paar keer naar een fitnessclub geweest. Sinds vorig jaar brengt hij al zijn vrije tijd door op een schoolpleintje in de wijk. 's Middags en 's avonds ontmoet hij daar andere jongeren. Ze kletsen wat, trappen tegen een voetbal en drinken meegebrachte blikjes frisdrank of bier. Omwonenden van de school hebben geklaagd bij de gemeente en de politie. Ze vinden dat het schoolplein alleen voor de jongere kinderen is en mopperen over geluidsoverlast en rommel. Sindsdien komen er regelmatig politieagenten langs. De jongeren maken er een sport van om de muziek wat harder te zetten en lege blikjes uit de vuilnisbak op de grond te gooien nadat er politie is geweest. De politie reageert hierop door boetes uit te delen. De verhoudingen tussen jongeren, politie en buurtbewoners verslechteren. Op een wijkbijeenkomst wordt besloten dat er een jeugdhonk moet komen. Elk voorstel van de gemeente over een mogelijke plek voor dit jeugdhonk wordt vervolgens afgekeurd. Een plek voor de jongeren: ja. Maar niet voor mijn deur ...

13.1 INLEIDING

Een van de ontwikkelingstaken voor jongeren volgens het Competentiemodel is het invullen van vrije tijd: het ondernemen van activiteiten in de vrije tijd en het zinvol doorbrengen van de tijd waarin er geen verplichtingen zijn (ontwikkelingstaak 3).
Vrije tijd definiëren wij als de tijd die overblijft na het doen van noodzakelijke activiteiten. Je kunt vrije tijd opvatten als alle tijd die overblijft na school of werk. Huiswerk valt ook onder schooltijd, dat zien we als noodzakelijke activiteit.
Een belangrijk kenmerk van de puberteit is het experimenteren met gedrag. De jongere heeft van thuis allerlei normen en waarden meegekregen en gaat in de puberteit na welke normen en waarden hij zelf wil hanteren. Bij het experimenteren hoort grensverkennend en grensoverschrijdend gedrag. De jongere zoekt naar eigen en andermans grenzen en zal daarbij soms over grenzen heen gaan. Dit experimenteren vindt plaats in het gezin, op school en daarbuiten. Vrije tijd geeft de jongere de mogelijkheid tot experimenteren

zonder toezicht van volwassenen. Daardoor is het voor de meeste jongeren de belangrijkste en leukste tijd. In de vrije tijd gebeurt het allemaal: contacten opdoen en onderhouden, experimenteren met alcohol en drugs, verliefd worden en intieme relaties aangaan, verschillende imago's en gedragingen uitproberen, grenzen zoeken in de contacten met volwassenen en autoriteiten. Vrije tijd is voor jongeren de tijd van hun leven. De meeste jongeren besteden hun vrije tijd aan clubjes, communiceren met elkaar en media (13.2). Soms gaat het anders en kiezen ze ervoor om de vrije tijd rondhangend door te brengen (13.3). Dit staat echter niet gelijk aan jeugdcriminaliteit, die we in 13.4 behandelen. We sluiten af met een paragraaf over de voor- en nadelen van social media. In korte tijd heeft er een digitale revolutie plaatsgevonden waarbij jongeren 24 uur per dag online zijn. Het Competentiemodel dat dit boek als leidraad neemt, heeft daarom als ontwikkelingstaak nummer 8 toegevoegd, 'het omgaan met social media en internet': smartphone en computer gebruiken, informatie vinden en delen, informatie en berichten wegen, onderscheid tussen de virtuele en de reële werkelijkheid maken, gevaren onderkennen. In 13.5 komt dit aan bod.

| het omgaan met social media en internet

13.2 Zo gaat het meestal: clubjes en baantjes

Voor jongeren is vrije tijd de tijd die overblijft na het doen van noodzakelijke activiteiten zoals naar school gaan, huiswerk doen, betaald werk uitvoeren en huishoudelijke klusjes thuis doen. Het aantal uren vrije tijd is de laatste vijftig jaar toegenomen voor zowel jongeren als volwassenen. Scholen hebben de zaterdag als schooldag geschrapt, werkweken zijn korter geworden. Ook de hoeveelheid geld die zowel volwassenen als jongeren vrij kunnen besteden, is toegenomen. Vanaf de jaren zestig van de vorige eeuw is de vrijetijdsmarkt daardoor gegroeid. Aanvankelijk brachten jongeren hun vrije tijd door bij verenigingen en instellingen van eenzelfde levensovertuiging. Als je lid was van de katholieke kerk lazen je ouders een katholieke krant en besteedde jij je vrije tijd in katholieke verenigingen. De vrijetijdsbesteding was sterk verzuild. Ook hing de vrijetijdsbesteding af van de sociaaleconomische klasse waartoe een gezin behoorde. Jongeren van de hogere sociale klassen deden aan tennis en hockey. De middengroepen zaten op korfbal, volleybal en basketbal. Jongeren uit de lagere sociale klassen waren vooral bij voetbal en wielrennen te vinden. De overheid bemoeide zich nog met de vrijetijdsbesteding, omdat het de bedoeling was dat vrije tijd zinvol werd besteed. Die moraliserende houding werd minder tussen 1960 en 1980. Nederland ontzuilde, de betekenis van de levensovertuiging nam af en er kwam een individualistische kijk op vrije tijd. Tegelijkertijd ging de overheid over tot het subsidiëren van clubs en organisaties.

| eenzelfde levens-overtuiging

| sociaaleconomische klasse

| zinvol

De hoeveelheid uren vrije tijd is wel toegenomen, maar aan de andere kant gaan er tegenwoordig ook weer uren af. Jongeren besteden meer tijd aan baantjes en de laatste jaren neemt ook het aantal uren onderwijs weer toe.

Vanaf 13 jaar mag een jongere werken. Een derde van de 13- en 14-jarige jongeren heeft een bijbaantje en 65 procent van de 15- en 16-jarigen. Toch blijft er vrije tijd over. Wat doen jongeren in die uren? Het keuzeaanbod is enorm door de toename van vrijetijdsmogelijkheden. De invloed van de sociaaleconomische klasse is afgenomen, maar is nog steeds zichtbaar. Onderzoeken naar vrijetijdsbesteding laten verschillen zien tussen jongens en meisjes, tussen jonge kinderen en pubers en tussen hoger en lager opgeleiden. Meisjes gaan vaker dan jongens naar de bioscoop of theater. Veel meer dan jongens besteden zij tijd aan kunstzinnige activiteiten als tekenen en schilderen, het bespelen van een muziekinstrument of zingen. Ook lezen zij meer boeken. Meiden contacten elkaar veel vaker via alle social media. Jongens besteden meer tijd aan het ontmoeten van vrienden op straat, meiden ontmoeten elkaar thuis. Door de opkomst van internet, ontmoeten jongeren elkaar minder fysiek en veel vaker digitaal. Via Facebook, WhatsApp, Skype en Twitter staan ze voortdurend in contact met elkaar. De voor- en nadelen van social media worden besproken in paragraaf 13.5. Het aantal uur vrijetijdsbesteding die jongeren in totaal doorbrengen op (spel)computer, iPad of telefoon loopt op tot 6 tot 8 uur per dag. Er blijft geen moment meer onbenut; er is geen tijd meer waarin jongeren wachten of nietsdoen.

| deelname aan sportclubs en andere verenigingen

Bij jonge kinderen (tot 12 jaar) is de deelname aan sportclubs en andere verenigingen nog hoog. Veel kinderen zitten op meer dan één club. Ze doen bijvoorbeeld aan tennis, bespelen een instrument en volgen zwemlessen. Daarna neemt deze deelname af. 14- en 15-jarigen hebben een totaal andere vrijetijdsinvulling. Zij besteden de meeste tijd aan computer en spelcomputers en het bezoeken van vrienden en vriendinnen. Bij 16- en 17-jarigen worden bezoekjes aan café, terras en discotheek belangrijk. Sinds 1 januari 2014 mogen zij geen alcoholhoudende dranken meer drinken of kopen, daardoor is het aantal 'drankketen' en andere indrinkplekken toegenomen. Televisie kijken zoals volwassenen dat doen, wordt nauwelijks meer gedaan door jongeren. Zij downloaden en streamen wat zij willen kijken op het moment dat zij dit willen kijken. Dit kan op de laptop, iPad of smartphone en hoeft niet meer op een televisietoestel gekeken te worden. Op zondagavond om halfnegen op de bank voor de televisie zitten omdat er dan een programma wordt uitgezonden, is zeldzaam voor jongeren.

Hoger opgeleide jongeren (vwo) besteden meer tijd aan kunstzinnige activiteiten, lezen en culturele uitstapjes dan lager opgeleide jongeren (vmbo). Ook gaan de hoger opgeleiden minder vaak uit en ontmoeten ze elkaar minder op straat. Havisten nemen een middenpositie in.

| actieve vormen van vrijetijdsbesteding

| passieve vormen van vrijetijdsbesteding

Bij vrijetijdsbesteding kun je onderscheid maken tussen actieve en passieve bestedingen. Volwassenen hebben een hoge waardering voor actieve vormen van vrijetijdsbesteding zoals lid van een sportclub zijn en betaald werk doen. Passieve vormen van vrijetijdsbesteding zoals achter een scherm zitten of bezig zijn met social media waarderen ze minder. Jongeren zien dit helemaal niet als een passieve vorm van vrijetijdsbesteding; zij zijn actief bezig met hun sociale contacten en door het internet is hun wereld groter geworden. Ze onderhouden nu ook contacten met jongeren uit andere landen, via online computergames worden er groepjes gemaakt waarbij de leden uit alle werelddelen komen. Bij de reactie van ouders zien we nog steeds iets terug van de moraliserende gedachten uit de jaren vijftig. Jongeren moeten vrije tijd immers nog steeds vooral zinvol invullen. Jongeren staan voor de ontwikkelingstaak vorm te geven aan hun vrije tijd, waarbij het voor hen het belangrijkste is dat ze die kunnen doorbrengen zonder toezicht van en bemoeienis door volwassenen. Zij willen zich van hen onderscheiden en autonoom hun vrije tijd invullen. Daarbij zijn ze met meer ontwikkelingstaken bezig. Ze leggen contacten en onderhouden die. Ze stellen zich open voor vriendschap en leren rekening te houden met anderen. Ze ontdekken mogelijkheden en wensen in intieme en seksuele relaties. De vrije tijd is dus een heel belangrijke tijd voor de ontwikkeling van jongeren. Ouders, leerkrachten en hulpverleners dienen hierin een coachende rol te vervullen. Zij moeten niet willen bepalen hoe jongeren hun vrije tijd doorbrengen, maar wel kunnen zij mogelijkheden aanbieden en voorwaarden scheppen. Het toezicht en de controle van ouders is door de opkomst van social media sterk afgenomen. Waar bij de komst van de computer ouders nog grenzen stelden zoals 'je mag maar een uur achter de computer' hebben jongeren via hun smartphone nu voortdurend de beschikking over social media en hebben ouders geen toezicht meer.

13.3 Soms gaat het anders: hangjongeren

rondhangen

Dat jongeren op straat rondhangen, is zo oud als de mensheid. De afkeurende reacties van volwassenen hierover zijn dat eveneens. Tot de jaren zestig van de vorige eeuw was rondhangen iets voor jongeren uit de lagere sociale klassen. Daar kwam verandering in door een beweging als Provo. Toen namen juist hoger opgeleide jongeren (tijdelijk) bezit van de straat. Scholieren en studenten voerden actie en gebruikten de straat daarvoor. In de jaren zeventig trok de middenklasse weg uit de binnenstad. De binnensteden werden verzamelplaatsen van mensen met een zwakkere economische positie, zoals studenten, arbeiders en nieuwe minderheidsgroepen als Surinamers, Turken en Marokkanen. Voor jongeren uit die minderheidsgroepen was het overigens heel normaal om voornamelijk op straat te leven en elkaar daar te ontmoeten. In het land van herkomst gold het rondhangen niet als iets negatiefs, maar in Nederland keken we daar anders tegenaan. Net als vóór de jaren zestig zagen volwassenen de straat als een plaats voor probleemgroepen: drugsgebruikers, jeugdwerklozen, spijbelaars en weglopers.
Ook in de 21e eeuw proberen overheid, politie en jeugdwelzijnswerkers het rondhangen van jongeren te bestrijden of te reguleren. Elke wijk kent wel een hangplek. Hangen kan beginnen vanaf groep 8 van de basisschool, maar de meeste hangers zijn 15 of 16 jaar. Het zijn vooral jongens. Als er al een meisje in een hanggroep te vinden is, is dat meestal omdat zij verkering heeft met een van de jongens. Meisjes zijn minder geschikt voor het rondhangen; zij willen liever iets afspreken en iets gaan doen. Meisjes appen en winkelen

meer. Jongens houden ervan om zonder een vaste tijd of afspraak langs de hangplek te gaan om te kijken of er iemand is.
Hanggroepen bestaan uit negen tot twintig jongeren in los verband, zonder vaste samenstelling of hiërarchie. De meeste jongeren hangen ongeveer twee jaar, daarna gaan ze iets anders doen. Je ziet zelden twintigers rondhangen. Dit zou de zorg bij volwassenen over het rondhangen toch moeten wegnemen. Volwassenen willen de vrijetijdsbesteding van jongeren echter graag beheersen en reguleren. Alle clubjes en verenigingen worden immers ook weer geleid door volwassenen. Er zijn regels en er is toezicht. Bij het rondhangen op straat ontbreekt dit. Bij het bestrijden van rondhangen gaan volwassenen uit van een aantal vooronderstellingen: hangen is passief en leidt tot niets, hangjongeren zijn allemaal laagopgeleid en lopen kans op ontsporen in de criminaliteit.
Jongeren hangen niet omdat ze niets anders te doen hebben. Hangen voegt voor hen iets toe. Uit onderzoek blijkt dat veel hangjongeren wel degelijk ook andere vormen van vrijetijdsbesteding hebben zoals uitgaan, computeren en sporten. Je hoeft rondhangende jongeren dus niet van straat te sleuren om ze in verenigingen onder te brengen. Ze zitten al op voetbal, fitness of streetdance. Maar daarnaast willen ze tijd doorbrengen met leeftijdsgenoten zonder toezicht en regeltjes van volwassenen. Hangen is een heel laagdrempelige vorm van vrijetijdsbesteding. Rondhangen kan in de eigen buurt, je hoeft er niets voor af te spreken. Hangplekken vind je bij bruggetjes, pleinen en speeltuintjes. Rondhangen gaat om schijnbaar nietsdoen. Jongeren relaxen, kijken en kletsen. Ze willen zien en gezien worden, vandaar dat plekken bij winkelcentra of scholen favoriet zijn. Verder kiezen ze plekken waar ze enigszins beschut kunnen staan en het liefst een plek met een bankje, muur of hekje waar je tegenaan kunt hangen. Volwassenen proberen het rondhangen te ontmoedigen door bankjes weg te halen of door bij winkelcentra een snerpende toonhoogte die alleen jongeren kunnen horen, uit te zenden. Wat ook helpt is het draaien van klassieke muziek in winkelcentra, daar lopen jongeren ook voor weg.
De meeste hangjongeren zitten op schooltypen van de lagere niveaus. Kennelijk kiezen hoger opgeleide jongeren voor andere vormen van vrijetijdsbesteding of ze hebben ouders van wie ze niet mogen rondhangen. Er werd gedacht dat lager opgeleide jongeren minder geld voor clubjes zouden hebben. Toch blijkt geld niet de reden om wel of niet te gaan hangen. Lager opgeleide jongeren vinden het belangrijker om zonder toezicht van volwassenen te zijn dan hoger opgeleide jongeren. Zij zetten zich meer af tegen autoriteiten. Verder hoeven zij minder tijd aan schoolwerk te besteden, ze hebben dus meer vrije tijd.
Als je alle publicaties leest over hinderlijke, overlastgevende en criminele hanggroepen zou je haast vergeten dat ze op zoveel veldjes, bruggen en pleinen zonder veel overlast rondhangen. Slechts bij een kleine groep jongeren is risico op ontsporing en criminaliteit. Hanggroepen zijn geen jeugdbendes. De politie hoeft zich alleen bezig te houden met hangers die de wet overtreden. De andere hangplekken kan ze met rust laten. Toch gaat de

politie op hangplekken af als omwonenden klagen over overlast. Vaak wordt de overlast dan erger. Soms wordt het voor jongeren zelfs een spelletje om zo veel mogelijk boetes te verzamelen of zo veel mogelijk agenten te vlug af te zijn. Het praktijkvoorbeeld aan het begin van dit hoofdstuk geeft hier een voorbeeld van. Gemeenten en politie onderscheiden drie typen hangplekken:

1 De informele hangplek bij trapveldjes en pleintjes, waar jongeren rondhangen waarmee niets aan de hand is. Omwonenden klagen wel over geluidsoverlast en rondslingerende blikjes. Daarom noemen we het ook wel een hinderlijke hangplek.
2 De herkenbare plek met een behoorlijke groep jongeren die zo nu en dan overlast veroorzaken. Extra voorzieningen, toezicht en interventies tussen jongeren en omwonenden zijn hier nodig. We noemen het ook wel een overlastgevende hangplek.
3 De plek met flinke overlast, bevolkt door jongeren die experimenteren met hetzelfde risicogedrag en die ook thuis en op school problemen hebben. Een gezamenlijke aanpak door politie en welzijnswerkers is hier nodig. Dit heet een criminele hangplek.

| hinderlijke hangplek

| overlastgevende hangplek

| criminele hangplek

Sommige hangjongeren lopen dus kans op ontsporing. Om die kans in te schatten, kun je de hangjongeren de volgende vragen stellen:
1 Welke andere vormen van vrijetijdsbesteding heb je? (geen andere bezigheden geeft meer risico)
2 Heb je nog andere contacten met leeftijdsgenoten behalve deze? (omgaan met maar één groep geeft meer risico)
3 Is de hanggroep een open, losse groep? (een vaste groep met een informele leider loopt meer risico dan een open groep zonder hiërarchie)
4 Gaan jullie naar school? (een groep met voortijdig schoolverlaters geeft meer risico)
5 Gebruiken jullie alcohol en (soft)drugs? (een groep die alcohol en drugs gebruikt, geeft meer risico).

Volwassenen kunnen, zonder rondhangen af te wijzen, andere mogelijkheden voor vrijetijdsbesteding aanbieden. Sommige jongeren hangen rond omdat ze niet over de vaardigheden beschikken die nodig zijn om zich aan te sluiten bij clubs of verenigingen. Lid worden van een club vereist immers een aantal zaken: weten welke mogelijkheden er zijn, een keuze kunnen maken, bellen om informatie, je aanmelden, je conformeren aan de regels, contact kunnen maken met clubgenoten, aansluiting vinden bij de gangbare manier van met elkaar omgaan bij de club. Soms verwarren ouders het ontbreken van vaardigheden met onverschilligheid. Een jongere lijkt nergens interesse in te hebben, maar eigenlijk weet hij niet hoe hij iets moet aanpakken. Een hangjongere met andere bezigheden, die zijn schoolwerk blijft doen en contacten heeft met jongeren buiten de hanggroep, kun je lekker laten hangen.

13.4 Jeugdcriminaliteit

13.4.1 Inleiding

Halverwege de puberteit is de kans het grootst dat jongeren een geweldsdelict plegen. Toch komt gewelddadig gedrag ook voor onder jonge kinderen en verschijnt fysiek agressief gedrag niet plotseling tijdens de puberteit. Integendeel! We denken dat kinderen agressief gedrag leren naarmate ze ouder worden, maar het is juist andersom. Kinderen vertonen de meeste fysieke agressie rond de 2 jaar. Dat neemt vanaf het 4e jaar af. Agressie bij heel jonge kinderen is instrumenteel; het is een instrument om iets te krijgen wat het kind wil. We hebben in hoofdstuk 7 het voorbeeld gegeven van een peuter die op een fietsje wil zitten waar een ander kind op zit. De kans is groot dat de peuter het andere kind van het fietsje af duwt. Een kleine 10 procent van alle kinderen zet dit fysiek agressieve gedrag echter voort. Dit is een risicogroep voor latere criminaliteit. Waar het aantal uitingen van fysieke agressie in de loop van de jaren afneemt, vertonen meisjes op alle leeftijden beduidend minder uitingen hiervan. Heel anders gaat het echter met indirecte agressie, die we ook heimelijke of relationele agressie noemen. Dat gedrag hanteren we om iemand te kwetsen zonder gebruik van fysieke agressie. Voorbeelden van indirecte agressie zijn roddelen, psychisch kwetsen en stelen. Deze indirecte agressie neemt in de loop van de jaren toe bij zowel jongens als meisjes, al zijn meisjes op alle leeftijden beduidend meer indirect agressief dan jongens. Criminaliteit betekent strafbaarheid; het begaan van misdaden. Jeugdcriminaliteit is criminaliteit onder 12- tot 18-jarigen. Een ander woord voor criminaliteit is delinquentie, dat ook het begaan van criminele, strafbare handelingen betekent. Agressie en de neiging tot wet overtredend gedrag horen bij mensen. Volwassenen leren hun kinderen dat agressie ongewenst is. Kinderen zullen moeten leren hun agressie te beteugelen of op een andere manier te uiten dan met geweld. Volwassenen leren hun kinderen ook dat stelen niet mag en dat je je aan de regels moet houden. De neiging tot het overtreden van de wet zit echter in mensen. De belangrijkste reden waarom we wetten niet overtreden, is dat de nadelen meestal zwaarder wegen dan de voordelen. Dat is volgens de theorie van Kohlberg over moreel redeneren het laagste stadium, namelijk het voorkomen van straf. Wanneer dat niet zo is, zal iemand kunnen overgaan tot wet overtredend gedrag. Als we zeker weten dat er op een bepaalde weg niet op snelheid wordt gecontroleerd, rijdt de meerderheid te hard. Dit is een strafbaar feit. Wanneer als gevolg van dit harde rijden iemand overlijdt na een aanrijding is dit het gevolg van het crimineel gedrag. Als niet opvalt dat je papier, pennen en inktpatronen voor de computer van je werk mee naar huis neemt, zullen veel mensen dit doen. Ook sjoemelen we met onze belastingaangiften, gebruiken we de auto van de zaak voor privéritten en werken we zwart. Strikt genomen allemaal crimineel gedrag dat de overheid

| criminaliteit
| jeugdcriminaliteit
| delinquentie

veel geld kost. Toch is de maatschappelijke verontwaardiging vooral gericht op jeugdcriminaliteit.
De neiging tot wet overtredend gedrag bestaat bij jongeren en bij ouderen. Jongeren zullen echter vaker zichtbaar in de fout gaan. Zij zitten in een levensfase waarin veel impulsief gedrag wordt vertoond. Hun vermogen tot lange termijn redeneren is nog niet volledig ontwikkeld. Ze zullen dus andere afwegingen maken en de voordelen van een criminele actie zwaarder laten wegen dan de nadelen. Jongeren experimenteren en zoeken grenzen. Daardoor zien we een piek in criminele activiteiten tijdens de puberteit. Het meeste van deze criminaliteit is fase-gebonden gedrag. Het treedt op in de puberteit en daarna niet meer. Deze criminaliteit hangt samen met het opzoeken van avontuur en het uitproberen van grenzen.
Dat we jongeren vaak in verband brengen met criminaliteit komt ook doordat jeugdcriminaliteit aandacht en publiciteit krijgt. Het oppakken van jongeren die graffiti spuiten of een bushokje vernielen, heeft een veel hogere prioriteit dan werknemers aanhouden die materiaal van het werk meenemen. Zelfs voor jongeren is criminaliteit marginaal. Van alle 12- tot 18-jarigen in Nederland is slechts 1 procent veroordeeld voor een strafbaar feit. Dat wil niet zeggen dat er ook maar bij 1 procent van deze jongeren een strafbaar feit is gepleegd. Bij cijfers over jeugdcriminaliteit is het belangrijk om na te gaan over welke cijfers gesproken wordt en waar deze informatie vandaan komt. Als jongeren anoniem (via zelfrapportages) in mogen vullen of zij het afgelopen jaar een strafbaar feit hebben gepleegd, zeggen 380 van de 1000 jongeren hier 'ja' op. Het aantal aangehouden verdachten in een jaar is echter slechts 26 per 1000 jongeren. Veel delicten blijven dus onopgemerkt. Niet elke aangehouden jongere wordt berecht, dit zijn er 19 per 1000 jongeren. Uiteindelijk worden er dan 10 per 1000 jongeren veroordeeld (1 procent). De zelfrapportages lijken het meest betrouwbare beeld te geven van het aantal jongeren dat minimaal een keer een strafbaar feit pleegt. Sinds 2010 is er een daling in deze zelfgerapporteerde jeugdcriminaliteit.

| zelfrapportages

13.4.2 INDELINGEN JEUGDCRIMINALITEIT

| kleine criminaliteit

| ernstige jeugddelicten

| gewelddadige jeugddelicten

| chronische, persistente jeugddelinquenten

| ernstige, gewelddadige en persistente jeugddelinquenten

De meeste uitingen van jeugdcriminaliteit vallen onder de zogeheten kleine criminaliteit, zoals graffiti spuiten, kleine diefstallen en kleine vernielingen.
Onder ernstige jeugddelicten verstaan we ernstig crimineel, maar niet gewelddadig gedrag van jongeren. Bijvoorbeeld (auto)diefstal en handel in verboden middelen.
Van gewelddadige jeugddelicten spreken we wanneer jongeren zich schuldig maken aan bijvoorbeeld moord, verkrachting, beroving en mishandeling (al dan niet met een wapen) of ontvoering.
Chronische, persistente jeugddelinquenten zijn jongeren met meer dan vier contacten met justitie.
Ernstige, gewelddadige en persistente jeugddelinquenten vormen de harde kern van de criminaliteit. Hun criminele loopbaan begint vroeg en duurt

vaak tot in de volwassen jaren. Deze kleine groep jongeren (2 tot 5 procent van alle criminele jongeren) heeft een onevenredig groot aandeel in de totale omvang van criminaliteit, want zij verzorgen 30 tot 60 procent van alle criminele acties. Ernstig criminele en gewelddadige jongeren vormen een steeds zwaardere belasting voor overheidsinstanties.
Jeugdcriminaliteit is van alle tijden, maar elke tijd brengt inhoudelijke veranderingen in die jeugdcriminaliteit met zich mee. Zo is het aandeel van zowel meisjes als van 12-minners (kinderen onder de 12 jaar) toegenomen. Jongeren zijn in aard niet gewelddadiger geworden, maar hebben nu vaker de beschikking over wapens. Veel ernstig delinquente en gewelddadige jongeren dragen wapens. Ernstige en gewelddadige jeugdcriminaliteit komt vaker voor in de grote steden, maar vindt ook plaats in kleinere steden en op het platteland. Sommige minderheden zijn oververtegenwoordigd, zoals Marokkanen, Creolen en Antillianen.

12-minners

13.4.3 Ontwikkeltrajecten

In het ontwikkelingsmodel van Loeber wordt zichtbaar welke ontwikkelingstrajecten tot ernstig gewelddadig gedrag kunnen leiden. Loeber onderscheidt drie ontwikkelingstrajecten waarlangs antisociaal gedrag zich kan ontwikkelen:

- autoriteitsconflicten
- heimelijk antisociaal gedrag
- openlijk antisociaal gedrag.

Elk traject bestaat uit een reeks in ernst oplopende delicten. Het traject autoriteitsconflicten begint met weerspannig gedrag vóór het 13e jaar. Daarna vertoont de jongere ernstige ongehoorzaamheid en vervolgens vermijdt hij autoriteit door spijbelen en van huis weglopen. Het traject heimelijk antisociaal gedrag begint met liegen en winkeldiefstallen, vervolgt met vandalisme en ten slotte fraude en ernstige diefstallen. Het traject openlijk antisociaal gedrag begint met pesten, gevolgd door vechten en uiteindelijk berovingen en verkrachting.

Het ontwikkelingsmodel heeft de vorm van een piramide, omdat relatief veel jongeren de onderste vormen van antisociaal gedrag vertonen en heel weinig jongeren de top van de piramide bereiken. Voor alle trajecten geldt dat van alle delinquente jongeren de meeste alleen de eerste tree van de ontwikkelpaden betreden. Een kleiner deel neemt ook de volgende trede en een nog kleiner deel de daaropvolgende. De gemiddelde leeftijden lopen op met de treden. Wie een delict pleegt op de eerste tree is jonger dan wie op volgende treden opstapt. Sommige jongeren begeven zich door alle trajecten heen, zij hebben een slechte prognose. De kans dat zo'n jongere uit zichzelf stopt met delinquent gedrag is zeer klein. Meestal hebben ze een voorkeur voor bepaal-

Figuur 3
Model Loeber

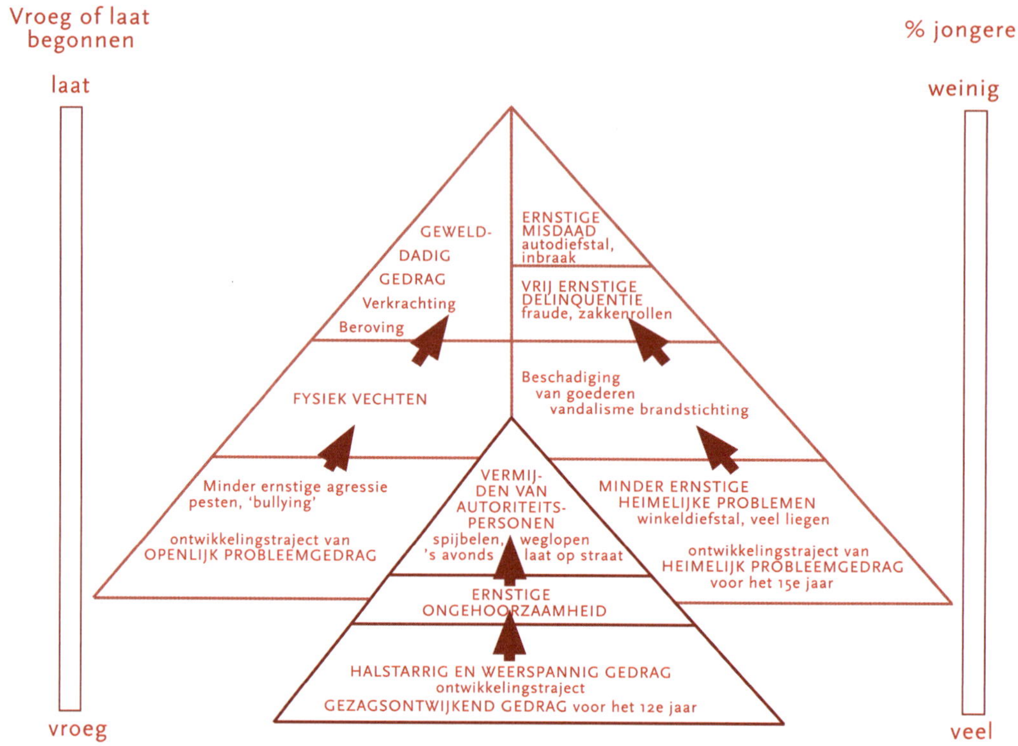

de delicten. Jongeren die pesten en vechten, hebben een andere persoonlijkheid dan jongeren die inbreken en vaak liegen.
Jongeren beginnen om uiteenlopende redenen aan wet overtredend gedrag. Sommige stelen of vernielen spullen uit verveling. De overgang van kind naar puber vraagt een andere vrijetijdsbesteding. Pubers spelen niet meer met speelgoed, ze besteden hun vrije tijd meer buitenshuis en zonder toezicht van volwassenen. Die tijd invullen vraagt vaardigheden. Jongeren die niet op (sport)clubs zitten, vervelen zich eerder. Andere jongeren plegen delicten om stoer te doen of om bij de groep te horen. De meeste delicten worden in groepsverband gepleegd. Jongeren in een groep voelen zich minder verantwoordelijk voor een delict; ze doen het immers met z'n allen. Een groep gaat veel eerder over tot het pesten of slaan van een onbekende jongere dan een enkeling. In een groep jutten jongeren elkaar op en dagen ze elkaar uit. Wie durft de banden van een auto lek te steken? Wie gooit als eerste een steen door een ruit? Verder zijn er jongeren die impulsief tot het plegen van een delict overgaan. Uit woede slaan ze iemand neer of vernielen ze een fiets. Soms worden er criminele feiten gepleegd onder invloed van drank en drugs. Deze middelen versterken de impulsiviteit van handelen. Jongeren onder invloed van drank of drugs overzien nog minder de gevolgen van hun handelen. Ze zijn eerder overmoedig. Andere jongeren hebben moeite met uitstel van behoeftebevrediging. Ze willen die scooter nú en kunnen het

wachten en sparen niet opbrengen. Jongeren die het gevoel hebben dat ze in een slechte, uitzichtloze positie zitten, kunnen uit frustratie stelen. Hebben ze een lage frustratietolerantie, dan lopen ze meer risico op het plegen van geweldsdelicten; er hoeft maar iets tegen te zitten of ze halen uit. Andere jongeren plegen een delict uit een hang naar spanning en avontuur (*thrill seeking*). Wie het gevoel heeft dat iedereen hem toch negatief beziet, kan juist datgene gaan doen wat toch al van hem wordt verwacht. Zo'n jongere met gedragsproblemen voldoet dan aan de verwachting van anderen dat hij toch niet deugt en crimineel zal worden. Een delict plegen kan ook een roep om aandacht en hulp zijn. Ook thuis mishandelde of seksueel misbruikte jongeren lopen het risico op delinquent gedrag.
De meeste jongeren plegen voor de eerste keer een delict omdat ze het anderen zien doen. We lijken criminaliteit wel aan te leren; een jongere die opgroeit in een gezin met delinquente ouders of die delinquente vrienden heeft, loopt een groter risico. Er zijn oorzaken van delinquent gedrag die al beginnen in de vroege kindertijd (zie ook hoofdstuk 7).

Het is dus lastig om bij de aanpak van jeugdcriminaliteit een methode te kiezen. We moeten steeds nagaan waaróm een jongere een delict heeft gepleegd en moeten dan daar de aanpak op aanpassen. Was het uit verveling, dan is invullen van vrije tijd een aandachtspunt. Was het door groepsdruk, dan kunnen we de jongere leren hoe hij daarmee moet omgaan, hoe geef je jouw grenzen aan, hoe zeg je nee of stop. Bij delicten uit impulsiviteit is een training in omgaan met emoties de aangewezen weg. Delinquente jongeren herkennen minder verschillende emoties dan niet-delinquente jongeren. Het blijkt dat zij allerlei emoties voelen en benoemen als boosheid en daarop met agressie reageren. Wanneer ze emoties als verdriet, onmacht en angst leren herkennen en erkennen, kunnen ze op een andere manier op deze emoties reageren. Sociale vaardigheidstrainingen leren jongeren onder andere hoe ze zich in een ander kunnen verplaatsen.

13.4.4 Risicofactoren

De meeste delinquente jongeren plegen dus een of enkele keren een licht delict. Daarna groeien ze op tot brave volwassenen die hooguit pennen en papier meenemen van het werk, wat we kennelijk niet erg vinden. Enkele jongeren blijven echter delicten plegen en die nemen in ernst toe. Drie categorieën jongeren zijn het meest zorgwekkend:

- jongeren met hardnekkige gedragsproblemen
- jonge kinderen (12-minners) met delicten
- ernstige, gewelddadige en chronische delinquenten.

Kinderen met hardnekkige gedragsproblemen hebben een verhoogde kans om delinquent te worden. Zijn ze dat al vroeg (12-minners), dan lopen ze een verhoogd risico op te groeien tot ernstige, gewelddadige of chronische delin-

quenten. Hardnekkige gedragsproblemen en delinquentie bij 12-minners zijn dus een voorbode van ernstige, gewelddadige en chronische criminaliteit op latere leeftijd.
Toch worden niet alle kinderen met gedragsproblemen delinquent en niet alle delinquente kinderen worden ernstig criminele en gewelddadige jongeren. De ontwikkeling van lichte gedragsproblemen naar ernstige en gewelddadige jeugdcriminaliteit hangt samen met een optelsom van risicofactoren op diverse gebieden. Veel daarvan zullen al in de vroege levensjaren aanwezig zijn. De volgende risicofactoren zijn uit onderzoek naar voren gekomen:

- *Kindkenmerken*: Kinderen die al op jonge leeftijd agressie vertonen, ongevoelig zijn voor autoriteit, brutaal en ongehoorzaam zijn en moeite hebben met het uiten van emoties, lopen risico. Er kan sprake zijn van psychopathologie zoals ADHD (zie hoofdstuk 3), een normoverschrijdende gedragsstoornis of een oppositionele-opstandige stoornis (zie hoofdstuk 17).
- *Gezinsfactoren*: Ouders van gewelddadige jongeren straffen vaker dan andere ouders. Zij communiceren minder positief, maken vaker ruzie, zijn depressiever en voelen zich minder competent. Gewelddadige jongeren groeien vaker dan ander jongeren op in eenoudergezinnen en/of gezinnen met weinig inkomen en een lage sociaaleconomische status. Een heel jonge moeder is een risicofactor, net als laagopgeleide ouders. Ouders die zelf delinquent zijn (geweest), vormen een groot risico.
- *Opereren in groepsverband*: In meer dan 80 procent van alle gevallen worden geweldsdelicten in groepsverband gepleegd.
- *Vrijetijdsbesteding*: Gewelddadige jongeren brengen aanzienlijk meer vrije tijd buitenshuis door dan andere jongeren.

aangeboren, biologische

Daarnaast blijken er ook aangeboren, biologische risicofactoren te zijn. Zo hebben jongeren die veroordeeld zijn voor een delict gemiddeld een lagere hartslag dan niet-veroordeelde jongeren. Als een jongere boos of opgefokt wordt, zal zijn hartslag omhoog gaan. Hij produceert meer adrenaline, raakt bezweet en wordt rood. Alles in zijn lijf geeft het signaal: je raakt oververhit, rustig aan nu. De jongere die deze signalen minder snel door heeft, zal langer doorgaan met zijn boze of agressieve gedrag. Delinquente jongeren hebben vaker dan niet-delinquente jongeren last van psychische of psychiatrische stoornissen.
De jeugdcriminaliteit blijft gelijk in omvang en daalt volgens de zelfrapportages licht. Kleine verschuivingen hebben te maken met een veranderde aanpak van de politie, zoals het afschaffen of weer instellen van speciale jeugdzorgspecialisten of zedenpolitie. Wanneer een actie gericht is op het terugdringen van kleine criminaliteit zal hij een toename ervan laten zien. Waar we op letten, signaleren en registreren we vaker. We hebben de risicofactoren allemaal achteraf in kaart gebracht. We hebben de kenmerken van jongeren die een strafbaar feit hebben gepleegd, vergeleken met jongeren zonder strafbaar feit. De voorspellende waarde van deze risicofactoren is niet zo hoog. Het blijft afhangen van een aantal toevalligheden of een jongere een strafbaar feit zal plegen of niet. Wie voldoet aan alle risicofactoren hoeft

niet crimineel te worden. Wie aan geen enkele risicofactor voldoet, kan een strafbaar feit plegen. We kunnen jongeren met veel risicofactoren ook niet preventief opsluiten. Wel kunnen leerkrachten en hulpverleners alert zijn op de risicofactoren en vroegtijdig hulp aanbieden in het gezin.

13.4.5 Aanpak jeugdcriminaliteit

De aanpak van jeugdcriminaliteit is op een van de volgende twee doelen gericht: preventie of terugdringen van ernstige en gewelddadige criminaliteit. Op het gebied van preventie hebben de Nederlandse overheid, politie en welzijnsinstellingen enorm veel ontwikkeld. Het lastige is dat we degenen voor wie de interventies het hardst nodig zijn (gezinnen in achterstandssituaties en multi-probleemgezinnen) het moeilijkst kunnen bereiken. Een bijkomstig probleem is dat preventieprojecten nauwelijks goed geëvalueerd zijn. In Nederland werken we enthousiast en veelvuldig preventief, maar het op wetenschappelijk verantwoorde wijze meten van effecten blijft vaak uit. Om te kunnen meten of een preventieproject effect heeft, is een nulmeting noodzakelijk. Die meet vóór het preventieproject van start gaat hoeveel jongeren bepaald crimineel gedrag vertonen. Na het project kunnen we dan meten in hoeverre dit is verminderd. Vervolgens moeten we aantonen dat dit effect het gevolg is van het project en niet van iets anders. De populatie (bevolkingsopbouw) kan veranderd zijn, er kan een wijkwerker begonnen zijn die een positieve invloed op de jongeren had of er kan een overdekte skatebaan zijn geopend. We kunnen het effect van een project ook vergelijken met een wijk of stad waar het project niet draait. Dan moet je wel kunnen aantonen dat de populatie van de wijken die je vergelijkt overeenkomt. In een wijk met veel jongeren uit achterstandsgezinnen zal meer criminaliteit zijn dan in een wijk met welgestelde gezinnen. Preventieprojecten richten zich op bepaalde groepen jongeren, op bepaalde wijken of stadsdelen of op bepaalde overtredingen. Zo zijn preventieprojecten gericht op 12-minners, bepaalde bevolkingsgroepen of hangjongeren.

jeugdbeschermingsmaatregelen

Naast aanpakken van jeugdcriminaliteit zijn er ook jeugdbeschermingsmaatregelen voor jongeren die in hun ontwikkeling bedreigd worden of waarvan de ouders de opvoeding en verzorging niet aankunnen. Er zijn twee jeugdbeschermingsmaatregelen: ondertoezichtstelling (OTS) en onder voogdij plaatsen. Bij een OTS is het ouderlijk gezag beperkt, maar is het mogelijk dat de jongere thuis blijft wonen. Jongeren komen onder voogdij als de ouders de opvoeding en de verzorging niet aankunnen, of als de jongere ernstig wordt verwaarloosd of mishandeld. Een jongere onder voogdij wordt wel uit huis geplaatst. De laatste jaren is het aantal keer dat een OTS werd uitgesproken door de kinderrechter verminderd, maar het aantal jongeren dat onder voogdij werd geplaatst vermeerderd.

multimodale interventies

Multimodale interventies zijn het meest succesvol. Zij richten zich op meer levensgebieden tegelijk waar de jongere zich in bevindt, bijvoorbeeld op de jongere zelf én het gezin, de school en de wijk. Van de interventies die zich op de jongere zelf richten, bieden structuur biedende vaardigheidstrainingen en gedragstherapeutische interventies de beste kansen. Bij gezinsgerichte interventies ligt het accent op het vergroten van de opvoedingsvaardigheden van de ouders.

13.4.6 Straffen en maatregelen voor jongeren

| adolescentenstrafrecht

Jongeren tussen de 12 en 18 jaar die een strafbaar feit plegen, worden gestraft volgens het jeugdstrafrecht. Bijvoorbeeld met een taakstraf of jeugddetentie. De rechter kan sinds kort door het adolescentenstrafrecht het jeugdstrafrecht ook toepassen op jongvolwassenen tot 23 jaar. Het adolescentenstrafrecht is geen nieuwe vorm van strafrecht, maar het biedt meer mogelijkheden om bij het straffen van adolescenten (16- tot 23-jarigen) rekening te houden met hun ontwikkelingsfase. Met de invoering van het adolescentenstrafrecht sluiten het jeugdstrafrecht en het volwassenenstrafrecht beter op elkaar aan. De rechter kan bij jongeren tussen de 16 en de 23 jaar kiezen of hij het jeugdstrafrecht of het volwassenenstrafrecht toepast. Dit hangt af van de leeftijd van de jongere, zijn ontwikkelingsfase en het delict dat gepleegd is.
Er zijn de volgende straffen en maatregelen voor jongeren: Halt-straf, boete, taakstraf, gedragsbeïnvloedende maatregel, jeugddetentie en een PIJ-maatregel.

Halt-straf

| Halt-straf

Jongeren van 12 tot 18 jaar die een strafbaar feit hebben gepleegd, kunnen in aanmerking komen voor een verwijzing naar Halt. Dit heet een Halt-straf. De Halt-straf geeft jongeren de kans hun fout recht te zetten. Bijvoorbeeld door excuses aan te bieden aan de slachtoffers en eventuele schade te vergoeden. Voor een verwijzing naar Halt gelden voorwaarden. Zo moet het gaan om een licht strafbaar feit zoals vernieling of openbare dronkenschap. De jongere en zijn ouders moeten het eens zijn met de verwijzing naar Halt. De Halt-straf is dan ook geen echte straf. Het is een vrijwillig alternatief om een echte straf te voorkomen. Als een jongere niet meewerkt aan zijn Halt-straf, komt hij alsnog in contact met justitie.

Boete

| boete

Jongeren vanaf 12 jaar kunnen een boete krijgen als ze een strafbaar feit plegen. Bijvoorbeeld voor te hard rijden of zwartrijden in het openbaar vervoer. De rechter of officier van justitie bepalen de daadwerkelijke hoogte van de boete.

Taakstraf voor jongeren

taakstraf

Een taakstraf voor jongeren kan bestaan uit een werkstraf (onbetaalde arbeid), een leerstraf (een leerproject) of een combinatie hiervan. De Raad voor de Kinderbescherming begeleidt jongeren met een taakstraf. Een taakstraf duurt maximaal 240 uur voor een werkstraf en 480 uur voor een leerstraf (of een combinatie van een leerstraf en werkstraf). De rechter kan naast de taakstraf ook een boete of jeugddetentie van maximaal 3 maanden opleggen.

Gedragsbeïnvloedende maatregel

gedragsbeïnvloedende maatregel

Is opsluiting een te zware straf, maar een voorwaardelijke straf te licht? Dan kan de jongere een gedragsbeïnvloedende maatregel (GBM) krijgen. Een GBM bestaat uit een of meer trainingen of behandelingen. De jongere moet dan bijvoorbeeld een training volgen om te leren hoe hij anders met zijn agressie om kan gaan of hij moet een afkickprogramma volgen. De jeugdreclassering houdt toezicht op het verloop van de GBM.

Jeugddetentie

Jongeren die veroordeeld zijn tot jeugddetentie komen in een justitiële jeugdinrichting (JJI). In Nederland zijn 9 jeugdinrichtingen waar in 2015 in totaal 1437 jongeren tussen de 12 en de 23 jaar voor kortere of langere tijd waren opgenomen. Jeugddetentie duurt maximaal één jaar voor 12- tot en met 15-jarige jongeren en maximaal twee jaar voor jongeren van 16 of 17 jaar. In detentie moeten de jongeren naar school, Ook krijgen zij les in bijvoorbeeld sociale vaardigheden en beter omgaan met woede. Er kan ook gekozen worden voor nachtdetentie. Bij nachtdetentie gaan jongeren overdag naar school. Buiten schooltijd en 's nachts zitten ze in een justitiële jeugdinrichting. Op die manier kunnen ze hun opleiding blijven volgen of hun werk blijven doen.

Straf voor jongeren met ontwikkelingsstoornis of psychische aandoening (PIJ-maatregel)

PIJ-maatregel

De rechter kan criminele jongeren met een ontwikkelingsstoornis een PIJ-maatregel (Plaatsing in een Inrichting voor Jeugdigen) opleggen. Dit wordt ook wel 'jeugd-tbs' genoemd. Met een PIJ-maatregel kan een jongere in een justitiële jeugdinrichting worden geplaatst. De jongere krijgt dan een intensieve behandeling en begeleiding om herhaling van het misdrijf te voorkomen.

Basismethodiek YOUTURN

In alle justitiële jeugdinrichtingen (JJI) wordt gewerkt volgens de basismethodiek YOUTURN die voor alle jongeren geldt. YOUTURN bestaat uit vijf fasen waarvan jongeren afhankelijk van de duur van het verblijf één of meerdere fasen afronden. De eerste drie fasen vinden plaats in de JJI, de laatste twee vinden buiten de inrichting plaats. Naast de basismethodiek YOUTURN biedt de JJI een behandelaanbod op maat aan, op basis van de individuele behoefte van de jongere.

1. *Intake en screening*
   Deze fase (week 1 en 2) staat in het teken van intake, screening en diagnostiek. De JJI zoekt contact met ouders/verzorgers, school en reclassering.
2. *Stabiliseren, observatie, diagnostiek*
   In deze fase (week 3 t/m 12) is het dagprogramma van de jeugdige volledig gevuld. Elke werkdag volgt de jongere onderwijs en trainingen morele ontwikkeling, conflicthantering en sociale vaardigheden.
3. *Persoonlijke ontwikkeling en individuele behandeling*
   Vanaf week 12 werkt de jongere samen met zijn mentor actief verder aan zijn terugkeer naar de maatschappij. Ook kan in deze fase het planmatige verlof gestart worden om te leren omgaan met vrijheden.
4. *Resocialisatie en voorbereiding terugkeer samenleving*
   De vierde fase richt zich op de resocialisatie en voorbereiding op terugkeer in de samenleving. De jongere komt in aanmerking voor een scholings- en trainingsprogramma (STP). Het is de fase van de straf of sanctie waar de jongere volledig buiten de JJI verblijft. De begeleiding is overgedragen aan de reclassering.
5. *Beëindiging*
   In fase vijf heeft de JJI geen verantwoordelijkheid meer voor de jongere omdat de vrijheidsbenemende sanctie is afgelopen. In deze fase wordt de behandelrelatie afgebouwd.

13.5 VOOR- EN NADELEN SOCIAL MEDIA

Social media is een verzamelnaam voor alle online manieren van communiceren via verschillende websites of apps. Deze media veranderen razendsnel; op het moment dat jongeren merken dat ook volwassenen 'hun' manieren van communiceren gebruiken, stoppen zij ermee en wordt er weer iets nieuws bedacht.

Omgaan met social media is inmiddels een nieuwe ontwikkelingstaak voor jongeren geworden. Jongeren en hun ouders waren niet voorbereid voor de vlucht die deze media zouden nemen en de enorme invloed op hun levens die deze media zouden krijgen. Een jongere kan tegenwoordig niet meer zonder internet, want dan kan hij niet meer communiceren, filmpjes kijken of dingen opzoeken. Jongeren van nu worden '*de wifi-generatie*' genoemd. Deze generatie bestaat uit kinderen en jongeren die met een smartphone of spelcomputer constant online zijn. Ze bewegen zich buiten het gezichtsveld van ouders en zijn op zichzelf en hun peergroups aangewezen. De benodigde opvoeding heet 'mediawijsheid'. Hiermee wordt bedoeld het leren hoe de jongere bewust, kritisch en actief kan bewegen in een fundamenteel gemedialiseerde wereld. Het is een illusie te denken dat ouders het omgaan met social media kunnen reguleren door middel van regels en afspraken. Jongeren zijn continu online. Ouders kunnen het internet afsluiten, maar dan hebben ze nog steeds bereik via hun telefoonabonnement. Ouders kunnen die telefoon innemen, maar jongeren zijn vindingrijk genoeg om dan een tweede telefoon paraat te hebben. Social media zijn indringend; voortdurend ontvangen jongeren berichten, e-mails en filmpjes via hun telefoon. Zij kunnen de neiging om te kijken niet weerstaan. Er zijn al voorstellen om in het internationaal gangbare classificatiesysteem, de DSM (*Diagnostic and Statistical Manual of Mental Disorders*) in een volgende editie bij het onderdeel verslavingen ook 'social-mediaverslaving' op te nemen. Naast de betrekkelijk nieuwe variant van verslavingen, de gameverslaving, zien psychologen en psychiaters voldoende redenen om een verslaving aan social media als aparte categorie op te nemen.

| mediawijsheid

| social-media-verslaving

De voordelen van social media zijn dat jongeren gemakkelijk en voortdurend in contact met elkaar kunnen staan. Ook is de smartphone een directe bron van informatievoorziening. Jongeren zoeken alles direct en snel op via hun smartphone. Vertrektijden van bussen en treinen, navigatie, eten bestellen maar ook nagaan via YouTube-filmpjes hoe je een stropdas strikt vlak voor je kerstgala: het kan allemaal.

SOCIAL MEDIA

Facebook

Facebook is een sociaal netwerk waarbij je werkt met een persoonlijke pagina. Op deze pagina zet je informatie over jezelf. Via Facebook kun je bekenden opzoeken en hun een vriendschapsverzoek sturen. Wanneer je vrienden bent met iemand kun je alle status-updates van elkaar lezen die vrienden van vrienden dan ook weer lezen, zo ontstaat een sneeuwbaleffect. Je kunt delen van je pagina beveiligen, dan kunnen bijvoorbeeld alleen je vrienden je foto's zien en onbekenden niet.

Twitter

Om te kunnen twitteren moet je een account met een gebruikersnaam aanmaken. Een tweet gaat meestal over wat mensen op dat moment bezighoudt en bestaat uit maximaal 144 karakters met eventueel een foto erbij. Als dit bericht door anderen doorgestuurd wordt, heet dit een retweet. Tweets worden verstuurd met hashtags, door # voor een woord te zetten maak je van dat woord een hashtag. Dit woord kan dan gebruikt worden als zoekwoord in je bericht.

YouTube

YouTube is een website waar iedereen gratis video's kan uploaden. YouTube is het meest bekeken social medium bij jongeren. Zij kijken niet of nauwelijks televisie, als daar iets grappigs te zien was komt het wel op YouTube. Jongeren kijken muziekvideo's, grappige filmpjes maar ook instructiefilmpjes op YouTube. Om zelf video's te kunnen uploaden heb je een eigen account nodig, ook wel een kanaal genoemd.

Skype

Skype is een programma dat je kunt downloaden op je laptop/pc, tablet of smartphone. Met Skype kun je (video)bellen via internet. Je belt gratis naar andere Skype-gebruikers. Via Skype kun je een videogesprek starten, een chatgesprek starten of bestanden delen met elkaar. Je kunt ook een groepsgesprek starten. Je kunt dan tot 25 vrienden toevoegen in één gesprek.

Snapchat

Snapchat is een app die je gratis kunt downloaden op je smartphone om zelfgemaakte foto's, video's en korte tekstberichten naar elkaar door te sturen. Je maakt eerst een foto of video en daarna kun je deze bewerken door er een tekstje bij te schrijven of speciale effecten toe te voegen zoals bijvoorbeeld het vervormen van je gezicht. Je kunt zelf bepalen hoeveel seconden je vrienden je foto's mogen zien, het maximum is 10 seconden.

Instagram
Instagram wordt meestal gebruikt via een app voor smartphone of tablet. Je maakt een pagina aan op Instagram waar je foto's of korte filmpjes upload. Je kunt mensen volgen en anderen kunnen jou volgen. Wanneer iemand je volgt kun je op je Instagram-homepage hun foto's zien. Via deze app kun je bestaande foto's of video's uploaden of direct een foto of video maken. Je kunt daarna je foto bewerken en delen op je Instagram-pagina. Via deze pagina kun je ook meteen de foto posten op je Facebook- of Twitter-account.

Dating-apps
Er zijn veel dating-apps, waarbij je op basis van foto's iemand leuk vindt of niet. Je kunt inloggen met je Facebook-profiel. Je stelt in waar je naar op zoek bent, bijvoorbeeld jongens tussen de 18 en 21 jaar binnen een straal van 10 kilometer. Er komen dan profielen voorbij van jongens uit de buurt. Per profiel kun je aanklikken of je hem leuk vindt of niet. Wanneer je beiden hebt aangegeven elkaar leuk te vinden ontstaat er een match. Met een match kun je chatten om elkaar beter te leren kennen.

WhatsApp
WhatsApp is een app waarmee je via internet met elkaar kunt communiceren. Je voegt mensen in je WhatsApp-contactenlijst toe door iemand zijn mobiele nummer toe te voegen. Met alle contacten in je lijst kun je een chat beginnen. In deze chat kun je berichten naar elkaar sturen, spraakopnames naar elkaar sturen of met elkaar bellen. Tevens is het mogelijk om foto's, video's, geluidsopnames, locaties en contactgegevens te delen. Alle foto's en video's die je deelt via WhatsApp worden automatisch opgeslagen op je smartphone.

13.6 Van theorie naar praktijk

Roderick uit het praktijkvoorbeeld is een typische hangjongere. Hij brengt al zijn vrije tijd samen met andere jongeren door op een schoolpleintje in de wijk. De situatieschets doet denken aan het type 1 hangplek. Het is een informele hangplek waar ze wat kletsen en voetballen. Wat hindert, zijn hooguit de rondslingerende lege blikjes. De omwonenden zien het echter

als een type 2 hangplek. Ze ervaren overlast en schakelen regelmatig de politie in. Het verschijnen van de politie heeft een averechts effect gehad. De jongeren maken er een sport van om de radio harder te zetten en afval op de grond te gooien.
Elke actie roept reactie op. Als we vinden dat jongeren overlast bezorgen, is de kans groot dat ze dat inderdaad gaan geven. Het was wellicht beter geweest als de politie niet direct op klachten van de omwonenden was ingegaan. Buurtwerkers kunnen ervoor zorgen dat ouderen met de jongeren in gesprek gaan. Ouderen zijn vaak bang voor groepen jongeren, terwijl jongeren beledigd zijn wanneer ouderen de politie bellen. Als omwonenden afstappen op jongeren, zich voorstellen en vragen of de radio zachter kan, heeft dit vaak een positief effect.
Natuurlijk blijven er altijd jongeren die lol hebben in overlast bezorgen. Dan is een andere aanpak noodzakelijk. Te vaak echter slaan we de eerste stap over en bellen we direct de politie. Die is er voor type 3 hangplekken. De andere hangplekken zijn de verantwoordelijkheid van bewoners (jong én oud) zelf, welzijnswerkers en de gemeente.

Hoofdstuk 14

Sociale contacten en vriendschappen

HOOFDSTUK 14

Sociale contacten en vriendschappen

Dimitri (17) volgt een mbo-opleiding toerisme en recreatie. Hij is lid van een basketbalclub en gaat regelmatig snookeren of uit met vrienden. Drie avonden in de week en op zaterdag werkt hij bij een supermarkt in de buurt als vakkenvuller. Dimitri heeft een vol en druk leven, waarin hij het prima naar zijn zin heeft. Hij heeft een leuke vriendengroep en het contact met zijn ouders is ook altijd goed geweest. Zijn ouders vinden het jammer dat ze Dimitri haast nooit meer zien. 'Je komt hier alleen om te eten, te douchen en te slapen,' moppert zijn moeder, 'het is hier geen hotel.' Soms stelt zijn vader voor om samen te gaan snookeren, maar Dimitri gaat liever met zijn vrienden. Om toch wat meer contact te krijgen, neemt zijn moeder een abonnement op Netflix, waar veel van de favoriete series van Dimitri op staan. Ze verheugt zich op samen tv kijken en chips eten. Dimitri is oprecht blij met Netflix. 'Bedankt mam, ik bel meteen Rachid en Ferdy op.' Heel het weekend bekijkt Dimitri series op zijn kamer met zijn vrienden. Zijn moeder is behoorlijk teleurgesteld en stelt hem de volgende dag een ultimatum: hij is vaker thuis of hij gaat op zichzelf wonen. Dimitri reageert verbaasd en onthutst. 'Ik wil helemaal niet op kamers, ik heb het hier prima naar mijn zin!'

14.1 INLEIDING

In de puberteit nemen sociale contacten en vriendschappen een belangrijke plaats in. Jongeren brengen steeds meer tijd door met leeftijdsgenoten en steeds minder met de gezinsleden. In dit hoofdstuk hebben we het over ontwikkelingstaak 7: *Sociale contacten en vriendschappen.* Hierbij hoort het contacten leggen en onderhouden, oog hebben voor wat contacten met anderen kunnen opleveren, je openstellen voor vriendschap, vertrouwen geven en nemen, wederzijdse acceptatie.

We noemen groepen leeftijdsgenoten die overeenkomen in maatschappelijke positie en leefstijl en die samen optrekken peergroups. De belangrijke functie van een peergroup voor een jongere bespreken we in paragraaf 14.2. We beschrijven de invloed van vriendschappen. Over jeugdculturen en jongerenstijlen gaat paragraaf 14.3. Omgaan met groepsdruk is een belangrijk aspect van sociale contacten, vriendschappen en peergroups. Hoe conformeren

| peergroups

jongeren zich in vriendengroepen en hoe blijven zij toch zichzelf? Daarover gaat paragraaf 14.4. Niet elke jongere heeft vriendschappen en vriendengroepen. We besteden aandacht aan pesten en sociale uitsluiting in paragraaf 14.5). Ten slotte vergelijken we de invloed van leeftijdsgenoten met die van thuis (14.6).

14.2 PEERGROUPS

Onder peergroups verstaan we groepen leeftijdsgenoten die met elkaar optrekken op school, in de buurt of in de vrije tijd. De meeste jongeren behoren tot meer peergroups. Engelstalige literatuur gebruikt hiervoor ook de term *cliques.* Jongeren in een peergroup komen overeen in sekse, leeftijd, sociale klasse, etniciteit en interesses. Dat komt omdat jongeren met andere jongeren optrekken die gelijkheid vertonen. Het is makkelijker om op te trekken met jongeren die meer gelijk zijn aan jou dan met jongeren die minder gelijk zijn aan jou. Gelijkheid zorgt voor dezelfde interesses, je praat over dezelfde dingen, kijkt naar dezelfde series of YouTube-filmpjes, je hebt dezelfde humor en eenzelfde manier van omgaan met docenten. Deze gelijkheid zien we overigens niet alleen bij jongeren; ook volwassenen en ouderen trekken op met anderen met wie zij gelijkheid vertonen. Daarnaast kiezen zij jongeren uit die in de nabijheid zijn; jongeren krijgen vrienden uit dezelfde klas, dezelfde sportclub en dezelfde wijk.

| gelijkheid

| nabijheid

Vooral de jongere pubers (12- tot 14-jarigen) trekken op in peergroups van de eigen sekse. Jongens en meisjes van deze leeftijd hebben verschillende interesses. Voor zover meisjes van deze leeftijd al belangstelling hebben voor jongens is dit meestal voor oudere jongens. Als jongeren een jaar of 15, 16 zijn, maken ze ook deel uit van gemengde peergroups. De meeste jongeren trekken op in peergroups van gelijke sociale klasse. Niet omdat zij daar op deze manier over denken, maar gewoon omdat zij daar via het onderwijs mee in contact komen. Het is nog steeds zo dat kinderen uit de lagere sociale milieus veelal op de lagere schoolniveaus terechtkomen en kinderen uit de hogere sociale milieus vooral havo en vwo bezoeken. Peergroups op school zijn vaak gemengd van etniciteit, maar peergroups daarbuiten niet. Vooral Turkse en Marokkaanse jongeren trekken op in aparte peergroups. Hoe hoger allochtone jongeren zijn opgeleid, des te meer trekken ze op in gemengde peergroups. Het lijkt er dus op dat niet etniciteit de keuze van peergroups bepaalt, maar sociale klasse en opleiding. Integratie is een kwestie van tijd; allochtone jongeren maken een inhaalslag in schoolniveau en de tweede generatie Turkse en Marokkaanse jongeren hebben meer autochtone vrienden dan de eerste.

Jongeren in een peergroup hebben eenzelfde stijl in uiterlijk, taalgebruik, muziekvoorkeur en vrijetijdsbesteding. Vaak behoren ze dus tot eenzelfde jeugdcultuur of jeugdstijl.

14.3 Jeugdculturen en jeugdstijlen

In de jaren vijftig van de vorige eeuw ontstonden de eerste jeugdculturen onder jongeren, ook wel subculturen genoemd. In die tijd van economische wederopbouw na de oorlog kregen jongeren meer geld en vrije tijd dan daarvoor. Ze zochten elkaar op en trachtten manieren te vinden om zich te onderscheiden van de saaie volwassenen. Deze subculturen werden deels ingegeven door maatschappijkritiek. Ze omvatten behalve uiterlijke kenmerken en muziekvoorkeuren ook een politieke visie. Denk hierbij aan de nozems in de jaren vijftig, de hippies uit de jaren zestig en de punkbeweging uit de jaren tachtig. Tegenwoordig is dit niet meer het geval. Inmiddels kunnen we tientallen jeugdstijlen noemen, waarbij de jongeren zelf vele onderverdelingen maken. Jongeren zijn niet meer zo stijlvast. Een meisje kan de ene dag in een kort rokje en sexy truitje lopen en de volgende dag in trainingsbroek en sneakers. Hier komt de term *style surfing* vandaan; jongeren surfen dwars door alle stijlen heen en pakken eruit wat ze willen. Dat heeft te maken met de mogelijkheden die ze vandaag de dag hebben om subculturen vorm te geven. Door de invoering van kabeltelevisie, internet, Facebook, YouTube, Twitter en WhatsApp hebben jongeren 24 uur per dag de beschikking over informatiebronnen. De jongere van nu zapt zich door zijn leven en pakt uit elke stijl wat hem aanspreekt.

| jeugdculturen
| subculturen
| style surfing

SKATERS, E-NERDS, FOODIES EN HIPSTERS

Elke stijl bestaat uit de volgende elementen: uiterlijk (kapsel, kleding en versierselen), taalgebruik, houding, muziekvoorkeur, rituelen en vrijetijdsbesteding. Bij het indelen in jeugdstijlen of jeugdculturen gaan we uit van stereotyperingen, terwijl er binnen een groep natuurlijk genoeg variatie is. Van skaters is de stereotypering bijvoorbeeld dat ze extreem wijde broeken en truien dragen, ze hebben meestal langer haar en luisteren naar muziek die een mix is van hiphop en rock. Punkers hebben een hanenkam of felgekleurd haar en ze dragen vaak legerkisten. Kakkers dragen nette kleding en gothics dragen zwarte kleding en hebben zware oogmake-up, ook de jongens.
Jeugdstijlen volgen elkaar nu snel op. Sommige jeugdstijlen blijven, deze voldoen meer aan de definitie van een jeugdcultuur dan jeugdstijlen die er maar even zijn. Jeugdculturen die al lang bestaan zijn alto's, kakkers, skaters, hippies en punkers. Jeugdstijlen die al een jaar of tien meegaan zijn hiphoppers, gabbers, gothics, emo's, nerds, skinheads, reli's en urbans. Nieuwe jeugdstijlen zijn hipsters,

e-nerds, foodies en fitgirls. De laatste twee duiden op een nieuwe fitheidstrend onder jongeren, vooral meiden.

Het is opvallend dat jongeren zelf vaak zeggen bij geen enkele stijl te horen. 'Ik heb mijn eigen stijl', zeggen ze dan terwijl ze alle kenmerken van een bepaalde stijl bezitten. Andere jongeren worden daarentegen onverbiddelijk ingedeeld in hokjes. 'Die is skater, die is alto en dat is een kakker.' Net als in de attributietheorie staat beschreven (zie hoofdstuk 11), oordelen de jongeren ook hier heel generaliserend en negatief over anderen en genuanceerd en positief over zichzelf. Ze vinden van zichzelf al snel dat ze er origineel en gedurfd bij lopen, bijvoorbeeld omdat ze nieuwe kleding combineren met retro. De grootste stijlgroep wordt gevormd door jongeren die de huidige kledingtrends volgen en muziek uit de top 40 draaien. Deze groep noemen we mainstream. De andere stijlgroepen (skaters, alto's, kakkers enzovoort) oordelen hard over deze groep. Het zouden allemaal meelopers zijn zonder eigen mening. Toch gelden juist onder de andere stijlgroepen veel striktere regels over uiterlijk en muziekkeuze. Mainstream jongeren kunnen veel meer variëren en style surfen, maar het is ondenkbaar dat een gothic ineens in een fleurig bloemenrokje verschijnt en een hiphopper kan het niet maken om een Nederlandstalige smartlap mee te zingen. Jongeren lopen dus maar al te graag mee in een door henzelf gekozen stijlgroep.

| mainstream

De jongere ontleent een deel van zijn identiteit aan de subcultuur. Het is makkelijk om tot zo'n subgroep te behoren, want daardoor weet een jongere welke kleding hij kan dragen, welke haarstijl, naar welke muziek hij luistert en waar hij naar kijkt en over praat. Daarbinnen voelt hij zich veilig genoeg om zijn eigenheid te ontdekken: 'Alle skaters dragen superwijde broeken, maar die van mij zijn net een beetje minder wijd.' Of: 'Alle rockers uit onze groep hebben lang haar dat ze los dragen, maar ik heb het in een staartje.'
Het behoren tot een subcultuur helpt bij het ontwikkelen van een identiteit. Jongeren in een subcultuur onderscheiden zich van de volwassenen en van de andere subculturen. Dit wij-tegenover-zij-gevoel versterkt de eigen identiteit. De media springen handig in op het bestaan van verschillende jeugdculturen en jeugdstijlen. Reclamebureaus doen veel onderzoek naar jeugdstijlen om zo de juiste jongeren te kunnen aanspreken in reclames. Jongeren zijn immers interessante consumenten, ze hebben relatief veel geld te besteden en zijn gevoelig voor trends. We kunnen jongeren eenvoudig verleiden nieuwe typen spelcomputers en mobiele telefoontjes aan te schaffen. Een nadeel daarvan is dat steeds meer jongeren schulden hebben.

14.4 Omgaan met groepsdruk

| groep

We spreken van een groep wanneer de groepsleden regelmatig met elkaar omgaan, zich van elkaar bewust zijn en zichzelf als groep beschouwen. In een groep vinden sociale vergelijkingsprocessen plaats; de groepsleden

beïnvloeden elkaars opvattingen en attitudes. Daarom zijn deze groepen zo belangrijk voor jongeren. Ze helpen elkaar bij het ontwikkelen van een eigen identiteit. Wie ben ik, hoe zie ik eruit, hoe gedraag ik mij, wat zeg ik, hoe reageer ik op anderen en waar sta ik voor? Jongeren leren sociaal gedrag in de groep. Er gelden ongeschreven regels en normen in elke groep. Veel groepsleden zijn zich niet eens bewust van deze regels en normen, ze blijken pas als iemand ze overtreedt. De groepsnormen schrijven voor welk gedrag gewenst is en welk gedrag achterwege dient te blijven. De groepsleden corrigeren elkaar. De een corrigeert vaker dan de ander; dit hangt samen met de sociale positie van de jongere. Een sociale positie is de plaats die iemand in een groep inneemt in relatie tot de plaatsen van de anderen. Peergroups hebben informele leiders, jongeren die het vaakst de leiding op zich nemen.
In een groep oefent een meerderheid druk uit op een minderheid om zich te conformeren aan de groepsnorm. Dit heet groepsdruk. Het hangt af van de groepscohesie hoe sterk die groepsdruk is. De mate waarin de groepsleden zich verbonden voelen met de groep is de groepscohesie. In een groep met een hoge groepscohesie conformeert de minderheid zich aan de meerderheid. Deze neiging tot conformiteit kent twee vormen: acceptatie en toegeven. Bij *acceptatie* accepteert de minderheid de mening van de meerderheid omdat ze waarde daaraan hecht: 'Zij zullen het wel weten.' Bij *toegeven* trekt de minderheid de mening van de meerderheid in twijfel, maar conformeert zij omwille van het groepsbelang. De neiging tot conformiteit is het grootst rond de 14 jaar, daarna neemt ze langzaam af.

| groepsdruk

| conformiteit

Als de informele leiders van een groep positieve sociale bedoelingen hebben, heeft het behoren tot deze groep voornamelijk positieve gevolgen voor de groepsleden. Hebben de leiders echter negatieve sociale bedoelingen, dan zal de rest zich daaraan ook conformeren. Zo ontstaan bijvoorbeeld jeugdgroepen met criminele activiteiten. Volwassenen noemen dit 'verkeerde vrienden'. Ze zeggen dan: 'Onze zoon zou nooit zijn gaan stelen als hij niet bij deze verkeerde vrienden was terechtgekomen.' Ze vergeten dat hun zoon voor de anderen uit deze groep ook tot de verkeerde vrienden hoort. De leiders van zo'n groep krijgen vaak hogere straffen bij justitie, terwijl er geen leiders kunnen bestaan zonder volgelingen. Louter en alleen in de criminaliteit terechtkomen door de groepsdruk in een negatieve groep komt nauwelijks voor. Jongeren sluiten zich niet voor niets bij een bepaalde groep aan. De stijl van deze jongeren zal overeenkomen met de eigen stijl. Als een jongere zich aansluit bij een groepje wietgebruikers, zal hij zelf nieuwsgierig zijn naar wietgebruik.

14.5 Soms gaat het anders: pesten en sociale uitsluiting

Jongeren met vrienden zijn sociaal competenter en psychisch gezonder dan jongeren zonder vrienden. Ze werken vaker en beter samen, hebben een hogere zelfwaardering en zijn minder eenzaam. Het is natuurlijk de vraag wat hierbij oorzaak en gevolg is. Krijgen jongeren met een hogere zelfwaardering en betere sociale vaardigheden eerder vrienden? Of ontwikkelen ze die hogere zelfwaardering en sociale vaardigheden juist door de vriendschappen? De meeste jongeren geven aan drie of meer vrienden te hebben. Slechts 7 procent heeft geen enkele vriend.

Vriendschappen hebben voornamelijk positieve invloeden op jongeren. Ze bieden mogelijkheden om te oefenen met ontwikkelingstaken. Zo kunnen jongeren leren hoe ze zich kunnen openstellen voor vriendschap. Ze leren luisteren en zich in anderen in te leven, ze leren hun eigen emoties en gedachten te uiten. Vriendschappen zijn ook belangrijk om ervaringen met ouders, broers en zussen en docenten te delen. Ze horen elkaars meningen en leren zo te nuanceren.

De sociale status van jongeren ontstaat door de verhouding tussen het aantal jongeren dat hen accepteert en hen afwijst. Populaire jongeren worden door veel anderen geaccepteerd en door bijna niemand afgewezen. Jongeren die bijna niemand accepteert, maar ook niemand afwijst, zijn onopvallend. Uit onderzoeken komen de volgende vijf sociale statusgroepen op school voor:

| sociale statusgroepen

1 *Populaire jongeren.* Zij beschikken over veel sociale vaardigheden. Iedereen accepteert hen en zo goed als niemand wijst hun af. De meeste jongeren willen zijn zoals zij. Niet alle populaire jongeren worden echter aardig gevonden, er zijn ook populaire jongeren voor wie de anderen een beetje bang zijn en met wie zij meepraten en meelopen om niet afgewezen te worden.
2 *Afgewezen jongeren.* Zij vertonen gedrag dat irritatie oproept bij anderen omdat ze afwijkend gedrag vertonen, omdat ze steeds net het verkeerde grapje maken of omdat ze op een vreemde manier teruggetrokken zijn.
3 *Genegeerde jongeren.* Zij worden niet geaccepteerd, maar ook niet verworpen. Ze worden gewoon niet opgemerkt.
4 *Controversiële jongeren.* Net zoveel leerlingen accepteren als verwerpen deze jongeren. Ze zijn vaak actief en sociaal vaardig, maar ook regels overtredend en agressief.
5 *Gemiddelde jongeren.* Dit is de grootste groep, tussen de 50 en 60 procent van de leerlingen valt hieronder.

Afgewezen en controversiële jongeren lopen risico om gepest te worden. Bij pesten hebben we te maken met een of meer pesters, volgers, verdedigers en niet-betrokkenen. De pesters en volgers pesten, de verdedigers komen op voor het slachtoffer en de niet-betrokkenen houden zich erbuiten. Alle jongeren zijn betrokken bij pesten, het heeft geen zin alleen de 'pester' aan te pakken. Er wordt onderscheid gemaakt tussen *direct pesten* (schelden, slaan, spullen verstoppen) en indirect pesten (sociale uitsluiting, roddelen, manipulatie). Indirect pesten wordt ook wel relationeel pesten genoemd. Het aantal jongeren dat aangeeft gepest te worden, varieert tussen de 20 en de 24 procent van de jongeren. Pesten is deels ook beleving; het komt regelmatig voor dat gedrag dat door een slachtoffer ervaren wordt als pesten, voor de 'pesters' onder plagen valt. Afgewezen jongeren zijn vaker stil, verlegen en gevoelig.

| direct pesten
| indirect pesten
| relationeel pesten

Controversiële jongeren zijn vaak zowel pester als slachtoffer. Er is veel aandacht voor pesten. De Nederlandse overheid heeft voor elke basisschool en school voor voortgezet onderwijs het invoeren van een goedgekeurd anti-pestprogramma verplicht gesteld sinds schooljaar 2015/2016. Er zijn 61 anti-pestprogramma's onderzocht en geen enkel kreeg het predicaat 'goedgekeurd'. Er zijn nu 2 anti-pestprogramma's voorlopig goedgekeurd, dit zijn PRIMA en KiVa. Elke school heeft een *anti-pestprotocol* dat ondertekend wordt door alle leerlingen. Het is een illusie te denken dat doordat alle leerlingen dit protocol ondertekenen, er geen pestgedrag meer zal zijn. Alle inspanningen ten spijt blijft het aantal leerlingen dat zegt gepest te worden al zestig jaar gelijk. Geen enkel anti-pestprogramma is bewezen effectief over langere tijd, hooguit voor even.

| cyberpesten

De laatste jaren neemt het cyberpesten toe: pesten via internet. In 2008 gaf 16 procent van de jongeren aan weleens iemand gepest te hebben via het internet en 25 procent gaf aan weleens gepest te zijn via het internet. Deze cijfers zullen inmiddels hoger zijn. Pesten via het internet neemt toe omdat jongeren hier anoniem kunnen pesten. Doordat het op afstand is, ervaren de pesters ook niet dat het slachtoffer hier veel last van heeft. Cyberpesten heeft grote nadelige gevolgen voor slachtoffers omdat het pesten via internet gelijk grootschalig is. Berichten en (nep)foto's worden razendsnel verspreid onder een grote groep jongeren. Bovendien blijft alles wat op internet geplaatst is, bestaan. Deze nieuwe vorm van pesten vraagt om een nieuwe aanpak, die er nu nog niet is.

| eenlingen

Zowel de afgewezen als de genegeerde jongeren kunnen eenlingen zijn. Als een genegeerde jongere buiten school over enkele goede vriendschappen beschikt, hoeft dat negeren geen probleem te zijn. Een jongere kan buiten een schoolgroep vallen, maar bij zijn sportclub worden geaccepteerd. We noemen zo'n jongere ook wel een 'misfit'; hij past niet in deze klas maar wel in een andere groep.

Een kleine minderheid van de jongeren heeft geen behoefte aan vriendschappen. Zij hebben genoeg aan zichzelf en kiezen voor bezigheden die zij alleen kunnen uitvoeren. We zien deze jongeren vaker op het vwo dan op het vmbo. Op het vwo worden ook meer 'aparte' gedragingen getolereerd dan op het vmbo.

Verbondenheid met anderen is een van de belangrijkste menselijke behoeften. De meeste jongeren zonder vriendschappen rapporteren meer eenzaamheid, depressie en sociale angst. Ze zouden graag vrienden willen hebben, maar zijn niet vaardig in het contact maken en onderhouden. De meeste scholen voor voortgezet onderwijs bieden een sociale vaardigheidstraining aan voor deze jongeren. Daarin kunnen ze oefenen met het aangaan en onderhouden van contacten. Ze leren initiatief nemen in contact en gedragssignalen van anderen interpreteren. Jongeren met minder goede sociale vaardigheden missen vaak inzicht in het omgaan met anderen en hebben daar expliciete uitleg en instructie voor nodig. Binnen de veiligheid van een sociale vaardigheidstraining kunnen ze in rollenspellen deze vaardigheden oefenen. Toch blijkt dat deze jongeren de vaardigheden weliswaar binnen deze groep

sociale afstemming

kunnen vertonen, maar niet binnen de eigen klas. Dit heeft te maken met een gebrek aan sociale afstemming. De meeste jongeren voelen aan hoe ze zich moeten gedragen in een groep. Zij weten het juiste te zeggen op het juiste moment. Sommige jongeren missen deze 'feeling' en zeggen net het verkeerde op het verkeerde moment. Ze roepen daarmee irritatie op van hun klasgenoten en kunnen daardoor buitengesloten worden. Sociale uitsluiting heeft ernstige nadelige gevolgen voor de jongere die buitengesloten wordt, maar het heeft gek genoeg een positieve functie voor de groep als geheel. Sociale uitsluiting geeft de grenzen van de groep aan; doordat je weet wie er *niet* bij hoort, weet je ook wie er *wel* bij hoort. Sociale uitsluiting versterkt de groepscohesie en daarom is het een natuurlijk proces dat niet uit te bannen is. Dat wil niet zeggen dat ouders, docenten en hulpverleners zich er maar bij neer moeten leggen. Omdat sociale uitsluiting zulke negatieve gevolgen voor het slachtoffer heeft, blijft het een taak van volwassenen om sociale uitsluiting tegen te gaan of de jongere ergens anders te plaatsen waar hij meer past. Sociale uitsluiting kan ernstiger gevolgen hebben dan direct pesten, omdat jongeren die direct gepest worden nog tot de groep behoren en jongeren die indirect gepest (buitengesloten) worden, niet.

14.6 Invloed van leeftijdsgenoten en invloed van thuis

De Amerikaanse onderzoekster Harris stelde in 1995 dat ouders nauwelijks invloed hebben op jongeren. Volgens haar zijn het vooral de contacten met leeftijdsgenoten die voor hun socialisatie en ontwikkeling zorgen. Ouders, docenten en hulpverleners wilden hier niets van weten, want dat zou inhouden dat al hun pedagogische pogingen voor niets zouden zijn. De meeste onderzoekers gaan ervan uit dat bij de ontwikkeling van jongeren zowel de contacten met ouders als de contacten met leeftijdsgenoten een belangrijke rol spelen.
Natuurlijk zijn de contacten met leeftijdsgenoten belangrijker naarmate de jongere ouder wordt, maar dan nog blijft de rol van ouders van belang. Jongeren hebben tijdens de puberteit meer behoefte aan autonomie en daarom is grotere afstand van de ouders gewenst. Maar bij het ontwikkelen van een eigen identiteit hebben jongeren zowel leeftijdsgenoten als ouders nodig om te experimenteren met emoties, gedachten en gedragingen. Zij toetsen hun meningen aan zowel ouders als vrienden. Zij delen en meten hun ervaringen met hun ouders met leeftijdsgenoten, 'krijg jij ook zo weinig zakgeld?', 'doen jouw ouders ook zo achterlijk moeilijk over laat thuiskomen?', 'moet jij ook je eigen kamer schoonhouden?' De relaties met thuis en die met leeftijdsgenoten lijken complementair (aanvullend) te zijn. Thuis vinden jongeren iets anders dan bij vrienden. Ze bespreken bijvoorbeeld andere onderwerpen met hun ouders dan met hun vrienden. Jongeren die zowel thuis als bij vrienden sociale steun ervaren, staan positiever in het leven dan

jongeren die alleen thuis of alleen bij vrienden sociale steun ervaren. Hoe groter het verschil in ervaren sociale steun, des te meer risico de jongere loopt op probleemgedrag. Jongeren die weinig steun van hun ouders ervaren en veel steun van vrienden vertonen meer probleemgedrag dan jongeren die bij beide groepen weinig sociale steun ervaren.

Zowel de contacten met thuis als met de leeftijdsgenoten zijn dus van belang voor een positieve ontwikkeling van jongeren. Voor een deel zijn deze contacten complementair, voor een ander deel is het van belang dat ze gelijk opgaan. Ouders die sociale steun geven zonder de jongere te veel in te perken of te controleren, bieden hem de beste omstandigheden om adequaat met leeftijdsgenoten om te gaan. Ouders die weinig sociale steun geven of die hun kind te veel inperken of controleren, zorgen ervoor dat hun kind zich te veel gaat richten op leeftijdsgenoten. Omdat dit gebeurt vanuit een negatieve keuze loopt zo'n jongere meer risico op probleemgedrag en delinquentie.

14.7 Van theorie naar praktijk

In het praktijkvoorbeeld aan het begin van dit hoofdstuk probeert Dimitri's moeder vaker contact met hem te hebben. Ze vindt het vervelend dat hij zijn thuis als een hotel gebruikt en wil dat hij een keuze maakt tussen vaker thuis zijn of op kamers gaan. De situatie schetst een positief beeld van Dimitri. Hij trekt met verschillende vriendengroepen op, volgt een opleiding, heeft een baantje en heeft goed contact met zijn ouders. Sociale contacten met leeftijdsgenoten zijn op deze leeftijd belangrijker dan die met ouders, maar dat wil niet zeggen dat Dimitri zonder ouders kan. Jongeren hebben de beste ontwikkelingsmogelijkheden wanneer ze zowel thuis als daarbuiten positieve sociale steun ervaren. Op kamers gaan wonen kan dat evenwicht verstoren. Nu heeft Dimitri een druk sociaal leven. Als daarbij ook nog taken als boodschappen doen, koken, wassen en opruimen komen, kan er wat in de knel raken. Dimitri heeft het zo prima naar zijn zin, hij wil niet zelfstandig wonen.

Zijn moeder onderschat haar inbreng. Dimitri wil dan wel liever met vrienden naar Netflix kijken dan met haar, hij kan wel degelijk belang hechten aan haar mening en haar aanwezigheid. Voor jongeren is het vaak al genoeg dat hun ouders er zijn. Als het nodig is en het contact is goed, dan zullen ze een beroep op hen doen.

Hoofdstuk 15

Een seksuele identiteit

HOOFDSTUK 15

Een seksuele identiteit

Talitha (16) heeft verkering met de 15-jarige Jessin. Het is haar derde vriendje. De vorige keren heeft ze alleen gezoend en wat voorzichtig gestreeld, nu wil ze verder gaan. Een paar vriendinnen hebben al seks gehad en praten daarover met elkaar. Talitha heeft met haar moeder de pil en condooms gehaald. Ze heeft een leuk nachthemdje gekocht. Het wachten is nu op een geschikte gelegenheid. Dat valt niet mee. Jessin zegt dat zijn ouders het niet goed vinden dat Talitha bij hem logeert en hij ook niet bij haar. Ze probeert hem een keer 's middags mee te nemen naar haar kamer, maar hij is verdiept in de Donald Duck van haar jongere zusje. Talitha's moeder vraagt zich af of Jessin er wel aan toe is, maar volgens Talitha wil hij graag. 'Hij doet er ook stoer over met zijn vrienden, we moeten gewoon een goed moment hebben.' Dat goede moment lijkt te komen als Talitha's ouders een dagje weg zijn met het jongere zusje. Talitha en Jessin hebben dan het rijk alleen, maar als hij aanbelt, blijkt hij twee vrienden meegenomen te hebben. Het weekend daarna haalt Talitha Jessin op. Zijn moeder begroet haar met de woorden: 'Ha, die Talitha, wanneer kom je nou toch eens een keer logeren? Ik vraag het steeds aan Jessin ...'

15.1 INLEIDING

Een belangrijk aspect van de identiteitsontwikkeling is de ontwikkeling van een seksuele identiteit. Bij deze ontwikkelingstaak 9 uit het Competentiemodel gaan jongeren ontdekken wat hun mogelijkheden en wensen zijn in intieme en seksuele relaties. In de puberteit gaan zij vormgeven aan een seksuele identiteit.
Seksuologische kennis komt vanuit de biologie, de sociologie en de psychologie (15.1). De biologie richt zich op hormonale processen en genetische invloeden. De sociologie gaat na hoe mensen leren seksueel te worden en de psychologie houdt zich bezig met het verklaren van seksueel gedrag vanuit de beleving van de persoon zelf. In paragraaf 15.2 beschrijven we de meest gangbare seksuele ontwikkeling. Daarna volgt een paragraaf over meer of minder geaccepteerde varianten (15.3). Na een paragraaf over seksueel misbruik (15.4) sluiten we af met een paragraaf over jeugdige zedendelinquenten, loverboys, grooming en sexting (15.5 en 15.6).

15.2 Zo gaat het meestal

15.2.1 Biologische factoren

secundaire geslachtskenmerken

De geslachtshormonen die na de bevruchting bepalend zijn voor een differentiatie in jongens en meisjes zorgen voor het ontstaan van de secundaire geslachtskenmerken tijdens de puberteit. Bij meisjes begint de puberteit tussen het 10e en 12e levensjaar. De groeispurt zet al in vanaf het 8e jaar. De secundaire geslachtskenmerken van meisjes zijn okselhaar, borsten, beharing rond de vagina, onderhuids vet, eisprong en menstruatie. De afgelopen jaren is het moment van de eerste menstruatie steeds vervroegd. Elke tien jaar kwam het driekwart jaar eerder, een ontwikkeling die nu lijkt stil te staan. Bij jongens begint de puberteit tussen hun 12e en 14e jaar. De groeispurt zet in vanaf het 11e jaar.
Hun secundaire geslachtskenmerken zijn verlaging van de stem, beharing rond de penis, oksel- en gezichtsbeharing, vergroting van de spiermassa en het krijgen van zaadlozingen. Meisjes hebben een aanzienlijke voorsprong op jongens zodra ze aan het voortgezet onderwijs beginnen. Bij meisjes zet de groeispurt ook eerder in. De meeste meiden van 15 zijn al uitgegroeid terwijl de jongens dan goed en wel beginnen. In de brugklas van het voortgezet onderwijs zitten lange meisjes met borsten in een klas met kleine, kinderlijke jongetjes. Biologisch gezien zijn jongeren vanaf de puberteit geslachtsrijp, maar de eerste zaadlozingen bevatten nog geen vruchtbaar zaad en de eerste menstruaties nog geen vruchtbare eitjes. Gemiddeld zijn meisjes vruchtbaar in hun 15e levensjaar en jongens in hun 16e.

15.2.2 Sociologische factoren

Intussen worden jongeren gesocialiseerd tot seksueel gedrag. Dit verloopt via ouders, andere volwassenen, leeftijdsgenoten en de media. Elke cultuur heeft eigen normen en waarden voor seksueel gedrag. Verschillen daarin worden bepaald door woongebied (stad of platteland), religie (christen, jood, moslim, boeddhist of atheïst), afkomst en land van herkomst. De seksuele revolutie uit de jaren zestig en zeventig van de vorige eeuw heeft een grotere invloed gehad op de vrouwelijke seksualiteit dan op de mannelijke. Mannen en vrouwen zijn in dit opzicht meer naar elkaar toegegroeid en de verschillen tussen seksuele socialisatie voor jongens en meisjes worden kleiner. Tot in de jaren zeventig van de vorige eeuw hebben we nauwelijks aandacht besteed aan de seksuele identiteit van meisjes. Zij kregen alleen boodschappen mee als 'zorg dat je niet zwanger wordt', 'wees afwachtend en voorzichtig' en 'bewaar seks voor degene met wie je gaat trouwen'. Jongens werden aangemoedigd met seks te experimenteren en initiatief te nemen. We hebben meisjes dus meer voorbereid op de lasten van seks dan op de lusten. Seks hebben stond gelijk aan het krijgen van een orgasme door de jongen. Dat meisjes ook konden klaarkomen, was een onnoembare bijzaak.

De seksuele revolutie heeft de vrouwelijke seksualiteit benoemd en inhoud gegeven. Sindsdien krijgen ook meisjes meer voorlichting over de leuke kanten van seks. Dat de gelijkwaardigheid van jongens en meisjes op het gebied van seksualiteit is toegenomen, is overal in de maatschappij zichtbaar. De zorg voor anticonceptie ligt bij beide seksen. Filmpjes van vrouwelijke popsterren zijn net zo seksueel getint als die van mannen. Het initiatief tot contact wordt nu vaker genomen door meisjes.

seksuele revolutie

Ondanks deze toegenomen gelijkwaardigheid zijn binnen Nederland nog grote verschillen te zien. Het vormgeven van een seksuele identiteit is in sterke mate afhankelijk van de sociale context waarin een jongere opgroeit. Binnen bepaalde christelijke stromingen heerst nog steeds een taboe op seks. Daarin is het verboden om seks te hebben voor het huwelijk. Meisjes die opgroeien binnen een cultuur die vrouwenbesnijdenis toepast, hebben een ander idee over hun seksualiteit dan meisjes uit andere culturen. Vrouwenbesnijdenis noemen we nu genitale mutilatie, verminking van het geslachtsdeel. Die varieert van een beschadiging van de clitoris tot het wegsnijden van de hele (zichtbare) clitoris. Dat bemoeilijkt het krijgen van een orgasme sterk en geeft een signaal af dat de vrouwelijke seksualiteit ondergeschikt is aan die van de man. In Nederland is genitale mutilatie strafbaar, ook als ouders hun dochter in het buitenland laten verminken.

vrouwenbesnijdenis

15.2.3 Psychologische factoren

Twee begrippen uit de psychologie werken verhelderend voor het begrijpen van individueel seksueel gedrag: seksueel script en lichaamsbeeld (uit: Heemelaar, 2000). Een script is een algemeen, psychologisch schema waarmee je een situatie interpreteert en aangaat. Om de chaotische werkelijkheid uit het leven van alledag behapbaar te houden, maken mensen gebruik van deze schema's. Heemelaar geeft als voorbeeld het restaurantscript. Iedereen weet hoe dat er globaal uitziet. Je gaat naar binnen, zoekt een tafel uit en leest in de menukaart. Als er een ober aan je tafel komt, weet je dat hij verwacht dat je iets bestelt. Vervolgens geeft ieder mens een eigen invulling aan zo'n script. Door karaktereigenschappen en socialisatie ontstaan er verschillen. Zo zal de ene mens bij binnenkomst aarzelend en stilletjes een tafel zoeken, terwijl de ander luidruchtig om een goede plek bij het raam vraagt. Een ander voorbeeld van een script is het afrekenscript in een supermarkt. Je kiest een kassa, gaat in de rij staan en legt je spullen op de band. Dan wacht je tot een bedrag genoemd wordt, dat betaal je en je loopt weg met je boodschappen. Niemand legt eerst zijn boodschappen in de auto en rekent daarna pas af.

Ook het seksuele script bestaat uit standaardcodes en eigen invullingen.

seksuele script

In Nederland is het standaard dat je seks hebt in de beslotenheid van een kamer, auto of duinpannetje en niet in een winkel of op een marktplein. Als je iemand ziet in wie je seksuele interesse hebt, zul je doorgaans eerst deze

persoon aanspreken, een praatje maken en wat drinken. Pas daarna heb je eventueel seks in een huis of hotel. Het druist tegen het gemiddelde script in om direct seks te hebben en daarna pas kennis te maken.
Seksuele scripts verschillen per tijd, cultuur en individu. Het script van een 16-jarig meisje heeft er in 1957 heel anders uitgezien dan in 2017. Het script van een 16-jarig meisje uit een streng gereformeerd gezin ziet er anders uit dan van een meisje van die leeftijd zonder religie. Jongeren van ouders uit niet-westerse landen kunnen een ander script hebben dan jongeren met autochtone ouders, maar dit hoeft niet. Net zo goed als er binnen de oorspronkelijk Nederlandse culturen grote verschillen bestaan, bestaan deze ook tussen gezinnen waarvan de ouders in Turkije of Marokko zijn geboren. Klakkeloos aannemen dat elk Marokkaans meisje wel moslim zal zijn en dus een sluier draagt en als maagd het huwelijk in wil, is kortzichtig en achterhaald.
Behalve je socialisatie zijn ook persoonlijke ervaringen en persoonlijkheid van invloed op je seksuele script. Een seksueel script is dynamisch, het groeit en verandert in de loop van de tijd. Het seksuele script van een jongere is beperkter dan dat van een volwassene. Een seksueel script geeft aan welke situaties we als opwindend ervaren en welke niet, hoe we ons gedragen in seksuele situaties, wat je kunt doen en zeggen, wat je lekker vindt en wat niet.

Voorbeelden van scripts:
Jongen van 16: 'Tijdens de pauzes op school kijk ik naar meisjes. Als een meisje terugkijkt en lacht, kan ik naar haar toe lopen en iets zeggen. Misschien kan ik erbij gaan zitten, misschien kan ik zelfs iets afspreken voor in het weekend. Als we uitgaan, let ik op hoe ze doet. Danst ze dicht bij me of niet? Raakt ze me aan als we praten? Duwt ze mijn arm niet weg als ik die om haar heen sla? Als ik haar thuis heb gebracht, zal ik haar kussen. Als ze me terug kust en niet wegduwt, ga ik door en zal ik haar ook strelen.' Meisje van 17: 'Als mijn vriendje bij mij thuis film komt kijken en mijn ouders zijn er niet, dan zullen we seks hebben. Ik steek dan wat kaarsen aan op mijn kamer en leg grote kussens op de grond.'

Zodra twee mensen samenkomen, komen ook hun seksuele scripts bij elkaar. Verschillen tussen deze scripts kunnen voor verwarring zorgen. De een denkt bij kaarsen aan seks, de ander aan een goed gesprek. De een denkt bij het naderen van de duinen aan vrijen in een duinpannetje, de ander aan hardlopen. We moeten verwachtingen, normen en waarden dus expliciet maken. Ondanks alle openlijke seks op tv en op social media praten niet alle jongeren vrijuit tegen elkaar over seksuele verlangens en verwachtingen. Op school en thuis zouden we aandacht moeten besteden aan communicatie over het seksuele aspect in een relatie.

| lichaamsbeeld

Het lichaamsbeeld heeft invloed op iemands seksuele script en gedrag. Zeker in de puberteit zijn veel jongeren onzeker over hun uiterlijk. Op school en

op straat is het kijken en bekeken worden een belangrijk tijdverdrijf van jongeren. Vooral meiden kunnen meedogenloos oordelen over zichzelf en anderen. Wanneer een jongere een positief lichaamsbeeld heeft, zal hij makkelijker en meer onbevangen seksuele contacten aangaan dan wanneer hij een negatief lichaamsbeeld heeft. Als je tijdens seks bezig bent met hoe je erbij ligt en hoe je eruitziet, gaat deze energie niet naar de ander en naar de seks. Onbekommerd genieten van het eigen lichaam en dat van de ander gaat veel beter met een positief zelfbeeld en lichaamsbeeld.
Meisjes hebben een negatiever lichaamsbeeld dan jongens. Vooral voor meisjes is het van belang dat de school aandacht besteedt aan het zelfbeeld. Het aantal meisjes met eetstoornissen als anorexia en boulimia is vele malen groter dan het aantal jongens. Het kan meisjes helpen te weten dat geen enkele jongen bezig is met haar uiterlijk tijdens seks. Dat ze seks hebben, windt hem genoeg op, dat houdt de jongen volledig bezig. Het gaat erom hoe ze reageert op strelingen van haar borsten, niet om hoe die borsten er precies uitzien. Een jongen beëindigt een relatie niet omdat zijn vriendin vrij dikke bovenbenen heeft. Net zo goed als een meisje niet de relatie beëindigt omdat haar vriend een kleine penis of afhangende schouders heeft.

15.2.4 Seksuele ontwikkeling in de puberteit

Ontwikkelingspsychologen denken verschillend over seksualiteit bij kinderen. Sommigen staan op het standpunt dat kinderen weinig tot geen seksuele gevoelens hebben, anderen denken dat dit wel zo is. Wij gaan uit van het idee dat kinderen van jongs af aan bezig zijn met geslachtelijkheid, met jongen of meisje zijn. Kinderen ontdekken en onderzoeken behalve hun handen en voeten ook hun genitaliën. Ze kunnen lust ervaren als ze over hun buik wrijven en ook als ze over het piemeltje of de schaamlippen wrijven. In die zin bestaat dus seksualiteit bij kinderen, al vullen we dit begrip heel anders in dan bij jongeren en volwassenen. Belangrijk hierbij is dat we het kind volgen in zijn ontwikkeling en ons volwassen seksuele script niet op dat van een kind leggen.

seksuele ervaring

Jongeren tussen de 12 en de 16 jaar doen stapsgewijs seksuele ervaring op. Bijna alle jongeren volgen dezelfde opeenvolging van activiteiten: eerst tongzoenen, dan strelen onder de kleren, vervolgens naakt strelen en ten slotte geslachtsgemeenschap. Jongens doen gemiddeld iets langer over dit traject dan meisjes. Bij meisjes verloopt de seksuele ontwikkeling sneller dan bij jongens. Dit maakt dat we tussen 15-jarige jongens en meisjes van dezelfde leeftijd een groot verschil zien. Meisjes van die leeftijd zijn volgroeid en zijn geïnteresseerd in intiemere relaties, waar jongens nog heel speels kunnen zijn. Zij willen liever met elkaar voetballen dan op een bankje zitten met een meisje.

Resultaten onderzoek 'Seks onder je 25ste'

Elke vier jaar wordt er een grootschalig onderzoek gedaan naar seksualiteit onder jongeren van 12 tot 25 jaar. Het laatste onderzoek dateert van 2016. De gemiddelde leeftijden waarop jongeren seksuele ervaringen opdoen, zijn al twintig jaar grotendeels hetzelfde gebleven. Als jongeren 14,4 jaar oud zijn, heeft de helft ervaring met tongzoenen. Als ze 15,2 jaar oud zijn, heeft de helft ervaring met voelen en strelen. Met 16,3 jaar heeft de helft van de jongeren ervaring met masturberen. Als de jongeren 17,1 jaar oud zijn, heeft de helft ervaring met geslachtsgemeenschap. Dat betekent steeds dat de andere helft deze ervaringen nog niet heeft. Dit is in tegenspraak met het gangbare beeld uit de media waarin het lijkt of alle jongeren voortdurend seks hebben. Ook van de groep 21- tot 25-jarigen is er altijd nog 12 procent die nooit geslachtsgemeenschap heeft gehad. Er zijn geen betrouwbare gemiddelde leeftijden te geven, omdat de onderzoeken steeds gehouden worden onder jongeren van 12 tot 25 jaar. Daardoor kunnen volwassenen die op hun 32e, later of nooit seksuele ervaringen opdoen niet worden meegerekend en kan er geen gemiddelde worden vermeld. Vandaar dat alleen geschreven mag worden hoeveel procent van de 12- tot 25-jarigen op dit moment seksuele ervaringen heeft. Van de meisjes geeft 17 procent aan weleens gedwongen te zijn om seksuele handelingen te verrichten die ze eigenlijk niet wilden, bij jongens is dit 4 procent. De kennis van de jongeren over seksualiteit blijft matig; zo weet bijvoorbeeld 40 procent van de jongens niet dat een meisje ook zwanger kan worden als ze geslachtsgemeenschap hebben gehad zonder dat de jongen een orgasme bereikte. Bij de eerste keer geslachtsgemeenschap zegt 13 procent van de jongens en 9 procent van de meisjes niets te hebben gedaan om een zwangerschap te voorkomen.

Autochtone Nederlandse jongeren zijn in dit onderzoek vergeleken met Nederlandse jongeren van wie de ouders uit een ander niet-westers land komen. Onder de jongens van 12 tot en met 17 jaar hebben de autochtone jongens minder vaak ervaring met seks dan jongens uit andere etnische groepen. Pas na hun 18e halen ze deze achterstand in. Bij de meisjes zijn vooral Antilliaanse meisjes actiever dan andere groepen. Turkse en Marokkaanse meisjes hebben relatief weinig ervaring met seksualiteit. Uit deze gegevens blijkt dat bij autochtone jongeren enerzijds en Turkse en Marokkaanse jongeren anderzijds een groot verschil tussen jongens en meisjes bestaat in omgaan met seksualiteit. De Turkse en Marokkaanse *jongens* hebben juist meer ervaring dan de autochtone jongens, terwijl de Turkse en Marokkaanse meisjes juist beduidend *minder* ervaring hebben dan de autochtone meisjes.

15.2.5 Bestaat er een normale seksuele ontwikkeling?

Wat is nu een normale seksuele ontwikkeling? Wat we normaal vinden, hangt af van onze waarden en normen. We kunnen geen definitie geven van wat een normale seksuele ontwikkeling is, ieder mens zal hier anders over denken. De een zal vinden dat het bij een normale seksuele ontwikkeling hoort dat een meisje voorzichtig en afwachtend is en geen blijk geeft van eigen lust. De ander vindt dat het bij een normale seksuele ontwikkeling hoort dat een meisje zo veel mogelijk seksuele ervaring opdoet om zo tot een rijke seksuele identiteit te komen. Ouders, leerkrachten en hulpverleners bezien en beoordelen de seksuele ontwikkeling van een jongere vanuit hun eigen referentiekader, normen en waarden. Dat hierdoor conflicten kunnen ontstaan tussen volwassenen en jongeren is logisch. Enkele richtlijnen voor volwassenen die te maken krijgen met de seksuele ontwikkeling van een jongere zijn wel te geven. Maak onderscheid tussen de eigen normen en waarden ten aanzien van seksualiteit en die van de jongere. Spreek positief en vanzelfsprekend over seksualiteit, laat merken dat je openstaat voor elke vraag. Weet dat jongeren vaak stoer of nonchalant praten over seksualiteit en dat zij hun ervaring en kennis zullen overdrijven.

Om te bepalen of de seksuele ontwikkeling van de jongere reden tot zorg geeft of niet is de belangrijkste vuistregel: is er sprake van de gebruikelijke opeenvolging van ervaringen? Dit geeft een betere indicatie dan alleen diens leeftijd. Je kunt de invloed van biologische, sociologische en psychologische factoren in kaart brengen. Een meisje dat op haar 10e al ongesteld wordt, borsten krijgt en okselbeharing heeft, zal eerder toe zijn aan seksuele contacten dan een meisje dat pas op haar 15e ongesteld wordt. Wanneer een meisje opgroeit in een gezin dat heel open en positief omgaat met seksualiteit en alle gelegenheid biedt om ervaringen op te doen, zal ze eerder seks hebben dan een meisje dat opgroeit in een gezin dat ervan uitgaat dat seks alleen iets voor volwassenen is.

Ook persoonlijkheid speelt een rol. De ene jongere is meer geïnteresseerd in relaties en seksualiteit dan de andere. Een meisje kan op haar 10e al geslachtsrijp zijn, haar eerste verkering krijgen en kussen met die jongen. Het jaar erna kan ze een vriendje krijgen met wie ze de eerste verkenningen van het lichaam beleeft. Dan is het niet vroeg als ze vervolgens op haar 13e een relatie krijgt en voor het eerst seksuele gemeenschap heeft. Veel mensen zullen dat absoluut gezien te vroeg vinden, maar relatief gezien is dat niet zo. Het meisje heeft op haar eigen tijd in haar eigen tempo en in een gebruikelijk patroon seksuele verkenningen uitgevoerd. Dit kunnen we zien als een normale seksuele ontwikkeling ondanks haar jonge leeftijd.

Het belangrijkste is dat een jongere doet waar hij of zij aan toe is, gelet op de eigen biologische, sociologische en psychologische ontwikkeling. Deze ontwikkeling is uniek en verloopt bij elke jongere anders. Een ander belangrijk punt is dat jongeren weten wat ze wel en niet willen en deze grenzen kunnen aangeven. Als ze durven genieten van het eigen lichaam en dat van de ander, zonder angst of schaamte, kunnen we spreken van een goede seksuele ontwikkeling.

15.3 SOMS GAAT HET ANDERS

15.3.1 HOMOSEKSUALITEIT

De meeste jongeren ontwikkelen een seksuele voorkeur voor de andere sekse. In een aantal gevallen ontwikkelen ze een seksuele voorkeur voor de eigen sekse. In 2012 noemde 8,6 procent van de meisjes en 5,6 procent van de jongens zich homo- of biseksueel. We accepteren homoseksualiteit als een normale variatie in seksuele voorkeuren. Officieel hebben homo- en heteroseksuelen gelijke rechten en plichten. De meerderheid van de Nederlanders accepteert homoseksuele echtparen en gezinnen met twee ouders van hetzelfde geslacht. Omdat homoseksuelen percentueel tot een minderheid behoren, kan het voor een individu toch een schok zijn te merken dat hij tot deze groep behoort. Jongeren vinden alle biologische, sociologische en psychologische veranderingen in de puberteit al moeilijk genoeg. In deze roerige periode willen ze niet te veel afwijken of opvallen. Hoe moeilijk of makkelijk deze ontdekking verloopt, hangt in sterke mate af van de sociale omgeving waartoe een jongere behoort. Tolerantie in het gezin, op school en in de wijk verhoogt de kans op een positieve ontwikkeling tot een homoseksuele identiteit.

De laatste jaren is de leeftijd waarop een jongere uitkomt voor een homoseksuele identiteit aanzienlijk verlaagd. In 2012 blijkt uit onderzoek dat de leeftijd waarop jongeren voor het eerst aan iemand vertellen homoseksueel te zijn bij jongens gemiddeld ligt rond 16,6 jaar en bij meisjes rond 15,9 jaar. Bij een derde van de lesbische, homo- en bi-leerlingen weet niemand op school van hun seksuele voorkeur en bij bijna een kwart weet maar één iemand of een paar leerlingen ervan. Lesbische, homo- en bi-leerlingen lopen meer risico op het ervaren van geweld binnen de school dan heteroseksuele leerlingen. Het percentage lesbische, homo- en bi-leerlingen dat wekelijks of dagelijks door leeftijdsgenoten wordt gepest, is vier keer hoger dan onder heteroleerlingen. De helft van de lesbische, homo- en bi-jongeren bij wie iemand op de hoogte is van de seksuele voorkeur, kreeg hierover in het afgelopen jaar een negatieve reactie, van onder meer buurtbewoners, collega's en onbekenden op straat. Homojongens en biseksuele meisjes krijgen ook vaker te maken met seksuele grensoverschrijding: seksueel gedrag (zoals aanrakingen, zoenen of seks) dat als ongewenst wordt ervaren.

homoseksuele identiteitsontwikkeling

De homoseksuele identiteitsontwikkeling verloopt grofweg in drie stadia:

1. Jongeren voelen zich 'anders dan de anderen'; er kunnen gevoelens van verliefdheid op een seksegenoot optreden.
2. Ze benoemen de seksuele ervaringen en belevingen als 'homoseksueel'.
3. De jongere noemt zich homoseksueel en manifesteert zich als zodanig.

Het is nog steeds zo dat veel homoseksuelen elkaar opzoeken in aparte sport-, eet- en uitgaansclubs. De veiligheid van het 'hetzelfde zijn' is kennelijk nog erg belangrijk. Voor veel homoseksuelen is hun seksuele identiteit meer dan slechts één aspect van hun identiteit: zij 'zijn' homoseksueel.
Het is mogelijk dat het onderscheid tussen homo- en heteroseksualiteit in de toekomst kleiner zal worden. De acceptatie van biseksualiteit laat zien dat het steeds vaker voorkomt dat een mens in zijn leven zowel relaties met mensen van het eigen geslacht als met mensen van het andere geslacht kan hebben. De noodzaak om daar bij elke seksuele ervaring een algehele identiteit op te plakken, zal wellicht verdwijnen. Jongeren komen er nu vaker voor uit biseksueel, interseksueel, aseksueel of transseksueel te zijn. Er wordt nu vaker gesproken over 'LHBT' (lesbisch, homoseksueel, biseksueel, transgender) dan over homoseksuelen. Ook intergenders (jongeren met kenmerken van zowel het mannelijk als het vrouwelijk gender) en agenders (jongeren die zichzelf tot geen van beide genders rekenen) zijn nieuwe benamingen waaruit blijkt dat er meer jongeren zijn die zich niet in een van de vakjes 'man' of 'vrouw' kunnen of willen plaatsen.

intergenders
agenders

15.3.2 TRANSGENDERS

gegeven gender
ervaren gender
genderexpressie

In hoofdstuk 4 is genderdysforie besproken. Het gegeven gender is niet in overeenstemming met het ervaren gender. De manier waarop een jongere zich manifesteert als jongen of als meisje wordt genderexpressie genoemd. Kennelijk is al tijdens de ontwikkeling in de baarmoeder iets 'mis'gegaan; het juiste seintje ten aanzien van het geslacht bij het ontwikkelen van de hersenen is niet afgegeven. Dit verklaart waarom kinderen die biologisch jongen zijn zich meisje 'voelen' en zich ook zo gedragen. Eigenlijk is het meer dan alleen voelen; zij 'weten' dat ze tot het andere geslacht behoren. Het heeft dus niets te maken met opvoeding.
Een kind dat is aangemeld bij een van de genderklinieken in Nederland zal zich opnieuw aan moeten melden in het 12e levensjaar. Weer zullen een endocrinoloog, psycholoog en psychiater nagaan of het gevoel tot het andere gender te behoren consistent en persistent is. Pas dan wordt besloten om over te gaan tot het geven van puberteitsremmers zodat de jongere niet de secundaire geslachtskenmerken van het ongewenste gender ontwikkelt. Dit is nog omkeerbaar. In de uitzonderlijke gevallen dat een jongere besluit toch niet door te gaan met de transitie, zullen de secundaire geslachtskenmerken van het gegeven gender na het stoppen met de puberteitsremmers alsnog ontwikkeld worden. In het 16e levensjaar gaat de jongere opnieuw door de intakecommissie om na te gaan of er cross-sex hormonen gegeven kunnen worden. Dit proces is onomkeerbaar. Ook al stopt een jongere met deze cross-sex hormonen, de ingezette secundaire geslachtskenmerken van het ervaren gender kunnen niet meer ongedaan gemaakt worden. Een jongen in transitie tot meisje noemen we een transmeisje; een meisje in transitie tot jongen noemen we een transjongen. Na een geslacht veranderende operatie

(die pas na het 18e jaar gegeven mag worden) is de medische benaming van de jongere transseksueel. In Nederland mag een transjongere al vanaf het 16e jaar de naam en het geslacht in paspoort of ID laten wijzigen.

Hoeveel transgender personen er in Nederland zijn is niet exact vast te stellen. De minimum aantallen van verschillende groepen op basis van onderzoek en berekeningen geven een indicatie. Dit betreft cijfers op het totaal van de Nederlandse bevolking. De cijfers voor het aantal transgenders wordt elk jaar naar boven bijgesteld, dit komt omdat er steeds meer bekendheid en tolerantie voor is. Naar schatting heeft 1 procent van de Nederlanders een incongruente genderidentiteit, waarmee wordt bedoeld dat er dus een verschil is tussen de gegeven gender en de ervaren gender. Dit wil niet zeggen dat al deze mensen overgaan tot een transitie. Gezien de cijfers van de genderklinieken lijkt 1 op de 250 mensen transgender te zijn.

incongruente genderidentiteit

Hoewel de bekendheid en tolerantie voor transgenders toenemen, zegt nog steeds 15 tot 25 procent van de jongeren het af te keuren wanneer een transgender het lichaam wil aanpassen aan het gewenste geslacht door middel van operaties en hormoonbehandeling. Transjongeren worden vaker gepest dan andere jongeren, vooral transjongens (geboren als meisje). Van de transgenders die 'uit de kast' zijn en naar school gaan, heeft een kwart het afgelopen jaar geweld meegemaakt.

De meerderheid van de transgenders heeft psychische stoornissen zoals stemmingsstoornissen en angststoornissen. Het aantal transgenders met suïcidale gedachten of handelingen is vele malen groter dan het aantal jongeren bij wie het gegeven gender in overeenstemming is met het ervaren gender. Transgender zijn beïnvloedt de gehele identiteit en de jongere heeft geen perspectief op een leven zonder dat hij zich bewust is van het transgender zijn. Slechts een kwart van alle transgenders (ook volwassenen) heeft een relatie.

15.3.3 soa's

soa's

Een nieuwe subtaak voor jongeren bij het vormgeven van de seksuele identiteit is het voorkomen van seksueel overdraagbare aandoeningen (soa's). Ondanks alle voorlichtingscampagnes blijkt uit onderzoek dat jongeren er zelden voor zorgen dat besmetting onmogelijk is. Het gepropagandeerde Double Dutch-anticonceptiegebruik (het gelijktijdig gebruiken van een anti-conceptiepil en een condoom) vindt nauwelijks aftrek. Dit komt omdat jongeren (bijna) niemand kennen die een soa heeft gehad. Met 100.000 nieuwe soa-gevallen per jaar is dit moeilijk voor te stellen. Het kan zijn dat jongeren verzwijgen dat ze een soa hebben (gehad), zelfs als ze een nieuwe partner ermee kunnen besmetten. In 2015 kreeg 1 procent van de jongeren te horen dat ze een soa hadden.

Jongeren kunnen heel verontwaardigd zijn als ze een soa 'hebben gekregen'. Ze bezien de persoon van wie ze deze hebben gekregen uiterst negatief, terwijl iedereen die een soa krijgt deze ook weer doorgeeft. Een andere verklaring voor de slechte bekendheid met soa's is het geringe aantal klachten dat een soa geeft. De meest voorkomende soa, chlamydia, geeft nauwelijks klachten. Onvruchtbaarheid, het grote gevaar ervan, ligt bovendien in de verre toekomst. Meer openheid, zowel van volwassenen als van jongeren, kan zorgen voor het terugdringen van het aantal soa's. De angst voor aids, de meestgebruikte term voor een hiv-infectie die ook onder de soa's valt, is flink afgenomen. Een hiv-infectie krijgen betekent niet meer automatisch dat je aids krijgt, en als je dat wel krijgt betekent het niet meer dat je eraan doodgaat. Het aantal mensen met een hiv-infectie in Nederland dat daadwerkelijk aids krijgt, is afgenomen. Ook voor aids geldt: als jongeren niemand kennen die het heeft, nemen ze geen voorzorgsmaatregelen.

15.3.4 TIENERZWANGERSCHAPPEN

Wereldwijd wordt jaarlijks bijna een kwart van alle meisjes tussen de 15 en de 19 jaar moeder. De meeste jonge moeders vinden we in Afrika, de minste in Europa. Nederland heeft relatief gezien de minste tienermoeders ter wereld. In Nederland worden jaarlijks tussen de 4.000 en 4.500 meisjes zwanger. Dat is 1 procent van alle meiden tussen de 15 en de 19 jaar. Van elke tien zwangerschappen eindigen er zes in een abortus, de andere vier worden uitgedragen. Slechts een enkele keer wordt een baby afgestaan voor adoptie. Het aantal abortussen onder jonge meiden behoort tot de laagste aantallen ter wereld en dit aantal neemt nog steeds af.
Meisjes van Antilliaanse of Surinaamse afkomst zijn oververtegenwoordigd bij de tienermoeders. Ook is er een toename in tienermoeders afkomstig uit asielzoekerlanden. De helft van alle tienermoeders is ongehuwd. We zien grote verschillen bij meiden van allochtone afkomst. Tienermoeders van Turkse of Marokkaanse afkomst zijn bijna allemaal getrouwd, meiden van Antilliaanse afkomst bijna allemaal niet. Veel tienermoeders hebben een achtergrond van psychisch of seksueel misbruik. Als belangrijkste reden voor een gepland tienermoederschap wordt het verlangen naar liefde gegeven. Deze meiden willen 'iets van zichzelf', 'iets om van te houden, wat van jou houdt'. Ze geven aan het kind alle liefde te willen geven die ze zelf hebben gemist.
Sommige meiden worden zwanger om te ontsnappen aan hun (strenge) ouders, sommigen om niet meer naar school te hoeven of niet te hoeven werken. Hierbij speelt de neiging van jongeren om alleen consequenties op korte termijn te bedenken een rol. Zij zien een zwangerschap als ontsnapping aan het nu. Nu hoeven ze die verkeerd gekozen opleiding niet meer te volgen. Dat ze daar over 10 jaar heel anders over kunnen denken, ligt buiten het voorstellingsvermogen. Meiden denken bij een baby ook voornamelijk aan de eerste paar jaar van het kind. Zij zien zich lekker wandelen met een buggy en knuffelen met een kleintje. Wat het inhoudt om een 8- of 13-jarige op te voeden, kunnen ze niet overzien.
Tienermoeders komen vaker voor in de lagere sociaaleconomische klassen. Jonge tienermoeders lopen een verhoogd risico op complicaties bij zwanger-

schap en bevalling. Het lichaam is in biologisch opzicht nog niet klaar voor een zwangerschap. Ook hebben jonge meiden slechtere eetgewoonten dan volwassen vrouwen: ze eten meer junkfood, roken vaker en drinken meer alcohol. Door al deze oorzaken komen meer vroeggeboorten en baby's met een te laag geboortegewicht voor. Ook sterfte in de baarmoeder of kort na de bevalling komt vaker voor. Een deel van de tienermoeders is bewust zwanger geworden. De meeste tienerzwangerschappen zijn echter ongepland. Volgens de wet kan een meisje een zwangerschap laten beëindigen tot ze 24 weken zwanger is. In de praktijk ligt die grens bij 22 weken. Nederland heeft een van de laagste abortuscijfers ter wereld.

Beslissen of je een zwangerschap uitdraagt of laat afbreken, is voor elke vrouw moeilijk. Bij jonge meiden kan de paniek helemaal toeslaan bij de ontdekking zwanger te zijn. 'Hoe moet het met school, met m'n vriendje en wat zullen mijn ouders wel niet zeggen?' zijn vragen die als eerste in hen opkomen. Voor ouders, hulpverleners en docenten zijn er de volgende aandachtspunten als een zwanger meisje hun om raad vraagt: neem de tijd (als die er is), vraag niet hoe ze nou toch zwanger heeft kunnen raken en wees je ervan bewust dat het meisje nu heel beïnvloedbaar is dus blijf zo objectief mogelijk.

ABORTUS IN NEDERLAND

Een huisarts heeft geheimhoudingsplicht. Een meisje kan om een doorverwijzing voor abortus vragen zonder dat hij haar ouders inlicht. Abortus wordt in Nederland volledig vergoed, het meisje krijgt er geen rekening van. De beslissing nemen is het moeilijkst. De meeste meiden zijn achteraf tevreden met de keuze die ze hebben gemaakt. Dit komt ook omdat ze leven met hun keuze en ze zich het andere leven moeilijk kunnen voorstellen. Dit geldt overigens ook voor volwassen vrouwen. In Nederland zijn er de volgende manieren om een zwangerschap af te breken:

- morning-afterpil: pil zodat eisprong uitblijft;
- overtijdbehandeling: 12-16 dagen overtijd, vruchtblaasje wordt weggezogen;
- abortuspil: tot 8 weken zwangerschap (dus 6 weken overtijd): medicijn waardoor zygote/embryo losraakt in de baarmoeder, daarna ander medicijn waardoor vruchtblaasje wordt uitgestoten;
- zuigcurettage tot 13 weken;
- instrumentele behandeling vanaf 13 weken (vrucht wordt met instrumenten verwijderd en daarna weggezogen, dit kan in een paar klinieken).

15.4 Seksueel misbruik

seksueel misbruik

Er zijn diverse definities van seksueel misbruik in omloop. Elke definitie levert een ander cijfer voor de prevalentie van seksueel misbruik op. Het CBS vraagt elke twee jaar aan Nederlanders van 15 jaar en ouder of zij in het afgelopen jaar slachtoffer zijn geworden van seksuele handtastelijkheden buitenshuis en/of binnenshuis. Seksuele handtastelijkheden worden hierbij gedefinieerd als ongewenst aanraken en knijpen over en onder de kleren met een seksuele bedoeling, gedwongen ontkleding, gedwongen geslachtsgemeenschap of andere afgedwongen seksuele handelingen. Elk jaar geeft 3,5 procent van de vrouwen en 0,6 procent van de mannen aan dat ze dit een of twee keer hebben meegemaakt.

Wanneer spreken we van seksueel misbruik? We maken onderscheid tussen wat juridisch gezien strafbaar is, wat moreel gezien ontoelaatbaar is en wat persoonlijk gezien ongewenst is. Juridisch gezien is de vraag concreet en eenduidig te beantwoorden. Elk seksueel contact met een kind onder de 12 jaar is strafbaar. Seksueel contact met een jongere tussen de 12 en de 16 jaar is vervolgbaar en seksueel contact onder dwang is altijd strafbaar. Seksueel contact tussen ouders en kinderen onder de 18 jaar is eveneens altijd strafbaar. Een gepleegd strafbaar seksueel feit blijft tot 12 jaar na dato vervolgbaar, maar strafbare feiten gepleegd bij een kind onder de 18 blijven vervolgbaar tot 12 jaar na het bereiken van de 18-jarige leeftijd, dus tot het 30e levensjaar.

juridische afweging

morele afweging

De morele afweging van wat toelaatbaar is of niet hangt sterk af van de tijd en de cultuur. Nog in 1989 werd bij een Papoeastam het gebruik gesignaleerd dat jonge jongens (vanaf 6 jaar) het zaad van oudere jongens (vanaf 12 jaar) 'opnemen'. De gedachte hierachter was dat het kostbare zaad niet verloren mocht gaan en dat dit ritueel de jonge jongens zou helpen man te worden. Afgezien van het feit dat dit in Nederland strafbaar zou zijn, wordt het hier ook gezien als ontoelaatbaar. Andere voorbeelden: als een vrouw van 42 jaar seksueel contact heeft met haar 19-jarige zoon en dit tot beider tevredenheid plaatsvindt, is dit niet strafbaar. Waarschijnlijk vinden veel mensen dit wel ontoelaatbaar. Wanneer er sprake is van een 42-jarige vrouw die seks heeft met haar 19-jarige verstandelijk gehandicapte zoon zal het aantal mensen toenemen dat dit ontoelaatbaar vindt.

persoonlijke afweging

De persoonlijke afweging laat de grootste verscheidenheid zien. Er zijn meisjes die nafluiten op straat als ongewenste seksuele handeling ervaren. Er zijn ook meisjes die het als normaal ervaren wanneer ze zo nu en dan onder dwang seks hebben met hun vriendje. Voor de seksuele ontwikkeling van jongeren is de persoonlijke afweging van doorslaggevend belang. Los van het feit of een seksuele handeling strafbaar of ontoelaatbaar is, gaat het erom wat de jongere zélf ervaart. Ouders, leerkrachten en andere volwassenen zullen dat als uitgangspunt moeten nemen en niet de eigen normen en gedachten. Het kan zo zijn dat een meisje dat van haar 6e tot haar 8e jaar herhaaldelijk seks heeft moeten hebben met haar oom hier minder schade van blijkt te

ondervinden dan een meisje dat op haar 11e een keer heeft meegemaakt dat haar stiefvader haar begluurde toen ze onder de douche stond. Volwassenen die een seksueel misbruikte jongere begeleiden, moeten hun gedachten over wat erg en erger is, loslaten.
Het meemaken van seksueel misbruik is een potentieel trauma. De slachtoffers kunnen er korte of langere tijd nadelige gevolgen van ondervinden, maar dat hoeft niet. De persoonlijkheid van het slachtoffer, het gezin en de kwaliteit van de opvang spelen een belangrijke rol bij het verwerken van het misbruik. Sommige jongeren ondervinden weinig nadelige gevolgen van het misbruik, andere houden er hun hele verdere leven last van. Het komt ook voor dat de jongere het misbruik aanvankelijk wegstopt en het pas tientallen jaren later weer tevoorschijn komt. We verdelen de mogelijke reacties op seksueel misbruik onder in drie categorieën:

1. dissociatieve symptomen (het gebeuren vergeten of verdringen, het opsplitsen van de persoonlijkheid, de emotionele beleving tijdens het misbruik uitzetten);
1. zelfdestructie (depressie, anorexia, automutilatie, suïcidepogingen, herhalingsdwang, somatiseren);
1. agressie (naar buiten gerichte reacties, slachtoffer wordt pleger).

De laatste categorie zien we vooral bij jongens, de eerste twee bij meisjes. Seksueel misbruik van jongens is jarenlang onderbelicht geweest. Van alle (jonge) slachtoffers is naar schatting 20 procent jongen. Van alle daders is 5 tot 10 procent vrouw. Door de toegenomen openheid rond seksualiteit en seksueel misbruik neemt het aantal meldingen toe en doen we steeds vaker aangifte bij justitie. Ook besteden we meer aandacht aan het vroegtijdig signaleren ervan.

| Meldcode huiselijk geweld en kindermishandeling

Sinds 2013 is de Meldcode huiselijk geweld en kindermishandeling van kracht. Het is een praktisch vijfstappenplan dat aangeeft hoe professionals moeten handelen als zij huiselijk geweld of kindermishandeling vermoeden of signaleren. De meldcode is verplicht voor professionals in de gezondheidszorg, het onderwijs, de kinderopvang, de maatschappelijke ondersteuning, de jeugdzorg, politie en justitie. Melden gebeurt bij het Advies- en Meldpunt Huiselijk geweld en Kindermishandeling (AMHK), dit wordt 'Veilig Thuis' genoemd en alle AMHK's zijn bereikbaar onder hetzelfde landelijke telefoonnummer 0800-2000.

| Veilig Thuis

Het voordeel van de toegenomen openheid en mogelijkheden tot meldingen is dat we meer slachtoffers kunnen helpen. Het nadeel is dat het aantal foutieve meldingen eveneens toeneemt. Bij zoiets ernstigs als het vermoeden van seksueel misbruik dienen we heel zorgvuldig te handelen. Protocollen waarborgen zorgvuldigheid, maar worden ook wel gebruikt om de verantwoordelijkheid af te wentelen ('ik heb toch gehandeld volgens het protocol?') uit angst een verkeerde beslissing te nemen. Het is onmogelijk om alleen juiste meldingen te doen. Er zullen altijd foutieve meldingen blijven en altijd zullen gevallen van seksueel misbruik onopgemerkt blijven. Beide situaties zijn zeer schadelijk.

In hoofdstuk 8 hebben we de gedragssignalen beschreven die kunnen wijzen op het voorkomen van seksueel misbruik bij kinderen. Bij jongeren is het moeilijk om signalen van misbruik te onderscheiden van een normale seksuele ontwikkeling. Mogelijke aanwijzingen zijn:

- veel losse seksuele contacten
- seksueel wervend gedrag in situaties waar dat ongepast is, bijvoorbeeld ook bij docenten, hulpverleners of vrienden van ouders
- buitengewone angst voor lichamelijk contact
- vermijden van situaties waarin je je zou moeten uitkleden, zoals bij de dokter of bij sportclubs of gymles
- angst voor aanraken, afweer van affectie
- prostitutie
- negatief lichaamsbeeld
- zelfverwonding
- poging tot zelfdoding
- angst voor jongens en mannen
- van huis weglopen
- depressieve gevoelens.

Het meest waarschijnlijke gedragssignaal van een jongere is een geloofwaardig verhaal. De hulpverlener of docent dient een open, onbevooroordeelde houding aan te nemen en het waarheidsgehalte van het verhaal te peilen. Een enkel gedragssignaal zal zelden duiden op seksueel misbruik. Veel signalen horen immers ook bij een normale puberteit.

15.5 JEUGDIGE ZEDENDELINQUENTEN

De puberteit en adolescentie blijken perioden te zijn waarin seksueel misbruik relatief veel voorkomt. Vaak is er sprake van uit de hand gelopen experimenteel gedrag. Onder jeugdige zedendelinquenten verstaan we jongeren tussen de 12 en de 18 jaar die strafrechtelijk zijn vervolgd voor seksuele delicten. Jongeren onder de 12 jaar (de zogenoemde 12-minners) zijn niet strafrechtelijk vervolgbaar en daardoor onzichtbaar in de statistieken. Zedendelicten zijn gedragingen als verkrachting (ook groepsverkrachtingen), aanranding, ontucht, pornografie en gedwongen prostitutie (ook loverboys). Volgens het Centraal Bureau voor de Statistiek komen er in Nederland jaarlijks ongeveer negenhonderd tot duizend jongeren, vaak jongens, wegens een zedendelict in aanraking met de politie. Het meest voorkomende delict is aanranding.

| jeugdige zedendelinquenten

Jeugdige zedendelinquenten verschillen in achtergrond, persoonlijkheid, kenmerken van het delict en voorkeur voor slachtoffers. In Nederlandse publicaties vind je indelingen in:

- solo- en groepsplegers (een of meer daders)

- generalisten en specialisten (allerlei soorten misbruik plegen of een soort delict, bijvoorbeeld masturberen op een openbare plaats)
- hands-off en hands-on delinquenten (daders die delicten plegen zonder het slachtoffer aan te raken, bijvoorbeeld het slachtoffer laten kijken bij masturbatie, en daders die delicten plegen waarbij ze het slachtoffer aanraken)
- even oude of oudere slachtoffers en jongere slachtoffers.

Een publicatie van het Wetenschappelijk Onderzoek- en DocumentatieCentrum (WODC) onderscheidt zeven typen plegers. De indeling is ontwikkeld op basis van klinische indrukken waarbij de nadruk ligt op de persoonlijke achtergronden van de pleger. Hierna staan de zeven typen kort weergegeven.

naïeve experimenteerder

De naïeve experimenteerder is meestal een jongen tussen de 12-15 jaar. Slachtoffers zijn jonge kinderen, meestal meisjes, tussen de 2-7 jaar en bekenden van de pleger. De seksuele handelingen bestaan uit betasten en het laten zien van de geslachtsdelen. De delicten zijn veelal incidenten en vinden buitenshuis plaats, bijvoorbeeld tijdens het babysitten. Er wordt geen geweld gebruikt, wel is er sprake van seksuele 'spelletjes'. De jongeren komen meestal uit intacte gezinnen en hebben geen geschiedenis van antisociaal gedrag. Zij beschikken over normale sociale vaardigheden en hebben vrienden. De plegers ontkennen het delict zelden en voelen oprecht schuld en schaamte. Een ambulante behandeling heeft goede prognoses.

niet-gesocialiseerde ontuchtpleger

De niet-gesocialiseerde ontuchtpleger is tussen de 12-17 jaar, de slachtoffers zijn kinderen tussen de 2-10 jaar. Seksuele handelingen variëren van betasten tot penetratie. De plegers hebben verschillende slachtoffers die ze diverse malen misbruiken. De delicten zijn van tevoren gepland. Het komt voor dat de plegers bekendstaan als jongens die goed met kleine kinderen op kunnen schieten. Ze maken een onvolwassen indruk en hebben weinig tot geen vrienden; ze voelen zich onzeker en inadequaat. Ze kunnen zelf het slachtoffer van misbruik zijn geweest. De plegers gebruiken geen drugs of alcohol. Er is sprake van een geschiedenis van antisociaal gedrag. Ze komen meestal uit intacte gezinnen. Soms is een residentiële behandeling noodzakelijk. De plegers hebben een hoger recidiverisico dan de eerste groep.

pseudogesocialiseerde ontuchtpleger

De pseudogesocialiseerde ontuchtpleger is iets ouder dan de voorgaande typen. Slachtoffers zijn vaak jonge meisjes, maar soms ook oudere vrouwen en zusjes. Dit type pleger is zelf slachtoffer geweest van seksueel misbruik en/of mishandeling en verwaarlozing, en probeert dat te maskeren door sociaal aangepast en wenselijk gedrag. Zijn sociale vaardigheden lijken dan ook goed en hij kan ogenschijnlijk prima opschieten met leeftijdsgenoten. Dit is echter schijn: de wezenlijke betrokkenheid ontbreekt. Het delict komt voor velen zeer onverwacht. Zijn motivatie voor het delict is het genot en hij voelt nadien dan ook weinig schuld of schaamte. Het gezin waaruit hij komt is vaak te typeren als een kluwengezin: men is overbetrokken op elkaar. Zijn ontkenning en bagatelliserend optreden hebben soms plaatsing in een inrichting tot gevolg. Sommige plegers van dit type kunnen hun gehele leven seksuele delicten plegen.

seksueel agressieve delinquent

De seksueel agressieve delinquent is tussen de 13-18 jaar; de slachtoffers zijn meestal meisjes van eigen leeftijd of vrouwen. Ze maken diverse slachtoffers. De delicten, vaak verkrachting en aanranding, gaan gepaard met (onnodig) geweld en het vernederen van het slachtoffer. Bij verzet van de slachtoffers reageren zij met fysiek geweld. Ze komen vaak uit chaotische gezinnen waarin geweld en agressie niet vreemd zijn. Deze gezinnen zijn al jaren bij instanties als de Raad voor de Kinderbescherming bekend, onder andere vanwege de verwaarlozing van de kinderen. De plegers hebben een geschiedenis van antisociaal en ander crimineel gedrag, deels te wijten aan een slechte impulscontrole. Sommigen gebruiken drugs en/of alcohol. Plegers van dit type hebben gewelddadige, seksuele fantasieën. Hoe meer geweld, des te meer opgewonden zij zijn. Het delict is een uiting van angst, controle en dominantie. Als ze gepakt worden, ontkennen ze het delict of minimaliseren hun eigen aandeel. Ze moeten in de meeste gevallen residentieel behandeld worden. Ze hebben een tamelijk hoog recidiverisico.

seksueel obsessieve delinquent

De seksueel obsessieve delinquent is tussen de 14-18 jaar; slachtoffers zijn vrouwen van alle leeftijden. Hun leven draait om seksuele opwinding en wordt na verloop van tijd steeds dwangmatiger, ze kunnen aan niets anders denken, raken gepreoccupeerd. Dit type maakt een rustige, teruggetrokken indruk. Ze zijn ondanks hun capaciteiten zeer faalangstig, wat spanningen tot gevolg heeft. Voor die spanningen zoeken ze een uitlaatklep: het delict. Op een normale manier hun emoties uiten, kunnen ze niet. De gezinnen waaruit zij komen zijn vaak rigide en de ouders hebben eveneens moeite om op een adequate manier met emoties om te gaan. Ze kunnen ambulante behandeling krijgen, gericht op het onder controle krijgen van hun dwangmatige gedrag. Hiermee is niet gezegd dat ze niet meer in herhaling vallen. Als hun deviante ontwikkeling niet wordt doorbroken, kunnen ze na verloop van tijd ernstiger zedendelicten plegen.

impulsief gestoorde zedendelinquent

De impulsief gestoorde zedendelinquent is tussen de 12-18 jaar, de slachtoffers kunnen van alle leeftijden en beide seksen zijn. Meestal zijn het jonge kinderen. Het seksueel agressieve gedrag is een gevolg van hun beperkte verstandelijke vermogen of een stoornis. Ze hebben een geschiedenis van gedrags- en leerproblemen. Met name de ADHD-jongeren behoren tot deze categorie. Het delict komt meestal onverwacht, zowel voor de directe omgeving als de jongen zelf. Residentiële en medicamenteuze behandeling is voor deze groep nodig.

groepszedendelinquent

De groepszedendelinquent is tussen de 14-18 jaar oud en komt uit volledige gezinnen. De slachtoffers zijn meisjes van hun leeftijd. De plegers zijn eerder te typeren als meelopers dan als leiders. Ze doen aan het delict, bijvoorbeeld een groepsverkrachting of de zogenaamde zwembaddelicten, mee vanwege de groepsdruk (erbij willen horen, bang om af te gaan). Deze plegers hebben stereotype opvattingen over vrouwen, mannen en relaties. Over het algemeen heeft dit type geen voorgeschiedenis van agressief of anderszins afwijkend gedrag. Ze zullen het delict ontkennen of bagatelliseren. Veelal volstaat een ambulante behandeling, maar soms is een residentiële opname nodig. De prognose is tamelijk goed (WODC, 2000).

Het aantal minderjarige verdachten dat in aanraking is gekomen met de politie wegens een zedendelict neemt sinds kort langzaam af. Relatief gezien blijft het percentage zedendelicten van het totaal aantal misdrijven gelijk. Dit is al jaren rond de 0,2 procent. Wel neemt het aantal seksuele delicten op het internet toe. Hoewel de onderzoeken elkaar tegenspreken, komt een aantal gemeenschappelijke kenmerken van jeugdige zedendelinquenten naar voren:

- ze groeien veelal op in gezinnen die tekortschieten in ouderlijke zorg, met een hechtingsstoornis als mogelijk gevolg (zie hoofdstuk 2)
- ongeveer de helft van de jeugdige zedendelinquenten komt uit volledige gezinnen, de andere helft dus niet
- 50 tot 60 procent is in Nederland geboren
- misbruikers van kleine kinderen hebben veelal een Nederlandse achtergrond, verkrachters en aanranders een niet-Nederlandse achtergrond
- verkrachters en aanranders vertonen voornamelijk externaliserend gedrag, misbruikers van kleine kinderen voornamelijk internaliserend gedrag
- verkrachters en aanranders zijn sociaal vaardiger en hebben meer vrienden dan misbruikers van kleine kinderen
- er is geen relatie gevonden tussen zedendelinquentie en drank- of drugsgebruik
- er is geen verband gevonden tussen zedendelinquentie en de seksuele ontwikkeling van de daders
- de overgrote meerderheid heeft een lage of afgebroken schoolopleiding
- verkrachters en aanranders hebben slechte schoolresultaten en een laag IQ, ze spijbelen vaak en hebben een slechte relatie met docenten en medeleerlingen
- misbruikers van kleine kinderen vertonen een grote variatie in IQ, verder vallen ze in de klas niet op, al zijn ze vaak een buitenbeentje en worden ze gepest.

behandeling van zedendelinquenten

In Nederland vindt de behandeling van zedendelinquenten ambulant of intramuraal plaats. Meestal in groepen, waarbij we geen onderscheid maken tussen verkrachters, misbruikers van kinderen of exhibitionisten. Tijdens de behandeling wordt aandacht geschonken aan gevoel van eigenwaarde, sociale vaardigheden, omgaan met emoties en assertiviteit. Zedendelinquenten zijn meestal jongens. In de behandeling is veel aandacht voor man-vrouwverhoudingen, stereotype beelden over jongens en meiden en versiertechnieken. Hoe benader je een meisje en hoe ga je om met een afwijzing?
Jongens die zijn veroordeeld voor aanranding of verkrachting hebben weinig goede rolmodellen in hun omgeving. Daardoor hebben ze een verstoord beeld van man-vrouwverhoudingen. Ze hebben moeite zich in te leven in een ander en laten zich leiden door eigen lust en emoties. Vaak plegen ze een delict omdat ze boos zijn op anderen. Veel jongeren zijn vroeger zelf

seksueel misbruikt. Uit woede en onmacht reageren zij zich vervolgens af op zwakkeren, zoals een zusje of buurmeisje. Soms ook doen ze dit om het akelige gevoel van slachtoffer zijn kwijt te raken. Seksueel misbruik overkomt je. Vooral voor jongens is het gevoel van totale machteloosheid en schaamte zo groot dat ze daar nauwelijks over praten. Een meisje wordt seksueel misbruikt, een jongen toch zeker niet? Door zelf iemand aan te randen of te verkrachten, verbetert paradoxaal genoeg hun zelfbeeld. Ze gaan van slachtoffer naar dader, van machteloosheid naar macht.
Er zijn drie behandeldoelen:
1 Het leren nemen van eigen verantwoordelijkheid;
2 Het ontwikkelen van inlevingsvermogen in de ander;
3 Het aanleren van alternatieve gedachten, gevoelens en gedragingen om terugval te voorkomen.

15.6 Loverboys, grooming en sexting

Dat meiden via jongens in de prostitutie terechtkomen, is geen nieuw verschijnsel. In een licht gewijzigde vorm heeft het verschijnsel de laatste jaren hernieuwde publiciteit en een naam gekregen: loverboys. Hierbij gaat het om jongens die zich voordoen als een verliefd vriendje. Ze geven het meisje veel aandacht, cadeautjes en mooie beloftes. Op een gegeven moment vragen ze het meisje seks te hebben met andere jongens, voor geld. Ze praten het meisje hierin door een zielig verhaal te vertellen of door ze te chanteren en te bedreigen. Aanvankelijk waren deze loverboys voornamelijk jongens afkomstig uit zuidelijke landen. Zij wisten beter in te spelen op de gevoelens van (Nederlandse) meisjes dan autochtone jongens. Inmiddels zijn er ook autochtone loverboys die de technieken en tactieken hebben afgekeken.
Een klein deel van de loverboys bestaat uit jongeren zoals hierboven omschreven bij de zedendelinquenten. De meeste jongens zijn er echter gewoon ingerold. Ze hadden al kleine criminele handelingen verricht, werden loverboy onder druk van anderen of zagen hoe je er snel veel geld mee kon verdienen. Op dit moment worden er behandeltrajecten voor loverboys ontwikkeld. Loverboys hebben een verstoorde kijk op seksualiteit en op meisjes. Uit gesprekken met loverboys blijkt dat ze geen respect hebben voor meisjes die uit zichzelf niet weerbaar genoeg zijn om nee te zeggen. ‘Als zij geen respect voor zichzelf hebben, waarom zouden wij het dan wél moeten hebben?’
Er wordt voorlichting gegeven aan meisjes op scholen en internaten. Meisjes met een laag zelfbeeld zijn extra kwetsbaar, meisjes in internaten die vaak aandacht tekortkomen eveneens. Meisjes met een licht verstandelijke beperking vormen ook een risicogroep. Aan de buitenkant kun je niets zien dus jongens stappen op hen af, maar door deze beperking lopen zij veel risico om door loverboys ingepalmd te worden. Zij zien niet in wat er verkeerd

is aan het gedrag en beschikken niet over de verbale competenties om hier tegenin te gaan als zij wel zien dat het verkeerd is.

grooming

Een ander nieuw fenomeen heeft te maken met de opkomst van social media en heet grooming; dit betekent het opwarmen van een meisje totdat ze (seksueel) contact met je wil. Vaak gebeurt dit dus via social media. Oudere jongens of mannen doen zich voor als een 16-jarige en beginnen te chatten met een meisje. Net als loverboys weten ze precies hoe ze een meisje kunnen charmeren en haar vertrouwen winnen. Ze reageren heel begripvol en positief op het meisje. Ze vragen haar vervolgens om steeds een stapje verder te gaan met wat zij aan foto's doorstuurt. Het begint met een onschuldige foto, daarna wordt gevraagd of het meisje haar truitje iets omhoog kan doen, vervolgens of ze het uit kan doen en zo verder. De meeste groomers willen uiteindelijk afspreken met zo'n meisje. Ook als het meisje tijdens de afspraak ziet dat de 16-jarige jongen met wie zij dacht te chatten in werkelijkheid een kalende man van in de veertig is, kan het gebeuren dat zij toch meegaat met deze man en seksuele handelingen verricht. Er wordt maar zelden aangifte gedaan van dit soort grooming, omdat het meisje zich meestal schaamt en zich schuldig voelt omdat ze zelf het contact heeft voortgezet.

sexting

Een ander nieuw seksueel delict dat via social media plaatsvindt is sexting; een jongere wordt gevraagd om seksueel getinte foto's of filmpjes van zichzelf te sturen. Jongeren staan er niet bij stil dat alles wat ze op internet zetten, daar voorgoed blijft. Een meisje dat een naaktfoto naar haar vriendje stuurt via WhatsApp, kan jaren daarna geconfronteerd worden met deze foto. Ouders, docenten en hulpverleners adviseren jongeren om geen naaktfoto's door te sturen, en als ze het dan toch willen doen, een onherkenbare foto te maken dus zonder je hoofd. Inmiddels maakt het echter niet meer uit of jongeren hier op die manier voorzichtig mee om gaan; alle foto's en filmpjes kunnen gemanipuleerd worden. Er kunnen ook nepaccounts aangemaakt worden op Facebook, Twitter of Instagram. Door de snelle verspreiding van foto's en filmpjes via internet durft een jongere van wie een nepbericht of naaktfoto (nep of niet) is verspreid, zich niet meer buiten te vertonen. Het heeft verstrekkende gevolgen voor jongeren. Er wordt niet vaak aangifte gedaan van sexting want de dader(s) zijn moeilijk te achterhalen. Op zich is sexting niet strafbaar, maar het verspreiden van naaktfoto's van een minderjarige wel omdat dit onder verspreiden van kinderporno valt.

Social media hebben dus voordelen en nadelen voor het ontwikkelen van een seksuele identiteit. Een voordeel is dat jongeren alles over seks op kunnen zoeken op internet en niet meer afhankelijk zijn van wat ouders of vrienden hun vertellen. Als jouw seksuele ontwikkeling anders verloopt dan gebruikelijk kun je via internet in contact komen met 'lotgenoten', dit kan veel steun en herkenning geven. Een nadeel is dat jongeren ook al vroeg allerlei porno te zien krijgen waar zij op dat moment niet aan toe zijn en niet kunnen plaatsen. De belangrijkste nadelen van grooming en sexting zijn hiervoor al besproken.

15.7 VAN THEORIE NAAR PRAKTIJK

De seksuele ontwikkeling van de 16-jarige Talitha uit het praktijkvoorbeeld verloopt geheel volgens de theorie. Tijdens haar vorige relaties heeft ze stapsgewijs seksuele ervaring opgedaan; eerst zoenen, dan strelen. Met haar derde relatie is ze toe aan seks. In het gezin spreken ze kennelijk open over seks. Talitha heeft immers samen met haar moeder voorbehoedmiddelen en een sexy nachthemdje gehaald.
Het vriendje is echter helemaal nog niet zover. Bij jongens verloopt de seksuele ontwikkeling wat trager dan bij meisjes. Zeker als de jongen jonger is dan het meisje kun je grote verschillen zien. Natuurlijk doet hij tegenover zijn vrienden net of hij wél seks heeft. Jongens praten minder open en eerlijk over seks met elkaar dan meisjes. Jessin doet er alles aan om te voorkomen dat hij alleen met Talitha is. Dit wijst erop dat hij nog niet toe is aan seks.
Jongeren verkrijgen een seksuele identiteit door een samenspel van biologische, sociologische en psychologische factoren. Zij weten dat ze een jongen of meisje zijn, gedragen zich volgens de geldende rolopvatting en ontdekken of ze op de eigen sekse of op de andere sekse vallen. Bij het experimenteren met seksuele gedragingen komen ze erachter wat ze lekker vinden en wat niet. De meeste jongeren hebben aan het eind van de puberteit een seksuele identiteit. Gedurende de rest van hun leven geven ze die verder vorm en vullen ze haar in.

Hoofdstuk 16

Kiezen voor opleiding en werk

HOOFDSTUK 16

Kiezen voor opleiding en werk

Jorge is nog maar 15 jaar als hij zijn vmbo-diploma haalt. In de tweede klas, toen hij 13 was, moest hij kiezen voor een profiel. Hij had nog geen idee wat hij later zou willen worden, dus hij koos voor bouw, omdat zijn vrienden dat ook deden. Nu weet hij dat hij beslist niet door wil gaan in de bouw. Hij zou graag een opleiding volgen in de administratieve sector, maar daarvoor had hij een ander pakket moeten kiezen, met economie en wiskunde.
Saskia heeft haar havodiploma. Ze wil graag door naar het vwo, maar zal dan klas 5 en 6 moeten volgen. Omdat ze heel graag geneeskunde wil studeren om kinderarts te worden, doet ze dit toch. Habiba is na de havo naar de regionale hogeschool gegaan. Ze had geen idee wat ze wilde worden, maar haar ouders drongen aan op een hbo-opleiding. 'Je hebt niet voor niets de havo', zeiden ze. Habiba heeft eerst een jaar Pabo (pedagogische academie voor het basisonderwijs) gedaan, maar kwam er tijdens de stage achter dat ze absoluut niet voor de klas wil staan. Daarna schreef ze zich in bij de opleiding Communicatie. Praten en schrijven gaan haar makkelijk af, maar deze richting bleek het echter ook niet te zijn. Habiba vond het toch wel erg vaag wat voor werk ze met de opleiding kon gaan doen. Nu begint ze aan Social Work, want 'iets met mensen' trekt haar wel aan.

16.1 INLEIDING

Een groot deel van hun tijd besteden jongeren aan school. Voor hen is school niet alleen een leeromgeving, maar vooral ook een leefomgeving. Of jongeren graag naar school gaan, hangt meer af van de sociale contacten die zij op school hebben dan van de vakinhouden en docenten. Deze schoolbeleving komt aan de orde in paragraaf 16.2. Een belangrijke factor voor het slagen op school is de schoolmotivatie. Het verband tussen motivatie en prestatie en enkele motivatietheorieën bespreken we in 16.3. Na het voortgezet onderwijs kiezen jongeren voor een opleiding of werk. De meesten volgen een opleiding (16.4), een kleine minderheid kiest ervoor om direct te gaan werken. Over jongeren en werk gaat paragraaf 16.5. Dit hoofdstuk gaat over ontwikkelingstaak 2: *Onderwijs of werk:* kennis en vaardigheden opdoen om later een beroep te kunnen uitoefenen en een keuze maken ten aanzien van werk. Niet voor alle jongeren verloopt het traject van opleiding naar werk even vlekkeloos. Over jongeren die zich niet prettig voelen in het schoolsysteem of om andere redenen daarbuiten vallen, gaat de laatste paragraaf (16.6).

16.2 SCHOOLBELEVING

schoolbeleving

leefomgeving

leeromgeving

leerlingperspectief

De gevoelens van jongeren voor school zijn ambivalent. Aan de ene kant geeft driekwart van de leerlingen bij onderzoeken naar schoolbeleving aan het op school naar de zin te hebben. Aan de andere kant zegt slechts de helft graag naar school te gaan. Jongeren waarderen de school vooral als leefomgeving, de plek waar ze contacten hebben met leeftijdsgenoten en afspraken maken. Over de school als leeromgeving zijn ze minder positief. Een grote groep vindt de leerstof oninteressant, de schoolregels te streng en de docenten te saai. Toch is slechts een minderheid (20 tot 30 procent) overwegend negatief. Uit een theorie over schoolbeleving komt het concept leerlingperspectief. Een perspectief is het geheel van opvattingen en gedragingen dat een jongere in situaties hanteert bij de oplossing van de problemen die zich voordoen bij de behartiging van zijn belangen. Bij het leerlingperspectief gaat het om de onderwijssituatie. Er zijn meer belangen tegelijkertijd actief. Omdat een proefwerk eraan komt, kan een leerling bijvoorbeeld goed willen opletten bij wiskunde. Tegelijkertijd willen zijn vrienden lekker keten tijdens de les. De leerling moet dan een afweging maken tussen een goed cijfer en goede sociale contacten. Welke betekenis de leerling aan deze belangen geeft, hangt af van zijn ideeën over toekomstige opleidingen en beroepen, maar ook van de opvattingen van zijn ouders en zijn vrienden.
Leerlingen verschillen van elkaar in schoolhouding en inzet. De schoolhouding kan positief of negatief zijn. De inzet kan passief of actief zijn. We onderscheiden vier leerlingperspectieven door combinaties van schoolhouding en inzet. Zo krijg je een indeling in leerlingen met een overwegend positieve schoolhouding en leerlingen met een overwegend negatieve schoolhouding. Daarnaast heb je leerlingen met een actieve inzet en leerlingen met een passieve inzet. Leerlingen met een actieve inzet hebben een interne locus of control (zie hoofdstuk 11). Zij voelen zich verantwoordelijk voor hun eigen leerproces en schoolplezier en zetten zich hier actief voor in. Leerlingen met een passieve inzet hebben voornamelijk een externe locus of control. Zij leggen de verantwoordelijkheid voor het leerproces en schoolplezier bij de docenten en stellen zich afhankelijk op. De vier leerlingperspectieven kun je als volgt in een tabel zetten:

TABEL 16.1 leerlingperspectieven

	Positieve houding	Negatieve houding
Passieve inzet	Type 1	Type 2
Actieve inzet	Type 3	Type 4

Type 1: positieve houding en passieve inzet
Deze leerlingen passen goed in het onderwijssysteem. Zij doen netjes en braaf wat er van ze verwacht wordt. Docenten hebben geen last van deze leerlingen. Het nadeel is dat ze geen eigen mening hebben of durven geven.

Type 2: negatieve houding en passieve inzet
Deze leerlingen vinden school vreselijk. Ze hebben niet het idee daar zelf iets aan te kunnen veranderen. Zij stellen de school en de docenten hier verantwoordelijk voor.

Type 3: positieve houding en actieve inzet
Van dit type kunnen docenten er niet genoeg in een klas hebben. Deze leerlingen staan positief ten opzichte van school, hebben een eigen mening en leren uit zichzelf en met plezier.

Type 4: negatieve houding en actieve inzet
Deze leerlingen staan negatief ten opzichte van docenten en leerstof en laten dit actief merken. Zij maken geen huiswerk, verstoren de lessen en worden regelmatig de klas uit gestuurd. Leerlingen met dit leerlingperspectief lopen een groot risico op voortijdige schoolverlating (zie paragraaf 16.5).

Deze leerlingperspectieven zijn verschillend over de diverse schoolniveaus verdeeld. Generaliserend gesproken kun je stellen dat we type 3 leerlingen meer op havo en vwo vinden en type 1 en 4 meer op vmbo. Type 2 zit zowel op havo als op het vmbo. Leerlingen kunnen van perspectief veranderen. Een leerling die positief en actief in de brugklas begint, kan een negatieve houding of inzet krijgen door teleurstellende ervaringen. Meestal zijn meer factoren verantwoordelijk voor een type 4 leerling. Deze jongere kan het gevoel hebben gekregen dat hij het niveau niet aankan of dat hij het toch niet goed kan doen in de ogen van de docenten. Ook kunnen zijn ouders weinig verwachtingen hebben van het onderwijs. Deze leerlingen alleen bestempelen als lastig doet ze geen recht en helpt ze niet verder. We komen hier in paragraaf 16.5 op terug.

16.3 Schoolmotivatie

Welk schoolniveau een leerling afrondt, is niet alleen afhankelijk van zijn leercapaciteiten, maar ook van de mate waarin hij ze inzet. Motivatie en interesse bepalen in belangrijke mate de prestaties. Motivatie is de neiging van een jongere om zijn tijd, capaciteiten en energie ergens aan te besteden. Het is de uitkomst van de afweging tussen motiverende en demotiverende factoren om naar school te gaan. Beloning voor een goed rapport, ouders die trots zijn, zicht op een leuke vervolgopleiding kunnen motiveren. Mooi weer, saaie docenten, vervelende klasgenoten kunnen demotiveren. Bij

motivatie

motivatie voor school maken we onderscheid tussen intrinsieke en extrinsieke motivatie.

intrinsieke motivatie

extrinsieke motivatie

Bij intrinsieke motivatie wil de jongere uit zichzelf, uit interesse, iets leren. Tot een jaar of 10 neemt deze intrinsieke motivatie toe, om vervolgens af te nemen. Alleen bij begaafde leerlingen blijft deze intrinsieke motivatie toenemen tot ze een jaar of 16 zijn. Extrinsieke motivatie krijgen jongeren door beloningen of straffen van buitenaf. Extrinsieke motivatie kan een tekort aan intrinsieke motivatie compenseren en opnieuw opwekken. Als je jongeren belooft dat ze na een scheikundeproef met z'n allen film kunnen kijken, is het heel goed mogelijk dat ze al werkende echt lol in de proef krijgen. We zien extrinsieke motivatie vaak als minderwaardig aan intrinsieke motivatie. Voor elke schooltaak elke dag weer intrinsiek gemotiveerde leerlingen aantreffen is een illusie. Als extrinsieke motivatie de intrinsieke motivatie versterkt, is dit positief. Alleen als de extrinsieke de intrinsieke motivatie doet afnemen, schiet het zijn doel voorbij. Dit kan gebeuren bij beloningen voor degene die de scheikundeproef het beste doet. Dat kan demotiverend werken voor leerlingen die aanvoelen dat zij dat niet zullen zijn. Ook treedt verzadiging op wanneer je steeds beloont. Elke vrijdag film kijken na een scheikundeproef zal de intrinsieke motivatie doen afnemen.

Figuur 4
Klokvormige figuur: motivatie en prestaties

Prestaties nemen toe naarmate de motivatie hoger wordt. Als de motivatie echter te hoog is, dalen de prestaties. Het verband tussen deze twee is niet lineair, maar klokvormig. Geringe motivatie leidt tot lagere prestaties, heel hoge motivatie ook. Er is een omslagpunt waarboven hogere motivatie tot lagere prestaties leidt. Dat is wanneer jongeren té gespannen zijn en het té goed willen doen. Deze jongeren kunnen perfectionistisch en/of faalangstig zijn. Door de stress die dit oplevert, kunnen hun prestaties verminderen. De motivatie van een jongere wordt bepaald door de volgende factoren:

- zijn kenmerken (faalangst, doelen, verwachtingen)
- kenmerken van de schoolomgeving (klimaat, docenten, nadruk op competitie of niet)
- interactie tussen zijn kenmerken en die van de schoolomgeving (bijvoorbeeld faalangst in combinatie met grote nadruk op competitie)
- de betekenis die hij toekent aan school.

Bij een tekort aan motivatie bij een leerling kunnen we een analyse maken door de factoren in kaart te brengen. Daarmee wordt duidelijk waar we de aanpak op moeten richten. Daarnaast zijn er ook algemene strategieën om het onderwijs motiverender te maken, zoals in het ARCS-model van Keller. De letters staan voor *attention, relevance, confidence* en *satisfaction*. Deze vier condities zijn belangrijk voor het motiveren van leerlingen.

ARCS-model van Keller

- *Aandacht*: probeer de aandacht van de leerlingen te krijgen en vast te houden door steeds nieuwe, onverwachte leersituaties te creëren;
- *Relevantie*: relateer het onderwijs zo veel mogelijk aan toekomstige perspectieven van de leerlingen. Laat ook de manier van onderwijs geven relevant zijn voor de leerlingen;
- *Vertrouwen*: bevorder het vertrouwen in eigen kunnen. Stel realistische doelen, geef positieve feedback en houd de competitie in een klas mild;
- *Tevredenheid*: docenten kunnen met beloningen en straffen de tevredenheid van de leerlingen beïnvloeden. Een leerling is tevreden als hij zijn eigen kunnen vertrouwt en de taken rekening houden met zijn interesse, wensen en motieven.

16.4 KIEZEN VOOR EEN OPLEIDING

Vergeleken met vijftig jaar geleden is het ingewikkelder om een opleiding of beroep te kiezen. Toen lag vaker van tevoren vast welk beroep een jongere ging doen. Hij koos het beroep van vader of zette het bedrijf voort. Meer dan nu hing de keuze af van de sociaaleconomische klasse waartoe hij behoorde. Nu kun je kiezen uit meer mogelijkheden. Desondanks blijft het zo dat kinderen van lager opgeleide ouders vaker terechtkomen op de lagere schoolniveaus dan kinderen van hoger opgeleide ouders.
Al op jonge leeftijd kiezen jongeren voor een bepaald vakkenpakket of voor een profiel in het voortgezet onderwijs. Ze zijn dan nog maar 13 of 14 jaar. Meestal kiezen jongeren voor een profiel met vakken waar ze goed in zijn of die ze leuk vinden. Het perspectief op een latere opleiding in het mbo, hbo of wo is nog ver weg. Het is lastig wanneer leerlingen tijdens het eindexamenjaar merken dat ze het verkeerde profiel hebben gekozen voor de vervolgopleiding die ze willen doen. Er vallen hierdoor mogelijkheden af. Scholen voor voortgezet onderwijs laten hun leerlingen al wel vroeg kennismaken met ROC's en hogescholen in de buurt, maar als de leerlingen zo jong zijn hebben ze meestal nog geen idee over welke opleiding of welk beroep ze willen kiezen.

Hoe kiezen ze voor een bepaalde opleiding? Uit onderzoek blijkt dat jongeren voornamelijk afgaan op datgene waar ze goed in zijn. Wie goed is in Engels, denkt na over het beroep leraar Engels. Een leerling die in de eerste jaren basisvorming uitblinkt in techniek, oriënteert zich op beroepen in die richting. Jongeren gaan ook af op bepaalde trends. Zo werd het beroep webdesigner eind twintigste eeuw heel populair. Dat kwam door het veelvuldige gebruik van computer en internet in de belangstelling te staan. Jongeren laten zich bij hun keuze voor een vervolgopleiding ook leiden door wat vrienden gaan doen. Vooral meisjes kiezen hetzelfde als hun vriendinnen. Ten slotte is het ook belangrijk bij de keuze voor een vervolgstudie waar deze studie te volgen is. Als een jongere thuis wil blijven wonen, zal hij een opleiding kiezen die in de buurt wordt aangeboden. Als een jongere uit huis wil, zijn alle opleidingen in alle steden een optie.

Kiezen houdt in dat je de voor- en nadelen van de verschillende keuzes afweegt. Stel dat een leerling van havo 5 zowel advocaat als docent wiskunde wil worden. Op welke manier kiest hij dan? De leerling zal uitgaan van zijn eigen ideeën over de beroepen, ongeacht of deze nu juist zijn of niet. Daarnaast spelen de meningen van relevante anderen (ouders, leerkrachten of vrienden) een rol. Ten slotte zal hij ook de haalbaarheid bij zijn keuzeproces betrekken. Zo komen we tot de factoren attitude (eigen mening over het beroep en de waarde die hij aan de aspecten van het beroep hecht), sociale norm (meningen van belangrijke anderen en de waarde die hij aan deze meningen hecht) en eigen effectiviteit (de inschatting die hij maakt van zijn mogelijkheden deze opleiding aan te kunnen). Deze factoren komen uit de theorie van beredeneerd gedrag van Fishbein en Ajzen (ook wel bekend als het ASE-model). Toegepast op het voorbeeld van de leerling uit havo 5 ziet het er als volgt uit:

| attitude
| sociale norm
| effectiviteit
| beredeneerd gedrag

Attitude

De leerling denkt dat je als advocaat heel veel geld verdient. Hij hecht daar veel waarde aan, dus dat weegt zwaar. Uitleg geven in wiskunde vindt hij heel leuk, maar dat weegt minder zwaar.

Sociale norm

Zijn docent wiskunde vindt dat de leerling een goede docent wiskunde kan worden. De leerling hecht waarde aan deze mening, want hij kan goed overweg met deze docent. Andere docenten denken dat advocaat worden niet haalbaar is, omdat hij dan eerst vwo zou moeten doen en vervolgens een lange studie. Ze vinden de leerling te weinig geconcentreerd en zelfwerkzaam om dat vol te houden. De leerling vindt de meningen van deze docenten echter niet zo belangrijk. Zijn vrienden vinden het beroep advocaat erg cool. Het heeft een hoge status, je kunt er veel geld mee verdienen en in films ziet het leven van advocaten er altijd spannend en dynamisch uit. De leerling vindt de mening van deze vrienden belangrijk. Zijn ouders denken dat hij beter docent kan worden. Zij denken dat hij eerder in staat zal zijn een hbo-opleiding af te ronden dan een studie aan de universiteit. Verder werken zij zelf in het onderwijs en ze zouden het leuk vinden als hun zoon dat ook ging doen. Voor hun zoon weegt deze mening minder zwaar dan die van de vrienden.

Eigen effectiviteit

De leerling denkt dat hij in staat is om een diploma aan het vwo te halen en dat hij over voldoende capaciteiten en doorzettingsvermogen beschikt om een studie rechten te volgen.
Op grond van dit beslissingsproces zal de leerling waarschijnlijk voor het beroep advocaat kiezen. Zo'n beslissingsproces is dynamisch. Het kan goed zijn dat de leerling op het vwo merkt dat hij het niveau met veel moeite en inspanning haalt, maar alsnog ervan afziet voor advocaat te studeren.

16.5 Jongeren op de arbeidsmarkt

De meeste jongeren tussen de 18 en 23 jaar volgen een opleiding op mbo-, hbo- of wo-niveau. Een kleine minderheid kiest ervoor om na het voortgezet onderwijs direct te gaan werken. Jongeren die na het vmbo een mbo-opleiding hebben gevolgd, kunnen vanaf hun 19e op de arbeidsmarkt terechtkomen. De overheid wil dat zo veel mogelijk jongeren van 23 jaar met een startkwalificatie op de arbeidsmarkt terechtkunnen. Een startkwalificatie is gedefinieerd als minimaal een havodiploma of een diploma op niveau 2. Jongeren die dit niet halen, noemen we voortijdig schoolverlaters. De oorzaken van schooluitval lopen uiteen. Een deel van de uitvallers heeft gedragsproblemen of een taalachterstand. Anderen gaan werken na een stage in het bedrijfsleven. Weer een ander deel is niet in staat een hoger diploma dan vmbo te halen. Een deel van de schooluitvallers gaat aan het werk. Voor hun kansen op de arbeidsmarkt op de lange termijn is het belangrijk dat zij toch een hoger diploma halen, anders is de kans groot dat zij na een paar jaar te duur worden voor de (ongeschoolde) baantjes die zij nu hebben. Met de invoering van een leerwerkplicht tot 23 jaar hoopt de overheid deze uitval te verminderen en de laatste jaren loopt het aantal voortijdig schoolverlaters terug. De overheid, scholen en gemeenten werken samen om schooluitval tegen te gaan. Hiervoor kunnen zij verschillende maatregelen inzetten. Denk bijvoorbeeld aan stageplekken voor uitgevallen jongeren. Leerplichtambtenaren en medewerkers van het Regionaal Meld- en Coördinatiepunt (RMC) begeleiden jongeren die spijbelen, of helemaal van school willen gaan. De ambtenaar bekijkt samen met de school wat er nodig is om hem zo snel mogelijk terug op school te krijgen. Dit kan ook extra zorg of andere hulpverlening zijn. Als terug naar school geen optie meer is, kijkt de ambtenaar per situatie of de jongere kan doorstromen naar de arbeidsmarkt. Leerplichtamb-

startkwalificatie

voortijdig schoolverlaters

tenaren begeleiden jongeren tot 18 jaar. Het RMC begeleidt jongeren van 18 tot 23 jaar.

Als jongeren gaan werken, is dit meestal in deeltijd. Dat geldt voor bijbaantjes naast een studie maar ook na hun studie werken de meeste jongeren in deeltijd. Het percentage jongeren dat kleine baantjes heeft is enorm gegroeid. Jongeren tot 25 jaar werken in Nederland met 78 procent beduidend vaker in deeltijd dan werkenden van 25 jaar en ouder. Eenzelfde verschuiving heeft zich voorgedaan bij het aantal jongeren met een flexcontract. Dat wil zeggen een contract voor bepaalde tijd of voor een onbepaald aantal uur. Sinds 2010 zijn er meer jongeren met een flexibele dan met een vaste arbeidsrelatie. Het grootste deel van deze jonge werkers is oproep- of invalkracht. Het gevolg van deze flexbanen is ongeacht de precieze contractvorm hetzelfde: een leven met inkomensonzekerheid.

Daarnaast is er een algemene tendens om voor elk baantje meer en hogere diploma's te vragen. Ongeschoold werk lijkt te verdwijnen. Voor hoogopgeleide jongeren verloopt de overstap van school naar arbeidsmarkt aanzienlijk positiever dan voor lager opgeleide jongeren. Hoogopgeleide jongeren krijgen eerder de baan van hun keuze, betere arbeidsomstandigheden en hogere salarissen. Lager opgeleide jongeren moeten soms hun verwachtingen en wensen bijstellen. Toch werken ook steeds meer hoogopgeleide jongeren in een baan waar een lagere opleiding volstaat. Zo ontstaat een verdringing op de arbeidsmarkt van onderaf en kost het laagopgeleide jongeren nog meer moeite om een baan te vinden.

In de Arbeidstijdenwet en de Arbeidsomstandighedenwet staan de regels voor kinder- en jeugdarbeid. Jongeren werken uit vrije wil, om wat ervaring op te doen en om extra zakgeld te verdienen. Jongeren van 12 mogen alleen werken in het kader van een werkstraf. Jongeren van 13 en 14 jaar mogen helpen bij lichte werkzaamheden en klusjes rond het huis en in de buurt doen, zoals oppassen, auto's wassen en folders bezorgen. Vanaf hun 15e mogen jongeren kranten bezorgen en licht niet-industrieel werk verrichten, bijvoorbeeld vakken vullen in een supermarkt. Jongeren van 16 en 17 mogen werken, maar niet na tien uur 's avonds. Voor jongeren tussen de 18 en 23 jaar geldt de wet op het minimumjeugdloon. Aanvankelijk was deze wet bedoeld om jongeren te beschermen tegen te lage lonen, maar inmiddels heeft hij een nadelige werking voor hen gekregen. De wet gaat ervan uit dat jongeren nog niet zoveel uitgeven als jongvolwassenen en dat ze nog niet gewend zijn aan een bepaald uitgavenpatroon. Daarom hebben ze pas na hun 23e recht op een volwassen salaris. Toch zal een jongere van 19 jaar die op zichzelf woont net zoveel uitgaven hebben als iemand van 24. Werk naast school lijkt vooral bedoeld om de leefstijl van jongeren te financieren. Toch heeft 20 procent van de jongeren tussen de 18 en 25 jaar (hoge) schulden op het gebied van kosten van smartphones, zorgverzekering en belastingdienst.

16.6 Soms gaat het anders

16.6.1 Spijbelen

Zo'n 40 à 50 procent van de leerlingen geeft aan weleens gespijbeld te hebben. Het merendeel ervan spijbelt slechts een paar keer per jaar. Naar schatting behoort 15 procent van alle leerlingen tot chronische spijbelaars. Deze laatste groep loopt groot risico de school voortijdig te verlaten. Het vmbo en het mbo leveren de meeste voortijdige schoolverlaters. Iets meer dan de helft van hen is van autochtone afkomst, iets minder dan de helft allochtoon. De redenen om te spijbelen zijn zeer divers. Incidentele spijbelaars geven aan even geen zin te hebben in school of een proefwerk niet te hebben geleerd. Zij melden zich onterecht ziek of laten een klasgenoot bellen. Andere jongeren vinden het stoer om soms met elkaar te spijbelen en de stad in te gaan. Chronische spijbelaars noemen andere redenen. Een vaak genoemde oorzaak is een verkeerde opleidings- of beroepskeuze, waardoor de motivatie voor school afneemt. Regelmatig is er sprake van problemen in de psychosociale, sociaal-maatschappelijke en/of sociaal-emotionele sfeer. Het gaat dan om problemen thuis, gedragsproblemen, problemen met docenten en contacten met politie en justitie. Verder kunnen beperkte cognitieve vaardigheden een oorzaak zijn. Als een jongere de lesstof steeds niet aankan, kiest hij soms voor vermijdend gedrag. Oudere jongeren moeten soms in hun eigen levensonderhoud voorzien en gaan daarom liever werken. Er zullen altijd jongeren zijn voor wie het schoolsysteem niet geschikt is. Die hebben er moeite mee om elke dag op vaste tijden in een schoolbank te zitten en te luisteren naar wat de docent te zeggen heeft. Ze hebben moeite met autoriteit. Sommigen van hen zullen voortijdig de school verlaten, sommigen zullen naar een school gaan voor voortgezet speciaal onderwijs (VSO). Daar zitten ze in kleinere klassen en krijgen ze specifieke begeleiding en aandacht. Jongeren met ernstige gedrags- en/of psychiatrische stoornissen hebben soms nog meer specifieke begeleiding nodig dan het VSO kan bieden. Zij zijn aangewezen op het zogeheten cluster 4-onderwijs (zie hoofdstuk 9), waar scholen voor zeer moeilijk opvoedbare kinderen (ZMOK) en scholen voor jongeren met psychiatrische problemen onder vallen. Soms is het buitengewoon moeilijk om op een school geplaatst te worden. Vooral jongeren met combinaties van problemen vallen buiten de boot. Zo zijn er scholen voor jongeren met verstandelijke beperkingen, maar een jongere met deze beperkingen én ADHD én een ernstige gedragsstoornis kunnen zij niet opvangen. Voor deze jongeren is soms een gesloten internaat met bijbehorende school de enige optie, maar die hebben wachtlijsten. Dat juist deze jongeren maandenlang thuis zitten in afwachting van een plaatsing levert grote problemen op voor zowel de jongere als zijn omgeving. Sinds de invoering van Passend onderwijs hebben scholen echter een zorgplicht. Als zij zelf een jongere die extra zorg nodig heeft niet kunnen plaatsen, hebben zij de wettelijke verplichtingen een

incidentele spijbelaars

chronische spijbelaars

school voor de jongere te vinden die de jongere wel plaatst. Toch zitten er van alle schoolgaande kinderen van 5 tot 18 jaar 6 op de 1000 onvrijwillig thuis.

16.6.2 Een verkeerde keuze

Scholieren moeten voor 1 mei een studiekeuze maken voor een opleiding na het voortgezet onderwijs. Een lastige opgave als je kijkt naar het overweldigend aantal studies dat we hebben in Nederland. En dat blijkt ook uit de cijfers, 1 op de 3 studenten stopt met zijn studie in het eerste jaar. In het tweede jaar is dat nog eens 30 tot 35 procent. Hoe komt het dat zoveel jongeren een verkeerde studiekeuze maken? Grofweg zijn er drie redenen te onderscheiden: verwachting en realiteit komen niet overeen; jongeren weten nog niet wie ze zijn en wat ze kunnen; en ze zoeken beperkt.

1 Verwachting en realiteit komen niet overeen
De realiteit en verwachting komt bij veel jongeren na het kiezen van een studie niet overeen. Er zijn verschillende beroepen waarvan jongeren een rooskleurig beeld hebben. De onderwijsinstellingen geven zelf ook meestal geen reëel beeld van de opleiding. Tijdens open dagen presenteren de opleidingen zich met leuke folders, gadgets en de beste studenten. Onderwijsinstellingen mogen meer toe naar inhoudelijke voorlichting. Meeloopdagen zijn al betere vormen van studievoorlichting omdat je dan een inhoudelijker beeld krijgt van de studie. Ook zijn onderwijsinstellingen verplicht om aan matchingsactiviteiten te doen. Deze matchingsactiviteiten zijn ingevoerd om studenten op de juiste plek te krijgen en de uitval te verminderen. Het is belangrijk dat onderwijsinstellingen meer gaan kijken naar hoe ze jongeren de juiste keuze kunnen laten maken, in plaats van zo veel mogelijk studenten aan te trekken.

2 Jongeren weten nog niet wie ze zijn en wat ze kunnen
Hoe moet je een studiekeuze maken als je niet goed weet wie je bent en wat je kan? Uit honderden studies? Je wordt als jongere gedwongen om al vroeg een richting te kiezen door middel van een profielkeuze. Hoe kun je weten op je 15e waar je naar toe wilt? Het puberbrein is nog niet klaar om deze moeilijke keuze te maken waarbij je afwegingen moet maken op de lange termijn. Jongeren moeten beter en inhoudelijker begeleid worden bij deze keuze door te onderzoeken waar ze goed in zijn en wat ze leuk vinden. Het bezoeken van open dagen is niet genoeg.

3 Jongeren zoeken beperkt
Jongeren bezoeken slechts één of twee open dagen. Het onderzoek dat ze naar een potentiële studie doen is vrij beperkt. Doordat jongeren vooral op de korte termijn denken, kijken ze naar de inhoud en aantrekkelijkheid van de studie, en niet naar het toekomstig beroep waartoe het opleidt. Jongeren die thuis willen blijven wonen (en dat zijn er meer sinds de invoering van het leenstelsel) zoeken alleen binnen de instelling dicht bij

huis. Verder kiezen jongeren ook vaak wat hun vrienden of vriendinnen doen.

Met de komst van het leenstelsel kunnen de kosten voor een verkeerde keuze en dus een studieswitch hoog oplopen. Volgens gegevens van het Nibud is de gemiddelde uitwonende student 1100 euro kwijt aan levensonderhoud, collegegeld en verzekeringen. Daarvoor krijgen jongeren geen studiebeurs meer, maar moeten ze dit lenen. Uitgaande van een studie van vier jaar, zal de jongere dus 55.000 euro moeten lenen om de studie af te kunnen ronden. De meeste studenten op het hbo en wo doen langer over hun studie dan vier jaar of ze switchen ondertussen van studie, waardoor de studieschuld oploopt tot 66.000 of 77.000 euro. Enkele jaren geleden kozen jongeren vooral een studie die ze leuk vonden. Wanneer je een studie moet kiezen die veel geld kost, is het mogelijk dat jongeren daardoor een betere afweging gaan maken. Vooralsnog blijkt dit niet zo uit te pakken. Het aantal studieswitchers en het aantal studenten dat stopt met een studie blijft gelijk, ondanks de opgelopen studielening. Jongeren zien de studieschuld niet als een echte schuld; zij leven in het hier-en-nu en het afbetalen van een studieschuld is ver weg.

16.6.3 STUDIESWITCH

studieswitch

Een studieswitch in het mbo betekent een switch tussen de 16 verschillende domeinen in het mbo of een switch van het ene niveau naar een ander niveau. Een studieswitch in het hbo en wo betekent het verschil tussen de eerstejaars hoofdinschrijving en de hoofdinschrijving in het cursusjaar daarop. Het percentage switchers is de afgelopen 5 jaar licht toegenomen in het hbo en licht afgenomen in het wo en mbo. Naar sommige sectoren of domeinen switchen meer studenten dan dat er vertrekken door switch. Bijvoorbeeld in het hbo de sector 'taalwetenschappen, geschiedenis en kunst' en in het mbo het domein 'handel en ondernemerschap'. Bij andere sectoren en domeinen vertrekken juist meer studenten. Bijvoorbeeld bij de sector 'techniek, industrie en bouwkunde' in het wo. Studenten die niet switchen haalden eerder en vaker hun diploma dan switchende studenten.
Het percentage switchers in het eerste jaar van het mbo is in de afgelopen jaren gedaald tot ongeveer 12,5 procent. Deelnemers aan de niveau 2-opleidingen en de niveau 3-opleidingen switchen meer dan deelnemers aan de niveau 4-opleidingen. Het percentage switchers in het eerste jaar van het hbo en wo ligt bij allebei op ruim 17 procent. Het absolute aantal switchers is op het hbo veel hoger doordat daar meer studenten zitten. In totaal maakt 37,6 procent van de hbo-studenten de eerst gekozen studie niet af, bij het wo is dit 22,6 procent.

16.7 Van theorie naar praktijk

In het praktijkvoorbeeld hebben we geschetst hoe Jorge, Saskia en Habiba kiezen voor een opleiding of werk. Voor Jorge was het een nadeel dat hij al zo vroeg moest kiezen voor een profiel. Jongeren in het vmbo moeten dit doen halverwege de tweede klas, dan zijn zij 13 of 14. Vaak kiezen ze dan voor vakken waar ze goed in zijn, met leuke docenten of waar vrienden ook voor kiezen. De meeste jongeren hebben op deze leeftijd nog geen idee welke opleiding of welk beroep ze willen kiezen, of hun ideeën veranderen nog voortdurend. Het werkt demotiverend als na een paar jaar blijkt dat ze een bepaalde vervolgopleiding niet kunnen volgen omdat ze een verkeerd profiel hebben gekozen. De leerling kiest dan een opleiding die eigenlijk tweede keus is. Dit is een slechte uitgangspositie voor het volgen van een opleiding aan het roc. Bij Saskia zien we dat ze een duidelijk idee heeft welke studie ze wil volgen. Ze wil geneeskunde studeren en heeft het er voor over dat ze na haar havodiploma nog 3 jaar nodig heeft om een vwo-diploma te halen. Ze zal een beslissingsproces hebben doorlopen. Daarbij had ze een positieve attitude ten opzichte van het beroep arts, positieve meningen van anderen over haar keuze en ze heeft ingeschat dat ze over voldoende capaciteiten beschikt om deze studie aan te kunnen.
Habiba is aan een hbo-opleiding begonnen zonder te weten wat ze wilde. Nu de Pabo en de opleiding Communicatie niet geschikt bleken, begint ze aan haar derde hbo-opleiding. Haar ouders wilden zo'n hbo-opleiding graag omdat Habiba dat niveau nu eenmaal aankan. Ze hadden haar echter beter een uitgebreide beroepskeuzetest kunnen aanbieden. Dan had ze een beter beeld gehad van de opleidingen die er zijn en van haar eigen mogelijkheden en interesses. Je kind dwingen per se een hbo-opleiding te volgen omdat er nu eenmaal een havodiploma is behaald, is niet verstandig. Misschien is Habiba wel veel beter op haar plek op een mbo-opleiding.

Hoofdstuk 17

Een plek in de maatschappij

HOOFDSTUK 17

Een plek in de maatschappij

Jeroen en Olaf (beiden 16) zijn buurjongens. Toen zij klein waren, speelden zij vaak samen. Vanaf de puberteit zijn zij steeds meer uit elkaar gegroeid. Zij leven in verschillende werelden. Jeroen zit in 4 vwo. Hij is lid van het jeugdparlement en is op televisie geweest met het Jeugd-Lagerhuisdebat. Zijn beide ouders zijn politiek actief en betrokken, zijn moeder is gemeenteraadslid. Olaf zit voor de tweede keer in klas 3 van het vmbo. Hij spijbelt regelmatig en heeft geen zin in school. Olaf is 's middags en 's avonds te vinden in de hanggroep van de wijk. Hij heeft een paar keer actie ondernomen om een jeugdhonk in de wijk te krijgen. Hij verzamelde handtekeningen en bood deze aan in de gemeenteraad. Ook heeft hij regelmatig ideeën over spelmiddagen in de wijk of het opzetten van een straatvolleybaltoernooi. Ondanks al zijn inspanningen is er nog steeds geen jeugdhonk.
De gemeente van Olaf en Jeroen begint met het opzetten van een jeugdpanel. Ze benadert daartoe alle jongeren uit de wijk met een aan huis bezorgde brief. Jeroen en zijn ouders zijn direct enthousiast; Jeroen meldt zich aan en wordt voorzitter van het jeugdpanel. Olaf heeft weinig geloof in het nut van zo'n jeugdpanel. 'Er wordt toch niet naar ons geluisterd, het zijn altijd dezelfde mensen die de beslissingen nemen.'

17.1 INLEIDING

Elke jongere in Nederland zal een eigen plek verwerven in de Nederlandse maatschappij. Dit geldt voor alle jongeren, ongeacht waar hun ouders zijn geboren, welk geloof ze aanhangen en welke paspoorten ze hebben. Deze ontwikkelingstaak kent een aantal subtaken. De jongere zal moeten accepteren dat er instanties en personen boven hem zijn gesteld. Hij moet ook binnen geldende regels opkomen voor zijn eigen belang. Hij mag meedenken en meebeslissen over de maatschappij waarin hij leeft. Hij zal een losse of vaste, positieve of negatieve verbinding met deze maatschappij aangaan.
In paragraaf 17.2 behandelen wij ontwikkelingstaak 5 *Autoriteit en instanties:* accepteren dat er instanties en personen boven je gesteld zijn, binnen geldende regels en codes opkomen voor eigen belang. Autoriteitsgevoelige jongeren hebben het aanzienlijk makkelijker dan jongeren die autoriteit ter discussie stellen. Anderzijds kan dit laatste ook een teken zijn van een sterke eigen persoonlijkheid of van een creatieve, speelse geest. De jeugdpartici-

patie is al jaren een speerpunt van de overheid. Zij probeert zo veel mogelijk jongeren te betrekken bij het meedenken en meebeslissen over de maatschappij (17.3). Het Competentiemodel heeft als nieuwe ontwikkelingstaak nummer 10 '*het omgaan met cultuurverschillen*' opgenomen: normen van verschillende culturen kennen, inschatten welke vaardigheden in welke culturele context passend zijn. Het aangaan van een binding met de maatschappij waarin we leven, met alle culturen die daarbij horen, is een belangrijke taak voor jongeren en deze wordt besproken in paragraaf 17.4. Als deze binding niet tot stand komt of wordt verbroken, heeft dit nadelige gevolgen voor de jongere en voor de maatschappij. Het is mogelijk dat de jongere zich geen onderdeel voelt van de maatschappij en zich af gaat zetten tegen deze maatschappij. Hierbij loopt een jongere risico om zich aangetrokken te voelen tot radicale groeperingen (17.5).

17.2 Omgaan met autoriteit

17.2.1 Autoriteit thuis, op school en daarbuiten

| ouders

| docenten

| rechtssysteem

Jongeren die accepteren dat er personen en instanties boven hen zijn gesteld, hebben het aanzienlijk makkelijker dan jongeren die dit niet accepteren. In het gezin hebben de ouders het voor het zeggen; zij bepalen de regels. Zodra jongeren in de puberteit komen, wordt in het gezin meer onderhandeld, maar het laatste woord blijft meestal van de ouders komen. In het onderwijssysteem bepalen de docenten hoe de lessen verlopen en aan welke regels de jongere zich moet houden. Docenten geven huiswerk en ze bepalen de sancties als de jongere het niet maakt. Het rechtssysteem is erop gericht dat politie en justitie zorg dragen voor de naleving van de wetten. Politieagenten bepalen of ze een waarschuwing of een boete geven aan een jongere zonder fietslicht. Voor lichte overtredingen kunnen zij de jongere doorsturen naar bureau HALT. Daar krijgen ze een taakstraf om vervolging te voorkomen. Als een overtreding wordt gemeld aan de officier van justitie bepaalt deze of de overtreding wordt bestraft met een boete of een taakstraf.
Jongeren die tegen de autoriteit van ouders ingaan, riskeren ruzies en in uiterste gevallen uithuisplaatsing. Wanneer ze voortdurend tegen de autoriteit van docenten ingaan, lopen ze kans op schorsingen en schoolverwijdering. Ze riskeren extra boetes of werkstraffen als ze tegen de autoriteit van de politie ingaan.
Jongeren zijn de afgelopen jaren steeds mondiger geworden en voor veel jongeren hebben ouders, docenten en politieagenten niet meer een vanzelfsprekende autoriteit. Ouders hebben het gevoel dat hun kinderen doen waar ze zelf zin in hebben. Docenten vinden dat de leerlingen steeds vaker de lessen bepalen. Ook politieagenten en ambulancepersoneel ervaren een afnemend gezag. Het komt erop neer dat volwassenen vinden dat jongeren

een grote mate van autonomie hebben en dat jongeren vinden dat dit tegenvalt. Hoe kan dit?
De machtsverschillen tussen ouders en kinderen en die tussen docenten en leerlingen is kleiner geworden. Jongeren hebben meer te vertellen. Ouders en docenten onderhandelen met jongeren en zoeken bij meningsverschillen naar compromissen die voor beide partijen acceptabel zijn. Dit alles vraagt een grote mate van zelfcontrole en van het je kunnen verplaatsen in de ander. Volwassenen verwachten dat jongeren zich uit zichzelf aan allerlei gangbare waarden en normen houden. Ze verbieden en straffen minder, omdat ze interne controle bij de jongeren zelf verwachten. Hierin verschilt de beleving van jongeren en volwassenen als het gaat om autonomie. Volwassenen vinden die autonomie groot; ze verbieden de jongeren weinig en die kunnen over alles onderhandelen. Jongeren lopen vooral tegen de onzichtbare grenzen van die autonomie op. Er wordt hun misschien weinig hardop verboden, maar er wordt wel veel stilzwijgend van hen verwacht.

17.2.2 Invloed van thuis, vrienden en aangeboren factoren

Hoe jongeren met autoriteit omgaan, hangt af van aangeboren persoonlijkheidsfactoren, opvoeding en de vriendengroep waarin zij verkeren. De ene persoon is autoriteitsgevoeliger dan de ander. Dit hangt samen met de persoonlijkheid. De een voelt meer de neiging om zich te verzetten dan de ander. Die neiging tot verzet noemen we recalcitrantie. Al op de basisschool zie je verschillen in het omgaan met autoriteit. De meeste kinderen luisteren kritiekloos naar de leerkracht en doen wat die vraagt. Sommige kinderen doen dit niet direct. Zij stellen vragen en zoeken speelruimte om de regels van de leerkracht te ontduiken. Bij deze kinderen moet de leerkracht wat moeite doen om ze in het gareel te houden. Het grootste deel van deze kinderen zal uiteindelijk doen wat wordt gevraagd, al was het maar om sancties te voorkomen. Bij een klein deel werkt ook sanctioneren niet. Zij doen niet wat wordt gevraagd en straf kan ze niets schelen. Als een specifieke aanpak voor deze kinderen ook niet werkt, sturen we ze soms door naar het speciaal onderwijs.

recalcitrantie

Jongeren met ADHD hebben meer autoriteitsconflicten dan jongeren zonder ADHD. Dit heeft meer te maken met het impulsieve gedrag dat bij deze stoornis hoort dan bij de persoonlijkheid van deze jongeren. Als jongeren met ADHD ouder worden, neemt de hyperactiviteit wat af maar de impulsiviteit lijkt tijdens de adolescentie juist wat toe te nemen. Waar vooral jongens de diagnose ADHD krijgen, neemt het aantal meisjes dat de diagnose ADD (*Attention Deficit Disorder*) krijgt tijdens de adolescentie toe. Dit komt waarschijnlijk omdat op het voortgezet onderwijs het zelf plannen en organiseren van het schoolwerk belangrijker wordt en de rol van de ouders hierbij afneemt. Daardoor lopen meisjes tijdens de adolescentie tegen de kenmerken van ADD op waar dit tijdens de basisschoolperiode nog niet storend was.

ADHD

ADD

Sommige kinderen hebben van jongs af aan moeite met autoriteit, bij anderen ontstaat dit pas later. Dit kan te maken hebben met teleurstellende ervaringen met leren en sociale contacten, maar ook met de overgang naar het voortgezet onderwijs of het in aanraking komen met vrienden die autoriteitsongevoelig zijn. Het is stoerder om niet te doen wat ouders en docenten zeggen dan om alle opdrachten kritiekloos uit te voeren. Hoe kinderen omgaan met autoriteit is ook aangeleerd gedrag. Kinderen van ouders die regels en wetten overtreden, lopen grote kans dit zelf ook te doen. Ze zijn erbij als moeder bij de kassa voordringt. Ze zitten in de auto als zij parkeert op een plek waar het niet mag. Ze zijn getuige van ruzies die vader maakt met leerkrachten en politieagenten en zien de boetes in de prullenbak verdwijnen. Als ouders zich niet aan regels houden, is het voor docenten heel moeilijk om hun kinderen in de hand te houden. Als ouders sancties op school onverschillig ontvangen, hebben ze nauwelijks effect.
Het Nederlandse schoolsysteem is niet toegerust voor jongeren die moeite hebben met autoriteit. Daarom zijn zij potentiële schoolverlaters. Het speciaal onderwijs en justitiële inrichtingen proberen deze jongeren toch te leren omgaan met autoriteit, met consequente regelgeving en door relevante beloningen en sancties te geven. Het zal duidelijk zijn dat iedereen in een maatschappij zich zal moeten houden aan geldende wetten en regels, wil een ieder zo prettig mogelijk leven. In elk systeem waarin de jongere zich begeeft, zijn omgangsvormen en regels, of dat nu het gezin, de school of de Nederlandse maatschappij is. Toch is het goed de positieve kant van autoriteitsongevoelige jongeren te zien. Ze zijn vaak origineel en durven anders te zijn dan de massa. Er zijn creatieve, zelfdenkende jongeren bij. Vragen stellen bij opdrachten en regels van volwassenen in plaats van deze kritiekloos te aanvaarden, duidt ook op een kernkwaliteit van de jongere.

17.2.3 Moeite met autoriteit: gedragsstoornissen

| gedragsstoornis

Recalcitrante jongeren hoeven dus nog geen probleem te zijn. Het is goed om ook jongeren te hebben die vragen stellen en kritiek op regels durven te hebben. Als de rechten van anderen echter uit recalcitrantie worden geschonden of als ze de jongere zelf ernstige beperkingen geven in zijn sociaal functioneren, spreken we van een gedragsstoornis. De DSM-5 geeft drie gedragsstoornissen waarbij de elementaire rechten van anderen en maatschappelijke normen worden geschonden:

1 oppositionele-opstandige stoornis
2 periodiek explosieve stoornis
3 normoverschrijdende gedragsstoornis.

| oppositionele-opstandige stoornis

Bij een oppositionele-opstandige stoornis ligt de nadruk op negatief, vijandig en ongehoorzaam gedrag. Deze jongeren maken vaak ruzie met volwassenen. Ze zijn opstandig, geven anderen de schuld, zijn prikkelbaar en boos. De oppositionele-opstandige stoornis is milder dan de normoverschrijdende gedragsstoornis, met een veel betere prognose. Het is lastig om in de puberteit deze diagnose te stellen, omdat veel gedragingen behoren tot normaal puberaal gedrag. Bij jongeren zonder stoornis is het gedrag echter veel wisselvalliger. Zij wisselen perioden van ruzies en opstandigheid af met gezellig deelnemen aan het gezinsleven. Wanneer het gedrag consistent, gedurende ten minste zes maanden voorkomt en het flinke beperkingen in het sociale leven en op school veroorzaakt, kunnen we denken aan een oppositionele-opstandige gedragsstoornis en de jongere doorsturen naar een psycholoog. Evenveel jongens als meisjes hebben deze stoornis.

De periodiek explosieve stoornis is nieuw toegevoegd in de DSM-5. Jongeren met deze stoornis vertonen recidiverende uitbarstingen van gedrag die een uiting zijn van het niet kunnen beheersen van agressieve impulsen. Ze hebben woede-uitbarstingen, ze schelden, ze vertonen fysieke agressie jegens eigendommen, dieren of mensen maar dit leidt *niet* tot schade of verwonding.

periodiek explosieve stoornis

Bij een normoverschrijdende gedragsstoornis is sprake van een zich herhalend en aanhoudend gedragspatroon waarbij de grondrechten van anderen worden geschaad of belangrijke sociale normen of regels worden overtreden. De jongere vertoont agressie gericht op mensen en dieren, vernielt eigendommen of steelt, liegt vaak en schendt regels van ouders, docenten en politie. Deze gedragsstoornis veroorzaakt ernstige beperkingen in het sociale en op school functioneren. De jongeren lopen een sterk verhoogd risico op ernstige en/of chronische delinquentie. Veel meer jongens dan meisjes hebben deze gedragsstoornis. Jongeren met deze stoornis lopen risico op het ontwikkelen van een antisociale persoonlijkheidsstoornis, die pas na het 18e jaar vastgesteld mag worden.

normoverschrijdende gedragsstoornis

17.3 Jeugdparticipatie

17.3.1 Inleiding

In het Verdrag inzake de rechten van het kind staat in artikel 12: 'Het recht dat er naar je wordt geluisterd en dat je serieus wordt genomen.' Kinderen hebben het recht om hun mening te geven over beslissingen die hen aangaan. Daarom moet het mogelijk zijn voor kinderen en jongeren om inspraak en invloed te hebben, mee te praten, mee te denken en mee te doen. Thuis, op school en in de wijk.

jeugdparticipatie

Wanneer we het hebben over jeugdparticipatie gaat het over de betrokkenheid van jongeren bij de totstandkoming en evaluatie van beleid dat op hen betrekking heeft. Vanaf 2015 heeft de transitie van de jeugdzorg naar de gemeenten gestalte gekregen en is er meer budget voor jeugdparticipatie. Hierbij wordt onderscheid gemaakt tussen politieke en maatschappelijke participatie. De participatiegraad van jongeren is ongelijk verdeeld over de jeugd. Hoogopgeleide jongeren uit de hogere sociale milieus bereiken een hoge participatiegraad. Invloed van het gezin is hierbij van groot belang.

Kinderen van ouders die politiek en maatschappelijk actief zijn, zijn zelf ook actief. Zo lijkt het voor andere jongeren of alle plekken om te participeren al zijn vergeven. In jeugdpanels, medezeggenschapsraden en dergelijke zie je steeds dezelfde jongeren terug. In het praktijkvoorbeeld uit het begin van dit hoofdstuk verwoordt Olaf dit. Hij bereikt nooit eenzelfde graad van participatie en invloed, ook al beschikt hij over dezelfde organisatorische en motiverende kwaliteiten als Jeroen.

17.3.2 POLITIEKE PARTICIPATIE

Onder politieke participatie verstaan we het direct of indirect invloed uitoefenen op het proces van beleid en besluitvorming door de jeugd. Jongeren hebben kiesrecht vanaf hun 18e verjaardag. Dan mogen ze ook lid worden van een politieke partij. Jongeren hebben niet van de ene op de andere dag politieke interesse. In de periode voorafgaand aan hun 18e verjaardag is deze interesse al dan niet gewekt.

politieke socialisatie

De puberteit is een belangrijke periode voor politieke socialisatie. Hoewel er sterke verschillen tussen jongeren te zien zijn, neemt de politieke interesse af. Jongeren van 18 tot 24 jaar hebben minder interesse in de politiek dan gemiddeld; ongeveer een op de drie jongeren zegt interesse in de politiek te hebben. De invloed van ouders is bij het begin van de ontwikkeling van politieke interesse van groot belang. Daarna neemt de invloed van vrienden, docenten en media toe. Jongens tonen meer belangstelling voor politiek dan meisjes, hoger opgeleide jongeren tonen meer belangstelling dan lager opgeleide jongeren. Die belangstelling uit zich ook in daadwerkelijke participatie in bijvoorbeeld jongerenafdelingen van politieke partijen en het meedoen aan jeugddebatten en het jeugdparlement.

politieke desinteresse

Regelmatig verschijnen artikelen over de politieke desinteresse van de Nederlandse jeugd. Jongeren zouden steeds materialistischer, rechtser, conservatiever en intoleranter worden. Andere onderzoeken geven echter een ander, genuanceerder beeld. Dat het aantal lidmaatschappen van politieke partijen afneemt, geldt niet alleen onder jongeren, maar ook onder volwassenen. Materialisme wordt eveneens bij alle leeftijden gezien. Het aantal kiezers voor rechts-extreme partijen is juist onder jongeren relatief klein en voor de kleine linkse partijen relatief groot. Aan het begin van de puberteit tonen jongeren zich inderdaad conservatiever, maar dit neemt af met het toenemen van leeftijd en opleidingsgraad. Bij de landelijke verkiezingen in maart 2017 stemde 82 procent van de Nederlandse kiezers. Van jongeren tussen de 18 en de 24 jaar stemde slechts 66 procent. Ter vergelijking: van alle 65-plussers heeft 89 procent gestemd. De jongeren stemden het meest op D66, gevolgd door de VVD en GroenLinks.

17.3.3 Maatschappelijke participatie

maatschappelijke participatie

Onder maatschappelijke participatie verstaan we invloed uitoefenen op activiteiten en voorzieningen in de dagelijkse leefomgeving en de ruimte krijgen om eigen initiatieven te ontwikkelen. Je hebt actieve en passieve maatschappelijke participatie. Deelnemen aan georganiseerde activiteiten zoals sport, jeugdclubs en manifestaties is passieve participatie. Het mee organiseren en verantwoordelijk zijn voor deze activiteiten is actieve participatie. Bijna de helft van de jongeren van 18 tot 25 jaar zet zich minimaal een keer per week in als vrijwilliger, jongens vaker voor een sportvereniging dan meisjes. De overheid neemt initiatieven om zowel actieve als passieve participatie van jongeren te vergroten en te zorgen voor een evenredige participatiegraad onder alle jongeren. Jongeren van allochtone afkomst maken minder gebruik van voorzieningen en georganiseerde activiteiten voor de jeugd. Ze organiseren vaak ook aanzienlijk minder.
Maatschappelijke participatie vindt lokaal, provinciaal en landelijk plaats. Voorbeelden van lokale participatie zijn de medezeggenschapsraad en het leerlingenstatuut op scholen, vrijwilligerswerk in sport en jongerenwerk en het zitting nemen in jeugdpanels. Provinciale participatie is het meedraaien in een provinciaal jeugdparlement. Jongeren kunnen landelijk participeren in de Nationale Jeugdraad, in het jaarlijkse jeugddebat, in het junior Lagerhuisdebat op televisie en ze kunnen zich als adviseur van ministeries bezighouden met jeugdzaken.
Maatschappelijke participatie geeft jongeren binding met de maatschappij. Ze krijgen een verhoogd zelfvertrouwen als ze de leiding hebben in (sport)-club of buurthuis. Het komt tegemoet aan hun wens om zelfsturend te zijn. Maatschappelijke participatie laat jongeren stapsgewijs verantwoordelijkheid nemen.

17.3.4 Participatieladder van Hart

Participatieladder van Hart

In opdracht van Unicef heeft Roger Hart in 1992 internationaal onderzoek gedaan naar jeugdparticipatie. Hij kwam daarbij tot een indeling in niveaus die sindsdien bekend staat als de Participatieladder van Hart. We betrekken jongeren wel bij allerlei zaken die met jongeren te maken hebben, maar dit wil niet altijd zeggen dat ze ook invloed hebben. Als de Provinciale Staten een Jeugdnota presenteren en daarbij een aantal jongeren op het podium zetten, heeft dit niets met participatie te maken. Er zijn acht sporten op de participatieladder. Het participatie- en het invloedniveau lopen op bij het klimmen van de ladder:

1. Manipulatie: jongeren gebruiken om de doelstelling van volwassenen te bereiken
2. Decoratie: jongeren inzetten om een manifestatie op te leuken
3. De jeugd krijgt een stem, maar wordt nog niet echt geïnformeerd

4 Jongeren doen iets in opdracht van volwassenen, maar zijn wel geïnformeerd
5 Jongeren worden geïnformeerd én geconsulteerd
6 Het initiatief ligt bij volwassenen, de jeugd beslist mee
7 Initiatief en leiding liggen bij de jeugd
8 Initiatief en leiding liggen bij de jeugd, jeugd beslist samen met volwassenen.

Als het gaat om de vormgeving van jeugdparticipatie blijken in 2016 meer gemeenten in te zetten op de hoogste niveaus en daarmee echte zeggenschap: het geven van inspraak en het stimuleren van eigen initiatief. De hoogste niveaus van jeugdparticipatie worden in 2016 bijna net zo vaak ingezet op alle jongeren als de lagere niveaus van inspraak.

17.4 Binding met de maatschappij

17.4.1 Inleiding

bindingen

Als mensen zich verbonden voelen met de maatschappij waarin zij leven, heeft dit positieve gevolgen voor het individu zelf, zijn omgeving en de maatschappij als geheel. Dit geldt ook voor jongeren. Hun bindingen kunnen op elk niveau plaatsvinden; met het gezin, de straat, de buurt, de wijk, de plaats waar de jongere woont. Ze hebben ook binding met de groep vrienden of groep gelijkgestemden, de klas, de docenten en de school. En met de (sport)-club waarvan ze lid zijn, de kerk waartoe ze behoren en met provincie en land.

Tijdens de puberteit breiden ze de bindingen uit. Een kind heeft alleen nog binding met het gezin, de straat en de peuterspeelzaal of basisschool. Jeugdparticipatie is van belang om positieve bindingen met de maatschappij tot stand te brengen. Jongeren die zich verbonden voelen met de maatschappij, lopen minder risico op probleemgedrag. Zij staan positiever in het leven, geloven meer in eigen invloed op het leven en nemen meer verantwoordelijkheid.

17.4.2 Omgaan met cultuurverschillen

omgaan met cultuurverschillen

Nederland is een multiculturele samenleving, dit betekent dat meerdere culturen met en naast elkaar leven. Het is niet voor niets dat het Competentiemodel als nieuwe ontwikkelingstaak voor jongeren het omgaan met cultuurverschillen heeft toegevoegd. Hierbij hoort het kennen van normen van verschillende culturen en het inschatten welke vaardigheden in welke culturele context passend zijn. Dat kunnen jongeren alleen maar leren door in aanraking te komen met deze culturen. In Nederland is de tolerantie voor etnische minderheden groter dan in de meeste omringende landen, maar deze tolerantie neemt de laatste jaren wel af, zowel onder jongeren als onder volwassenen.

interetnische vriendschappen

Scholen zijn steeds vaker etnisch divers en vergroten het aantal interetnische vriendschappen. Maar toch gaan jongeren relatief vaker om met klasgenoten van dezelfde etnische herkomst. Als zo'n sociale scheidingslijn tussen etnische groepen al op scholen voor voortgezet onderwijs aanwezig is, heeft dit negatieve gevolgen voor de integratie van allochtonen en autochtonen.
Het gebrek aan interetnische vriendschappen kan niet verklaard worden door culturele of sociaaleconomische verschillen, omdat etnische groepen in schoolklassen door de onderverdeling in vmbo, havo en vwo al relatief op elkaar lijken met betrekking tot deze kenmerken. Ook etnische segregatie in buurten verklaart niet waarom jongeren binnen schoolklassen zoveel vrienden van hun eigen etnische groep hebben.
In plaats daarvan kan een gebrek aan interetnische vriendschappen deels verklaard worden door de invloed van ouders. Jongeren hebben minder interetnische vrienden als hun ouders het belangrijk vinden om etnische tradities te behouden en zelf ook weinig interetnische vrienden hebben. Vooral autochtone ouders en Turks-Nederlandse ouders hechten aan vriendschappen binnen de eigen etnische groep.
Verder blijkt uit onderzoek onder scholieren dat allochtone jongeren vriendschappen sluiten binnen de eigen etnische groep zodra zij daar de mogelijkheid toe hebben. Met andere woorden: hoe diverser een klas is, des te eerder zullen er interetnische vriendschappen ontstaan. Zitten er in een klas echter een stuk of 5-7 leerlingen met een Marokkaanse of Turkse achtergrond, dan zullen deze eerder een groepje vormen. Als deze groepjes met eenzelfde allochtone achtergrond aanwezig zijn in een klas, zullen autochtonen op hun beurt ook vooral vriendschappen binnen de eigen groep aangaan.
Als er al interetnische vriendschappen binnen schoolklassen aanwezig zijn, worden deze vaker en eerder verbroken dan vriendschappen tussen leden van dezelfde etnische groep. Hoe meer gemeenschappelijke vrienden de interetnische vrienden hebben, des te kleiner is de kans op beëindiging van de vriendschap. Interetnische vriendschappen spelen een belangrijke rol bij de integratie en acceptatie van verschillende culturen. Etnische minderheidsleerlingen die vriendschappen aangaan met autochtone leerlingen identificeren zich sterker met de Nederlandse bevolking. Sterkere identificatie is vervolgens gerelateerd aan een verbetering van de beeldvorming over Nederlanders. Omgekeerd leiden bij Nederlandse jongeren vriendschappen met Turkse leeftijdsgenoten ook tot een positiever beeld van Turkse mensen. Bij leerlingen met een oorspronkelijk relatief negatief beeld van Turken, verbetert deze beeldvorming ook als ze een Nederlandse vriend hebben die bevriend is met een Turkse klasgenoot.

17.4.3 Verband bindingen en jeugdcriminaliteit

sociale bindingstheorie

De sociale bindingstheorie van Hirschi legt verband tussen bindingen en jeugdcriminaliteit. Het centrale idee erachter is dat delinquent gedrag mogelijk wordt wanneer de binding van de jongere met de samenleving is verzwakt of verbroken. Hirschi werkt het abstracte begrip binding uit in vier elementen: attachment, commitment, involvement en belief. *Attachment* heeft betrekking op de emotionele gehechtheid aan andere personen. Door deze emotionele band ben je gevoelig voor de mening en wensen van degenen aan wie je gehecht bent. *Commitment* heeft betrekking op zelf aangegane verplichtingen. Als een jongere graag een toekomstige opleiding of baan wil, kan hij veel verliezen wanneer hij de wet overtreedt en wordt gepakt. *Involvement* heeft betrekking op het aantal bezigheden en verplichtingen. Hoe meer afspraken en activiteiten een jongere heeft, des te minder tijd blijft over voor criminele activiteiten. *Belief* gaat over het geloof in de geldigheid van de maatschappelijke regels. Hoe minder je gelooft dat je de regels van de maatschappij in alle gevallen moet volgen, des te groter is de kans dat je ze zult overtreden.

attachment

commitment

involvement

belief

De afgelopen vijftig jaar zijn de bindingen van Nederlanders met kerken en religie verminderd en verzwakt. In 2016 is het aantal Nederlanders dat zichzelf atheïst noemt, voor het eerst groter dan het aantal Nederlanders dat zichzelf religieus noemt. Volwassenen en jongeren zoeken naar vervangende bindingen. We sluiten ons aan bij andere religies, meditatiegroepen, Oosterse denkwijzen, worden dierenactivist of bezoeken sessies van paranormaal begaafden. Jongeren met een niet-Nederlandse achtergrond kunnen meer moeite hebben met het aangaan van bindingen dan jongeren met Nederlandse ouders. Wanneer ze voortdurend worden aangesproken op de etnische achtergrond van hun ouders zullen ze sterkere bindingen met deze etnische achtergrond aangaan dan met de Nederlandse samenleving. Dit geldt bijvoorbeeld voor jongeren van Antilliaanse en Marokkaanse afkomst. Die zijn regelmatig negatief in het nieuws, ook al hebben ze niets te maken met criminele activiteiten. Daarmee worden ze in een hoek geduwd. Een aantal van hen zien geen andere uitweg dan zich als criminele jongeren te gedragen. Marokkaanse jongens die in hun jeugd niet stilstonden bij hun afkomst kunnen in de puberteit hun identiteit daaraan ontlenen. Dan gedragen ze zich steeds 'Marokkaanser' en versterken juist het gedrag dat in de maatschappij negatieve reacties oproept.

Eenzelfde beweging is zichtbaar bij moslimmeisjes. Het dragen van een hoofddoek kwam negatief in het nieuws, waardoor bepaalde groepen meisjes zich des te sterker in hun religie hebben verdiept. De hoofddoek is niet afgedaan, maar juist uitgebreid met een djellaba, een soort cape die het hele lichaam bedekt. Het oorspronkelijke idee van integratie met behoud van de eigen cultuur staat onder druk. Sommige mensen pleiten nu voor integratie zónder behoud van eigen cultuur. Anderen reageren daarop door geen inte-

gratie meer te willen en zich te richten op behoud en versterking van de eigen cultuur.
Het zijn niet alleen jongeren met een migratieachtergrond die hun identiteit voor een groot deel uit de afkomst van hun ouders halen, hetzelfde komt voor bij jongeren die hun identiteit voor een groot deel ontlenen aan het dorp waar zij wonen. Wanneer jongeren op het voortgezet onderwijs deze identiteit zo sterk benadrukken dat zij alleen maar met dorpsgenoten om willen gaan en zich afzetten tegen jongeren uit een ander dorp of uit 'de stad', ontstaan dezelfde wrijvingen en stereotyperingen. Hetzelfde gebeurt met jongeren die zich sterk verbinden aan een bepaalde voetbalploeg. Zodra zij zich in clubkleuren kleden en zich afzetten tegen aanhangers van een andere club kan dit ook escaleren. Afgezien van etnische achtergrond kunnen we dus stellen dat zodra jongeren zich te sterk categoriseren tot een bepaalde groep en zich op grond daarvan afzetten tegen andere groepen, conflicten ontstaan.
Al die ontwikkelingen maken duidelijk dat ieder mens bindingen zoekt in de samenleving waarin hij leeft. Als deze bindingen tot stand komen vanuit een negatieve keuze kan dit nadelige gevolgen hebben. De binding binnen de groep is dan sterk, maar de binding met de maatschappij als geheel is zwak. Jeugdparticipatie kan deze bindingen versterken.

17.5 RADICALISERING

De levenslopen van mensen die radicaliseren laten verschillende paden zien. Een daarvan is de radicalisering die plaatsvindt gedurende de ontwikkelingsfase van de adolescentie, waarin jongeren tot zo'n 23 jaar bezig zijn met de vorming van hun identiteit: ontwikkeling van eigen opvattingen, normen en waarden. Zoals gesteld in hoofdstuk 10, ontwikkelt het hersengebied dat verantwoordelijk is voor rationele afwegingen (de prefrontale cortex) zich langzamer dan andere hersengebieden. Het gevolg is dat adolescenten moeite hebben tot weloverwogen keuzes te komen en daarbij de consequenties van hun keuzes te overzien. Daarnaast stijgt de hormoonspiegel, met als gevolg grote stemmingswisselingen, een neiging tot roekeloos gedrag en het opzoeken van kicks. Door de beperkte impulscontrole, gekoppeld aan een streven naar directe behoeftebevrediging en een gering relativeringsvermogen, kan een jongere in deze ontwikkelingsfase riskant gedrag vertonen, zonder zelf het gevaar te zien waaraan hij zich blootstelt. Het hebben van vrienden, of 'peergroup' is voor de ontwikkeling van jongeren van groot belang. Een positief stimulerende omgeving kan voor een groot deel het risico op ontspoord gedrag tenietdoen, maar een negatief stimulerende omgeving kan dit risico dus juist vergroten. Een van de recente mogelijke ontspoorde gedragingen is die van de radicalisering. In dit boek hanteren we de definitie van het Nederlands Jeugd Instituut: 'Radicalisering is het proces waarbij een persoon of groep in toenemende mate opvattingen ontwikkelt die op gespannen voet staan met de democratische rechtsorde; daarnaast is een

kicks

radicalisering

persoon of groep steeds meer bereid om daar in de praktijk consequenties aan te verbinden, zowel in handelen als in verbale of schriftelijke uitingen.' In sociaal opzicht bieden radicale ideeën of radicale ideologieën jongeren mogelijk voordelen; je hoort ergens bij, je krijgt vrienden, waardering en bescherming. Het kan jongeren een platform bieden om frustraties en gevoelens van onrecht te ventileren. Radicale ideologieën of groepen bieden jongeren daarnaast een helder en vastomlijnd wereldbeeld waardoor keuzes tussen goed en fout eenvoudiger worden. Ten onrechte worden de termen radicalisering en terrorisme vaak door elkaar heen gebruikt. Terrorisme is een uiting en een vorm van radicalisering, maar valt er niet mee samen. Ook is radicalisering niet synoniem met extreme moslims. Een jongere kan allerlei radicale ideologieën aanhangen, van radicaal gereformeerd tot radicaal dierenactivist en alles daartussen. Het is de vraag in hoeverre de ideologie daadwerkelijk een rol speelt voor deze jongeren; het lijkt meer te gaan om het behoren tot een groep en het ingaan tegen de democratische rechtsorde. Radicalisering is het proces waarbij een persoon of groep in toenemende mate bereid is de consequenties te aanvaarden van de strijd voor een samenleving die niet strookt met onze democratische rechtsorde. De volgende stadia kunnen hierbij worden onderscheiden:

1. Bij een jongere is er dan eerst niets aan de hand;
2. De jongere wordt door omstandigheden zoals hiervoor geschetst kwetsbaar of beïnvloedbaar voor radicalisering;
3. De jongere sluit zich aan bij anderen die licht aan het radicaliseren zijn;
4. De jongere is door-geradicaliseerd en extremist.

| proces

Zoals gezegd is radicalisering een proces; dat verloopt niet altijd volgens de bovenstaande opeenvolgende stadia. De te onderscheiden groepen overlappen elkaar. Het proces kan razendsnel of juist langzaam gaan, stilvallen en weer terugtreden. Voor de meeste personen die een proces van radicalisering doormaken betekent het verkrijgen van regelmaat, structuur en verantwoordelijkheden ('huisje, boompje, beestje') de doorloop naar de-radicalisering. Ditzelfde geldt overigens ook voor jeugdcriminaliteit. Geradicaliseerde jongeren sluiten zich ook niet altijd aan bij anderen, er zijn ook zogenoemde

| lone wolves

loners of *lone wolves* die in hun eentje besluiten tot een daad waarbij slachtoffers gemaakt worden en waarbij ze zichzelf om het leven brengen. Tegenwoordig worden al deze daden 'terrorisme' genoemd, maar excessen waarbij een eenling tot een extreme daad komt zijn er altijd geweest.

| sociale uitsluiting

Er zijn verschillende risicofactoren die samenhangen met de neiging tot radicalisering. Allereerst is dit sociale uitsluiting; de jongere heeft het gevoel nergens bij te horen. Sociale uitsluiting komt voor in elke klas maar ook in elke wijk, sportvereniging of in het uitgaansleven. Zoals geschreven in hoofdstuk 14 biedt sociale aansluiting bij de peergroup belangrijke voordelen voor het ontwikkelen van een positieve identiteit en een positief zelfbeeld. Andersom zorgt sociale uitsluiting dus voor het ontwikkelen van een negatieve identiteit en een negatief zelfbeeld. Een andere risicofactor is

| minderheidsgroep

het behoren tot een minderheidsgroep. Als een jongere zijn identiteit gaat ontlenen aan deze minderheidsgroep, komt het voor dat hij zich af gaat zetten tegen de meerderheidsgroep, zeker als zijn minderheidsgroep zich achtergesteld voelt bij de meerderheidsgroep of wanneer zijn minderheidsgroep negatief bezien wordt door de meerderheidsgroep. Categoriseringsprocessen zoals beschreven in hoofdstuk 11 spelen hierbij een belangrijke rol. Zoals daar geschreven staat, haalt een jongere een positief zelfbeeld onder andere uit de sociale groepen waartoe hij behoort. Als deze groep een negatief beeld heeft in de maatschappij, is het moeilijk voor de jongeren die daarbij horen om een positief zelfbeeld te ontwikkelen. Deze jongeren kunnen dan juist de andere groepen negatiever gaan bezien en beoordelen, zodat de eigen groep positiever bezien kan worden. De tegenstellingen tussen wij en zij worden groter gemaakt. De andere groepen worden negatieve kenmerken en gedragingen toegedicht en er ontstaan stereotyperingen. De jongeren gaan zich meer afzetten tegen de andere groepen of tegen de meerderheidsgroep.

Een volgende risicofactor is gelegen in slechte sociaaleconomische omstandigheden. Jongeren in achterstandswijken, jongeren uit gezinnen met een laag inkomen, voortijdig schoolverlaters en jongeren met een uitkering of arbeidsongeschiktheidsverklaring hebben weinig perspectief op een betere toekomst. Nergens bijhoren, slechte sociaaleconomische omstandigheden, geen zicht op verbetering én de aanwezigheid van radicale groeperingen in de buurt of op internet maken dat een jongere gevoelig wordt voor radicale ideologieën. Wanneer zo'n kwetsbare jongere dan actief uitgenodigd wordt door een radicale groepering, is de neiging groot om hier in mee te gaan. De jongere hoort dan ergens bij, kan een positief zelfbeeld ontlenen aan het groepslidmaatschap en kan het gevoel hebben nuttig te zijn. Ouders en hulpverleners dienen alert te zijn op deze risicofactoren.

slechte sociaaleconomische omstandigheden

17.6 Van theorie naar praktijk

In het praktijkvoorbeeld aan het begin van dit hoofdstuk schetsen we hoe jeugdparticipatie doorgaans uitpakt. Jongeren zullen eerder zitting nemen in een jeugdparlement, jeugd-Lagerhuisdebat en jeugdpanels wanneer ze van huis uit worden gestimuleerd om mee te denken en mee te praten in de maatschappij. Deelnemende jongeren hebben vaak ouders die maatschappelijk en politiek actief zijn. De vriendengroep speelt ook een rol. Jongeren op het vwo zullen meer klasgenoten hebben die politiek geïnteresseerd zijn dan jongeren op het vmbo. Als een gemeenteraad een idee voor jeugdparticipatie lanceert, zullen de betrokken ambtenaren jongeren benaderen die zij kennen. 'Mijn zoon zit ook in de schoolraad, zal ik hem eens vragen?' 'Mijn nichtje volgt een studie communicatiewetenschappen, zullen we haar uitnodigen?' Het nadeel van deze werkwijze is dat steeds eenzelfde groepje jongeren participeert dat daar uit zichzelf ook wel op zou zijn afgestapt. Juist de groepen jongeren waar ambtenaren en bestuurders minder zicht op hebben en waar de maatschappij de meeste 'last' van heeft, zijn ondervertegenwoordigd. Als we een jeugdpanel om advies vragen hoe we de sociale veiligheid in een bepaalde wijk kunnen verbeteren, geven hoogopgeleide jongeren die zelf niet in de wijk rondhangen verbeterpunten aan. De jongeren om wie het gaat, zitten thuis of hangen rond. Het is van belang om juist de laatstgenoemde jongeren bij de besluitvorming te betrekken. Jongeren die de meeste zorg vragen, participeren het minst. Volwassenen moeten het aandurven om wijken in te lopen en jongeren rechtstreeks te benaderen en uit te nodigen. Een brief is niet voldoende. Mondeling uitnodigen en ervoor zorgen dat ze worden opgehaald, is effectiever. Ook onder deze jongeren zitten jongens en meiden met een duidelijke mening, met communicatief talent en het vermogen om anderen enthousiast te maken. Wie optimaal gebruik wil maken van het creatieve en vernieuwende van jongeren moet alle jongeren in Nederland bereiken. Gymnasiasten en voortijdig schoolverlaters, hoofddoeken en petjes, gelovigen en atheïsten, hipsters en kakkers. Diversiteit in verbondenheid levert krachtige bindingen op.

Geraadpleegde literatuur

Hoofdstuk 1

Berk, L.E. (2001). *Development across the lifespan.* Needham Heights: Allyn & Bacon.

DeHart, G.B., Sroufe, L.A. & Cooper, R.G. (2004). *Child Development.* Boston: McGraw-Hill Higher Education.

Rögels, N. (2004). *Levenslooppsychologie; over jongvolwassenen, volwassenen en oudere volwassenen.* Soest: Nelissen.

Hoofdstuk 2

APA (2014). *Beknopt overzicht van de criteria DSM-5. Nederlandse vertaling van de Desk Reference to the Diagnostic Criteria from DSM-5.* Amsterdam: Uitgeverij Boom Amsterdam.

DeHart, G.B., Sroufe, L.A. & Cooper, R.G. (2004). *Child Development* (chapter 6). Boston: McGraw-Hill Higher Education.

Draaisma, A.K., Zuidgeest, K. (2014). *NIKA Interventie ter voorkoming of vermindering van problematische gehechtheid. Handleiding, protocol en werkbladen voor ouders.* Haarlem: Jeugdzorg Academie.

Erikson, E. (1968). *Identity, youth and crisis.* London: Faber & Faber.

Goldberg, S., Muir, R. & Kerr, J. (1995). *Attachment theory: Social, developmental, and clinical perspectives.* Hillsdale: Analytic Press.

IJzendoorn, R. van & Bakermans-Kranenburg, M. (2010). *Gehechtheid en trauma. Diagnostiek en behandeling voor de professional.* Amsterdam: Hogrefe Uitgevers.

Juffer, F. (2010). *Beslissingen over kinderen in problematische opvoedingssituaties: Inzichten uit gehechtheidsonderzoek.* Den Haag, Raad voor de Rechtspraak.

Perry, B. & Szalavitz, M. (2007). *De jongen die opgroeide als hond en andere verhalen uit het dagboek van een kinderpsychiater.* Schiedam: Scriptum Psychologie.

Rexwinkel, M., Schmeets, M., Pannevis, C. & Derks, B. (2011). *Handboek Infant Mental Health, inleiding in de ouder-kind behandeling.* Van Gorcum.

Sanders-Woudstra, J.A.R., Verhulst, F.C. & Witte, H.F.J. de (1995). Kinder- en Jeugdpsychiatrie I; *Psychopathologie en behandeling.* Assen: Van Gorcum.

Struik, A. (2016). *Slapende honden? Wakker maken! Een behandelmethode voor chronisch getraumatiseerde kinderen.* Amsterdam: Pearson.

Vondra, J.I. & Barnett, D.(1999). *Atypical attachment in infancy and early childhood among children at developmental risk.* In: Monographs of the society for research in child development (Society for research in child development).

www.nji.nl

Hoofdstuk 3

APA (2014). *Beknopt overzicht van de criteria DSM-5. Nederlandse vertaling van de Desk Reference to the Diagnostic Criteria from DSM-5.* Amsterdam: Uitgeverij Boom Amsterdam.
Berk, L.E. (2001). *Development through the lifespan.* Needham Heights: Allyn & Bacon.
Bower, T.G.R. (1977). *A primer of infant development.* San Francisco: Freeman & Co.
Delfos, M.F. (2002). *Kinderen in ontwikkeling. Stoornissen en belemmeringen.* Lisse: Swets & Zeitlinger.
Deth, R. van (2015) *Psychiatrie, van diagnose tot behandeling.* Houten: Bohn Stafleu van Loghum.
Kemner, C. (2011). *Het sociale leven van baby's en de spectaculaire groei van de hersenen in het eerste levensjaar.* Amsterdam: Balans.
Mönks, F.J. & Knoers, A.M.P. (1994). *Ontwikkelingspsychologie. Inleiding tot de verschillende deelgebieden.* Assen: Van Gorcum.
Moor, J.M.H. de & Waesberghe, B.T.M. van (1982). *Motoriek en intelligentie.* Groningen: Wolters-Noordhoff.
Njiokiktjien, C. (2004). *Gedragsneurologie van het kind.* Amsterdam: Suyi Publicaties.
Prins, P. & Oord, S. van der (2008). Stoornissen in de aandacht en impulsregulatie. In: Prins, P. & Braet, C. *Handboek klinische ontwikkelingspsychologie.* Houten: Bohn Stafleu van Loghum.
Riksen-Walraven, J.M.A. (2002). *Wie het kleine niet eert.* Nijmegen: KUN.
Sanders-Woudstra, J.A.R., Verhulst, F.C. & Witte, H.F.J. de (1995). *Kinder- en jeugdpsychiatrie. Psychopathologie en behandeling.* Assen: Van Gorcum.
Swaab, H. (2008). Klinische ontwikkelingsneuropsychologie. In: Prins, P. & Braet, C. *Handboek klinische ontwikkelingspsychologie.* Houten: Bohn Stafleu van Loghum.
Vijfeijken, K. van de (2001). *De menstekening als screeningsinstrument voor de cognitieve ontwikkeling en sociaal-emotionele problematiek.* Leiden: Universiteit Leiden.

Hoofdstuk 4

APA (2014). *Beknopt overzicht van de criteria DSM-5. Nederlandse vertaling van de Desk Reference to the Diagnostic Criteria from DSM-5.* Amsterdam: Uitgeverij Boom Amsterdam.
Berk, L.E. (2001). *Development through the lifespan.* Boston: Allyn & Bacon.
Berk, L.E. (2003). *Child Development.* Boston: Allyn & Bacon.
DeHart, G.B., Sroufe, L.A. & Cooper, R.G. (2004). *Child Development.* Boston: McGraw-Hill.
Hirasing, R. & Kuijper, A. (1992). *Kinderzorgen, praktische tips voor ouders.* Hoorn: Rean.

Kohnstamm, R. (2009). *Ontwikkelingspsychologie, deel I en II.* Houten/ Diegem: Bohn Stafleu van Loghum.
Mahler, M., Pine, F. & Bergman, A. (1975). *The psychological birth of the human infant: Symbiosis and individuation.* New York: Basic Books.
Smith, P.K., Cowie, H. & Blades, M. (2003). *Understanding children's development.* Oxford: Blackwell.
Steerneman, P., Meesters, C. & Muris, P. (2003). *TOM-test.* Antwerpen/ Apeldoorn: Garant.
Verhulst, F.C. (2005). *De ontwikkeling van het kind.* Assen: Van Gorcum.

Hoofdstuk 5

APA (2014). *Beknopt overzicht van de criteria DSM-5. Nederlandse vertaling van de Desk Reference to the Diagnostic Criteria from DSM-5.* Amsterdam: Uitgeverij Boom Amsterdam.
Berk, L.E. (2001). *Development through the lifespan.* Needham Heights: Allyn & Bacon.
Boudesteijn, F., Vegt, E.J.M. van der, Visser, K., Tick, N. & Maras, A. (2011). *Psychoseksuele ontwikkeling bij adolescenten met een autismespectrumstoornis. Ik Puber-training.* Assen: Van Gorcum.
Güldner, M., Wippo, E., Tesselaar, M. & Erkelens, P. (2010). Evaluatie van een behandelprotocol voor selectief mutisme. Behandeling op school. *Kind en Adolescent Praktijk, 4,* 160-166.
Kemner, C. (2011). *Het sociale leven van baby's en de spectaculaire groei van de hersenen in het eerste levensjaar.* Amsterdam: Balans.
Nijs, P.F.A. de, Verheij, F., Vlutters, J.L. & Gelderblom, I.L. (2004). *Ontwikkeling langs de levenslijnen* (hoofdstukken 7 en 9). Antwerpen/Apeldoorn: Garant.
Njiokiktjien, C. (2004). *Gedragsneurologie van het kind.* Amsterdam: Suyi Publicaties.
Steerneman, P., Smits, K. & Schalken, L. (2008). Protocollaire behandeling van kinderen met autismespectrumstoornissen. In: Braet, C. & Bögels, S. *Protocollaire behandeling voor kinderen met psychische klachten.* Amsterdam: Boom uitgevers Amsterdam.
Steerneman, P. (2009). *Leren denken over denken en leren begrijpen van emoties.* Antwerpen/Apeldoorn: Garant.
Verhulst, F.C. (2002). *Inleiding in de kinder- en jeugdpsychiatrie.* Assen: Van Gorcum.
Vermeulen, P. (2004). *Ik ben speciaal. Werkboek psycho-educatie voor mensen met autisme.* Berchem: Epo.
www.spreektvoorzich.nl

Hoofdstuk 6

APA (2014). *Beknopt overzicht van de criteria DSM-5. Nederlandse vertaling van de Desk Reference to the Diagnostic Criteria from DSM-5.* Amsterdam: Uitgeverij Boom Amsterdam.
Berk, L.E. (2001). *Development through the lifespan.* Needham Heights: Allyn & Bacon.
Blomert, L. (2013) *Protocol Dyslexie Diagnose en Behandeling 2.0.* Nationaal Referentiecentrum Dyslexie.
Evers, A., Vliet-Mulder, J.C. van, Resing, W.C.M., Starren, J.C.M.G., Alphen de Veer, R.J. van & Boxtel, H. van (2002). *COTAN Testboek voor het onderwijs.* Amsterdam: NDC Boom.
Smith, P.K., Cowie, H. & Blades, M. (2003). *Understanding Children's Development* (4th edition). Oxford: Blackwell.
Ponsioen, A. & Plas, J. (2008). Verstandelijke beperking. In: Prins, P., & Braet, C. *Handboek klinische ontwikkelingspsychologie.* Houten: Bohn Stafleu van Loghum.
Verhulst, F.C. (2005). *De ontwikkeling van het kind.* Assen: Van Gorcum.
Verhulst, F.C. (2002). *Inleiding in de kinder- en jeugdpsychiatrie.* Assen: Van Gorcum.
WISC-III nl handleiding. Amsterdam: Boom uitgevers Amsterdam
www.nrd.nu
www.kwaliteitsinstituutdyslexie.nl

Hoofdstuk 7

APA (2014). *Beknopt overzicht van de criteria DSM-5. Nederlandse vertaling van de Desk Reference to the Diagnostic Criteria from DSM-5.* Amsterdam: Uitgeverij Boom Amsterdam.
Berk, L.E. (2001). *Development through the lifespan.* Needham Heights: Allyn & Bacon.
Buitelaar, J. & Dolman, C. (2016). *Handboek ADHD en comorbide stoornissen.* Houten: Lannoo Campus.
Dawson, P. & Guare, R. (2010). *Executieve functies bij kinderen en adolescenten. Een praktische gids voor diagnostiek en interventie.* Amsterdam: Hogrefe Uitgevers.
Kohnstamm, R. (2009). *Ontwikkelingspsychologie, deel I en II.* Houten/Diegem: Bohn Stafleu van Loghum.
Mischel, W. (2014). *The marshmallow test: Understanding self-control and how to master it.* New York: Random House.
Muris, P. (2010). *Angststoornissen bij kinderen.* Amsterdam: Hogrefe Uitgevers.
Muris, P. (2009). *Monsters onder het bed. Opvoedwijzer voor ouders van bange kinderen.* Amsterdam: Hogrefe Uitgevers.
Orabio de Castro, B. (2008). Agressieve en regelovertredende gedragsproblemen. In : Prins, P. & Braet, C. (2008). *Handboek klinische ontwikkelingspsychologie.* Houten: Bohn Stafleu van Loghum.

Pont, S. (2013). *Sociaal? Vaardig!* Amsterdam: Hogrefe Uitgevers.
Smith, P.K., Cowie, H. & Blades, M. (2003). *Understanding Children's Development* (4th edition). Oxford: Blackwell.
Snel, E. (2012). *Stilzitten als een kikker, mindfulness voor kinderen en hun ouders.* Utrecht: Uitgeverij Ten Have.
Southam-Gerow, Michael A. (2014). *Emotieregulatie bij kinderen en adolescenten. Een praktische gids voor professionals.* Amsterdam: Hogrefe Uitgevers.
Verhulst, F.C. (2002). *Inleiding in de kinder- en jeugdpsychiatrie.* Assen: Van Gorcum.
Verhulst, F.C. (2005). *De ontwikkeling van het kind.* Assen: Van Gorcum.
www.silverkit.nl

Hoofdstuk 8

Dekovic, M. & Prinzie, P. (2008). Gezin en afwijkende ontwikkeling. In: *Handboek klinische ontwikkelingspsychologie.* Houten: Bohn Stafleu van Loghum.
Delfos, M.F. (2002). *Kinderen in ontwikkeling. Stoornissen en belemmeringen.* Lisse: Swets & Zeitlinger.
Driessen, A. & Langeland, W. (2017). *Praktijkboek psychotrauma.* Amsterdam: Uitgeverij SWP.
Prins, P. & Braet, C. (2008). *Handboek klinische ontwikkelingspsychologie.* Houten: Bohn Stafleu van Loghum.
Struik, A. (2016). *Slapende honden? Wakker maken! Een behandelmethode voor chronisch getraumatiseerde kinderen.* Amsterdam: Pearson.
Verhulst, F.C. (2005). *De ontwikkeling van het kind.* Assen: Van Gorcum.
Verhulst, F.C. (2002). *Inleiding in de kinder- en jeugdpsychiatrie.* Assen: Van Gorcum.

Hoofdstuk 9

Avontuur, J. (2003). *Kinderen met dyslexie in het basisonderwijs.* Soest: Nelissen.
Blomert, L. (2013) *Protocol Dyslexie Diagnose en Behandeling 2.0.* Nationaal Referentiecentrum Dyslexie.
Bondt, A. de & Descamps, L. (2010). *De dyslexie survivalgids.* Sint-Niklaas: Abimo Uitgeverij.
Braams, T. (1996). *Dyslexie. Een complex taalprobleem.* Amsterdam: Boom uitgevers Amsterdam.
Coolwijk, M. van de (2007). *Ik ben niet bom!* Baarn: Uitgeverij De Fontein.
Geudens, A., Baeyens, D. & Schraeyen, K. (2011). *Jongvolwassenen met dyslexie. Diagnostiek en begeleiding in wetenschap en praktijk.* Leuven/Den Haag: Acco.
Hinfelaar, M. & Brink, E. ten (2012). *Een nieuwe koers, Effectieve aansturing van kinderen met ADHD in het (basis- en voortgezet) onderwijs.* Amsterdam: Pearson.

Konings, T. & Bakker, S. (2013). *Tim en het wonder EMDR*. Tilburg: Silverkit.
Maras, A., Kapiteijn, S., Vreeke, L.J. & Geilleit, W.E.N. (2015). *PowerCoaching, een praktijkgericht coachingsprogramma voor jongeren met ADHD*. Assen: Van Gorcum.
Resing, W.C.M. (2002). *Indicatiestelling: condities en instrumentarium*. Amsterdam: NDC Boom.
Smits, A. & Braams, T. (2006). *Dyslectische kinderen leren lezen*. Amsterdam: Boom uitgevers Amsterdam.
Verhoeven, L. (2003). *Protocol leesproblemen en dyslexie*. Nijmegen: Expertisecentrum Nederlands KUN.
Vogelaar, T. & Titre, E. (2013). *Dyslexie, wat is dat?* Drachten: Eduforce Uitgeverij.
Wentink, H. & Verhoeven, L. (2003). *Protocol leesproblemen en dyslexie voor groep 5 t/m 8*. Nijmegen: Expertisecentrum Nederlands KUN.
www.emdr.nl
www.emdrkindenjeugd.nl
www.kwaliteitsinstituutdyslexie.nl
www.nji.nl
www.nrd.nu
www.passendonderwijs.nl
www.silverkit.nl

Hoofdstuk 10

Cornelissen, M. (2000). *'De' jongere bestaat niet. negatieve gevolgen van beeldvorming over jongeren*. Utrecht: Landelijk Bureau Leeftijdsdiscriminatie.
Feldman, R. (2012). *Ontwikkelingspsychologie*. Amsterdam: Pearson.
Kohnstamm, R. (2009). *Kleine ontwikkelingspsychologie / 3 De puberjaren*. Houten/Diegem: Bohn Stafleu van Loghum.
Nelis, H. & Sark, Y. van (2012). *Puberbrein binnenstebuiten. Wat beweegt jongeren van 10 tot 25 jaar?* Utrecht/Antwerpen: Kosmos Uitgevers.
Nijs, P.F.A., Verheij, F.,Vlutters, J.L. & Gelderblom, I.L. (red.) (2004). *Ontwikkeling langs de levenslijnen*. Apeldoorn/Antwerpen: Garant.
Rigter, J. & Hintum, M. van (2014). *Ontwikkelingspsychopathologie bij kinderen en jeugdigen. Een inleiding*. Bussum: Uitgeverij Coutinho.
Rooijendijk, L., Dijt, A., Wijers, G.J. & Delft, F. van (2011). *De mens in thema's. Een thematische behandeling van de menselijke levensloop*. Den Haag: Boom Lemma Uitgevers.
Runia, A. (2004). Hoe de sprookjesprins het evenwicht verstoort. De hindernissen in een stiefgezin. *0/25, vaktijdschrift over jeugdwelzijn, jeugdzorg, jeugdbeleid, 9*, 37-40. Utrecht: NIZW.
Slot, N.W. & Spanjaard, H.J.M. (2016). *Competentievergroting. Jeugdhulp in tehuizen en dagcentra*. Amersfoort: ThiemeMeulenhoff.
Spanjaard, H. & Slot, W. (2015). Tijden veranderen, ontwikkelingstaken ook. Een 'update' van het competentiemodel. *Kind en Adolescent Praktijk, 3,* 14-21.

Wit, J. de, Slot, W. & Aken, M. van (red.) (2004). *Psychologie van de adolescentie. Basisboek.* Amersfoort: ThiemeMeulenhoff.

Hoofdstuk 11

Androutsopoulos, J.K. & Georgakopoulou, A. (eds.). (2003). *Discourse Constructions of Youth Identities.* Amsterdam/Philadelphia: John Benjamins Publising Company.
APA (2014). *Beknopt overzicht van de criteria DSM-5. Nederlandse vertaling van de Desk Reference to the Diagnostic Criteria from DSM-5.* Amsterdam: Uitgeverij Boom Amsterdam.
Branje, S.J.T., Lieshout, C.F.M. van, Aken, M.A.G. van & Gerris, J.R.M. (2005). Verandering en ontwikkeling in Big Five-persoonlijkheidsfactoren tijdens de adolescentie. *Nederlands Tijdschrift voor Psychologie, 60,* 64-73.
Duits, L. (2008). *Multi-Girl-Culture. An Ethnography of doing Identity.* Amsterdam: Vossiuspers/Amsterdam University Press.
Kohnstamm, R. (2009). *Kleine ontwikkelingspsychologie / 3 De puberjaren.* Houten/Diegem: Bohn Stafleu van Loghum.
Konijn, C. & Verhulst, F.C. (2005). *Psychische problematiek bij kinderen en jongeren. Omvang van het probleem.* Nationaal Kompas Volksgezondheid. RIVM.
Lepper, G. (2000). *Categories in Text and Talk: A Practical Introduction to Categorization Analysis.* London: SAGE Publications.
Molen, H. van der, Simon, E. & Lankveld, J. van (2015). *Klinische psychologie. Theorieën en psychopathologie.* Groningen/Houten: Noordhoff Uitgevers.
Rigter, J. & Hintum, M. van (2014). *Ontwikkelingspsychopathologie bij kinderen en jeugdigen. Een inleiding.* Bussum: Uitgeverij Coutinho.
Rooijendijk, L., Dijt, A., Wijers, G.J. & Delft, F. van (2011). *De mens in thema's. Een thematische behandeling van de menselijke levensloop.* Den Haag: Boom Lemma Uitgevers.
Wit, J. de, Slot, W. & Aken, M. van (red.) (2013*). Psychologie van de adolescentie. Basisboek.* Amersfoort: ThiemeMeulenhoff.

Hoofdstuk 12

APA (2014). *Beknopt overzicht van de criteria DSM-5. Nederlandse vertaling van de Desk Reference to the Diagnostic Criteria from DSM-5.* Amsterdam: Uitgeverij Boom Amsterdam.
Bogt, T. ter, Dorsselaer, S. van & Vollebergh, W. (2005). Sociale integratie, schoolbeleving, psychosomatische problemen en welzijn van scholieren: het Nederlandse HBSC-onderzoek. *Tijdschrift voor Jeugdgezondheidszorg, 37,* 2-6.
Dekker, M., Scheepers, L. & Op 't Veld, D. (2012). *Onderzoek naar de positieve en negatieve effecten van social media bij mensen met een licht verstandelijke beperking.* Sittard: Hogeschool Zuyd.

Dorsselaer, S. van, Tuithof, M., Verdurmen, J., Spit, M., Laar, M. van & Monshouwer, K. (2016). *Jeugd en riskant gedrag. Kerngegevens uit het Peilstation onderzoek scholieren 2015.* Utrecht: Trimbos instituut.
Hoogervorst, D. (2004). *Zapsgewijs door de wereld van de jeugd. Cijfers, ontwikkelingen en trends 2003/2004.* Amsterdam: Sanoma Uitgevers.
Keller, P., Eijnden, J. van & Steenhoven, J. van (2008). *Onderzoeksverslag 'Mediawijsheid kaart'.* Amsterdam: Stichting Nederland Kennisland.
Kerssemakers, R., Van Meerten, R., Noordlander, E. & Vervaeke, H. (2008). *Drugs en alcohol. Gebruik, misbruik en verslaving.* Houten: Bohn Stafleu van Loghum.
Lely, N. van der, Visser, M. de & Ligterink, J. (2011). *Onze kinderen en alcohol.* Amsterdam: Uitgeverij Nieuw Amsterdam.
Lely, N. van der, Schreurs, C., Hoof, J.J. van & Dalen, W.E. van (2016). *Factsheet Alcoholopnames en alcoholintoxicaties van minderjarigen van 2007 tot en met 2015. Delft/Enschede/Utrecht*: NSCK en Reinier de Graaf Groep/ Universiteit Twente/Nederlands Instituut voor Alcoholbeleid STAP.
Molen, H. van der, Simon, E. & Lankveld, J. van (2015). *Klinische psychologie. Theorieën en psychopathologie.* Groningen/Houten: Noordhoff Uitgevers.
NJI (2016). *Comazuipen.* Geraadpleegd op 8 juni 2016 via http://www.nji.nl/nl/Databank/Cijfers-over-Jeugd-en-Opvoeding/Cijfers-per-onderwerp/Comazuipen.
Rigter, J. & Hintum, M. van (2014). *Ontwikkelingspsychopathologie bij kinderen en jeugdigen. Een inleiding.* Bussum: Uitgeverij Coutinho.
Wit, J. de, Slot, W. & Aken, M. van (red.) (2013). *Psychologie van de adolescentie. Basisboek.* Amersfoort: ThiemeMeulenhoff.
www.ggd.nl
www.jellinek.nl
www.nigz.nl
www.rivm.nl
www.STAP.nl
www.trimbos.nl

Hoofdstuk 13

APA (2014). *Beknopt overzicht van de criteria DSM-5. Nederlandse vertaling van de Desk Reference to the Diagnostic Criteria from DSM-5.* Amsterdam: Uitgeverij Boom Amsterdam.
Beke, B.M.W.A., Wijk, A.Ph. van & Ferwerda, H.B. (2000). *Tussen rondhangen en bendevorming.* Amsterdam: Uitgeverij SWP.
Bil, P.J. de (2004). Hangen, dat zouden meer mensen moeten doen. *0/25, vaktijdschrift over jeugdwelzijn, jeugdzorg, jeugdbeleid, 9,* 18-20. Assen: Koninklijke Van Gorcum.
CBS (2016). *Minder jongeren onder toezicht, meer onder voogdij.* Opgehaald van https://www.cbs.nl/nl-nl/nieuws/2016/17/minder-jongeren-onder-toezicht-meer-onder-voogdij.

Hop, L. & Delver, B. (2010). *De WIFI-generatie. De jeugd op het mobiele internet: Vliegensvlug en Vogelvrij.* Haarlem: Haarlems Uitgevers Bedrijf.
Koops, W. & Slot, W. (red.) (1998). *Van lastig tot misdadig. Een ontwikkelingsbenadering van lastige en misdadige kinderen en adolescenten: diagnostiek, behandeling en beleid.* Houten/Diegem: Bohn Stafleu van Loghum.
Loeber, R., Slot, N.W. & Sergeant, J.A. (red.) (2001). *Ernstige en gewelddadige jeugddelinquentie. Omvang, oorzaken en interventies.* Houten/Diegem: Bohn Stafleu van Loghum.
Manen, T. van (2001). *Zelfcontrole. Een sociaal-cognitief interventieprogramma voor kinderen met agressief en oppositioneel gedrag.* Houten/Diegem: Bohn Stafleu van Loghum.
Maris, A.J. (1991). Rondhangen is ook niet alles. Jongeren op zoek naar hun eigen thuis. *Proces. Maandblad voor berechting en reclassering, 70,* 201-208. Arnhem: Gouda Quint.
Noorda, J.J. & Veenbaas, R.H. (2000). *Hangplekken, een nieuwe rage? Handleiding voor jongerenontmoetingsplaatsen en jeugdbeleid.* Amsterdam: VU Uitgeverij.
Rijksoverheid (z.d.). Straffen en maatregelen voor jongeren. Opgehaald van:
Veer, N. van. (2014). *Social media onderzoek 2014.* Opgehaald van
Weerman, F.M., Bijleveld, C.J.H. & Averdijk, M.D.E. (2005). Netwerken en netwerkposities van delinquente en niet-delinquente jongeren. *Tijdschrift voor Criminologie, 47,* 24-41.
Zwaard, J. van der (2004). Een verdediging van het rondhangen. *Tijdschrift voor onderwijs en opvoeding, 63,* 20-23.
www.scp.nl
www.cbs.nl
www.dji.nl
www.mijnonlineidentiteit.nl/instagram-privacy-instellingen-handleiding/#watisinstagram.
www.nji.nl
www.rijksoverheid.nl/onderwerpen/straffen-en-maatregelen/inhoud/straffen-en-maatregelen-voor-jongeren.
www.wodc.nl

Hoofdstuk 14

APA (2014). *Beknopt overzicht van de criteria DSM-5. Nederlandse vertaling van de Desk Reference to the Diagnostic Criteria from DSM-5.* Amsterdam: Uitgeverij Boom Amsterdam.
Asher, S.R. & McDonald, K.L. (2011). The Behavioral Basis of Acceptance, Rejection, and Perceived Popularity. In: K.H. Rubin, W.M. Bukowski & B. Laursen (Eds.), *Handbook of Peer Interactions, Relationships, and Groups* (pp. 232-248). New York/London: The Guilford Press.
Baumeister, R.F. & Leary, M.R. (1995). The Need to Belong: Desire for Interpersonal Attachments as a Fundamental Human Motivation. *Psychological Bulletin, 117,* 497-528.

Bil, P. de (2016). *Tune in, or be left out. The role of social tuning in group formation processes during the first year of secondary school.* Heerlen: Open Universiteit.
Bogt, T. ter & Hibbel, B. (red.) (2000). *Wilde jaren. Een eeuw jeugdcultuur.* Utrecht: Lemma.
Bogt, T. ter, Dorsselaer, S. van & Vollebergh, W. (2005). Sociale integratie, schoolbeleving, psychosomatische problemen en welzijn van scholieren: het Nederlandse HBSC-onderzoek. *Tijdschrift voor Jeugdgezondheidszorg, 37,* 2-6.
Bottenberg, M. (2000). Jeugdculturen en vrijetijdsbesteding. *J* (Tijdschrift over jongeren), 1,* 22-28.
Dehue, F., Bolman, C. & Völlink, T. (2008). Cyberpesten wat doen kinderen en wat weten ouders? *Pedagogische Studiën, 85,* 359-370.
Dekker, F. & Dullaert, M. (2013). *Plan van aanpak tegen pesten. Brief aan Tweede Kamer.* Den Haag: Ministerie van Onderwijs, Cultuur en Wetenschap & De Kinderombudsman.
Dijkstra, A.B. (2002). *Werelden apart? Leefstijlen van middelbare scholieren. Een vergelijkende studie naar de leefwereld van jongeren op gereformeerde scholen.* Assen: Koninklijke Van Gorcum.
Epstein, J.S. (ed.) (2001). Youth Culture: Identity in a Postmodern World. *Ariel: a review of international English literature, 32,* 246-248. Alberta: University of Calgary.
Hartog, M. den (2001). Girlies Webtalk. *Sociologische Gids, 48,* 168-183. Meppel: Boom.
Hermes, J., Naber, P. & Dieleman, A. (red.) (2012). *Leefwerelden van jongeren. Thuis, school, media en populaire cultuur.* Bussum: Uitgeverij Coutinho.
Hoogervorst, D. (2004). *Zapsgewijs door de wereld van de jeugd. Cijfers, ontwikkelingen en trends 2003/2004.* Amsterdam: Sanoma Uitgevers.
Kohnstamm, R. (2009). *Kleine ontwikkelingspsychologie / 3 De puberjaren.* Houten/Diegem: Bohn Stafleu van Loghum.
Leff, S.S. (2007). Bullying and Peer Victimization at School: Considerations and Future Directions. *School Psychology Review, 36,* 406-412.
Meldknop. (2016). *Pesten via social media.* Opgehaald van https://www.meldknop.nl/pesten/pesten-via-profielsites.
Naber, P. (2004). *Vriendschap en sociale cohesie. De rol van leeftijdgenoten in de opvoeding van jeugd.* Den Haag: Hogeschool InHolland.
Roos, M. (2000). *Stamps: jongeren subculturen: bizar, vet of vaag?* Hilversum: Educatieve Omroep.
Veenstra, R., Huitsing, G., Dijkstrta, J.K. & Lindenberg, S. (2008). Wie pest wie? Een netwerkbenadering van pesten. *Justitiële Verkenningen, 34,* 78-92.
Veenstra, R., Lindenberg, S., Oldehinkel, A.J., Winter, A.F. de, Verhulst, F.C. & Ormel, J. (2005). Pesten. Over daders, slachtoffers, dader/slachtoffers en niet-betrokken leerlingen. *Kind & Adolescent, 26,* 305-317.
Vinken, H. (2000). Jeugdcultuur en politieke waarden. Progressief, conservatief of apathisch? *Maatschappij en politiek, 1,* 6-8. Amsterdam: De Volharding.

Werner, N.E., Bumpus, M.F. & Rock, D. (2009). Involvement in Internet Aggression During Early Adolescence. *Journal of Youth and Adolescence,* published online 4 June 2009, Springer, doi 10.10007/s10964-009-9419-7.
Wit, J. de, Slot, W. & Aken, M. van (red.) (2013). *Psychologie van de adolescentie. Basisboek.* Amersfoort: ThiemeMeulenhoff.
Zuilen, D. van (2000). Jeugdculturen in Nederland. Koninkrijken en stammen. *Maatschappij & Politiek, 1,* 12-13. Amsterdam: De Volharding.

Hoofdstuk 15

APA (2014). *Beknopt overzicht van de criteria DSM-5. Nederlandse vertaling van de Desk Reference to the Diagnostic Criteria from DSM-5.* Amsterdam: Uitgeverij Boom Amsterdam.
Beusekom, G. van, Roodenburg, S.C. & Bos, H.M.W. (2012). De rol van seksuele aantrekking tot hetzelfde geslacht en gender non conformiteit in relaties van adolescenten met leeftijdgenoten. *Kind & Adolescent, 33,* 251-263.
Beusekom, G. van, Collier, K., Bos, H.M.W. & Sandfort, T.G.M. (2014). Een literatuurstudie naar de psychosociale uitkomsten van negatieve bejegening door leeftijdgenoten gerelateerd aan de seksuele oriëntatie of gender identiteit/expressie van jongeren. *Tijdschrift voor Seksuologie, 38,* 49-57.
Dekker, M., Scheepers , L. & Op 't Veld, D. (2012). *Onderzoek naar de positieve en negatieve effecten van social media bij mensen met een licht verstandelijke beperking.* Sittard: Hogeschool Zuyd.
Doreleijers, T., Boer, F., Huisman, J., & Haan, E. de (2013). *Leerboek psychiatrie, kinderen en adolescenten.* Utrecht: De Tijdstroom.
Dorp, M. van (2015). Sexting. *Jeugd en Co. Voor professionals in de jeugdsector, 20,* 26-28.
Feldman, R. (2012). *Ontwikkelingspsychologie.* Amsterdam: Pearson.
Geerdinck, M., Muller, L., Verkleij, C. & Weert, C. van (2011). *Transseksuelen in Nederland. Is er sprake van ongelijkheid?* Den Haag/Heerlen: Centraal Bureau voor de Statistiek.
GGD IJsselland (2014). *Sexting, Grooming, Camming: online seksueel (grensoverschrijdend) gedrag. Een handreiking voor docenten met informatie over veilig internetten anno 2014.* GGD IJsselland.
Graaf, H. de, Kruijer, H., Acker, J. van, & Meijer, S. (2013). Seks onder je 25e 2: *Seksuele gezondheid van jongeren in Nederland anno 2012.* Delft: Eburon.
Haas, S. de (2012). Seksueel grensoverschrijdend gedrag onder jongeren en volwassenen in Nederland. *Tijdschrift voor Seksuologie, 36,* 136-145.
Heemelaar, M. (2000). *Seksualiteit, intimiteit en hulpverlening.* Houten/ Diegem: Bohn Stafleu van Loghum.
Heuvens, W. (2006). *Pubers, ontwikkeling en problemen.* Assen: Koninklijke Van Gorcum.
Hop, L. & Delver, B. (2010). *De WIFI-generatie. De jeugd op het mobiele internet: Vliegensvlug en Vogelvrij.* Haarlem: Haarlems Uitgevers Bedrijf.
IJff, M. (2004). *Sexcounseling in de psychosociale hulpverlening.* Assen: Koninklijke Van Gorcum.

Janssen, H., Wentzel, W. & Vissers, B. (2015). *Basisboek Huiselijk geweld. Signaleren, melden, aanpakken.* Bussum: Uitgeverij Coutinho.
Kooijman, H. (2004). Loverboys. Gewone jongens die zich gedragen als klootzakken. *0/25, vaktijdschrift over jeugdwelzijn, jeugdzorg, jeugdbeleid, 9,* 10-12. Utrecht: NIZW.
Loeber, R., Slot, N.W. & Sergeant, J.A. (2001). *Ernstige en gewelddadige jeugddelinquentie. Omvang, oorzaken en interventies.* Houten/Diegem: Bohn Stafleu van Loghum.
Meldknop. (2016). *Pesten via social media.* Opgehaald van https://www.meldknop.nl/pesten/pesten-via-profielsites.
Stinson, J., & Becker, J. (2016). Pedophilic Disorder. In: A. Phenix & H.M. Hobermand: *Sexual Offending. Predisposing Antecedents, Assessments and Management* (pp. 15-27). Tucson, USA: University of Arizona.
www.rutgersnisso-groep.nl
www.seksualiteitpagina.nl

Hoofdstuk 16

Bogt, T. ter, Dorsselaer, S. van & Vollebergh, W. (2005). Sociale integratie, schoolbeleving, psychosomatische problemen en welzijn van scholieren: het Nederlandse HBSC-onderzoek. *Tijdschrift voor Jeugdgezondheidszorg, 37,* 2-6. Houten/Diegem: Bohn Stafleu van Loghum.
Boumans, S. (red.) (2015). *WTFACT. De feiten over werkende jongeren in Nederland.* Utrecht: FNV, afdeling Young & United.
Cornelissen, M. (2000). *'De' jongere bestaat niet. Negatieve gevolgen van beeldvorming over jongeren.* Utrecht: Landelijk Bureau Leeftijdsdiscriminatie.
Hoek-van Dijke, N. (2015*). Vier redenen waarom veel jongeren een verkeerde studiekeuze maken.* Opgehaald van http://allesoverjongeren.nl/verkeerde-studiekeuze-jongeren.
Ministerie van Onderwijs, Cultuur en Wetenschap (2016). *Meer over thuiszitters.* Opgehaald van https://www.passendonderwijs.nl/in-en-om-de-school/thuiszitten-voorkomen/meer-over-thuiszitters.
Platform Beleidsinformatie (2015). *Thema-analyse Switchgedrag in het mbo, hbo en wo.* Den Haag: OCW/PSB/DUO.
Rijksoverheid (2016) *Minder voortijdig schoolverlaters.* Opgehaald van https://www.rijksoverheid.nl/onderwerpen/vsv/inhoud/minder-voortijdig-schoolverlaters.
Willemse, N. (2004). *De invloed van culturele factoren op de schoolprestaties van Marokkaanse jongeren.* Amsterdam: Universiteit van Amsterdam, faculteit der Maatschappij- en Gedragswetenschappen.

Hoofdstuk 17

APA (2014). *Beknopt overzicht van de criteria DSM-5. Nederlandse vertaling van de Desk Reference to the Diagnostic Criteria from DSM-5.* Amsterdam: Uitgeverij Boom Amsterdam.

Dieleman, A.J. & Lans, J. van der (red.) (1999). *Heft in eigen handen. Zelfsturing en sociale betrokkenheid bij jongeren.* Assen: Van Gorcum.
Hermes, J., Naber, P. & Dieleman, A. (red.) (2012). *Leefwerelden van jongeren. Thuis, school, media en populaire cultuur.* Bussum: Uitgeverij Coutinho.
Lub, V. (2009). *Stimulering van maatschappelijke binding van jongeren. Een verkenning naar sociale interventies op het terrein van radicalisering en culturele spanningen.* Utrecht: MOVISIE.
Mak, J., Gilsing, R. & Wróblewska, A. (2016). *De staat van jeugdparticipatie in Nederland 2016.* Utrecht: Verwey-Jonker Instituut.
Molen, H. van der, Simon, E. & Langveld, J. van (2015). *Klinische psychologie. Theorieën en psychopathologie.* Groningen/Houten: Noordhoff Uitgevers.
Munniksma, A. (2013). *Crossing ethnic boundaries: Parental resistance to and consequences of adolescents' cross-ethnic friendships.* Groningen: Rijksuniversiteit Groningen.
Naber, P. (2004). *Vriendschap en sociale cohesie. De rol van leeftijdgenoten in de opvoeding van jeugd.* Den Haag: Hogeschool InHolland.
NJI (z.d.). *Polarisatie en radicalisering bij jongeren.*
Overdijk-Francis, J.E. & Verheyden, J.A.C. (red.) (2003). *Etnische minderheden en het belang van binding: een onderzoek naar antisociaal gedrag onder jongeren.* Houten: Bohn Stafleu van Loghum.
Smith, S. (2015). *Ethnic Segregation in Friendship Networks. Studies of its Determinants in English, German, Dutch, and Swedish School Classes.* Utrecht: Universiteit Utrecht.
Vinken, H. (2000). Jeugdcultuur en politieke waarden. Progressief, conservatief of apathisch? *Maatschappij & Politiek 1,* 6-8. Amsterdam: De Volharding.
www.nji.nl/Publicaties/NJi/polarisatie-en-radicalisering-bij-jongeren-html

Register

C

D

E

F

G

L

M

N

O

P